中国涉外法治
蓝皮书

2024

ZHONGGUO SHEWAI FAZHI
LANPISHU

主编◎黄　进
副主编◎孔庆江　刘静坤

法律出版社
LAW PRESS·CHINA
北京

图书在版编目（CIP）数据

中国涉外法治蓝皮书. 2024 / 黄进主编. -- 北京：法律出版社，2024. -- ISBN 978 - 7 - 5197 - 8900 - 8

Ⅰ. D922.134

中国国家版本馆 CIP 数据核字第 2024GG9643 号

中国涉外法治蓝皮书(2024)
ZHONGGUO SHEWAI FAZHI LANPISHU(2024)

黄 进 主编

责任编辑 李 群 赵雪慧
装帧设计 臧晓飞

出版发行 法律出版社
编辑统筹 法规出版分社
责任校对 张红蕊
责任印制 耿润瑜
经 销 新华书店

开本 710 毫米 × 1000 毫米 1/16
印张 23.75 **字数** 342 千
版本 2024 年 11 月第 1 版
印次 2024 年 11 月第 1 次印刷
印刷 固安华明印业有限公司

地址:北京市丰台区莲花池西里 7 号(100073)
网址:www.lawpress.com.cn
投稿邮箱:info@lawpress.com.cn
举报盗版邮箱:jbwq@lawpress.com.cn

销售电话:010 - 83938349
客服电话:010 - 83938350
咨询电话:010 - 63939796

书号:ISBN 978 - 7 - 5197 - 8900 - 8
定价:88.00 元

凡购买本社图书,如有印装错误,我社负责退换。电话:010 - 83938349

中国政法大学全面依法治国研究院
中国政法大学国际法学院
主持编辑

《中国涉外法治蓝皮书》

2024 编审组名单

主　编

黄　进

副主编

孔庆江　刘静坤

编审组成员

张　南　余　萌　杨　乐
李建坤　李　良

和能力建设”，并对加强涉外法治建设作了系统、深入、全面的阐述。改革开放特别是党的十八大以来，中国涉外法治建设既是一场波澜壮阔、气势磅礴的伟大实践，也是一幅生动活泼、气象万千的时代画卷。

一、深刻认识和把握加快推进涉外法治体系和能力建设的时代背景

党的十八大以来，以习近平同志为核心的党中央提出坚持统筹推进国内法治和涉外法治、加快推进涉外法治体系和能力建设，有两大时代背景。一是中国特色社会主义进入新时代。当下中国正在以中国式现代化全面推进强国建设、民族复兴伟业，这就决定了法治既是手段、路径和方法，也是需要实现的重要目标。中国式现代化是在法治轨道上推进的现代化，法治现代化是中国式现代化的应有之义。而国内法治和涉外法治建设，正是“坚持全面依法治国，推进法治中国建设”的两个方面、两个面向、两个维度。统筹推进国内法治和涉外法治、加强涉外法治体系和能力建设是以中国式现代化全面推进强国建设、民族复兴伟业的长远所需。二是世界正经历百年未有之大变局。这是一个世界经济、政治、社会、文化、生态格局深刻调整，国际形势错综复杂，经济全球化遭遇逆流，单边主义、保护主义重新抬头，世界经济复苏乏力，国际贸易投资萎缩，新冠肺炎疫情影响深远，中美两国战略博弈激烈，俄乌冲突、巴以冲突改变世界地缘政治格局，新一轮科技革命和产业变革深入发展，全球治理体系亟待改革和完善的历史变革期。这一时代背景决定了当下中国必须统筹国内和国际两个大局，也就是统筹中华民族伟大复兴战略全局和世界百年未有之大变局，办好发展和安全两件大事。我们全面推进依法治国、建设法治中国不可能关起门来施行，也不可能只推进国内法治而不去推进涉外法治。必须不断强化涉外法治体系和能力建设，统筹推进国内法治和涉外法治，坚定维护国家主权、安全、发展利益，维护人民利益，有效防范各种风险和应对严峻挑战，推进国际关系法治化，促进国际法治进步，推动构建人类命运共同体。统筹推进国内法治和涉外法治、加强涉外法治体系和能力建设，是推进高水平对外开放、应对外部风险挑战的

当务之急。

二、坚持前瞻思考、战略布局、整体推进，全面加强涉外法治体系和能力建设

涉外法治体系和能力建设是一项涉及面广、联动性强的系统工程，必须统筹国内和国际，统筹发展和安全，深刻认识做好涉外法治工作的重要性和紧迫性，统筹推进国内法治和涉外法治，建设同高质量发展、高水平开放要求相适应的涉外法治体系和能力，为中国式现代化行稳致远营造有利法治条件和外部环境。

第一，在工作全局方面，要加快涉外法治工作战略布局。推进高水平对外开放，涉外法治工作必须加强战略布局，占领制高点，掌握主动权。坚持前瞻性思考、全局性谋划、战略性布局、整体性推进，加强顶层设计，一体推进涉外立法、执法、司法、守法和法律服务，形成涉外法治工作大协同格局。

第二，在涉外立法方面，要加快形成系统完备的涉外法律法规体系。坚持立法先行、科学立法，统筹立改废释纂，增强立法系统性、整体性、协同性、时效性，发挥立法引领和推动作用，抓住提高立法质量这个关键。进一步健全反制裁、反干涉、反制“长臂管辖”法律法规，充实应对挑战、防范风险的法律“工具箱”。加快推进我国法域外适用的法律体系建设，为我国涉外执法、司法活动提供法律依据。

第三，在涉外执法方面，要加快建立健全涉外执法体系。构建协同高效的涉外法治实施体系，提升涉外执法水平和效能。尤其要不断加强对外经济贸易领域的执法能力，依法维护国家主权、安全、发展利益，依法保障中国公民、法人和非法人组织在海外的合法权益，依法保护外商来华投资权益，反制非法单边制裁，营造市场化、法治化、国际化一流营商环境，推进高水平对外开放。

第四，在涉外司法方面，要加快提高涉外司法公信力。积极推进涉外司法审判体制机制进行符合审判规律的改革和创新，不断提高涉外司法审判能力和水平，强化涉外司法效能，努力让当事人在每一个涉外司法案件中感受到公平正义。

第五，在涉外守法方面，要加快提升涉外活动主体的法治素养。在涉外工作中强化法治意识和合规意识，加强企业合规管理，引导我国企业、公民在“走出去”过程中更加自觉地遵守当地法律法规和风俗习惯，运用法治和规则维护自身合法权益。

第六，在涉外法律服务方面，要加快推进涉外法律服务体系和能力建设。通过优质的法律服务，切实维护中国公民、法人在海外以及外国公民、法人在中国的合法权益，依法维护海外侨胞权益。要注重培育一批国际一流的仲裁机构、调解机构、律师事务所及其他法律服务机构，把涉外法治保障和服务工作做得更有成效。

第七，在国际交流合作方面，要加快深化法治领域国际合作。基于国际条约和平等互惠原则，深化立法执法司法国际合作。加强反腐败国际合作，积极参与执法安全国际合作。深化司法领域国际合作，完善我国司法协助体制，扩大国际司法协助覆盖面，积极开展域外送达、取证，域外法律查明，仲裁裁决和法院判决的相互承认与执行等司法协助。深化律师、仲裁、调解、公证、法律援助、司法救助等领域的法律服务协作。加强领事保护与协助，建强保护我国海外利益的法治安全链。加强中国法治的国际传播，讲好中国法治故事。

第八，在队伍建设方面，要加快高素质涉外法治人才培养。高素质涉外法治人才是具有坚定理想信念、强烈家国情怀、深邃世界眼光、宽广全球胸怀、扎实法学根底，熟悉中国国情、通晓国际规则、善于处理涉外法律事务的法治人才。加强高素质涉外法治人才的培养，要从法学院校专业人才培养和在职继续教育培训两方面入手。在法学院校专业人才培养方面，要坚持立德树人、德法兼修，在夯实法学根底的基础上，依靠国际法专业师资队伍，基于国际法学科专业平台，完善以实践为导向的培养机制，着力培养出一批政治立场坚定、专业素质过硬、通晓国际规则、精通涉外法律实务的涉外法治人才。在在职继续教育培训方面，要面向涉外实务工作者开展涉外法治方面的继续教育培训，加强涉外干部队伍法治能力建设，打造高素质专业化涉外法治工作队伍。同时，各级领导干部要带头尊法、学法、守法、用法，切实提升涉外法治思维和依法办事能力。健全人才引进、选拔、使用、管理机制，做好高端涉外法治人才培养储备。

坚持统筹推进国内法治和涉外法治，加快推进涉外法治体系和能力建设，事关全面推进依法治国，事关我国对外开放和外交工作大局，事关我国稳妥有效应对复杂多变的国际局势、参与全球治理体系改革和建设，事关推进国际关系法治化、促进国际法治进步、推动构建人类命运共同体。因此，习近平总书记在二十届中共中央政治局第十次集体学习时强调，要从更好统筹国内国际两个大局、更好统筹发展和安全的高度，深刻认识做好涉外法治工作的重要性和紧迫性，建设同高质量发展、高水平开放要求相适应的涉外法治体系和能力，为中国式现代化行稳致远营造有利法治条件和外部环境。

2023 年是中国涉外法治建设和发展进程中非常重要的一年。这一年，《中华人民共和国对外关系法》和《中华人民共和国外国国家豁免法》相继制定出台，《中华人民共和国民事诉讼法》第四编“涉外民事诉讼程序的特别规定”进行了大幅度的修改，《最高人民法院关于适用〈中华人民共和国涉外民事关系法律适用法〉若干问题的解释（二）》《最高人民法院关于审理涉外民商事案件适用国际条约和国际惯例若干问题的解释》《最高人民法院关于修改〈最高人民法院关于设立国际商事法庭若干问题的规定〉的决定》发布。与此同时，涉外执法、司法、守法和法律服务受到前所未有的重视，涉外法治各项工作蓬勃发展。涉外法治建设，是全面推进依法治国和法治中国建设的必修课，是涉及面广、联动性强的系统工程。我们要立足中国涉外立法、执法、司法、守法和法律服务实践，以全国人民代表大会及其常务委员会制定的专门涉外法律为主线，兼顾国务院出台的重要涉外行政法规，诠释、解读、剖析中国涉外立法及相关涉外法治实践，并同外国和国际实践进行比较分析，探讨中国涉外法律法规的准确适用，探索中国涉外法治建设的规律和优化发展之路，运用法治方式有效应对挑战、防范风险，更好维护国家和人民利益。

黄　进
中国法学会副会长，中国国际法学会会长，
中国国际私法研究会会长

前言

推进涉外法治体系和能力建设的根本遵循和行动指南

2023年11月27日，中共中央政治局就加强涉外法制建设进行第十次集体学习。在此次集体学习中，习近平总书记作了重要讲话。这是党中央提出全面依法治国以来，习近平总书记首次专门就涉外法治工作作全面的讲话。习近平总书记的重要讲话无疑是今后推进涉外法治工作的根本遵循和行动指南。习近平总书记强调，要从更好统筹国内国际两个大局、更好统筹发展和安全的高度，深刻认识做好涉外法治工作的重要性和紧迫性，建设同高质量发展、高水平开放要求相适应的涉外法治体系和能力，为中国式现代化行稳致远营造有利法治条件和外部环境。

涉外法治并不是近年来才提出的。党的十八届四中全会审议通过的《中共中央关于全面推进依法治国若干重大问题的决定》就提出“加强涉外法律工作”。党的十九届四中全会审议通过的《中共中央关于坚持和完善中国特色社会主义制度　推进国家治理体系和治理能力现代化若干重大问题的决定》，就加快我国法域外适用的法律体系建设、加强涉外法治工作等作出部署。党的十九届五中全会审议通过的《中共中央关于制定国民经济和社会发展第十四个五年规划和二〇三五年远景目标的建议》，提出加强涉外领域立法、加强涉外法治体系建设等相关要求。在2020年11月召开的中央全面依法治国工作会议上，习近平总书记指出，要坚持统筹推进国内法治和涉外法治，加快涉外法治工作战略布局，协调推进国内治理和国际治理，更好维护国家主权、安全、发展利益。此后，在统筹推进国内法治和涉外法治的进程中，作为全面依法治国的重要组成部分的涉外法治，自然成为全面依法治国工作中引人关注的地方。

事实上，党中央在总结中国特色社会主义法治体系建设成效，分析存在的问题和不足时，也注意到“我国法治体系还存在一些短板和不足”，要求“必须抓紧研究解决”，其中一项就是“涉外法治短板比较明显”。确实，当下的涉外法治现状不能满足“推进高水平对外开放、应对外部风险挑战”的需求，既不具有同高质量发展、高水平开放要求相适应的涉外法治体系和能力，也不具有同应对外部风险挑战要求相适应的中国法的域外效力体系和能力。

但是，不难注意到，自提出涉外法治以来，到底如何建设涉外法治，尚无明确说法。于是，客观上形成了一个悖论。一方面，涉外法治的重要性日益凸显，涉外法治工作的不足也呈现出来；另一方面，如何推进涉外法治体系和能力建设尚没有明确的方案。在这个关头，中央政治局的集体学习和总书记的讲话，吹响了加快推进我国涉外法治体系和能力建设的号角和动员令，而且第一次给出了涉外法治建设的完整的路线图。

所谓的“路线图”（Roadmap），是用来指引人们到达某个地点，或说明从甲地到达乙地的方式。在这个意义上，涉外法治路线图包括涉外法治工作的领导者、涉外法治工作的根本目的、涉外法治工作应遵循的原则、涉外法治工作的推进力量和涉外法治工作的推进方式等。

关于涉外法治工作的领导者。2020 年 11 月，中央全面依法治国工作会议要求，要坚持党对全面依法治国的领导。这对作为全面依法治国工作组成部分之一的涉外法治来说也不例外。党的领导是推进涉外法治体系和能力建设的根本保证。在涉外法治工作中，要加强和改善党的领导，健全党领导涉外法治工作的制度和工作机制，推进党的领导制度化、法治化，通过法治保障党的路线方针政策有效实施。

关于涉外法治工作的根本目的。在中共中央政治局第十次集体学习中，习近平总书记明确指出，推进涉外法治工作，根本目的是用法治方式更好维护国家和人民利益，促进国际法治进步，推动构建人类命运共同体。习近平总书记第一次将“促进国际法治进步，推动构建人类命运共同体”与“更好维护国家和人民利益”结合起来作为涉外法治工作的根本目的，凸显了习近平总书记对促进国际法治和推动构建人类命运共同体的高度重视，以及以涉外法治促进国际法治和推动构建人类命运共同体的坚定信心。习近平总书记还指出，用法治方式更好维护国家和人民利益，譬如，中国在海外有很多资产，这些资产的保护，当然可以依赖政治和外交手段，但显然政治和外交手段的作用是有限的。就保护我企业在海外的投资和其他资产安全而言，政治和外交手段就不如对外缔结广泛的投资保护协定等法治保护手段，投资协定能起到政治和外交手段起不到的作用，设计并商签完善的投资保护协定既能保护我企业海外投资和其他资产，还能避免国家之间的外交争端。就我国国家在海外的资产而言，利用国际法上的国家豁免原则乃至我国政府海外资产所在地的外国国家豁免制度也能起到应有的保护作用。

关于涉外法治工作应遵循的原则立场。涉外法治工作的原则立场是统筹国内和国际以及统筹发展和安全。统筹国内国际两个大局，最为重要和关键的，就是更好统筹中华民族伟大复兴战略全局和世界百年未有之大变局。习近平总书记指出：“领导干部要胸怀两个大局，一个是中华民族伟大复兴的战略全局，一个是世界百年未有之大变局，这是我们谋划工作的基本出发点。”习近平总书记在第十四届全国人民代表大会第一次会议上发表重要讲话，从确保党和国家兴旺发达、长治久安的战略高度，就更好统筹发展和安全提出具体要求，为我们在强国建设、民族复兴的新征程上有效防范化解各类风险，推动实现更为安全的发展提供了行动指南。发展和安全是一体之两翼、驱动之双轮。安全是发展的前提，发展是安全的保障，二者相辅相成、不可偏废。发展，是我们党执政兴国的第一要务。党的十八大以来，以习近平同志为核心的党中央立足新时代这个历史方位，聚焦新时代建设什么样的社会主义现代化强国、怎样建设社会主义现代化强国等重大时代课题，把握从“有没有”转向“好不好”的发展主动，领航中国经济巨轮驶入高质量发展新航道的同时，以一系列新理念新思想新战略丰富和拓展了新时代的发展观，为奋力推进中国式现代化指明了实践路径。为此，要坚持以人民为中心的发展思想。用党和国家事业取得历史性成就、发生历史性变革践行“人民对美好生活的向往，就是我们的奋斗目标”的庄严承诺，推动中华民族伟大复兴进入不可逆转的历史进程；要把握新发展阶段、贯彻新发展理念、构建新发展格局，推动高质量发展。我国经济社会发展的理论逻辑、历史逻辑、现实逻辑决定了把握新发展阶段是贯彻新发展理念、构建新发展格局的现实依据，贯彻新发展理念为把握新发展阶段、构建新发展格局提供了行动指南，构建新发展格局则是应对新发展阶段机遇和挑战、贯彻新发展理念的战略选择，三者相互联系，紧密关联，是推动高质量发展的前提和基础。

同时，要妥善处理好改革发展和安全的关系。统筹发展和安全，增强忧患意识，做到居安思危，是我们党治国理政的一个重大原则。党的十八大以来，以习近平同志为核心的党中央坚持总体国家安全观，把握世情、国情、党情的深刻变化，正确处理发展与安全之间的关系，更加有力化解各种风险挑战，既大胆探索创新，又把握正确方向，坚持和完善中国特色社会主义制度，推进国家治理体系和治理能力现代化，努力实现高质量发展和高水平安全的良性互动。未来一个时期，我们面临的风险挑战只会越来越多、越来越严峻。只有把困难估计得更充分一些，把风险思考得更深入一些，更好统筹发展和安全，才能下好先手棋、打好主动仗，防范和化解影响我国现代化进程的各种风险，确保中国式现代化顺利推进。

关于涉外法治工作的推进力量。涉外法治工作是一项涉及面广、联动性强的系统工程，需要高瞻远瞩的谋划和精准有力的举措。习近平总书记在中共中央政治局第十次集体学习时，从形成涉外法治工作大协同格局、推进国际关系法治化、在扩大开放中推进涉外法治建设、专业人才培养和队伍建设、讲好新时代中国法治故事等方面，对推进我国涉外法治体系和能力建设作出重要部署、提出明确要求。习近平总书记指出，要加强顶层设计，一体推进涉外立法、执法、司法、守法和法律服务，形成涉外法治工作大协同格局。据此可以推断出，涉外法治工作的推进力量包括立法者、执法者、法院、作为守法者的个人和实体以及法律服务提供者。

关于涉外法治工作的推进方式。习近平总书记在政治局集体学习中指出了涉外法治工作的推进方式，包括前瞻性思考、全局性谋划、战略性布局、整体性推进，然后习近平总书记再从立法、执法、司法、守法和法律服务角度分别阐释进路：要坚持立法先行、立改废释并举，形成系统完备的涉外法律法规体系。要建设协同高效的涉外法治实施体系，提升涉外执法司法效能，推进涉外司法审判体制机制改革，提高涉外司法公信力。要积极发展涉外法律服务，培育一批国际一流的仲裁机构、律师事务所。要深化执法司法国际合作，加强领事保护与协助，建强保护我国海外利益的法治安全链。要强化合规意识，引导我国公民、企业在“走出去”过程中自觉遵守当地法律法规和风俗习惯，运用法治和规则维护自身合法权益。

总之，加快推进我国涉外法治体系和能力建设，要加强党对涉外法治建设工作的领导，充分发挥党在涉外法治体系建设中总揽全局、协调各方的领导核心作用。统筹推进国内法治和涉外法治，一方面，要加快涉外法治工作战略布局。面对新一轮对外开放，涉外法治工作必须加强战略布局，占领制高点，掌握主动权，协调推进国内治理和国际治理，更好维护国家主权、安全、发展利益。另一方面，要加快推进涉外法治工作的能力建设，要加强涉外法治专业人才培养和队伍建设。加强涉外法治专业人才的培养，要从法学院校专业培养和在职继续教育培训两方面入手。法学院校要坚持立德树人、德法兼修，夯实法学根底，加强国际法学科建设，办好高水平法学教育，完善以实践为导向的培养机制，培养政治立场坚定、专业素质过硬、通晓国际规则、精通涉外法律实务的涉外法治人才。同时，要面向涉外实务工作者开展涉外法治方面的继续教育培训，打造高素质专业化涉外法治工作队伍，健全人才引进、选拔、使用、管理机制，做好高端涉外法治人才培养储备。

就当前而言，涉外法治工作还需在多个方面着力：一是结合我国实际情况，对接高标准贸易和投资协定，这是“推进高水平对外开放”的需要；二是在遵循国际法规则的前提下，延伸中国法的域外适用；三是完善反制裁等法律的配套机制，丰富应对挑战、依法维护国家主权、安全和发展利益的工具箱，后二者均是“应对外部风险挑战”的需要。

目　录

第一章　健全涉外立法

第一节　制定《对外关系法》　建立对外关系基础性法律制度

一、制定《对外关系法》的背景

党的十八大以来，以习近平同志为核心的党中央统筹中华民族伟大复兴战略全局和世界百年未有之大变局，强调法治是国家核心竞争力的重要内容，明确提出坚持统筹推进国内法治和涉外法治，加强涉外领域立法，加快形成系统完备的涉外法律法规体系，为维护我国主权、安全、发展利益，推动构建人类命运共同体提供法治保障。

改革开放以来，我国在推动对外开放的同时，高度重视涉外领域立法，相继制定了一批涉外领域法律法规，如 1979 年《中外合资经营企业法》就是改革开放后最早制定的涉外法律之一。随着对外开放的扩大，我国的涉外法律法规不断增加，涉外法治体系不断健全，为对外开放提供了重要法治保障。党的十八大以来，涉外领域立法的广度和深度大幅拓展，制定修改一批重要涉外法律法规，为扩大对外开放，增进国际交往，维护国家主权、安全、发展利益，发挥了重要作用。经梳理，截至 2023 年 6 月底，现行有效的 297 部法律中，专门涉外法律 52 部，含涉外条款的法律 150 余部。但是，也应当看到，我国涉外法治体系建设还存在一些短板弱项，尤其是在维护国家主权、安全、发展利益方面，还有不少法律空白。

当前，世界百年未有之大变局加速演变，我国改革发展稳定任务艰巨繁重，对外开放深入推进，必须更好发挥法治固根本、稳预期、利长远的保障作用，加快涉外法治体系建设，提高涉外工作法治化水平，有效应对风险挑战，以法律手段更好维护我国主权、安全、发展利益。一国以不同形式对对外关系立法是国际通行做法，对对外关系进行统一立法是我国对外关系法的特色。按照党中央的决策部署，十三届、十四届全国人民代表大会常务委员会接续努力，在不到一年内，高效地完成了对外关系法的制定。2023 年 6 月 28 日，第十四届全国人民代表大会常务委员会第三次会议表决通过《对外关系法》，这是我国新时代涉外法治工作的重要成果。

二、《对外关系法》的主要内容

《对外关系法》共 6 章 45 条，第一章“总则”、第二章“对外关系的职权”、第三章“发展对外关系的目标任务”、第四章“对外关系的制度”、第五章“发展对外关系的保障”、第六章“附则”。作为我国涉外领域的基础性、综合性法律，《对外关系法》的内容涵盖了我国对外关系、对外工作的方方面面，涉及政治、经济、文化等领域。

第一，《对外关系法》明确了对外关系法律制度与《宪法》的关系。该法对我国发展对外关系的指导思想、基本原则、领导体制、机构职权及目标任务、制度等作出规定，贯彻落实了《宪法》规定、原则和精神。《对外关系法》45 个条文中有 12 条是直接根据《宪法》作出的规定。同时，根据实践发展需要和相关法律规定，《对外关系法》在对外关系基本原则、机构职权、国家尊重和保障人权等方面进一步丰富和发展了我国《宪法》关于对外关系规定的制度内涵，并首次以法律形式明确了条约同我国《宪法》的关系。

第二，《对外关系法》将维护国家主权、安全、发展利益作为立法的主要目标。该法在立法目的中开宗明义规定，“为了发展对外关系，维护国家主权、安全、发展利益”；在总则中明确“国家机关和武装力量、各政党和各人民团体、企业事业组织和其他社会组织以及公民，在对外交流合作中有维护国家主权、安全、尊严、荣誉、利益的责任和义务”；在发展对外关系的目标任务中明确“发展对外关系，坚持维护中国特色社会主义制度，维护国家主权、统一和领土完整，服务国家经济社会发展”；在对外关系的制度中明确“国家在遵守国际法基本原则和国际关系基本准则的基础上，加强涉外领域法律法规的实施和适用，并依法采取执法、司法等措施，维护国家主权、安全、发展利益，保护中国公民、组织合法权益”，明确“对于违反国际法和国际关系基本准则，危害中华人民共和国主权、安全、发展利益的行为，中华人民共和国有权采取相应反制和限制措施”，明确“国家依法采取必要措施，保护中国公民和组织在海外的安全和正当权益，保护国家的海外利益不受威胁和侵害”。

第三，《对外关系法》将“建设社会主义现代化强国，实现中华民族伟大复兴，促进世界和平与发展，推动构建人类命运共同体”规定为立法目的的重要内容，并在发展对外关系的指导思想中重申了国家的指导思想。《对外关系法》重申独立自主的和平外交政策和和平共处五项基本原则，并进一步明确“坚持对外开放基本国策”和“构建新型国际关系”。

第四，《对外关系法》将坚持对外开放作为一项重要原则。该法在总则第 4 条中规定“坚持对外开放基本国策，奉行互利共赢开放战略”；在发展对外关系的目标任务中明确要求“坚持推进高水平对外开放，发展对外贸易，积极促进和依法保护外商投资，鼓励开展对外投资等对外经济合作，推动共建‘一带一路’高质量发展，维护多边贸易体制，反对单边主义和保护主义，推动建设开放型世界经济”。

第五，《对外关系法》将“发展对外关系，促进友好交往”作为发展对外关系的指导思想。该法在发展对外关系的目标任务中明确“推动践行全球发展倡议、全球安全倡议、全球文明倡议”，“促进大国协调和良性互动，按照亲诚惠容理念和与邻为善、以邻为伴方针发展同周边国家关系，秉持真实亲诚理念和正确义利观同发展中国家团结合作”，“在平等和相互尊重的基础上开展人权领域国际交流与合作，推动国际人权事业健康发展”，明确积极参与全球环境气候治理，开展对外援助，开展国际人道主义合作和援助；明确国家鼓励开展民间对外友好交流合作；明确开展教育、科学、文化、卫生、体育、社会、生态、军事、安全、法治等领域交流与合作。整部法律中出现“交流与合作”“交流合作”“友好交往”“国际合作”共20处，充分反映了这部法律的突出特点。

第六，《对外关系法》对中央外事工作领导机构、全国人大及其常委会、国家主席、国务院、中央军事委员会、中央和国家机关等行使对外关系职权作出规定。

第七，《对外关系法》首次以法律形式明确了缔结或者参加的条约和协定同《宪法》的关系。从缔结条约的角度规定：“国家缔结或者参加的条约和协定不得同宪法相抵触。”明确缔结的条约应当符合《宪法》规定，既维护了《宪法》最高的法律地位、法律权威、法律效力，也符合我国坚持条约应当信守的主张，同时为进一步完善条约的合宪性审查工作体制机制提供了法律依据。

第八，《对外关系法》规定了条约实施和适用的制度，即“国家依照宪法和法律缔结或者参加条约和协定，善意履行有关条约和协定规定的义务”，明确要求“国家采取适当措施实施和适用条约和协定”，“国家采取措施执行联合国安全理事会根据联合国宪章第七章作出的具有约束力的制裁决议和相关措施”。

三、《对外关系法》的重要意义

涉外领域法律法规是中国特色社会主义法律体系的重要组成部分，《对外关系法》是我国涉外领域的基础性、综合性法律，在涉外立法领域发挥统摄、总括作用。《对外关系法》是中华人民共和国首部集中阐述我国对外工作大政方针、原则立场和制度体系的基础性涉外立法，对我国发展对外关系作出了总体规定，是我国涉外法律体系的基础性立法之一，它的颁布是我国涉外法治建设的重要里程碑。

首先，《对外关系法》贯彻落实习近平新时代中国特色社会主义思想，特别是习近平外交思想、习近平法治思想，全面贯彻落实党的二十大精神，将我国长期以来特别是新时代以来坚持的对外大政方针通过法定程序转化为法律，突出强调中华人民共和国对外工作坚持中国共产党的集中统一领导，集中阐述我国对外交往的立场主张，完善我国对外关系的相关制度，以法治方式向世界展示我国高举和平、发展、合作、共赢旗帜的负责任大国形象，让世界更好地了解中国、认识中国、理解中国、信任中国，为我国发展对外关系、促进国际合作提供更完善的法律遵循，为实现第二个百年奋斗目标，以中国式现代化全面推进中华民族伟大复兴，营造良好外部环境。

其次，《对外关系法》对在法治层面把握"两个大局"具有重要意义。整体而言，《对外关系法》是新时代我国推动对外交往顶层制度建构的重要表征，也是我国自主把握国际法与国内法内在联系、主动促进体系间功能交互支撑的重要体现，是推动国际法治与国内法治良性互动的关键桥梁。具体而言，《对外关系法》对把握国际国内"两个大局"的重要意义表现在以下五个方面：

第一，《对外关系法》为国内法治与国际法治的互动确立价值导向，包含国内法体系和发展对外关系的基本价值，规定了捍卫国家主权、发展和安全利益的最为重要的法律原则，是弘扬全人类共同价值和构建人类命运共同体的价值载体。

第二，《对外关系法》为国内法治和国际法治的互动提供法律保障，对我国发展对外关系、推进对外关系法治化所涉的最为关键的法律原则和重要规则（"一体两翼""四梁八柱"）作出了系统规定，从法律角度为国际法治与国内法治的规范关系和双向良性互动提供法律依据。

第三，《对外关系法》为国内法治和国际法治的互动设定基本模式，保障法治双向互动遵循基本法律原则，并在《对外关系法》的规范权威之上展开，保障法治互动过程中的平等、公平、有效等价值得到有效贯彻。

第四，《对外关系法》为国内法治和国际法治良性互动提供指引，充分考虑规则架构、自我实施程度、集体行动特征、主体能力等因素，纳入法治互动规模、周期、效率、影响等基本特征考量，形成法治互动决策。

第五，《对外关系法》强化对国内法治和国际法治互动的统筹协调，协调法治互动参与者在对外交往中的法律地位、权利保护及相互关系，协调宪法、法律和其他法的渊源之间的关系，统筹国家机关、行业协会、研究机构、国际组织等主体在促进法治互动中的合作关系。

最后，《对外关系法》是统筹推进国内法治和涉外法治的集成和纲领。坚持统筹推进国内法治和涉外法治是习近平法治思想的重要内容。《对外关系法》高度注重国内法与国际法体系关联视角下的法治赋能，强化国家在调整对外关系中的系统化能力。《对外关系法》的系统化效应和统筹方法论主要体现在以下六个方面：

第一，强化“规范统筹”，统筹国内法的涉外效力以及国际法的国内“认证”和执行，处理对外关系和活动中国际法和国内法的功能。

第二，强化“领域统筹”，助力统筹不同治理领域之间的主要矛盾联结点，对其间的关联和冲突进行协调。

第三，强化“方式统筹”，促进对外关系法治化传统守正与时代创新的结合。

第四，强化“环节统筹”，协调立法、执法、守法、用法之间的关系，提升涉外法律合作与斗争能力。

第五，强化“价值统筹”，推进国内法治与涉外法治互动进程中潜在冲突的不同社会价值的统筹，体现重要价值指引作用。

第六，强化“路径统筹”，规定对外关系法律调整的规范构成、程序保障等事项。

《对外关系法》是我国推进法治守正创新的重要体现。《对外关系法》

充分汲取了中国对外关系法治化的历史经验，考虑了对外关系立法的国情现实、时代背景、阶段任务，是具有鲜明特色的守正创新之法。一方面，《对外关系法》以“守正固本”为立法基底，强调和平、合作、发展的对外关系主基调，明确反对霸权主义和强权政治，延续构建新型国际秩序的一贯主张，坚持以国际法为基础的国际秩序，坚定维护国家主权、安全、发展利益，坚持促进国内法治与国际法治的良性互动。另一方面，《对外关系法》以“制度创新”为立法特色，采用统一立法形式，对外关系理念侧重商谈与互动、对外关系职权配置兼容分工与配合、对外交往制度设计体现显著实践性。在立足本土特色和治理需求的前提下，相信《对外关系法》能够为妥善维护世界百年未有之大变局和中华民族伟大复兴战略全局交织背景下中国主权、安全和发展利益和公民的切身利益提供重要法律保障。

第二节　制定《外国国家豁免法》确立外国国家豁免制度

一、制定《外国国家豁免法》的背景

国家豁免是各国普遍接受的国际法原则。外国国家豁免是指外国国家及其财产免于另一国法院的司法程序。外国国家豁免是法院地国领土管辖权的例外，其理论基础是国家主权平等这一国际法基本原则，即基于平等者之间无管辖权，一国不能凌驾于另一国之上，一国法院不得对另一国进行司法管辖、审判，或对其财产采取强制措施。外国国家豁免限于程序上免于法院司法管辖，并不意味着免除实体法上的责任，实践中可通过该外国放弃豁免或循外交渠道等方式追究责任。

历史上，各国在理论上和实践中曾普遍承认和支持绝对国家豁免制度，即一国的所有行为及其全部财产，在另一国法院均不受司法管辖和免于强制措施。“二战”后，随着国家作为平等民事主体大量参与国际经济

贸易等商业活动，一国公民和企业与外国国家之间的纠纷随之增加。为保障本国公民和企业在与外国国家商业活动中的权益，先是美欧发达国家，随后一批发展中国家也逐步转向限制国家豁免制度，即把国家行为分为主权行为和非主权行为，把国家财产分为主权财产和商业活动财产，只有主权行为和主权财产享有豁免，非主权行为和商业活动财产不享有豁免。经过几十年发展，现在世界上绝大多数国家都奉行限制国家豁免制度。限制国家豁免制度已成为国际社会公认的法律制度。

党的十八大以来，以习近平同志为核心的党中央坚持全面依法治国，对统筹推进国内法治和涉外法治、加强涉外领域立法、完善涉外法律体系作出一系列重大决策部署，推进一系列重大工作。近年来，全国人民代表大会及其常务委员会深入贯彻落实习近平总书记重要指示精神和党中央决策部署，加快涉外领域立法步伐，相继制定、修改了一批重要的涉外法律和法律中的涉外规定。《外国国家豁免法》是我国加强涉外领域立法的一个重要成果。

制定《外国国家豁免法》，坚持以习近平新时代中国特色社会主义思想为指导，深入贯彻习近平外交思想、习近平法治思想，适应我国对外交往不断扩大的新形势新变化，确立我国的外国国家豁免制度，对我国国家豁免政策进行必要调整，明确我国的外国国家豁免政策由绝对豁免转向限制豁免，这对于统筹推进国内法治和涉外法治、促进对外开放、依法维护权益、稳定行为预期等具有重要意义。一是有利于维护我国公民和法人合法权益，助力高水平对外开放；二是有利于贯彻国家主权平等原则，维护我国主权、安全、发展利益；三是有利于填补法律制度空白，加快完善我国涉外法律体系；四是有利于发挥司法审判在涉外领域的职能作用，提升涉外司法效能。

2023 年 9 月 1 日，《外国国家豁免法》由第十四届全国人民代表大会常务委员会第五次会议表决通过，自 2024 年 1 月 1 日起施行。该法是涉及国家对外关系和司法制度的重要法律，也适用于中国香港特别行政区和中国澳门特别行政区。

二、《外国国家豁免法》的主要内容

《外国国家豁免法》第 1 条明确了立法目的，第 2 条界定了“外国国家”，第 3 条规定外国国家享有管辖豁免，但该法另有规定的除外。《外国国家豁免法》第 4 条至第 12 条明确了 7 项得到广泛认可的管辖豁免例外，包括外国国家放弃管辖豁免，外国国家在中国领域内从事商业活动或者在中国领域外从事商业活动但在中国领域内产生直接影响而引起的诉讼，外国国家因在中国领域内全部或部分履行劳动或者劳务合同引起的诉讼，外国国家在中国领域内造成的侵权赔偿诉讼，外国国家因财产的所有、占有和使用事项在中国领域内引起的诉讼，外国国家在中国领域内因知识产权归属和侵权等事项引起的诉讼，外国国家因仲裁协议、仲裁裁决和其他对仲裁进行审查的相关事项在中国领域内引起的诉讼。

《外国国家豁免法》第 13 条强调外国国家的财产享有司法强制措施豁免，明确放弃管辖豁免不得视为放弃司法强制措施豁免。《外国国家豁免法》第 14 条规定了 3 种司法强制措施豁免例外：（1）外国国家明示放弃司法强制措施豁免；（2）外国国家已经拨出或者专门指定财产用于司法强制措施执行；（3）为执行中国法院的生效判决、裁定，对外国国家位于中国领域内、用于商业活动且与诉讼有联系的财产采取司法强制措施。《外国国家豁免法》第 15 条规定外国国家享有司法强制措施豁免的特定财产，包括外交财产、军事财产、中央银行或者履行中央银行职能的金融管理机构的财产、文化遗产或者档案等不视为用于商业活动的其他财产。

外国国家豁免制度是一个涉及政治和法律、外交和司法的交叉领域。《外国国家豁免法》第 16 条至第 18 条规定了外国国家豁免审判和执行程序的具体制度，第 19 条规定外交部就国家行为的事实问题出具的证明文件应得到法院采信，且外交部有权在其认为案件涉及重大国家利益时出具意见供法院参考。依据《外国国家豁免法》第 20 条和第 22 条的规定，国际条约、国际习惯上的特权与豁免不受影响。《外国国家豁免法》第 21 条确立了对等原则，明确规定外国给予中国国家及其财产的豁免待遇低于该法规定的，中国实行对等原则。

第三节　修改《反间谍法》　密织反谍法网

一、《反间谍法》修订的背景

2014 年 11 月 1 日，第十二届全国人民代表大会常务委员会第十一次会议审议通过了《中华人民共和国反间谍法》。《反间谍法》是在 2009 年修正的《国家安全法》的基础上修订出台的，是规范和保障反间谍斗争的专门法律，对于防范、制止和惩治间谍行为和其他危害国家安全行为，维护国家安全发挥了重要作用。但是，随着形势的发展变化，各种危害国家安全的新主体新行为新危害日益多元，反间谍斗争面临诸多新挑战，2014 年《反间谍法》存在的间谍行为界定较窄、安全防范制度不够健全、行政执法赋权不足、法律责任相对单一等问题逐渐凸显出来。同时，全面依法治国战略部署纵深推进，对严格规范公正文明执法提出了新的更高要求，亟须对 2014 年《反间谍法》作出全面修订。

二、《反间谍法》修订的重要意义

一是 2023 年修订的《反间谍法》鲜明体现了坚持党中央对反间谍工作的集中统一领导、国家安全一切为了人民一切依靠人民、统筹传统安全和非传统安全、依法开展反间谍工作等核心要义和法治原则，必将更加有力地引导、推动、规范、保障反间谍工作和其他国家安全工作。

二是 2023 年《反间谍法》立足新时代新征程，适应新形势新挑战，全面落实党的二十大战略部署，将“统筹发展和安全”“增强全民反间谍安全防范意识和国家安全素养”“筑牢国家安全人民防线”等新部署新要求及时写入法律，将党的主张转化为国家意志，充分发挥了法治固根本、稳预期、利长远的保障作用。

三是2023年《反间谍法》坚持问题导向、目标导向、效果导向，深入总结长期以来的反间谍斗争经验规律，广泛凝聚各方面智慧心血，通过全面系统的修订完善，较好地解决了制约新时代反间谍工作的一系列重点难点问题，对于在法治轨道上推进国家安全体系和能力现代化，加快构建新安全格局具有重要保障作用。

三、《反间谍法》修订的主要内容

2023年修订的《反间谍法》共6章71条，在2014年《反间谍法》基础上，新增条文29条，修订条文41条。主要包括以下五个方面：

第一，进一步强化党中央对反间谍工作的集中统一领导。总则第2条将“反间谍工作坚持中央统一领导”进一步明确为“反间谍工作坚持党中央集中统一领导”；增加“坚持总体国家安全观”作为反间谍工作的指导思想；新增第5条“国家建立反间谍工作协调机制，统筹协调反间谍工作中的重大事项，研究、解决反间谍工作中的重大问题”。

第二，针对性完善间谍行为的界定。2023年《反间谍法》与时俱进，完善了间谍行为的内涵外延，将“投靠间谍组织及其代理人”“针对国家机关、涉密单位或者关键信息基础设施等的网络攻击、侵入、干扰、控制、破坏等活动”明确为间谍行为。同时，根据实践中的情况，明确了相关主体窃密的对象范围是“国家秘密、情报以及其他关系国家安全和利益的文件、数据、资料、物品”。

第三，体系化设置反间谍安全防范专章。2023年《反间谍法》将“积极防御”“依法惩治”“标本兼治”列入反间谍工作的基本原则，要求“筑牢国家安全人民防线”。特别是总结固化反间谍安全防范实践中行之有效的做法，增设“安全防范”专章，明确国家机关、人民团体、企业事业组织和其他社会组织承担本单位的反间谍安全防范主体责任，压实地方政府和行业主管部门职责分工内的管理责任，强化国家安全机关的指导监督责任，要求重点单位强化反间谍人防、物防、技防措施，细化国家安全机关对涉及国家安全事项的建设项目实施许可制度，明确有关方面积极开展反间谍宣传教育的职责和公民举报间谍行为的义务，有效解决了“防什么”“谁来防”“怎么防”的问题。

第四，全面规范反间谍行政执法保障。增加查阅调取数据、传唤、查询财产信息、不准出入境等行政执法职权；明确国家安全机关执法规范要求，严格审批程序；增加对发现的网络安全风险等的通报和处置措施；增加对国家秘密、情报的鉴定评估机制；增加行刑衔接的规定。增加对相关人员予以保护、营救、安置、抚恤优待等规定；增加规定鼓励反间谍领域科技创新，发挥科技在反间谍工作中的作用；明确国家安全机关应当严格执行内部监督和安全审查工作制度；明确应当加强反间谍专业力量人才队伍建设和专业训练，提升反间谍工作能力。

第五，多层次扩大行政处罚适用种类和范围。新增多项规定。增设多种行政处罚措施，明确对尚不构成犯罪的间谍行为，国家安全机关可以单处或并处警告、罚款、行政拘留，并可由有关部门予以处分。增设对单位的处罚，对实施间谍行为的单位、直接负责的主管人员和其他直接责任人员，国家安全机关可以罚款，并建议有关主管部门依法责令停止从事相关业务、提供相关服务或者责令停产停业、吊销有关证照、撤销登记。增设对帮助间谍行为和未履行反间谍安全防范责任等其他违法行为的处罚，进一步织密法网。

第四节　修改《民事诉讼法》完善涉外民事诉讼制度

《民事诉讼法》是国家的基本法律，是规范民事诉讼程序的基本规则。现行《民事诉讼法》是1991年第七届全国人民代表大会第四次会议通过的，先后经历了2007年、2012年、2017年、2021年四次修正，在保护当事人诉讼权利、保障人民法院公正、高效审理民事纠纷方面发挥了重要作用。

2023年9月1日，第十四届全国人民代表大会常务委员会第五次会议审议通过了《关于修改〈中华人民共和国民事诉讼法〉的决定》，2023年《民事诉讼法》自2024年1月1日起施行。2023年《民事诉讼法》的修改，着重对涉外民事诉讼程序制度进行完善，有利于进一步提升涉外民事案件审判质效，更好保障当事人的诉讼权利和合法权益，更好维护我国主权、安全和发展利益。同时积极回应社会关注，对民事诉讼领域的其他有关问题进行了修改完善。

一、修改《民事诉讼法》涉外编的背景

随着经济社会的不断发展与高水平对外开放的不断推进，近年来人民法院审理的涉外民事纠纷数量快速攀升，已覆盖全球100多个国家和地区，境外当事人主动选择我国法院管辖的案件日益增多，我国法院作出的民商事判决得到越来越多国家的承认和执行，中国司法的国际公信力和影响力持续提升。与此同时，司法实践中面临的管辖权国际冲突等问题越加复杂，现有涉外民事诉讼程序的功能定位、制度规则等已难以完全满足公正、高效、便捷解决涉外民事纠纷及维护国家主权、安全、发展利益的需要，有必要进行修改完善。

党的十八大以来，以习近平同志为核心的党中央高度重视涉外法治工作，明确提出统筹推进国内法治和涉外法治。党的二十大报告强调“坚持高水平对外开放，加快构建以国内大循环为主体、国内国际双循环相互促进的新发展格局”，对推进高水平对外开放、推动构建人类命运共同体作出重大部署，为加强涉外法治工作提出新的更高要求。

为深入贯彻党的二十大精神，落实党中央关于统筹推进国内法治和涉

外法治的决策部署，立法机关在全面总结涉外民商事审判实践经验基础上，重点对《民事诉讼法》中“涉外民事诉讼程序的特别规定”一编的内容进行了修改完善。此外，针对社会普遍关注、司法实践反映集中、各方能够形成高度共识的《民事诉讼法》其他各编内容，也作了相应修改。

二、涉外民事诉讼程序修改内容和亮点

2023 年《民事诉讼法》修改对“涉外民事诉讼程序的特别规定”一编作了诸多修改完善：

一是修改管辖的相关规定，进一步扩大我国法院对涉外民事案件的管辖权；二是顺应国际趋势，增加平行诉讼的一般规定、不方便法院原则等相关条款；三是进一步修改涉外送达的相关规定，着力解决涉外案件“送达难”问题，提升送达效率，切实维护涉外案件当事人的合法权益；四是完善涉外民事案件司法协助制度，增设域外调查取证相关规定；五是完善外国法院生效判决、裁定承认与执行的基本规则。

（一）涉外民商事案件的管辖规则

1. 与时俱进地适当扩大我国法院对部分涉外民商事案件的管辖权

一是合理增加管辖涉外案件的类型，适度扩大相关管辖依据。将管辖纠纷的类型拓展至财产权益纠纷和非财产权益纠纷，增设侵权结果发生地和其他适当联系作为管辖依据，更好平等保护中外当事人诉权，切实维护我国主权、安全、发展利益。二是完善涉外协议管辖规则。顺应国际发展趋势，充分尊重当事人意思自治，与争议有实际联系的地点不在我国领域内的，明确当事人可以协议选择我国法院管辖。三是增加涉外专属管辖的情形。借鉴各国立法实践，增加因在我国领域内设立的法人或者非法人组织的设立、解散、清算，该法人或者其他组织作出的决议的效力等提起的诉讼，以及因在我国领域内审查授予的知识产权的有效性等提起的诉讼等与我国利益密切相关的特定类型案件，适度扩大我国法院管辖范围。四是

明确涉外消费纠纷、涉外网络侵权纠纷的管辖规则。顺应跨国电商平台消费快速增长的趋势，就因涉外消费引起的纠纷，加大消费者诉权保护力度。破解涉外信息网络侵权情形下确定地域管辖的困境，将司法解释中的合理规则上升为法律，明确涉外信息网络侵权的管辖依据，筑牢营造清朗网络空间法治基石。

2. 妥善协调国际民商事诉讼管辖权冲突，提升解决国际民商事争议的效率

现行司法解释中已包含平行诉讼、不方便法院的规定。2023 年修法将其上升为法律规定，完善相关适用条件。保障中外当事人正当司法需求，明确我国法院可以受理他国法院已经受理的案件。顺应国际社会“预先承认”的立法趋势，降低中外当事人诉讼成本。对于具备法定情形，我国法院审理的案件和当事人参加诉讼明显不便的案件，适度礼让由他国法院行使管辖权。

（二）涉外民事诉讼程序中的送达规则

在涉外民事案件审判实践中，送达一直是制约审判效率提升的关键因素。2023 年《民事诉讼法》修改着力解决这一涉外民事审判的痛点难点问题，在全面总结涉外案件送达审判实践经验的基础上，对涉外送达方式作了修改完善：一是针对实践中有的诉讼代理人通过在授权委托书中载明“不包括接收司法文书”以逃避送达的情形，删除 2021 年《民事诉讼法》中诉讼代理人必须“有权代其接受送达”的限定，明确只要是受送达人在本案中委托的诉讼代理人，都应接受送达。二是增加向受送达人在我国领域内设立的独资企业送达的规定，同时删除分支机构接受送达须“有权接受送达”的限定。三是增加受送达人为外国人、无国籍人，其在我国领域内设立的法人或者其他组织担任法定代表人或者主要负责人，且与该法人或者其他组织为共同被告的，向该法人或者其他组织送达的规定。四是增加受送达人为外国法人或者其他组织，其法定代表人或者主要负责人在我

国领域内的，向其法定代表人或者主要负责人送达的规定。五是增加以受送达人同意的其他方式送达的规定，但是受送达人所在国法律禁止的除外。

（三）域外调查取证规则

为了保障人民法院准确查明案件事实，2023 年《民事诉讼法》对域外调查取证作出明确规定，同时，为了回应互联网时代的司法需求，该法规定在尊重所在国法律及双方当事人同意的前提下，可以通过即时通信工具或其他方式取证，拓宽法院查明案件事实的渠道。

（四）承认与执行外国法院判决程序和规则

为了完善有关承认与执行外国法院判决的制度规则，促进稳定国际民商事法律秩序，2023 年《民事诉讼法》作了相应修改：一是增强我国司法审查的透明度。当事人申请承认和执行外国法院判决的，除法定情形以外，应予以承认和执行。同时，对于外国法院裁判违反我国法律的基本原则或者侵犯国家主权、安全、社会公共利益的，则不予承认和执行。二是明确因同一纠纷向我国法院申请承认和执行程序与我国法院案件审理程序的关系。当事人申请承认和执行外国法院判决，所涉争议与我国法院正在审理案件属于同一争议的，我国法院可以中止审理，促进稳定相关法律关系和当事人预期，同时明确我国法院恢复诉讼程序的情形。

（五）相互承认与执行仲裁裁决的规则

为了恪守国际条约义务，积极推进仲裁裁决的国际流通，2023 年《民事诉讼法》作了两个方面的修改：一是将认定仲裁裁决籍属的标准由仲裁机构标准修改为裁决地标准，促进仲裁裁决的跨境执行。二是增设申请人住所地法院、与裁决所涉纠纷有适当联系地法院为仲裁司法审查的管辖法院，最大限度便利仲裁当事人权利救济。

三、《民事诉讼法》涉外民事诉讼程序修改的意义

经过这次修改，2023 年《民事诉讼法》涉外民事诉讼程序和涉外民事诉讼规则更加优化完善，涉外民事诉讼程序的功能定位、制度设计有助于满足公正、高效、便捷解决涉外民商事纠纷，平等保护中外当事人合法权益，营造市场化、法治化、国际化一流营商环境，维护国家主权、安全、发展利益，推进国家治理体系和治理能力现代化，也有助于持续提高中国司法的国际公信力和影响力。

第五节　制定《粮食安全保障法》夯实粮食安全保障基石

一、制定《粮食安全保障法》的背景

“仓廪实，天下安。”粮食安全已然超越能源安全和金融安全，成为国家三大经济安全之首。确保国家粮食安全始终是治国理政的头等大事。保障粮食安全必须立足法治。自 2008 年第十一届全国人民代表大会常务委员会明确将《粮食法》作为任期内提请审议的 49 件法律草案之一，列为立法规划第一类项目开始，到 2023 年年末第十四届全国人民代表大会常务委员会第七次会议审议通过《粮食安全保障法》，这部关涉 14 亿人能否端牢端稳饭碗的民生之法、国本之法的制定前后历时 15 年。尽管受立法容量所限，该法仅有 11 章 74 个条文，但其所内蕴的鲜明独特的本土性、协同性和时空性不仅折射出中华法治文明之光，也为全球粮食安全治理贡献了中国智慧和中国方案。

二、《粮食安全保障法》的立法意义

作为我国第一部全面系统地规定粮食安全保障工作的专门法律，《粮

食安全保障法》以粮食安全战略为引领，贯彻新国家粮食安全观，从纾解我国粮食安全保障面临的主要矛盾和问题出发，明确界定耕地保护以及粮食生产、储备、流通、加工、应急、节约等环节的重点任务，全面回答了粮食安全“谁来保障”“如何保障”等关键问题。不仅为“以我为主、立足国内、确保产能、适度进口、科技支撑”和“藏粮于地”、“藏粮于技”的贯彻实施提供法治路径，而且将全方位夯实粮食安全根基过程中必须遵循的核心原则、主要制度及机制等系统梳理并予以规范确认，为全方位夯实粮食安全根基提供法治支撑。

作为我国作为保障粮食安全的基础性、统领性法律，《粮食安全保障法》有效统合衔接既有相关实体和程序规范，以《粮食安全保障法》为指引，以《粮食流通管理条例》《中央储备粮管理条例》两部专门性行政法规为骨干，协同发挥《民法典》《农业法》《土地管理法》《农村土地承包法》《农产品质量安全法》《农业机械化促进法》《食品安全法》《反食品浪费法》等几十部相关法律法规及规范性文件的特别规范作用，初步构建了我国粮食安全保障法治体系，提升了粮食安全治理能力和治理水平。

三、《粮食安全保障法》的立法特点

自2008年第十一届全国人民代表大会常务委员会明确将《粮食法》作为任期内提请审议的49件法律草案之一，列为立法规划第一类项目开始，到2023年年末《粮食安全保障法》最终通过，《粮食安全保障法》的制定前后历时15年。检视这部关涉14亿人能否端牢端稳饭碗的民生之法、国本之法，虽然仅有74个条文，但其所内蕴的鲜明独特的本土性、协同性和时空性已然折射出中华法治文明之光，必将成为中国特色社会主义法治体系建设中浓墨重彩的一笔。

（一）立足法治本土性的粮食安全保障立法模式选择

法治所固有的规范性、稳定性等优势，使之成为国际通行的保障粮食安全的基本手段。迥异于美国的《食物、农场及就业法案》、日本的《粮食、农业、农村基本法》以及欧盟的《共同农业政策》等将粮食与农业立法整体考量、合并制定的立法思路，为了保障粮食有效供给，确保国家粮食安全，提高防范和抵御粮食安全风险能力，从“世情”“国情”“粮情”出发，我国采选的是《粮食安全保障法》与农业基本法分别立法之模式。《粮食安全保障法》聚焦耕地和科技两大要素，统筹考量粮食产业链各个环节安全风险，构建科学合理、安全高效的粮食供给保障体系，提升粮食供给能力和质量安全。重视耕地数量与质量并重的保护制度体系建设；健全完善粮食生产者及主产区激励补偿机制；推动粮食政府储备与社会储备协同发展；着力完善对于粮食流通和加工市场的监管和调控；强化粮食应急体系建设；树立全链条粮食节约理念并实施全员行动。通过系统设定政府、市场、社会各类主体粮食安全保障权力（利）、义务与责任，有效提升粮食综合生产、储备应急、加工流通、节约减损等粮食供给保障能力，形成具有中国特色的粮食安全保障制度体系，为全球粮食安全治理贡献了中国智慧和中国方案。

（二）突显法治协同性的粮食安全保障主体制度设计

中国共产党领导是中国特色社会主义制度的最大优势。粮食安全保障事关国运民生，涉及领域广泛，面临情况复杂，这就需要党站在全局高度统一领导协调。继2021年修订的《粮食流通管理条例》对于“粮食安全党政同责”予以表达之后，《粮食安全保障法》开宗明义提出“国家建立粮食安全责任制”，在法律层面首次实现对于“粮食安全党政同责”的彰显和阐释。

着眼于粮食安全的公共性和外部性，政府保障粮食安全义不容辞。《粮食安全保障法》规定“县级以上地方人民政府应当承担保障本行政区域粮食安全的具体责任”，并在粮食安全保障纳入规划、耕地种植用途管控、撂荒地治理、粮食加工业布局、粮食应急体系建设等十余个条文中，详细设定县级以上地方人民政府粮食安全保障职责。

粮食安全关涉全社会的核心利益，保障粮食安全乃是一项系统综合的工程体系，政府的粮食安全保障能力显然具有有限性。这就需要有效协同引导市场和社会，实现全社会协力保障。《粮食安全保障法》通过对政府适度的引导激励和约束限制等手段进行规定，促进市场、社会主体参与，与政府形成粮食安全保障合力。不仅着眼于政府的激励职责，规定了“建立耕地保护补偿制度，调动耕地保护责任主体保护耕地的积极性”“健全粮食生产者收益保障机制”“扶持和培育家庭农场、农民专业合作社等新型农业经营主体从事粮食生产”“鼓励家庭农场、农民专业合作社、农业产业化龙头企业自主储粮”“鼓励粮食经营者运用先进、高效的粮食储存、运输、加工设施设备，减少粮食损失损耗”等，还从义务设定的维度，规定了村民委员会、农村集体经济组织发现违反耕地种植用途管控要求行为的及时报告义务，公民个人和家庭节约粮食杜绝浪费的义务，机关、人民团体、社会组织、学校、企业事业单位等加强本单位食堂的管理纠正浪费行为的义务，有关粮食食品学会、协会等制定和完善节约粮食、减少损失损耗的相关团体标准及宣传教育义务等，从而构建了以政府为主导、全社会参与的粮食安全保障制度体系。

（三）关注法治时空性的粮食安全保障制度体系构造

粮食安全具有开放性和发展性。《粮食安全保障法》着眼于全产业链考量粮食安全，通过周全的制度设计调整优化粮食产业供给结构，设置粮食生产者、粮食经营者、粮食食品经营者、粮食消费者等粮食安全保障权利义务。有效平衡了耕地保护中的管制与建设关系，粮食生产、储备与消费关系，粮食加工中工业用粮、饲料用粮与口粮结构关系，粮食增产与节约减损关系。

《粮食安全保障法》着眼于粮食安全保障的可持续性，抓住耕地和科技这两个关键要素，聚焦于耕地保护、粮食科技创新支持，不仅在原则上规定了加强粮食安全科技创新能力和信息化建设、推进智慧农业发展，而且通过高标准农田建设、土地整治、粮食作物种质资源保护开发利用、农业技术推广、仓储科技创新等制度安排，重点在法治层面系统回应粮食安全保障中当下与长远关系的调试协同。

粮食安全具有地域性。《粮食安全保障法》不仅考量粮食主产区、主销区、产销平衡区的粮食生产能力，设定差异化粮食安全保障目标，落实“三大功能区”粮食生产责任共担机制；而且权衡产粮大县、粮食生产功能区和重要农产品生产保护区在粮食安全保障中的突出地位和作用，完善粮食生产激励机制。此外，还强调各地科学布局粮食加工业，强化在粮食生产功能区和重要农产品生产保护区粮食就地就近转化，鼓励“粮食主销区的企业在粮食主产区建立粮源基地、加工基地和仓储物流设施”。

四、《粮食安全保障法》的丰富内涵及核心要义

作为一项复杂庞大的社会系统工程，粮食安全保障牵涉粮食生产、储备、流通、加工、应急、消费等诸多环节，涉及政府与市场、中央与地方、粮食主产区与主销区等多个层面，关涉粮食生产者、粮食经营者、粮食消费者等多元主体。《粮食安全保障法》设定国家积极义务，有效发挥政府主导作用，多维度综合考量政府与市场协同共治，根据差别原则平衡协调不同主体利益，构造了多重激励、适度约束和综合保障的体制机制。

（一）《粮食安全保障法》中的国家义务

《世界人权宣言》和《经济、社会及文化权利国际公约》均强调人人享有免于饥饿的基本权利。国家对于国民的粮食权负有保障和实现的基本义务。为彰显国家保障粮食安全的决心，将粮食安全保障上升为国家行动，《粮食安全保障法》在国家层面设定了大量的积极义务。不仅在总则中着眼于宏观维度提出，国家“建立粮食安全责任制”“加强粮食宏观调控”“国际粮食安全合作”“建立健全粮食安全保障投入机制”“加强粮食安全科技创新能力和信息化建设”。而且在后续章节中，（1）着眼于耕地

数量和质量的双重保护，突出国家“实施国土空间规划下的国土空间用途管制”“建立严格的耕地质量保护制度”。（2）着眼于提升粮食生产安全保障能力，围绕种子、水资源、农机、农技等生产要素供给，提出国家“推进种业振兴”“加强水资源管理和水利基础设施建设”“推进农业机械产业发展”“加强农业技术推广体系建设”。基于对粮食生产功能区、重要农产品生产保护区、产粮大县、粮食生产者等生产主体的激励，主张“加强粮食生产功能区和重要农产品生产保护区建设”“健全粮食生产者收益保障机制”“健全粮食主产区利益补偿机制”“完善对粮食主产区和产粮大县的财政转移支付制度”等。（3）着眼于粮食生产之后的储备、流通、加工、应急环节，提出国家“建立政府粮食储备体系”“加强对粮食市场的管理”“加强对粮食市场的调控”“鼓励和引导粮食加工业发展”“建立统一领导、分级负责、属地管理为主的粮食应急管理体制”。（4）同时贯彻《宪法》原则，在粮食节约章节中宣誓“国家厉行节约，反对浪费”。

（二）《粮食安全保障法》中的政府权力

粮食安全保障政府必须负主责。为确保实现粮食安全的目标，着眼于粮食安全的公共性、正外部性及对于经济社会稳定的极端重要性，无论是发达国家还是发展中国家，政府都在不同程度上以不同形式干预粮食市场和粮食产业。《粮食安全保障法》对于粮食安全保障中的政府权力予以廓清。在《粮食安全保障法》总则中，着眼于政府规划权，规定“县级以上人民政府应当将粮食安全保障纳入国民经济和社会发展规划。县级以上人民政府有关部门应当根据粮食安全保障目标、任务等，编制粮食安全保障相关专项规划，按照程序批准后实施”。

在《粮食安全保障法》分则中，（1）着眼于耕地保护，贯彻政府土地管理权，规定了政府的补充耕地验收权、耕地种植用途管控权。（2）着眼于粮食储备安全，规定了政府粮食储备权以及政府对于承储政府粮食储备的企业或者其他组织的监管权。（3）着眼于粮食流通安全，不仅在原则上规定政府粮食市场管理权、政府粮食市场调控权，针对粮食流通市场特点还规定了政府对于粮食经营者的粮食经营数据信息的管理权、特定情况下的粮食库存量管理权。(4) 着眼于粮食加工安全，规定政府对粮食加工经营者的粮食加工质量的监管权。(5) 着眼于粮食应急，规定政府粮食应急预案制定权、政府粮食应急处置权。(6) 此外，在监督管理章节，规定了粮食安全信息发布权，粮食生产经营标准制定权、粮食质量安全监督管理权，详细阐述了粮食安全监督检查权的内涵，并对外商投资安全审查权、粮食安全信用管理权予以规范。

(三)《粮食安全保障法》中市场逻辑

粮食不仅具有战略物资属性，也具有商品属性，是市场交易的对象。保障粮食安全离不开对粮食市场运行规律和基本逻辑的遵循。(1)《粮食安全保障法》在总则中原则性规定"统筹利用国内、国际的市场和资源，构建科学合理、安全高效的粮食供给保障体系，提升粮食供给能力和质量安全""发挥粮食国际贸易作用"。(2) 该法还着眼于粮食安全保障投入，强调"引导社会资本投入粮食生产、储备、流通、加工等领域，并保障其合法权益""引导金融机构合理推出金融产品和服务，为粮食生产、储备、流通、加工等提供支持""鼓励开展商业性保险业务"。即使是在"严格的耕地质量保护制度"中也强调"坚持政府主导与社会参与、统筹规划与分步实施、用养结合与建管并重的原则，健全完善多元投入保障机制"。在粮食流通章节，还规定"引导社会资本投入粮食流通基础设施建设"。(3) 该法尤其注重规定激励手段，引导市场主体参与粮食安全保障。不仅"建立耕地保护补偿制度，调动耕地保护责任主体保护耕地的积极性"，而且为调动粮食生产积极性，提出"健全粮食生产者收益保障机制""完善农业支持保护制度和粮食价格形成机制"，健全对粮食主产区和产粮大县利益补偿机制。(4) 在粮食流通章节，该法更是强调要尊重粮食市场的交易法则，"充分发挥市场作用，健全市场规则，维护市场秩序，依法保障粮食经营者公平参与市场竞争，维护粮食经营者合法权益”。

徒法不足以自行，法治中国背景下粮食安全保障的法治化任重而道远。寄希望于通过一部法律来纾解关涉粮食安全保障的所有问题是不现实的。《粮食安全保障法》的顺利出台，固然为粮食安全保障奠定了规则基石。但是，法律的生命在于实施，后续还要通过严格执法、公正司法和全民守法对于《粮食安全保障法》予以有效贯彻实施。《粮食安全保障法》作为基础性法律，未来也需要与相关法律政策进行衔接统合协调，构建更具包容性、开放性、系统性的粮食安全法治保障体系。

第六节　制定《领事保护与协助条例》

2023 年 6 月 29 日，国务院第九次常务会议通过了《领事保护与协助条例》（以下简称《领保条例》），该条例自 2023 年 9 月 1 日起实施。

一、《领保条例》的立法进程及背景

《领保条例》的制定与出台，离不开中国实行改革开放政策的国内国际大背景，过程可简介如下：

据报道，2006 年第十届全国人民代表大会上，代表们提出的第 206 号与第 583 号议案中，提议制定“保护海外公民安全法”或者“境外中国公民合法权益保护法”等单行法。2009 年，外交部第一次起草的《中华人民共和国领事工作条例（征求意见稿）》通过国务院法制办公室，就《中华人民共和国领事工作条例（征求意见稿）》向社会公布，共 19 条。

随着中国对外交往的日益扩大，“一带一路”倡议的不断落实，越来越多的中国公民、法人、非法人组织走出国门，人民大众对政府提供优质公共服务的需求也快速增长。党中央、国务院高度重视维护国家海外利益，保障在国外的中国公民、法人、非法人组织正当权益。为切实维护中

国公民和机构的海外权益，进一步落实党的十八大以来提出的关于全面依法治国、完善中国特色社会主义法律体系的总体部署，2018 年 3 月，外交部公布了《中华人民共和国领事保护与协助条例（征求意见稿）》。

2019 年 5 月，《领保条例》被列入第 21 项立法工作计划。由此，领事保护专项立法工作进入了倒计时，直至 2023 年《领保条例》公布实施。

二、《领保条例》的基本内容

《领保条例》共 27 条，具体可归纳如下：

（一）有关明确立法目的、遵循原则、适用范围、总体思路的条款

《领保条例》第 1 条规定了条例的目的，即："为了维护在国外的中国公民、法人、非法人组织正当权益，规范和加强领事保护与协助工作，制定本条例。"

第 2 条规定了领事保护与协助工作应遵循的原则，即："坚持中国共产党的领导，坚持以人民为中心，贯彻总体国家安全观，加强统筹协调，提高领事保护与协助能力。"

第 3 条第 1 款规定了该条例的适用范围："本条例适用于领事保护与协助以及相关的指导协调、安全预防、支持保障等活动。"

《领保条例》在总体思路上主要把握以下三点：一是坚持系统思维，明确各方面职责，强调预防和处置并重；二是坚持以人民为中心，多措并举维护中国公民、法人、非法人组织在国外的正当权益；三是坚持从实际出发，做好人力和物力的保障工作。

（二）有关明确领事保护与协助定义和主体的条款

《领保条例》第 3 条第 2 款、第 3 款规定分别规定了领事保护与协助定义和主体。前者规定"本条例所称领事保护与协助，是指在国外的中国公民、法人、非法人组织正当权益被侵犯或者需要帮助时，驻外外交机构

依法维护其正当权益及提供协助的行为”；后者明确了“前款所称驻外外交机构，是指承担领事保护与协助职责的中华人民共和国驻外国的使馆、领馆等代表机构”。

（三）有关原则规定国内外各方职责的条款

《领保条例》原则规定了中国外交部、驻外外交机构、国务院有关部门、地方人民政府、有外派人员的国内单位以及中国公民、法人、非法人组织，在国家履行领事保护与协助职务过程中各自的职责和义务。《领保条例》第 4 条规定：“外交部统筹开展领事保护与协助工作，进行国外安全的宣传及提醒，指导驻外外交机构开展领事保护与协助，协调有关部门和地方人民政府参与领事保护与协助相关工作，开展有关国际交流与合作。驻外外交机构依法履行领事保护与协助职责，开展相关安全宣传、预防活动，与国内有关部门和地方人民政府加强沟通协调。国务院有关部门和地方人民政府建立相关工作机制，根据各自职责参与领事保护与协助相关工作，为在国外的中国公民、法人、非法人组织提供必要协助。有外派人员的国内单位应当做好国外安全的宣传、教育培训和有关处置工作。在国外的中国公民、法人、非法人组织应当遵守中国及所在国法律，尊重所在国宗教信仰和风俗习惯，做好自我安全防范。”

第 5 条第 2 款规定：“中国公民、法人、非法人组织请求领事保护与协助时，应当向驻外外交机构提供能够证明其身份的文件或者相关信息。”

（四）有关领事保护与协助具体情形的条款

《领保条例》第 8 条至第 15 条，具体规定了领事保护与协助的八大情形：一是在国外的中国公民、法人、非法人组织的正当公益被侵犯的；二是在国外的中国公民、法人、非法人组织因涉嫌违法犯罪被驻在国采取相关措施的；三是在国外的中国公民、法人、非法人组织的诉讼权利需法律保障的；四是在国外的中国公民需要监护但生活处于无人照料状态的；

五是在国外的中国公民因基本生活保障出现困难的；六是在国外的中国公民下落不明的；七是在国外的中国公民因治安刑事案件、自然灾害、意外事故等受伤或死亡的；八是在国外的中国公民、法人、非法人组织因人身安全或财产安全受到威胁需要帮助的。

（五）有关预防性领事保护与协助的细则条款

《领保条例》第5条第1款、第6条、第16条至第21条，对信息登记、咨询建议、安全预警、风险评估、安全宣传和指导培训等预防性领事保护及相关工作作了具体规定。其一，在国外的中国公民、法人、非法人组织可以在中国外交部或者驻外外交机构建立的信息登记平台上预先登记基本信息，以便获取帮助。其二，中国驻外使领馆应当了解驻在国当地法律服务、翻译、医疗、殡葬等机构的信息，在中国公民、法人、非法人组织需要时提供咨询。其三，在国外的中国公民、法人、非法人组织因与中介机构、旅游经营者、运输机构等产生纠纷向中国驻外使领馆求助的，中国驻外使领馆应当根据具体情况向其提供依法维护自身正当权益的有关信息和建议。其四，中国驻外外交机构应当建立领事保护与协助工作安全预警和应急处置机制，开展安全风险评估，对履责区域内的中国公民、法人、非法人组织进行安全宣传，指导其开展突发事件应对、日常安全保护等工作。其五，中国外交部和驻外外交机构应视情发布国外安全提醒；文化和旅游主管部门会同外交部建立世界各地风险提示机制，根据国外安全提醒，及时公开发布旅游目的地安全风险提示；中国国务院有关部门和地方人民政府结合国外安全提醒，根据各自职责做好相关提醒。其六，中国国务院有关部门和地方人民政府根据各自职责开展国外安全的宣传、教育培训工作，提高相关行业和人员国外安全风险防范水平，着重提高在国外留学、旅游、经商、务工等人员的安全意识和风险防范能力。其七，在国外的中国法人、非法人组织应当建立安全防范和应急处置机制，保障有关经费，加强安全防范教育和应急知识培训，根据需要配备专门安全管理机构、人员；有关中国公民、法人、非法人组织应当积极关注安全提醒，做好安全防范、避免前往及驻留高风险国家或者地区；经营出国旅游业务的旅行社应当就目的地国家或者地区存在的安全风险，向已经报名上团的中国公民旅游者作出真实说明和明确提示。

（六）有关领事保护与协助的人力物力保障条款

《领保条例》第 22 条至第 26 条，完善了各方对领事保护与协助工作在人力物力上的支持和保障。第一，规定国家为领事保护与协助工作提供人员、资金等保障；地方人民政府参与领事保护与协助相关工作的经费纳入预算管理；有外派人员的国内企业用于国外安全保障的投入纳入企业成本费用。第二，规定中国驻使领馆等外交机构根据领事保护与协助工作实际需要，经外交部批准，可以聘用人员从事辅助性工作。第三，规定国家鼓励有关组织和个人为领事保护与协助工作提供志愿服务，鼓励和支持保险公司、紧急救援机构、律师事务所等社会力量参与领事保护与协助工作。第四，规定对在领事保护与协助工作中作出突出贡献的组织和个人给予表彰、奖励。第五，规定中国公民、法人、非法人组织在领事保护与协助过程中，得到第三方提供的食宿、交通、医疗等物资和服务的，应当支付应由其自身承担的费用。

另外，《领保条例》第 7 条还就正常或特殊情况下中国驻外外交机构履行领事保护与协助职责的区域作了规定。

三、《领保条例》与领事公约的关系

（一）《领保条例》弥补了领事条约和国内法规的某些不足

《领保条例》出台之前，中国领事保护职务的实施，主要依据《维也纳领事关系公约》、中外双边领事条约（协定）及相关的国内法律条款的规定。《维也纳领事关系公约》第 5 条第 1 款规定：领事职务包括“于国际法许可之限度内，在接受国内保护派遣国及其国民——个人与法人——

之利益”。中外双边领事领事条约（协定）均有类似规定。自2010年1月1日起施行的《驻外外交人员法》第5条第1款第1项、第5项规定，驻外外交人员应当根据职务和工作分工，履行“维护国家主权、安全、荣誉和利益”“维护中国公民和法人在国外的正当权益”的职责。自2015年7月1日起施行的《国家安全法》第33条规定：“国家依法采取必要措施，保护海外中国公民、组织和机构的安全和正当权益，保护国家的海外利益不受威胁和侵害。”

《领保条例》第3条第2款和第3款则明确规定了“领事保护与协助”的定义，即“本条例所称领事保护与协助，是指在国外的中国公民、法人、非法人组织正当权益被侵犯或者需要帮助时，驻外外交机构依法维护其正当权益及提供协助的行为”，“前款所称驻外外交机构，是指承担领事保护与协助职责的中华人民共和国驻外国的使馆、领馆等代表机构”。

《领保条例》创建了中国领事保护与协助的国内法定义，弥补了领事公约和国内法规的某些不足，从而建立且健全了中国的领事保护法律体系。

（二）《领保条例》转化了领事条约中的某些规定

《维也纳领事关系公约》第1条“定义”第1款第1项、第2项规定：“称‘领馆’者，谓任何总领事馆、领事馆、副领事馆或领事代理处”、“称‘领馆辖区’者，谓为领馆执行职务而设定之区域”。第6条规定：“在特殊情形下，领事官员经接受国同意，得在其领馆辖区外执行职务。”第7条规定：“派遣国得于通知关系国家后，责成设于特定国家之领馆在另一国内执行领事职务，但以关系国家均不明示反对为限。”中外双边领事条约（协定）亦有类似规定。

《领保条例》第7条“驻外外交机构应当在履责区域内履行领事保护与协助职责；特殊情况下，经驻在国同意，可以临时在履责区域外执行领事保护与协助职责；经第三国同意，可以在该第三国执行领事保护与协助职责”的规定，正是前述领事条约相关条款在国内法的转化。

需要指出的是，《领保条例》的公布实施，使领事保护与协助职务的行使，既受有关条约调整也受该条例调整。

（三）《领保条例》的意义

《领保条例》是中国首部就领事保护工作制定的专门行政法规。在其出台之前，中国领事保护工作的法律依据主要为：《维也纳领事关系公约》、中外双边领事条约（协定）及相关的国内法律条款规定。《领保条例》的公布实施，建立健全了中国领事保护法律制度，丰富了中国涉外法治的内涵，进一步提高了领保工作的法治化、制度化、规范化水平，意义重大且影响深远。

第七节　其他法律法规的制定或修订

一、制定《刑法修正案（十二）》

2023 年 12 月 29 日，第十四届全国人民代表大会常务委员会第七次会议通过《刑法修正案（十二）》，该修正案自 2024 年 3 月 1 日起施行。此次修订共涉及 8 条内容，聚焦惩治行贿犯罪和民营企业内部人员腐败犯罪两个方面。为依法惩治民营企业内部人员腐败犯罪，《刑法修正案（十二）》对第 165 条非法经营同类营业罪、第 166 条为亲友非法牟利罪、第 169 条徇私舞弊低价折股、出售国有资产罪进行了修改，即在各条中分别增加第 2 款，规定民营企业内部人员实施相应行为构成犯罪的，“依照前款的规定处罚”。该部分内容的修改与民营企业内部腐败犯罪总的形势相适应，有助于进一步加强对民营企业非公有财产的平等保护，并与《联合国反腐败公约》规定的履约义务相衔接。为系统治理贿赂犯罪，切断贿赂犯罪因果链条，《刑法修正案（十二）》对第 390 条行贿罪增加一款，作为第2款，规定了从重处罚的行贿情形，包括多次行贿或者向多人行贿等七类情形，并对第387条单位受贿罪、第391条对单位行贿罪、第393条单位行贿罪的法定刑幅度作出调整。该部分内容的修改主要是坚持受贿行贿一起查的政策精神，根据中央有关重点查处的行贿案件要求，特别是2021年中央纪委国家监委与中央组织部、中央统战部、中央政法委、最高人民法院、最高人民检察院联合印发的《关于进一步推进受贿行贿一起查的意见》，对一些严重行贿情形从重处罚，同时调整、提高其他贿赂犯罪刑罚。2023年《刑法》修改，系统地完善了我国反腐败的刑事法律制度，对落实《联合国反腐败公约》的相关规定，提高腐败犯罪的治理能力具有重要意义。

二、制定《爱国主义教育法》

2023年10月24日，《爱国主义教育法》由第十四届全国人民代表大会常务委员会第六次会议表决通，该法自2024年1月1日起施行。

爱国主义是中华民族精神的核心，是中国人民和中华民族同心同德、自强不息的精神纽带。党的十八大以来，以习近平同志为核心的党中央坚持以习近平新时代中国特色社会主义思想凝心铸魂，以爱国主义精神固本培元，推动党和国家事业取得历史性成就、发生历史性变革。制定《爱国主义教育法》，以法治方式推动和保障新时代爱国主义教育，对于振奋民族精神、凝聚人民力量，推进强国建设、民族复兴，用新的伟大奋斗创造新的伟业，具有十分重大而深远的意义。

《爱国主义教育法》旨在加强爱国主义教育、传承和弘扬爱国主义精神的法律，该法共5章40条，包括总则、职责任务、实施措施、支持保障、附则。《爱国主义教育法》规定了爱国主义教育的主要内容，涵盖思想政治、历史文化、国家象征标志、祖国壮美河山和历史文化遗产、宪法和法律、国家统一和民族团结、国家安全和国防、英烈和模范人物事迹等方面。规定在面向全体公民开展爱国主义教育的同时，突出学校和家庭对青少年和儿童的教育，并对公职人员、企业事业单位职工、村居民、港澳台同胞和海外侨胞等不同群体的爱国主义教育，分别作出相应规定。

制定《爱国主义教育法》过程中，主要把握了以下几点：一是坚持鲜明政治导向。爱国主义是与一国文化传统、历史发展和基本国情紧密相联的。我国爱国主义始终围绕实现人民安康、民族富强而发展，最终汇流于中国共产党领导的为人民谋幸福、为民族谋复兴的中国特色社会主义伟大事业。爱国主义教育立法坚持爱国和爱党爱社会主义相统一这一当代中国爱国主义的根本政治属性和政治方向。二是坚持自信自立。坚定道路自信、理论自信、制度自信、文化自信，高扬爱国主义旗帜，坚决反对历史虚无主义；同时坚持立足中国又面向世界，在爱国主义教育中注重借鉴吸收人类优秀文明成果，防止民粹主义等干扰。三是把握好立法定位。我国现行教育、文化、国家标志、英雄烈士保护等领域的法律从不同方面对爱国主义教育作出了规定，刑法、国家安全等领域的法律对危害国家主权、安全和荣誉等行为规定了法律责任。《爱国主义教育法》立足于深入持久有效开展爱国主义教育，着眼凝心聚魂，重在建设、以立为本。四是遵循爱国主义教育规律。爱国主义教育是面向全体人民的教育，教育内容丰富，教育形式多样，重点在青少年、基础在学校教育，既要注重教育引导，又要注重实践养成，更需要全社会共同参与、共同推进。《爱国主义教育法》充分体现和遵循这些规律。

三、修改《行政复议法》

1999 年 4 月，第九届全国人民代表大会常务委员会第九次会议通过《行政复议法》。该法于 2009 年 8 月、2017 年 9 月作过两次部分修改。2023 年 9 月 1 日，新修订的《行政复议法》审议通过，自 2024 年 1 月 1 日起正式施行。修订《行政复议法》是深入贯彻落实习近平法治思想，深入推进依法行政，加快建设法治政府建设，有效解决行政争议的重要举措。《行政复议法》在功能定位、管辖体制、复议范围、复议程序都方面都实现了重大制度创新，主要表现在：第一，在功能定位上，明确规定“发挥行政复议化解行政争议的主渠道作用”；第二，在管辖体制上，着力构建统一、科学的行政复议管辖体制，明确规定县级以上地方各级人民政府统一行使行政复议职责，原则上取消地方各级人民政府工作部门的行政复议职责；第三，在复议范围上，扩大行政复议范围，增加公民、法人或者其他组织可以申请行政复议的范围，明确对当场作出的行政处罚决定不服、认为行政机关未依法履行法定职责、申请政府信息公开但行政机关不予公开等情形应当先申请行政复议；第四，在复议程序上，完善行政复议审理程序，增加简易程序，完善行政复议证据规定，在普通程序中应当通过多种方式听取当事人意见；第五，在复议决定上，优化行政复议决定体系，将变更决定、撤销决定和确认违法决定予以细化，增加变更决定的适用情形，对行政协议的决定类型作特殊规定等。

四、修订《公司法》

《公司法》自 1993 年 12 月 29 日公布以来，已历经大大小小 6 次修订或修正。第六次修改于 2019 年启动，历时 4 年，经过全国人民代表大会常务委员会四次审议，并经广泛征求社会各界意见。2023 年 12 月 29 日，第十四届全国人民代表大会常务委员会第七次会议表决通过新修订的《公司法》，该法自 2024 年 7 月 1 日起施行。

2023 年《公司法》共 15 章 266 条，修订内容涉及国有企业中党的领导、国家出资公司特别规定、公司设立及退出制度、公司组织机构设置、公司资本制度、控股股东和实际控制人及董监高的责任、公司社会责任等七大方面，在多个关键领域实现了重大制度突破和创新，包括：

第一，公司登记与信息公示制度。在 2023 年《公司法》第 29 条至第 41 条新增“公司登记”一章，统一规范登记流程，提高公司登记的效率和便利性。

第二，股东出资责任和法律后果。2023 年《公司法》第 50 条明确股东出资责任，第 51 条、第 52 条落实了股东出资催缴制度和失权制度，第 54 条对未届出资期限的股东提前缴纳出资的规定进行了明确。

第三，公司资本制度。2023 年《公司法》第 47 条第 1 款在有限责任公司原有注册资本认缴登记制的规定上增加了对缴纳期限的限制，即“五年规则”。第 142 条规定了无面额股发行的问题。第 144 条至第 146 条规定了类别股发行的问题。第 152 条明确确立了授权资本制在我国商事法律制度的法定地位。第 225 条规定了简易减资的制度。

第四，公司治理制度。2023 年《公司法》第 69 条、第 121 条规定了公司可以自主选择是否设置监事会。第 74 条、第 126 条对经理的职权作出修改，将以往列举式规定经理职权的方式修改为概括式。第 191 条规定董事、高管侵权连带赔偿责任。

第五，股东权益保护和控股股东义务。2023 年《公司法》第 57 条、第 110 条对股东知情权、查阅账簿的权利作出修改。第 89 条第 3 款规定控股股东滥用权力时的股权收购。第 22 条、第 192 条新增了控股股东、实际控制人的行为责任的规定。第 180 条将忠实、勤勉义务的责任主体从原来的董事、高管扩大到了控股股东和实际控制人。

2023 年《公司法》修法，有助于深化国有企业改革、完善中国特色现代企业制度，有助于持续优化营商环境、激发市场创新活力，有助于完善产权保护制度、依法加强产权保护，有助于健全资本市场基础性制度、促进资本市场健康发展。对于我国涉外法治建设而言，2023 年修法与我国加大对外开放、统筹推进国内法治和涉外法治密切相关，引入了诸如授权资本制等与国际接轨的国际商事规则，以平衡公司治理效率和股东等利益相关者的权益保护，不断吸引境内外投资者投资中国企业和中国市场，打造“投资中国”品牌。

五、修订《海洋环境保护法》

《海洋环境保护法》由第五届全国人民代表大会常务委员会第二十四

次会议于1982年8月23日通过。1999年12月25日第九届全国人民代表大会常务委员会第十三次会议对该法作了第一次修订，2013年12月28日第十二届全国人民代表大会常务委员会第六次会议作了第一次修正，2016年11月7日第十二届全国人民代表大会常务委员会第二十四次会议对该法作了第二次修正，2017年11月4日第十二届全国人民代表大会常务委员会第三十次会议对该法又作了第三次修正。

为了落实党中央关于海洋环境保护决策部署的重要举措，持续改善海洋环境质量、建设美丽中国，保护和改善海洋环境、保障生态安全和公众健康、维护国家海洋权益、建设海洋强国、促进经济社会可持续发展、实现人与自然和谐共生，2023年10月24日，第十四届全国人民代表大会常务委员会第六次会议第二次修订了《海洋环境保护法》。

2023年《海洋环境保护法》共9章，包括总则、海洋环境监督管理、海洋生态保护、陆源污染物污染防治、工程建设项目污染防治、废弃物倾倒污染防治、船舶及有关作业活动污染防治、法律责任和附则。

2023年《海洋环境保护法》引入了许多制度创新和务实管用的举措。该法推进海洋环境监督管理制度建设。压实部门和地方责任，明确职责分工，完善体制机制。该法要求沿海地方人民政府对其管理海域的海洋环境质量负责，实行海洋环境保护目标责任制和考核评价制度，推进海洋环境监督管理能力建设。如该法增加生态环境分区管控、重点海域综合治理、约谈整改、信息共享、信用评价、查封扣押等制度。同时，该法完善了规划、标准、监测、预警、调查、环评、应急等制度。

2023年《海洋环境保护法》体现了陆海统筹、区域联动。在陆海统筹方面，法律明确将陆海统筹作为海洋环境保护应当坚持的原则，规定国家实施陆海统筹、区域联动的海洋环境监督管理制度，加强规划、标准、监测等监督管理制度的衔接协调，许多制度安排都体现了陆海统筹、区域联动。法律规定按照河海联动的要求，制定实施河口生态修复和其他保护措施方案，加强对水、沙、盐、潮滩、生物种群、河口形态的综合监测，采取有效措施防止海水入侵和倒灌，维护河口良好生态功能。同时，该法要求加强入海河流管理，协同推进入海河流污染防治，使入海河口的水质符合入海河口环境质量相关要求，加强入海总氮、总磷排放的管控，制订控制方案并组织实施。在区域联动方面，该法明确沿海县级以上地方人民政府可以建立海洋环境保护区域协作机制，组织协调其管理海域的环境保护工作。

2023 年《海洋环境保护法》加强了海洋生物多样性保护。该法明确要求国家加强海洋生物多样性保护，健全海洋生物多样性调查、监测、评估和保护体系，维护和修复重要海洋生态廊道，防止对海洋生物多样性的破坏。该法规定开发利用海洋和海岸带资源，应当对重要海洋生态系统、生物物种、生物遗传资源实施有效保护，维护海洋生物多样性。同时，该法提出，引进海洋动植物物种，要进行科学论证，避免对海洋生态系统造成危害。此外，该法还对恢复海洋生物多样性，修复改善海洋生态等作出规定，并明确海洋生态修复应当以改善生境、恢复生物多样性和生态系统基本功能为重点，以自然恢复为主、人工修复为辅，并优先修复具有典型性、代表性的海洋生态系统。

2023 年《海洋环境保护法》严格了海域排污许可管理，强化了入海排污口监管。2023 年《海洋环境保护法》聚焦突出问题，加强污染物排放管控：第一，明确国家加强海洋环境质量管控，推进海域综合治理，严格海域排污许可管理，提升重点海域海洋环境质量。第二，明确应当依法取得排污许可证的主体，实行排污许可管理的主体应当执行排污许可证的要求。第三，优化入海排污口设置，要求排污口的责任主体加强排污口监测，按照规定开展监控和自动监测。第四，规定各类入海排污口排查整治和日常监督管理要求，明确建立健全近岸水体、入海排污口、排污管线、污染源全链条治理体系。第五，要求制定入海排污口设置和管理的具体办法、入海排污口技术规范，组织建设统一的入海排污口信息平台。第六，禁止在自然保护地、重要渔业水域、海水浴场、生态保护红线区域及其他需要特别保护的区域，新设工业排污口和城镇污水处理厂排污口。

修订后的《海洋环境保护法》强化了海洋垃圾污染防治。该法明确要求禁止在岸滩弃置、堆放和处理固体废物，要求采取有效措施防止固体废物进入海洋；明确沿海县级以上地方人民政府负责其管理海域的海洋垃圾污染防治，建立海洋垃圾监测、清理制度，统筹规划建设陆域接收、转运、处理海洋垃圾设施，明确海洋垃圾管控区域，建立海洋垃圾监测、拦截、收集、打捞、运输、处理体系并组织实施。

该法规定了国务院生态环境、住房和城乡建设、发展改革等部门应当按照职责分工加强海洋垃圾污染防治的监督指导和保障。此外，法律对加强船舶垃圾等污染防治作出规定。同时，该法还要求采取有效措施鼓励、支持公众参与海洋垃圾污染防治相关活动。

六、修改《慈善法》

2023 年 12 月 29 日，第十四届全国人民代表大会常务委员会第七次会议表决通过《关于修改〈中华人民共和国慈善法〉的决定》，新修改的《慈善法》将自 2024 年 9 月 5 日起施行。修改《慈善法》，是为了更好适应我国慈善事业发展，营造良好慈善社会氛围的客观需要，即为了继承发扬优秀传统慈善文化的精神内涵，总结吸收中国特色慈善事业实践经验和教训，将业已存在的中国特色的慈善理念、慈善行为、慈善制度、慈善模式、慈善经验上升为国家慈善事业顶层制度设计，着眼解决新时代改革开放和社会主义现代化建设中慈善事业发展的实际问题，探寻符合中国实际和时代要求的慈善事业发展道路和制度设计，促进中国特色社会主义慈善事业法治化发展。

2023 年《慈善法》进一步强化政府及其部门促进慈善事业发展的责任；完善有关优惠政策的规定，明确国家对慈善事业实施税收优惠政策；优化慈善组织认定程序，降低申请公开募捐资格年限要求，进一步激发慈善组织活力；鼓励社会力量积极参与慈善事业；鼓励开展慈善国际交流与合作等。

2023 年《慈善法》从积极引导慈善组织、慈善信托健康发展的角度，进一步完善了规范慈善活动运行的有关规定：要求慈善组织报告“募捐成本”“与境外组织或者个人开展合作”情况；完善合作公开募捐制度，具有公开募捐资格的慈善组织应当对合作方进行评估，依法签订书面协议，在募捐方案中载明合作方的相关信息，并对合作方的相关行为进行指导和监督等；明确慈善捐赠、慈善信托受益人的确定原则；授权国务院有关部门制定慈善组织的募捐成本以及慈善信托的年度支出和管理费用等标准；要求募捐活动或者慈善项目结束 3 个月内全面、详细公开募捐、项目实施和募得款物使用情况。

2023 年《慈善法》还增设了应急慈善专章，系统规范突发事件应对中的慈善活动：规定发生重大突发事件需要迅速开展救助时，履行统一领导职责或者组织处置突发事件的人民政府应当依法建立协调机制，明确专门机构、人员，提供需求信息；鼓励慈善组织、慈善行业组织建立应急机制；对重大突发事件开展公开募捐的，应当及时分配或者使用募得款物，并对募得款物的接收、分配和使用情况进行公开；无法在应急公开募捐活动开始前办理募捐方案备案的，允许在募捐活动开始后 10 日内补办备案手续；要求基层政府、基层组织为应急慈善款物分配送达等提供便利、帮助。

2023 年《慈善法》在附则中专门增加了规范个人网络求助和相关网络服务平台的相关内容：一方面，对个人因疾病等原因导致家庭经济困难向社会求助的行为作出规定，要求求助人和信息发布人应当对信息真实性负责，不得通过虚构、隐瞒事实等方式骗取救助；另一方面，明确要求从事个人求助网络服务的平台应当经国务院民政部门指定，对通过其发布的求助信息真实性进行查验，并及时、全面向社会公开相关信息。

七、作出《关于完善和加强备案审查制度的决定》

为了贯彻落实党中央关于健全保证宪法全面实施的制度体系、完善和加强备案审查制度的决策部署，更好地行使宪法、法律赋予全国人民代表大会常务委员会的监督职权，2023 年 12 月 29 日第十四届全国人民代表大会常务委员会第七次会议通过《关于完善和加强备案审查制度的决定》（以下简称《备案审查决定》）。

《备案审查决定》坚持有件必备，行政法规、监察法规、地方性法规、自治州和自治县的自治条例和单行条例、经济特区法规、浦东新区法规、海南自由贸易港法规（以下统称法规）以及最高人民法院、最高人民检察院作出的属于审判、检察工作中具体应用法律的解释（以下统称司法解释）依法报送全国人民代表大会常务委员会备案。上述文件应当自公布之日起 30 日内报送全国人民代表大会常务委员会备案。报送备案时，应当一并报送备案文件的纸质文本和电子文本。《备案审查决定》坚持有备必审，按照有备必审的要求完善审查工作机制，细化审查内容，规范审查程序，综合运用依申请审查、主动审查、专项审查、移送审查和联合审查等方式，依法开展审查工作。推进合宪性审查，在备案审查工作中注重审查法规、司法解释等规范性文件是否存在不符合宪法规定、宪法原则、宪法精神的内容，认真研究涉宪性问题，及时督促纠正与宪法相抵触或者存在合宪性问题的规范性文件。《备案审查决定》坚持有错必纠。全国人民代表大会专门委员会、常务委员会工作机构经审查认为法规、司法解释应当予以纠正的，可以与制定机关沟通，推动制定机关修改或者废止。制定机关同意对法规、司法解释予以修改或者废止，并书面提出明确处理计划和时限的，可以不再向其提出书面审查意见，审查中止。经沟通，制定机关不同意修改、废止或者没有书面提出明确处理计划和时限的，全国人民代表大会专门委员会、常务委员会工作机构应当依法向制定机关提出书面审查意见，要求制定机关在 2 个月内提出书面处理意见。制定机关按照所提意见对法规、司法解释进行修改或者废止的，审查终止。

八、制定《未成年人网络保护条例》

《未成年人网络保护条例》（以下简称《未成年人条例》）已经 2023 年 9 月 20 日国务院第十五次常务会议通过，自 2024 年 1 月 1 日起施行。《未成年人条例》是我国第一部专门性的未成年人网络保护综合立法。

严格管理网络游戏。对未成年人沉迷网络游戏和短视频，遭受网络欺凌、非理性消费等问题，《未成年人条例》设置了针对性规定。其规定网络产品和服务提供者应当及时修改可能造成未成年人沉迷的内容、功能或者规则，设置未成年人模式，每年向社会公布防沉迷工作情况。特别是在网络游戏管理中，进一步明确网络游戏适龄提示要求，规定网络游戏服务提供者应当建立、完善预防未成年人沉迷网络的游戏规则，避免未成年人接触可能影响其身心健康的游戏内容或者游戏功能，并根据不同年龄阶段未成年人的身心发展特点和认知能力，对游戏产品进行分类。

防治网络欺凌。《未成年人条例》要求网络产品和服务提供者应当建立健全网络欺凌行为的预警预防、识别监测和处置机制，设置便利未成年人及其监护人保存遭受网络欺凌记录、行使通知权利的功能和渠道，提供网络欺凌信息防护选项、建立健全网络欺凌信息特征库。

规范未成年人网络消费。《未成年人条例》规定网络服务提供者应当合理限制不同年龄阶段未成年人的单次消费数额和单日累计消费数额，不得向未成年人提供与其民事行为能力不符的付费服务。

设置平台责任。《未成年人条例》首先明确网络产品和服务提供者的普遍性保护义务；其次，考虑到平台是未成年人网络保护的重要主体和重要环节，而有的平台未成年人用户数量巨大，或者其产品和服务对未成年人群体具有显著影响，该条例在此基础上规定了大型平台企业在未成年人网络保护方面的特殊义务要求，以督促其切实承担社会责任。这些要求包括：开展未成年人网络保护影响评估、提供未成年人模式或者设置未成年人专区、建立健全未成年人网络保护合规制度体系、制定未成年人网络保护专门平台规则、停止为侵犯未成年人合法权益的平台内产品或者服务提供者提供服务、每年发布未成年人网络保护社会责任报告等。

规范网络信息内容。《未成年人条例》设置专章规范网络信息内容，主要从以下几方面作了规定：第一，明确有利于未成年人健康成长的网络信息。这些信息包括弘扬社会主义核心价值观和社会主义先进文化、革命文化、中华优秀传统文化的信息；铸牢中华民族共同体意识，培养未成年人家国情怀和良好品德的信息，以及引导未成年人养成良好生活习惯和行为习惯的信息等。第二，加强对危害未成年人身心健康的网络信息的规范。这些信息包括含有宣扬淫秽、色情、暴力、邪教、迷信、赌博、引诱自残自杀、恐怖主义、分裂主义、极端主义等内容的信息。同时明确，任何组织和个人不得制作、复制、发布、传播这类信息。第三，加强对可能影响未成年人身心健康的网络信息的规范。这类信息主要包括，可能引发或者诱导未成年人模仿不安全行为、实施违反社会公德行为、产生极端情绪、养成不良嗜好等类别的信息。同时明确，这类信息不得在首页首屏、弹窗、热搜等重点环节呈现。第四，细化对在线教育的管理，要求以未成年人为服务对象的在线教育网络产品和服务提供者，应当根据不同年龄阶段未成年人的身心发展特点和认知能力，提供相应的产品和服务。

第八节　制定或修订与对外开放有关的行政法规和部门规章

一、修订《国际海运条例》

2023 年 7 月 20 日，国务院根据《关于修改和废止部分行政法规的决定》对《国际海运条例》进行了第四次修订。

（一）修订的背景和原因

1. 国际海运市场环境的变化

近年来，全球贸易格局和航运业态发生了巨大变化。新冠肺炎疫情、地缘政治冲突等因素导致全球供应链重构，航运市场波动加剧。

2. 优化营商环境的需求

为进一步激发市场主体活力，推动航运业高质量发展，需要通过修订法规，进一步简政放权，优化海运市场准入制度，营造公平竞争的市场环境。

3. 完善监管体系的需要

通过修订法规，可以健全海运市场信用监管体系，提升监管的精准性和有效性。

（二）2023 年《国际海运条例》修订的主要内容

1. 降低航运市场准入门槛

2023 年修订将国际集装箱船、普通货船运输业务审批，无船承运业务审批以及从事内地与港澳间集装箱船、普通货船运输业务许可三个事项从许可制改为备案制，并将“从事内地与港澳间集装箱船、普通货船运输业务许可”的授权主体从交通运输部调整至省级交通运输部门。

2. 加强对国际海上运输和辅助业务的监督管理

国际海上运输相关的辅助性经营活动，包括国际船舶代理、国际船舶管理、国际海运货物装卸、国际海运货物仓储、国际海运集装箱站和堆场等业务。从事国际海上运输经营活动以及与国际海上运输相关的辅助性经营活动，应当遵循诚实信用的原则，依法经营，公平竞争。

3. 建立信用管理制度

要求对国际海上运输及其辅助性业务的经营者和从业人员实施信用管理，并将相关信用记录纳入全国信用信息共享平台。

4. 对经营者的资格条件、备案规定、调查处理程序等方面进行了修订和更新

《国际海运条例》第5条修改为：经营国际客船、国际散装液体危险品船运输业务，应当具备下列条件：（1）取得企业法人资格；（2）有与经营业务相适应的船舶，其中必须有中国籍船舶；（3）投入运营的船舶符合国家规定的海上交通安全技术标准；（4）有提单、客票或者多式联运单证；（5）有具备国务院交通主管部门规定的从业资格的高级业务管理人员。经营国际集装箱船、国际普通货船运输业务，应当取得企业法人资格，并有与经营业务相适应的船舶。

第6条第1款修改为：经营国际客船、国际散装液体危险品船运输业务，应当向国务院交通主管部门提出申请，并附送符合该条例第5条规定条件的相关材料。国务院交通主管部门应当自受理申请之日起30日内审核完毕，作出许可或者不予许可的决定。予以许可的，向申请人颁发《国际船舶运输经营许可证》；不予许可的，应当书面通知申请人并告知理由。

总的来说，这些修订的目的在于完善法规内容，提高管理效率，促进行业健康发展，保障各方利益，以及适应不断变化的国际海运市场环境。

二、修订《专利法实施细则》

2020年10月17日，第十三届全国人民代表大会常务委员会第二十二次会议对《专利法》进行了第四次修正，与此相配套，2023年12月11日对《专利法实施细则》进行了修订，修订后的实施细则自2024年1月20日起施行。2023年修改内容较多，制度调整较大，下文作一概括。

（一）新增外观设计国际申请特别规定

2022年2月5日，我国向世界知识产权组织交存《工业品外观设计国际注册海牙协定》（1999年文本，以下简称《海牙协定》）加入书及声明，该协定于2022年5月5日对中国生效。

我国《专利法》第四次修正之时，已经为加入《海牙协定》作了相应的调整，增加了对局部外观设计的保护，增设了外观设计优先权，将外观设计权保护期限延长为 15 年。2023 年《专利法实施细则》对此作出进一步细化：一是明确对局部外观设计专利申请文件的要求；二是细化外观设计本国优先权制度，明确要求外观设计本国优先权的条件，以及与发明、实用新型在先申请的关系；三是规定权利恢复、延迟审查规定等，也同样适用于外观设计专利申请。

同时，为了与《海牙协定》更好地衔接，《专利法实施细则》新增了"关于外观设计国际申请的特别规定"一章作为第十二章，专门规定了外观设计国际申请的法律地位，国内和国际衔接的审查程序，以及在优先权、新颖性宽限期、分案申请等方面与国内外观设计专利申请制度的衔接性规定等。

通过上述修改，《专利法实施细则》将在制度层面进一步满足创新主体对于产品外观设计保护的多样化需求，这也是中国更好地履行国际义务，展现负责任的大国风貌的体现。

（二）新增专利权期限补偿制度

《专利法》第四次修正设置了"专利权期限补偿"制度。《专利法实施细则》则新增"专利权期限补偿"一章，对其作出具体规定。

专利权期限补偿分为发明专利期限补偿和药品专利期限补偿。前者适用于各类发明专利，适用于"发明专利在授权过程中不合理延迟"的情形，权利主张者"应当自公告授予专利权之日起 3 个月内向国务院专利行政部门提出"，"补偿期限按照发明专利在授权过程中不合理延迟的实际天数计算"，"合理延迟"不包括在内；后者仅仅适用于获得上市许可的新药相关发明专利，且限于"符合规定的新药产品专利、制备方法专利、医药用途专利"，适用于新药上市审评审批占用的时间的情形，权利主张者应当"自该新药在中国获得上市许可之日起 3 个月内向国务院专利行政部门提出”，“补偿期限按照该专利申请日至该新药在中国获得上市许可之日的间隔天数减去5年，在符合专利法第四十二条第三款规定的基础上确定”。

（三）方便申请人取得专利

《专利法实施细则》优化专利申请流程，为申请人取得专利提供更加便捷的措施，例如，增加了强制代理例外规定，扩大了不丧失新颖性的情形，增加了优先权恢复制度、优先权要求的增加和改正制度、援引加入制度、延迟审查制度等。

（四）完善专利审查制度

《专利法实施细则》规定申请专利应当遵循诚实信用原则，提出各类专利申请应当以真实发明创造活动为基础，不得弄虚作假，并将其作为驳回和无效条款；为了提高专利审查质量和效率，调整了专利保密审查的时限；完善复审制度，复审内容增加其他明显违反《专利法》有关规定情形；规定在修改后的权利要求基础上作出维持专利权有效或者宣告专利权部分无效的决定的，应当公告修改后的权利要求等。前述规定应有助于更好地发挥专利审查工作的作用，进一步提升专利质量。

（五）加强专利保护，促进专利转化

《专利法》第四次修正之时增加了较多保护权利人利益、促进专利转化的规定，《专利法实施细则》则进一步细化了专利期限补偿、相关规定，引入了专利开放许可的制度，同时对开放许可声明的时机和要求、不予公告开放许可声明的情形、开放许可成立后的备案等内容作了细化。另外，《专利法实施细则》中还规定了加强专利公共服务、优化专利权评价报告相关规定，再次明确规定鼓励对职务发明创造的发明人或者设计人实行产权激励、完善专利纠纷处理和调解制度等。这些规定，将有利于进一步健全专利保护体系，加快推进知识产权转化运用，充分发挥要素市场化配置

在经济发展中的重要作用。

总之，《专利法实施细则》有助于更好地保障创新主体权益，促进创新发展，是我国知识产权法制建设不断完善的重要体现，对进一步提高知识产权工作法治化水平将具有重要意义。

三、制定《非银行支付机构监督管理条例》

为了规范非银行支付机构行为，保护当事人合法权益，防范化解风险，促进非银行支付行业健康发展，国务院制定了《非银行支付机构监督管理条例》，该条例自2024年5月1日起施行，共6章60条，重点内容如下：

一是明确非银行支付机构的定义和设立许可。将非银行支付机构定义为除银行业金融机构外，根据用户提交的电子支付指令转移货币资金的公司。规定设立非银行支付机构应当经中国人民银行批准，明确设立条件。明确支付机构注册资本、主要股东、实控人、高管等准入条件，对其重大事项变更也实施许可管理，同时建立健全严重违法违规机构的退出机制。明确非银行支付机构未经批准不得从事依法需经批准的其他业务。

二是完善支付业务规则，强化风险管理。《非银行支付机构监督管理条例》将支付业务分为储值账户运营和支付交易处理两类。明确支付业务管理要求，规定非银行支付机构应当健全业务管理等制度。规定非银行支付机构应当具备必要和独立的业务系统、设施和技术。明确支付账户、备付金、支付指令等管理规定。

三是加强用户权益保障。《非银行支付机构监督管理条例》规定非银行支付机构与用户应当按照公平原则签订协议，保障其用户知情权和选择权。非银行支付机构应当保障用户资金安全和信息安全；采取有效措施保障支付账户安全，防范支付账户被用于非法集资、电信网络诈骗、洗钱、赌博等违法犯罪活动。

四是明确监管职责和法律责任。明确中国人民银行的监管职责、监管措施及风险处置措施等，地方人民政府配合中国人民银行做好风险处置工作。《非银行支付机构监督管理条例》还规定了违法行为的法律责任。

四、制定《私募投资基金监督管理条例》

为了规范私募投资基金业务活动，保护投资者以及相关当事人的合法权益，促进私募基金行业规范健康发展，国务院出台了《私募投资基金监督管理条例》，该条例自2023年9月1日起施行。该条例共7章62条，重点内容如下：

一是明确适用范围。将契约型、公司型、合伙型等不同组织形式的私募投资基金均纳入适用范围，规定以非公开方式募集资金，设立投资基金或者以进行投资活动为目的依法设立公司、合伙企业，由私募基金管理人或者普通合伙人管理，为投资者的利益进行投资活动，适用该条例。

二是明确私募基金管理人和托管人的义务要求。《私募投资基金监督管理条例》明确规定私募基金从业人员应当遵守法律、行政法规规定，恪守职业道德和行为规范。明确不得成为私募基金管理人及其控股股东、实际控制人、董事、监事、高级管理人员等相关主体的情形。规定私募基金管理人应当依法向国务院证券监督管理机构委托的机构履行登记手续，明确注销登记的情形。列举私募基金管理人的股东、实际控制人、合伙人禁止实施的行为。明确私募基金管理人、私募基金托管人的职责。

三是规范资金募集和投资运作。私募投资基金应当向合格投资者募集或者转让，单只私募投资基金的投资者累计不得超过法律规定的人数。私募基金管理人应当根据投资者风险识别能力和风险承担能力匹配不同风险等级的私募投资基金产品。加强私募投资基金募集完毕后的监管监测。明确私募投资基金财产投资的范围以及不得经营的业务。

四是对创业投资基金作出特别规定。国家对创业投资基金给予政策支持，鼓励和引导其投资成长性、创新性创业企业。加强监督管理政策和发展政策的协同配合，明确创业投资基金应当符合的条件，对创业投资基金实施区别于其他私募投资基金的差异化监督管理和自律管理。

五是强化监督管理和法律责任。《私募投资基金监督管理条例》规定私募投资基金业务活动的监督管理应当贯彻党和国家路线方针政策、决策部署。明确国务院证券监督管理机构的监管职责及监管措施等。此外，对违反该条例的法律责任作了明确规定。

五、制定《商业银行资本管理办法》

为了加强商业银行资本监管，维护银行体系安全、稳健运行，保护存款人利益，根据《银行业监督管理法》《商业银行法》《外资银行管理条例》等法律法规，国家金融监督管理总局制定了《商业银行资本管理办法》（以下简称《资本办法》），该办法自2024年1月1日起施行。

《资本办法》由正文和25个附件组成，适用于在中华人民共和国境内依法设立的商业银行。《资本办法》要求，商业银行各级资本充足率不得低于如下要求：（1）核心一级资本充足率不得低于5%。（2）一级资本充足率不得低于6%。（3）资本充足率不得低于8%。系统重要性银行除了最低资本要求、储备资本和逆周期资本要求外，还应计提附加资本。《资本办法》主要内容：一是构建差异化资本监管体系，使资本监管与银行规模和业务复杂程度相匹配，降低中小银行合规成本。二是全面修订风险加权资产计量规则，包括信用风险权重法和内部评级法、市场风险标准法和内部模型法以及操作风险标准法，提升资本计量的风险敏感性。三是要求银行制定有效的政策、流程、制度和措施，及时、充分地掌握客户风险变化，确保风险权重的适用性和审慎性。四是强化监督检查，优化压力测试，深化第二支柱应用，进一步提升监管有效性。五是提高信息披露标准，强化相关定性和定量信息披露，增强市场约束。

《资本办法》是贯彻落实党中央关于加强和完善现代金融监管决策部署的重要举措。实施《资本办法》，强化商业银行资本约束机制，是贯彻全国金融工作会议精神，进一步加强银行业监管、深化银行业改革的重大举措，有利于引导商业银行优化资产结构，加大服务实体经济力度，以高质量发展为中国式现代化提供有力的金融支撑。实施《资本办法》对于提升中国银行业稳健度，防范系统性风险，促进商业银行转变发展方式，增强服务实体经济的能力，增强银行业国际竞争力，具有重要意义。

六、制定《养老保险公司监督管理暂行办法》

养老保险公司是专业性人身保险公司，是我国金融市场中唯一一类带有“养老保险”字样的持牌金融机构。为了健全养老保险公司治理体系、管控风险，推动养老保险公司提升治理水平，加强养老保险公司监管，规范养老保险公司经营行为，保护相关当事人合法权益，根据《保险法》《保险公司管理规定》等法律法规及部门规章，2023 年 11 月 25 日，国家金融监督管理总局印发了《养老保险公司监督管理暂行办法》（金规〔2023〕13 号），该办法自印发之日起施行。

《养老保险公司监督管理暂行办法》共 6 章 54 条，主要内容：一是机构管理。养老保险公司设立组织形式为股份有限公司或有限责任公司，非金融机构不得成为养老保险公司控制类股东，明确了养老保险公司可以申请经营的业务类型，要求养老保险公司应当加强资本管理，确保其资本水平能够有效满足各项业务要求。二是公司治理。养老保险公司应当按照法律法规及相关规定，建立组织机构健全、职责分工清晰、制衡监督有效的公司治理结构，保持公司独立运作，业务规范运行。三是经营规则。养老保险公司应当主要经营与养老相关的业务，包括养老年金保险、商业养老金、养老基金管理等，不得受托管理保险资金和开展保险资产管理产品业务。经营规则对养老保险公司的保险业务、养老基金管理业务、风险管理等内容也分别作出了规定。四是监督管理。明确规定国务院保险监督管理机构依法对养老保险公司业务活动实行监督管理。养老保险公司应当建立健全信息报送机制，应当按相关法律法规和监管规定进行信息披露。

《养老保险公司监督管理暂行办法》的出台，有利于进一步强化养老保险公司监管，做好养老金融这篇大文章；有利于推动养老保险公司聚焦主业转型发展；有利于规范养老保险公司机构管理、公司治理、经营管理、风险管理等事项，推动切实改善经营管理，有利于切实保护好保险消费者合法权益。

七、制定《系统重要性保险公司评估办法》

为完善我国系统重要性金融机构监管框架，建立系统重要性保险公司评估与识别机制，根据《中国人民银行法》《保险法》等有关法律法规和《中国人民银行、中国银行保险监督管理委员会、中国证券监督管理委员会关于完善系统重要性金融机构监管的指导意见》，中国人民银行、国家金融监督管理总局制定了《系统重要性保险公司评估办法》（银发〔2023〕208 号），该办法自 2024 年 1 月 1 日起施行。

《系统重要性保险公司评估办法》包括：总则、评估流程与方法、评估指标和附则。主要内容：一是明确参评保险公司范围。包括我国资产规模排名前 10 位的保险集团公司、人身保险公司、财产保险公司和再保险公司，以及上一年度被认定为系统重要性保险公司的机构。二是明确评估指标和权重。包括规模、关联度、资产变现和可替代性 4 个维度共计 13 项评估指标，4 个维度的权重分别为 20%、30%、30% 和 20%。三是明确具体评估流程。中国人民银行、金融监管总局每两年根据参评保险公司相关评估指标数据，计算各家保险公司加权平均分数，得分达到或超过 1000 分的保险公司将被认定为系统重要性保险公司。中国人民银行、金融监管总局将联合发布系统重要性保险公司名单。

《系统重要性保险公司评估办法》立足我国保险业发展实践，借鉴国际经验，提出认定国内系统重要性保险公司的方法、流程和标准。《系统重要性保险公司评估办法》的发布实施，将评估系统重要性金融机构的范围从银行进一步拓展到保险领域，为实施差异化监管打好基础，有助于强化系统重要性保险公司监管，完善宏观审慎政策框架，增强金融体系稳健性。

八、完善保税仓储海关法律制度

为贯彻落实党的二十大精神，支持保税仓库、出口监管仓库高质量发展，海关总署于2023年5月15日公布了《关于修改部分规章的决定》（海关总署令第263号），修改了《中华人民共和国海关对保税仓库及所存货物的管理规定》（以下简称《保税仓库管理规定》）、《中华人民共和国海关对出口监管仓库及所存货物的管理办法》（以下简称《出口监管仓库管理办法》），上述两部规章自2023年7月1日起施行。

（一）修订背景

《保税仓库管理规定》于2004年2月施行，《出口监管仓库管理办法》于2006年1月施行，上述规章对规范保税仓库、出口监管仓库管理，促进保税仓库、出口监管仓库发展起到了重要作用。但随着维护国门安全和促进外贸稳增长的形势更加严峻，对保税仓库、出口监管仓库安全管理、优化监管等方面提出更高要求，需要结合监管实际，对上述两部规章作出相应修改。

（二）修正内容

2023年《保税仓库管理规定》包含6章，共计35条，依次为第1章总则（第1－6条），第2章保税仓库的设立（第7－12条），第3章保税仓库的管理（第13－18条），第4章保税仓库所存货物的管理（第19－25条），第5章法律责任（第26－31条），第6章附则（第32－35条）；2023年《出口监管仓库管理办法》包含6章，共计40条，依次为第1章总则（第1－8条），第2章出口监管仓库的设立（第9－13条），第3章出口监管仓库的管理（第14－20条），第4章出口监管仓库货物的管理（第21－30条），第5章法律责任（第31－35条），第6章附则（第36－40条）。主要修正内容如下：

1. 简化保税仓库、出口监管仓库货物入仓流程

删除《保税仓库管理规定》第 5 条、《出口监管仓库管理办法》第 7 条关于保税仓库、出口监管仓库存放货物范围条款中“经海关批准”表述，对于依规可存储的货物，明确入仓时无须海关“一货一批”。精简出口监管仓库货物出、入仓单证，目前已全面使用金关二期加工贸易及保税监管系统核注清单，取代纸本入仓清单和出仓清单，2023 年修改删除《出口监管仓库管理办法》第 26 条第 1 款、第 27 条中提交纸本清单的相关要求。

2. 优化行政审批流程

简化保税仓库、出口监管仓库审批变更流程，修改《保税仓库管理规定》第 8 条第 1 项、第 17 条以及《出口监管仓库管理办法》第 9 条第 1 项，删除保税仓库、出口监管仓库经营企业名称、主体类型等事项变更前向海关书面报告的相关规定。

3. 删除保税仓库、出口监管仓库经营企业负责人和仓库管理人员培训相关规定

根据《海关总署关于停止有关培训、考核的公告》（海关总署公告 2019 年第 217 号），海关已不再对保税仓库、出口监管仓库经营企业负责人和管理人员进行培训，2023 年修改删除了《保税仓库管理规定》第 15 条，《出口监管仓库管理办法》第 17 条中关于“接受海关培训”的表述。

4. 新增保税仓库、出口监管仓库货物限期提离规定及相应罚则

为避免部分已经办结海关手续的保税仓库货物以及已经办结转进口手续的出口监管仓库货物长期未提离，因此新增《保税仓库管理规定》第 30 条与《出口监管仓库管理办法》第 34 条，有关保税仓库、出口监管仓库货物限期提离的规定以及相应罚则。

5. 其他需要说明的条款

落实《对外贸易法》修改关于取消“对外贸易经营者备案登记”的规定，删除《出口监管仓库管理办法》第 9 条第 2 项中“具有进出口经营权”表述；因《中华人民共和国海关实施〈中华人民共和国行政许可法〉

办法》已被《中华人民共和国海关行政许可管理办法》废止，故对《出口监管仓库管理办法》第 11 条中相关表述进行修改；考虑到保税仓库、出口监管仓库经营企业接受市场监督、行业管理、安全生产等多维度的管理，因此新增《保税仓库管理规定》第 33 条及《出口监管仓库管理办法》第 38 条，海关对保税仓库、出口监管仓库“依法实施监管不影响地方政府和其他部门依法履行其相应职责”的表述。

（三）修正意义

保税仓储海关法律制度是国际海关通行的一种基本监管制度，在国际贸易中发挥着不可替代的作用。随着现代产业链的不断延伸和第三方物流的崛起，保税仓储在供应链中的地位不断提高，作用日益明显。2023 年修正的《保税仓库管理规定》与《出口监管仓库管理办法》更加符合《经修订的京都公约》关于简化和协调海关制度和做法的核心原则，深化了与之相衔接的当代保税仓储管理制度，既提升了我国保税仓储的功能，有利于为我国外向型经济发展提供配套的保税仓储物流服务；也为保税仓储的健康发展提供了外在的制度保障，推动形成国内国际双循环相互促进的新发展格局。

第一，有利于提升保税仓储服务于我国开发型经济发展需要的功能。《经修订的京都公约》确立了最小限制原则，要求各种海关制度和做法对贸易的影响应尽可能降低到最低程度，促进跨境贸易便利化。简化保税仓库、出口监管仓库货物入仓流程，能够提高货物的流转速度，使海关作业手续更为简便快捷，从而反映现代物流和新型生产营销方式的诉求，加之我国保税仓储建设成本、仓储费用和劳动力成本低的优势，有利于吸引外商将其设在国外的物流中心、采购中心、配送中心的功能转移到中国来，促进我国外向型经济向纵深发展。

第二，有利于转变政府职能，赋能形成国内国际双循环相互促进的新发展格局。《经修订的京都公约》确立了合作原则，旨在构建新型的海关与各方的合作关系，以控制国际供应链风险和便利贸易。通过明确海关对保税仓库、出口监管仓库“依法实施监管不影响地方政府和其他部门依法履行其相应职责”，推动海关与其他机构合作，并且不再要求申请设立出口监管仓库的经营企业具有进出口经营权，发展关企合作，将以前由海关行政手段主导的调节交由市场调节，有利于以加强公正监管促进公平竞争，为加强海关国际合作，包括行政互助、信息交换、监管互认奠定基础，从而进一步拓展保税仓储的发展空间，赋能其更好发挥衔接国内和国际两个市场的桥梁作用。

九、修正《进出口商品抽查检验管理办法》

为贯彻落实党的二十大精神，支持保税仓库、完善进出口商品抽查检验有关要求，海关总署于2023年5月15日公布了《关于修改部分规章的决定》（海关总署令第263号），修改了《进出口商品抽查检验管理办法》，该决定自2023年7月1日起施行。

（一）修正背景

《进出口商品抽查检验管理办法》于2003年2月施行，在规范海关抽查检验工作、强化进出口商品质量安全监督管理、维护社会公共利益等方面发挥了重要作用。但随着进出口商品质量安全监督管理实施环境发生较大变化，当前抽查检验的范围更加广泛，抽查检验工作机制更加灵活，需要结合海关工作实际，对《进出口商品抽查检验管理办法》作出相应修改。

（二）《进出口商品抽查检验管理办法》的修正内容

《进出口商品抽查检验管理办法》包含4章，共计31条，依次为第1章总则（第1－9条），第2章抽查检验（第10－23条），第3章监督管理（第24－29条），第4章附则（第30－31条）。主要修正内容如下：

1. 增加法律依据，厘清海关职责边界

考虑到《进出口商品检验法实施条例》对“必须实施检验的进出口商品”范围有补充规定，将第2条中的“《商检法》规定”修改为“《商检法》及其实施条例规定”；根据上位法及抽查检验工作实际情况，指导协助有关出口企业提高产品质量、协助有关进口单位采取必要措施防范可能的风险等不属于海关法定职责，关于“海关总署可以公布抽查检验结果、发布风险预警”的相关要求已在第5条规定，因此删除第24条。

2. 优化抽查检验计划制订及执行

海关总署不再按年度制订进出口商品抽查检验计划，以便实施跨年度抽查和应对突发事件的专项抽查；由于海关抽检检验要求均通过统一的布控指令下达，故删除主管海关向海关总署报备抽查检验具体实施方案的规定，将第11条修改为：“主管海关可以根据海关总署抽查检验计划，经过必要调查，结合所辖地区相关进出口商品实际情况，制订具体实施方案。”

3. 其他修改

根据执法实践，简化被抽查单位签章流程，修改第16条相关表述，明确抽样单由被抽查单位签字或者加盖公章；为规范表述，将第5条“预警通告”修改为“风险预警”；根据立法技术规范，调整第12条文字表述。

（三）修正意义

进出口商品检验法律制度的设立目的在于，保证进出口商品及其运输设备的安全，符合国家有关法律法规规定和国际上的有关规定，防止次劣有害商品输入或输出，保障生产建设安全，维护社会公共利益和进出口贸易有关各方的合法权益。随着我国对外贸易形势变化、进出口法检商品范围持续调整以及进出口商品质量安全风险预警监管体系不断完善，对法检商品以外商品实施抽查检验已经成为防范进出口商品质量安全风险的重要手段。2023年《进出口商品检验法实施条例》更加符合机构改革后抽查检验工作流程发生较大变化的实际情况，能够进一步确保海关抽查检验工作的针对性和有效性，更好维护社会公共利益和人民群众生命健康安全。

第一，有利于海关与商检业务深度融合。通过明确增加《进出口商品检验法实施条例》作为法律依据，排除海关具有指导协助有关出口企业提高产品质量、协助有关进口单位采取必要措施防范可能的风险等法定职责，有助于确保相关法律法规的衔接和协调一致，进一步明确海关监管内容，理顺海关监管流程，保障机构改革“优化、协同、高效”。

第二，有利于更好地维护社会公共利益和人民群众生命健康安全。通过建立快速反应机制，实施跨年度抽查和应对突发事件的专项抽查，有利于根据进出口环节和流通领域出现的各种新情况和突发事件，及时围绕消费者关心的热点、媒体关注的焦点、质量问题频发的问题点开展抽查检验工作，在此基础上，进一步明确通过统一的布控指令下达海关抽检检验要求，有利于加强海关部门落实以人为本、执法为民的行政管理理念，避免在检验监管工作中发生“重目录轻风险”“重检验轻监管”“重微观轻宏观”的情形。

第九节　与对外关系有关的法律修订草案

一、《国务院组织法》修订草案

1982 年 12 月，五届全国人大五次会议在通过现行《宪法》的同时，通过了现行的《国务院组织法》。《国务院组织法》是关于国务院组织制度和工作制度的基本法律，明确了国务院组织制度和工作制度，保障了国务院依宪依法履行职责。修改《国务院组织法》是新时代国务院坚持党的全面领导、全面加强政府自身建设的必然要求，是国务院坚持以人民为中心、坚持全心全意为人民服务根本宗旨的制度保障，是新时代全面贯彻实施宪法、全面建设法治政府的重要方面，是深化党和国家机构改革、推进国家治理体系和治理能力现代化的有力举措。2024 年 3 月 11 日，第十四届全国人民代表大会第二次会议审议通过《国务院组织法（修订草案）》。

此次修改遵循以下原则：一是坚持正确政治方向。以习近平新时代中国特色社会主义思想特别是习近平法治思想为指导，贯彻落实党中央重大决策部署，把坚决维护党中央权威和集中统一领导作为最高政治原则贯穿修法全过程和各方面。二是坚持科学的思想方法和工作方法。在修法工作中注重把握好习近平新时代中国特色社会主义思想的世界观和方法论，运用好贯穿其中的立场观点方法。坚持守正创新，注重突出体现新时代的特点和要求，同时充分考虑国务院组织制度的连续性和稳定性，对于可改可不改的原则上不作修改；坚持问题导向，着眼新时代国务院工作面临的形势任务，总结吸收国务院工作实践的新经验新成果，特别是《法治政府建设实施纲要（2021－2025 年）》《国务院工作规则》制定修改和实施过程中的成熟做法，以法律形式作出规定；坚持系统观念，着眼坚持和完善中国特色社会主义制度，在党和国家机构职能体系总体框架内，与时俱进完善国务院相关制度。三是坚持依宪立法。发挥宪法在立法中的核心地位功能，严格遵循宪法确立的制度、原则和规定，处理好《国务院组织法》与《全国人民代表大会组织法》、《地方各级人民代表大会和地方各级人民政府组织法》、《立法法》、《各级人民代表大会常务委员会监督法》等法律以及相关党内法规、行政法规之间的关系，明确各自定位、做好衔接。

《国务院组织法（修订草案）》共 20 条，主要修改以下内容：（1）增加国务院性质地位的规定；（2）明确国务院工作的指导思想；（3）完善国务院职权的表述；（4）完善国务院组成人员相关规定；（5）完善国务院机构及其职权相关规定；（6）健全国务院会议制度；（7）增加国务院依法全面正确履行职能的制度措施。

二、《文物保护法》修订草案

《文物保护法》颁布于 1982 年 11 月，历经 5 次修正和 1 次修订。现行

《文物保护法》为2002年修订，对保护对象、工作方针、政府职责、不可移动文物保护、考古发掘、馆藏文物保护、民间收藏文物管理、文物出境进境管理、法律责任等作了规定。2012年，全国人民代表大会常务委员会开展《文物保护法》实施情况执法检查，既肯定该法作用，也指出法律实施中存在的突出问题。随着中国特色社会主义进入新时代，我国社会主要矛盾发生变化，文物事业发展面临新形势新任务，迫切需要完善法律保障；地方文物部门和社会各界也呼吁修改《文物保护法》，以适应文物保护利用改革和经济社会发展需要。

《文物保护法》修改，坚持以习近平新时代中国特色社会主义思想为指导，深入贯彻党的十九大和十九届二中、三中、四中、五中全会精神，全面贯彻习近平总书记全面依法治国新理念新思想新战略和关于文物工作重要论述精神，着眼推进文物领域治理体系和治理能力现代化，为做好新时代文物工作提供法治保障。

《文物保护法》修订的内容将包括：完善立法目的，丰富文物定义和类型；强化政府责任，鼓励社会参与。进一步明晰各级政府责任，对地方文物保护管理机构和队伍建设、经费保障等作出规定，规定将文物安全工作纳入地方政府考核；加大不可移动文物保护力度；加强馆藏文物保护利用；进一步规范文物流通，加强市场监管，强化文物进出境管理。增设专章，强化文物部门监管职能，建立国家文物督察制度和文物安全风险等级管理制度，加强文物保护监督检查。

三、《矿产资源法》修订草案

《矿产资源法》制定于1986年，1996年、2009年修改过部分条款。该法施行30多年来，对于促进矿业发展，加强矿产资源勘查、开发利用和保护工作发挥了积极作用。

本次《矿产资源法》修订遵循以下总体思路：突出保障国家矿产资源安全目标，着力为加强矿产资源国内勘探开发和增储上产、提高节约集约利用水平、提升应急保供能力提供制度保障，全方位夯实国家矿产资源安全制度根基；坚持问题导向，聚焦矿业权出让、矿产资源勘查开采、矿区生态修复、矿产资源储备和应急等关键环节和主要问题完善制度设计，增强针对性和实效性；遵循地质工作规律和矿业发展规律，确保制度设计符合矿产资源勘查开采的实际情况和特点，有效发挥法律制度激励引导和规范约束相结合的积极作用。

修订草案共8章76条，对现行《矿产资源法》作了较为全面的修订。

第一，加强矿产资源国内勘探开发和增储上产。一是加强政策支持。规定国家完善政策措施，加强基础性地质调查工作，加大对战略性矿产资源勘查、开采的支持力度，推动战略性矿产资源增加储量和提高产能，推进战略性矿产资源产业优化升级，提升矿产资源安全保障水平，并对组织开展基础性地质调查工作以及战略性矿产资源远景调查和潜力评价作了明确规定。二是完善矿业权制度。优化矿业权取得方式，规定矿业权通过竞争性出让方式取得，同时明确法律、行政法规或者国务院规定可以通过其他方式取得的除外；完善矿业权出让启动机制，鼓励单位和个人向自然资源主管部门提供探矿权区块来源并提出出让申请；规范矿业权出让工作，保障矿业权出让工作与加强矿产资源勘查开采的实际需要相适应；加强对矿业权出让收益征收的规范和引导，明确制定矿业权出让收益征收办法应当有利于调动矿产资源勘查积极性；强化矿业权人权利保障。三是强化对战略性矿产资源的保护。明确战略性矿产资源原则上不得压覆，确需压覆的应当经国务院自然资源主管部门或者其授权的省、自治区、直辖市人民政府自然资源主管部门批准。四是完善与矿产资源勘查开采相适应的矿业用地制度。明确开采战略性矿产资源确需使用农民集体所有土地的可以依法实施征收，露天开采战略性矿产资源占用土地，经省级以上人民政府自然资源主管部门批准后可以临时使用土地。

第二，加强矿产资源勘查开采管理。一是完善勘查开采许可制度。适应矿业权制度改革要求，将矿业权取得与勘查许可证、采矿许可证取得分离，规定矿业权人进行矿产资源勘查、开采作业前，应当分别编制勘查方案、开采方案，报原矿业权出让部门批准取得勘查许可证、采矿许可证。二是维护勘查开采活动秩序。规定矿业权人勘查开采矿产资源可以依法在相邻区域通行，架设相关设施；任何单位和个人不得干扰、破坏矿产资源勘查开采活动正常进行。三是促进合理开发利用。规定勘查、开采矿产资源应当采用先进适用、符合生态环境保护和安全生产要求的工艺、设备、技术；对共生和伴生矿产应当综合开采、合理利用；要求采矿权人采取有效措施确保矿产资源开采回采率、选矿回收率和综合利用率达到有关国家标准要求。四是建立资源储量管理制度。

第三，健全矿区生态修复制度。增加“矿区生态修复”一章，明确矿区生态修复责任主体；鼓励社会资本参与矿区生态修复；要求采矿权人编制矿区生态修复方案并按照方案进行矿区生态修复；明确矿区生态修复应当经验收合格；要求采矿权人按规定提取矿区生态修复费用。

此外，修订草案还针对建立矿产资源储备和应急制度，强化监督管理，完善法律责任，落实平等保护产权、平等参与市场竞争等方面作出规定与调整。

四、《国境卫生检疫法》修订草案

《国境卫生检疫法》于1987年施行，并分别于2007年、2009年和2018年作出部分修改。《国境卫生检疫法》的实施，对防止传染病跨境传播、保障人体健康和生命安全发挥了重要作用。

党中央高度重视国境卫生检疫工作，近年来，习近平总书记对严防境外疫情输入作出一系列重要指示批示，指出要贯彻总体国家安全观，加强入境检疫，增强防控措施的针对性和实效性，筑起应对境外疫情输入风险的坚固防线。

为贯彻落实习近平总书记重要指示批示精神，2020年3月，全国人民代表大会常务委员会成立《国境卫生检疫法》修改工作专班，并将《国境卫生检疫法》（修改）先后列入全国人民代表大会常务委员会2020年至2023年立法工作计划和第十四届全国人民代表大会常务委员会立法规划。《国境卫生检疫法》修订草案由海关总署牵头起草。2023年11月3日，国务院常务会议讨论并原则通过了《国境卫生检疫法》修订草案。

2023年12月25日，在第十四届全国人民代表大会常务委员会第七次会议上，《国境卫生检疫法》修订草案提请全国人民代表大会常务委员会会议初次审议。提请此次常务委员会会议审议的《国境卫生检疫法》修订草案共8章57条，主要规定了五方面内容：一是坚持党对国境卫生检疫工作的领导；二是进一步完善国境卫生检疫常态化制度，压实各方责任，强化协同联动；三是完善重大传染病疫情口岸应急处置措施，对境外或境内传染病暴发、流行时需要在口岸采取的应急处置措施作了明确规定；四是强化国境卫生检疫保障措施；五是完善有关法律责任的规定，细化了应予处罚的违法情形，丰富了处罚手段，加大了处罚力度。

《国境卫生检疫法》修订将进一步完善常态下防范传染病跨境传播的制度措施。

五、《传染病防治法》修订草案

《传染病防治法》于1989年公布施行，分别于2004年、2013年进行了全面修订和部分修改。此次提请审议的《传染病防治法》修订草案共10章115条，包括总则，传染病预防，传染病监测和预警，疫情报告、通报和公布，疫情控制，医疗救治，保障措施，监督管理，法律责任和附则，相对于现行传染病防治法作出多处修改。为了预防、控制传染病的发生与流行，保障公众生命安全和身体健康，防范和化解公共卫生风险，维护国家安全和社会稳定，国务院起草了《传染病防治法》修订草案，明确了卫生健康、疾病预防控制部门的权责关系，加强了传染病监测体系建设，理顺了与突发事件应对法的关系，完善了信息公开制度，强化了个人信息保护，加大了对违法行为处罚力度。2023年10月20日，《传染病防治法》

修订草案提请第十四届全国人民代表大会常务委员会第六次会议初审。《传染病防治法》修订草案通过后，将对促进传染病防治工作法治化具有重要意义。

六、《突发事件应对法》修订草案

《突发事件应对法》自2007年公布施行以来，对预防和减少突发事件的发生，控制、减轻和消除突发事件引起的严重社会危害，保护人民生命财产安全，维护国家安全、公共安全、生态环境安全和社会秩序，发挥了重要保障作用。近年来突发事件应对管理工作遇到了一些新情况新问题，特别是新冠肺炎疫情对突发事件应对管理工作带来了新挑战，“亟待通过修法予以解决”。

为此，国务院提请2021年12月召开的第十三届全国人民代表大会常务委员会第三十二次会议初次审议《突发事件应对管理法》草案。2021年12月24日，《突发事件应对管理法》草案对外公布，向全社会公开征求意见。2024年6月，第十四届全国人民代表大会常务委员会第十次会议修订通过《突发事件应对法》，修订后的该法自2024年11月1日起施行。

本次修订包括以下几个方面：

第一，完善总则规定。规定突发事件应对工作应当“坚持人民至上、生命至上”“坚持依法科学应对，尊重和保障人权”。

第二，明确党对突发事件应对工作的领导。完善党委领导、政府负责、部门联动、军地联合、社会协同、公众参与、科技支撑、法治保障的治理体系。完善突发事件应对管理与指挥体制，明确各方责任。设专章对管理与指挥体制作出规定。

第三，完善信息报送和发布相关规定。规定国家建立健全突发事件信息发布制度；对于虚假或者不完整信息，应当及时发布准确的信息予以澄清。规定新闻采访报道制度，支持新闻媒体开展采访报道和舆论监督。

第四，完善应急保障制度。建立健全应急物资储备保障制度，建立健全应急运输保障、能源应急保障等体系，加强应急避难场所的规划、建设和管理工作。

第五，加强突发事件应对能力建设。规定各级各类应急救援队伍，明确国家综合性消防救援队伍是应急救援的综合性常备骨干力量，增加规定基层应急救援队伍、社会力量建立的应急救援队伍。

第六，全流程完善突发事件应对处置。建立健全突发事件监测制度、预警制度、应急响应制度，完善事后恢复与重建的相关规定。

第七，充分调动社会各方力量参与突发事件应对工作的积极性、主动性，进一步形成合力。建立突发事件应对工作投诉、举报制度，鼓励人民群众监督政府及部门等的不履职行为；鼓励公民、法人和其他组织储备基本的应急自救物资和生活必需品，居民委员会、村民委员会等基层组织在紧急情况下立即组织群众开展自救与互救等先期处置工作。

第八，完善相关法律责任规定。增加对在突发事件应对处置中违反法律规定采取应对措施，侵犯公民生命健康权益的法律责任。增加对于违反突发事件应对中个人信息保护规定的法律责任。考虑到在突发事件应对过程中，往往会有公民为了避免人身、财产损害而采取避险行为的情况，增加与《民法典》《刑法》等法律关于紧急避险的衔接性规定，为公民在突发事件应急处置中开展自救互救、减少损失提供法律依据。

第二章　加强涉外执法

第一节　对外制裁执法

2018年以来，中美经贸摩擦逐步走向全面竞争，美国频繁对中国采取金融制裁手段进行遏制。2020年，美国接连签署涉及中国新疆、中国香港的专项法案，以民主人权为由，对中国相关个人和实体实施金融制裁措施。

在此背景下，中国自2018年以来采取了一系列行政措施，对在涉疆、涉藏、涉台和涉港问题上采取不当行为的外国实体和个人宣布实施反制裁措施。2020年9月19日，中国商务部制定《不可靠实体清单规定》，对被列入不可靠实体清单的个人和实体采取限制交易、禁止投资、禁止入境和罚款等措施。2021年1月9日，《阻断外国法律与措施不当域外适用办法》公布，旨在阻断外国经济制裁措施在中国的效力。2021年6月10日，中国通过《反外国制裁法》，以国内法形式授权国内政府部门针对制裁国或其人员、实体实施反制措施。

一、外交部2023年以来的反制措施及其特征

为捍卫国家主权、安全、发展利益，自2020年起，外交部先后二十余次对美国、加拿大、欧盟、英国的有关实体和人员宣布反制措施，以回应美欧围绕中国新疆、香港、台湾、西藏等问题对中国采取的制裁措施或

不当行为。2020—2021 年，外交部频繁发布反制措施，其中 2020 年发布 6 次反制措施，[①] 2021 年发布 6 次反制措施。[②] 2022 年以来，反制频率略有放缓，2022 年[③]和 2023 年分别为 4 次，2024 年截至 4 月 12 日为 2 次。2023 年起，外交部公布的制裁措施如表 2-1[④] 所示。

---

① 2020 年发布的 6 次反制措施分别为：（1）2020 年 3 月 18 日，对"美国之音"、《纽约时报》、《华尔街日报》、《华盛顿邮报》、《时代周刊》5 家美国媒体驻华分社实施制裁；（2）2020 年 8 月 10 日，对美联邦参议员卢比欧、克鲁兹等 5 人，联邦众议员史密斯，以及美国国家民主基金会总裁格什曼、美国国际事务民主协会总裁米德伟、美国国际共和研究所总裁特温宁、"人权观察"执行主席罗斯、"自由之家"总裁阿布拉莫维茨实施制裁；（3）2020 年 9 月 11 日，对美驻华使领馆包括美驻香港总领馆的高级外交官及其他所有人员实施制裁；（4）2020 年 10 月 26 日，对洛克希德·马丁、波音防务、雷神等美国企业，以及参与售台武器的美国个人和实体实施制裁；（5）2020 年 11 月 30 日，对在涉港问题上表现恶劣的"美国国家民主基金会"亚洲事务高级主任约翰·克瑙斯，"美国国际事务民主协会"亚洲项目负责人阿南德、香港分部主管罗萨里奥、项目主任薛德敖等 4 人实施制裁；（6）2020 年 12 月 10 日，对在涉港问题上负有主要责任的人员及其直系亲属实施制裁。

② 2021 年发布的 6 次反制措施分别为：（1）2021 年 1 月 18 日，对在涉港问题上表现恶劣、负有主要责任的美国行政部门官员、国会人员、非政府组织人员及其直系亲属实施制裁，对在台湾问题上表现恶劣的美负责官员实施制裁；（2）2021 年 1 月 21 日，对在涉华问题上严重侵犯中国主权、负有主要责任的 28 名人员实施制裁，包括特朗普政府中的蓬佩奥、纳瓦罗；（3）2021 年 3 月 22 日，对欧方严重损害中方主权和利益、恶意传播谎言和虚假信息的 10 名人员和 4 个实体实施制裁，包括欧洲议会议员彼蒂科菲尔、盖勒等 5 人，荷兰议会议员、比利时议会议员、立陶宛议会议员、德国学者、瑞典学者、欧盟理事会政治与安全委员会、欧洲议会人权分委会、德国墨卡托中国研究中心、丹麦民主联盟基金会；（4）2021 年 3 月 26 日，对恶意传播谎言和虚假信息的英方 9 名人员和 4 个实体实施制裁，包括图根哈特、邓肯—史密斯，以及"中国研究小组"、保守党人权委员会、"维吾尔独立法庭"、埃塞克斯园大律师事务所；（5）2021 年 3 月 27 日，针对美国、加拿大基于谎言和虚假信息对中国新疆有关人员和实体实施单边制裁，对美国国际宗教自由委员会主席曼钦、副主席伯金斯，加拿大联邦众议员庄文浩、众议院外委会国际人权小组委员会实施制裁；（6）2021年 12 月 21 日，针对美国就"新疆人权"问题对中方官员的非法制裁，对美国国际宗教自由委员会主席、副主席及委员共 4 人实施制裁。

③ 2022 年发布的 4 次反制措施分别为：（1）2022 年 2 月 21 日，制裁美国军工企业雷神技术公司、洛克希德·马丁公司；（2）2022 年 8 月 5 日，制裁佩洛西及其直系亲属；（3）2022 年 8 月 12 日，制裁立陶宛交通与通讯部副部长瓦伊丘凯维丘特；（4）2022 年 12 月 23 日，制裁余茂春、托德·斯坦恩。

④ 表格为作者自制。

表 2－1　中国外交部公布的制裁名单（2023 年至今）

序号	制裁时间	制裁对象	制裁事由	制裁措施
1	2023 年 4 月 7 日[1]	美国哈德逊研究所、里根图书馆及其负责人	为蔡英文在美从事“台独”分裂活动提供平台和便利。	（1）严格限制我国境内的高校、机构等组织和个人与其进行有关交易、交流、合作等活动；（2）冻结负责人在我国境内的动产、不动产和其他各类财产；（3）对负责人不予签发签证、不准入境。
2	2023 年 4 月 13 日[2]	美国反华议员迈克·麦考尔	频繁采取干涉中国内政、损害中方利益的言行，并于近期率团窜访中国台湾地区。	（1）冻结在我国境内的动产、不动产和其他各类财产；（2）禁止我国境内的组织、个人与其进行有关交易、合作等活动；（3）对其本人不予签发签证、不准入境。
3	2023 年 9 月 15 日[3]	美国洛克希德·马丁公司密苏里州圣路易斯市分公司、诺斯罗普·格鲁曼公司	参与美国对中国台湾地区出售武器。	—
4	2023 年 12 月 26 日[4]	美国情报数据公司卡隆（Kharon）、卡隆公司调查主任许勐（EdmundXu）、前美高等国防研究中心研究员尼科尔·莫格雷特（NicoleMorgret）	长期搜集涉疆敏感信息、为美方涉疆非法制裁提供“依据”。	（1）禁止 2 名个人入境中国（包括内地和香港特区、澳门特区）；（2）冻结实体和个人在中国境内的动产、不动产和其他各类财产；（3）禁止中国境内的组织、个人与其进行有关交易、合作等活动。

续表

序号	制裁时间	制裁对象	制裁事由	制裁措施
5	2024 年 1 月 7 日[5]	贝宜陆上和武器系统公司、联合技术系统运营公司、宇航环境公司、ViaSat 公司和 DataLink Solutions 公司等 5 家美国军工企业	参与美国对中国台湾地区出售武器。	(1) 冻结在我国境内的动产、不动产和其他各类财产；(2) 禁止我国境内组织、个人与其进行交易、合作等活动。
6	2024 年 4 月 11 日[6]	通用原子航空系统公司、通用动力陆地系统公司	美国持续向中国台湾地区出售武器，严重违反一个中国原则和中美三个联合公报规定，严重干涉中国内政，严重损害中国主权和领土完整。	(1) 冻结在我国境内的动产、不动产和其他各类财产；(2) 对高级管理人员不予签发签证、不准入境。

1.《关于对美国哈德逊研究所、里根图书馆及其负责人采取反制措施的决定》，载外交部网 2023 年 4 月 7 日，https：//www. fmprc. gov. cn/wjb_ 673085/zfxxgk_ 674865/gknrlb/fzcqdcs/202304/t20230407_ 11055802. shtml。

2.《关于对美国反华议员迈克·麦考尔采取反制措施的决定》，载外交部网 2023 年 4 月 13 日，https：//www. fmprc. gov. cn/wjb_ 673085/zfxxgk_ 674865/gknrlb/fzcqdcs/202304/t20230413_ 11058780. shtml。

3.《外交部发言人：中方决定对两家美国军工企业实施制裁》，载人民网 2023 年 9 月 15 日，http：//world. people. com. cn/n1/2023/0915/c1002 –40078915. html。

4.《中方对美国 1 家机构和 2 名个人采取反制措施》，载人民网 2023 年 12 月 26 日，http：//world. people. com. cn/n1/2023/1226/c1002 –40147105. html。

5.《外交部发言人就反制美国向中国台湾地区出售武器、制裁中国实体答记者问》，载中国新闻网 2024 年 1 月 7 日，https：//www. chinanews. com. cn/gn/2024/01 –07/10141773. shtml。

6.《关于对美国通用原子航空系统公司、通用动力陆地系统公司采取反制措施的决定》，载外交部网 2024 年 4 月 11 日，https：//www. mfa. gov. cn/web/wjb_ 673085/zfxxgk_ 674865/gknrlb/fzcqdcs/202404/t20240411_ 11280056. shtml。

2023 年以来，由于美国在台湾问题上屡屡采取错误言行，操弄“窜访牌”“军售牌”等，中国外交部针对相关个人和实体进行了精准反制，反制措施主要包括冻结其在中国境内资产、禁止相关个人入境、限制其开展对华经贸活动。

外交部的最新反制实践中展现出以下三个特征：

第一，以《反外国制裁法》作为明确的法律依据。在《反外国制裁法》通过前，外交部公布的反制措施大多基于对等原则，政治宣誓性较强。《反外国制裁法》则为外交部采取反制措施提供了明确的法律依据。除了外国制裁，外国国家、组织或个人若从事其他危害中国主权、安全、发展利益的行为，中国也可采取相应反制措施。① 事实上，2023 年以来的反制措施均是针对美国“其他危害中国主权、安全、发展利益的行为”而采取的。

第二，根据《反外国制裁法》确定具体制裁措施。早期的反外国制裁措施主要是与外国制裁相对等的措施，具有“以其人之道还治其人之身”的特点。近期发布的反制措施主要是《反外国制裁法》第 6 条所规定的措施，即禁止入境、冻结财产和禁止交易，没有超出法律限度以外的其他措施。

第三，主要通过外交部官方网站集中公开。外交部此前公布反制措施，或是刊载于外交部网站的“政策解读”栏目，或是采取发言人表态或外交部令的形式。但 2023 年以来，外交部着力于将反制裁清单和措施纳入政府主动公开内容类别，在外交部网站集中公开，透明度增强。

二、反外国制裁制度的发展完善

反外国制裁是一项政策性、政治性很强的工作。《反外国制裁法》的出台，对规范反外国制裁措施具有重要意义，有助于推进涉外事务治理体系的法治化，提高中国进行对外法律斗争的法治化水平。

从外交部近期的反外国制裁实践来看，制裁对象从政治性主体向商业性实体转变。相较于政治性主体而言，冻结资产、限制对华经贸活动等反制措施对于商业性实体将产生实质影响而不仅限于威慑效应和政治压力。这意味着反制措施将产生实效。这对中国提出两方面的要求。

① 参见《反外国制裁法》第 15 条。

其一，要在立法层面和实践层面提高《反外国制裁法》的可执行性。在立法层面上，有必要进一步建立完善反制裁措施的配套制度，规范反制裁措施从决策到实施的整个流程，在制裁对象的确定和制裁措施的裁量等方面确立合理可行的规则，并关注制裁程序的合法性和透明度，保障被制裁方的救济权利。另外，有必要明确反外国制裁工作协调机制的组成和工作程序，厘清外交部、商务部、公安部、中国人民银行等部门和机构在实施反制裁措施中的权限和职责。在实践层面，行政机关应当将法治意识贯彻于反制裁措施的决策和实施过程之中。反制裁措施的决策和实施应当遵循规范严格的法定程序。就决策程序而言，鉴于商务部在处理中外贸易摩擦以及反制裁活动中积累了一定的经验，因此，可以考虑由商务部启动，上报国务院会同多部委统筹商议，经国务院批准后再由外交部公布。在反制裁措施的实施方面，对外国实体的资金冻结和限制交易有赖于金融机构对日常交易监控以及违规交易的自我汇报。股权类资产交易禁令的执行需市场监督管理局的配合执行，证券类资产冻结则涉及证券监督管理委员会和国家发展和改革委员会等部门。行政机关执行反制裁措施应当综合考虑《行政强制法》《行政处罚法》等相关规定。除此以外，还需考虑反制裁措施是否可能违反中国在相关国际投资协定项下的投资保护义务。

其二，中国企业要密切关注制裁风险。中国境内任何组织和个人被禁止与制裁对象进行贸易或合作。根据《反外国制裁法》第 14 条的规定，任何组织和个人不执行、不配合实施反制措施的，依法追究法律责任。因此中国企业需根据自身业务特点和需要，尽快建立完善制裁合规体系，实时更新相关受限实体清单进行对照筛查，对供应商、客户或其他合作方进行充分的风险调查和评估，以管控法律风险与商业风险。

第二节　移民管理和执法

2023年1月8日起，我国正式将新冠病毒感染调整为“乙类乙管”，疫情期间的出入境管制措施随之调整、不断完善，对外交流交往恢复正常、持续扩大。国家移民管理机构积极适应形势任务发展变化，全力促进中外人员往来，坚决维护正常出入境秩序。

一、全面恢复出境入境管理服务

2022年12月27日，国家移民管理局宣布自2023年1月8日起有序恢复出境入境申请受理审批和口岸通关服务，继续运行部分疫情期间的便利措施，此后又相继调整优化有关政策。① 出入境活动稳步升温。2023年，全国移民管理机构累计查验出入境人员4.24亿人次，同比上升266.5%；其中内地居民2.06亿人次、港澳台居民1.83亿人次、外国人3547.8万人次，同比分别上升218.7%、292.8%、693.1%。累计查验出入境交通运输工具2346.1万架（列、艘、辆）次，同比上升143.4%；其中飞机54.1万架次、列车9.1万列次、船舶40.4万艘次、机动车辆2242.5万辆次，同比分别上升108.5%、16.8%、28.7%、149.5%。② 2024年元旦假期出入境流量已恢复至2019年同期水平，日均172.6万人次，春节和清明节期

① 参见《关于新型冠状病毒感染“乙类乙管”后优化移民管理政策措施的公告》，载国家移民管理局网2022年12月27日，https：//www.nia.gov.cn/n741440/n741542/c1548474/content.html；《国家移民管理局进一步调整外国人来华签证及入境政策》，载国家移民管理局网2023年3月14日，https：//www.nia.gov.cn/n897453/c1566449/content.html；《关于进一步调整优化若干出入境管理政策措施的公告》，载国家移民管理局网2022年5月11日，https：//www.nia.gov.cn/n897453/c1579830/content.html。

② 《2023年全国出入境人员超4.24亿人次》，载国家移民管理局网2024年1月18日，https://www.nia.gov.cn/n897453/c1625566/content.html。

间日均出入境分别为169万人次、173万人次。[①]

二、积极促进中外人员交流交往

一是统筹运用过境免签、单方免签、互免签证以及口岸签证、再入境签证等政策措施进一步便利外国人入境来华。2023年11月17日起对挪威公民实施72/144小时过境免签政策，使该政策适用范围扩大至54国人员；12月1日起对法国、德国、意大利、荷兰、西班牙、马来西亚6国持普通护照人员试行单方面免签政策。2024年3月14日起又扩大至瑞士、爱尔兰、匈牙利、奥地利、比利时、卢森堡等6国。2024年1月11日起施行放宽口岸签证条件和就近就便申请签证延期、换发、补发等5项便利外籍人员来华措施；1月25日与新加坡、28日与泰国签订互免签证协议；2月9日起大幅放宽59国人员免签入境海南的事由。2023年至2024年3月，仅国家移民管理局就出台20余项政策措施促进外籍人员来华并为他们在华工作、生活提供更好保障。[②]

---

① 参见《日均172.6万人次！元旦假期出入境人数恢复至2019年同期水平》，载国家移民管理局网2024年1月2日，https：//www. nia. gov. cn/n897453/c1623541/content. html；《春节假期1351.7万人次出入境同比增长2.8倍》，载国家移民管理局网2024年2月18日，https：//www. nia. gov. cn/n897453/c1631883/content. html；《“清明”节期间518.9万人次出入境》，载国家移民管理局网2024年4月7日，https：//www. nia. gov. cn/n897453/c1643970/content. html。

② 参见《关于我国72/144小时过境免签政策扩展至54国的公告》，载国家移民管理局网2023年11月17日，https：//www. nia. gov. cn/n741440/n741542/c1613035/content. html；《中国对法、德等6国试行单方面免签政策的通知》，载外交部网2023年11月24日，https：//www. mfa. gov. cn/wjbzwfwpt/kzx/tzgg/202311/t20231124_11186388. html；《中国对瑞士等6国试行免签政策》，载中华人民共和国中央人民政府网2024年3月7日，https：//www. gov. cn/yaowen/liebiao/202403/content_6937461. htm；《国新办举行便利外籍人员来华5项措施新闻发布会》，载国务院新闻办公室网2024年1月11日，http：//www. scio. gov. cn/live/2024/33154/index. html；《中国和新加坡签署互免持普通护照人员签证协定》，载中华人民共和国中央人民政府网2024年1月25日，https：//www. gov. cn/lianbo/bumen/202401/content_6928229. htm；《中国和泰国签署互免持普通护照人员签证协定》，载中华人民共和国中央人民政府网2024年1月29日，https：//www. gov. cn/lianbo/bumen/202401/content_6928769. htm；《关于扩大部分国家人员免签入境海南事由的公告》，载国家移民管理局网2024年2月9日，https：//www. nia. gov. cn/n741440/n741542/c1631698/content. html；《国新办举行推进高水平对外开放更大力度吸引和利用外资国务院政策例行吹风会图文实录》，载国务院新闻办公室网2024年3月20日，http：//www. scio. gov. cn/live/2024/33491/tw/。

二是深化运用信息技术进一步便利外国人在华停留居留。国家移民管理局建成涵盖联合国六种官方语言的政府网站，其政务服务平台自2023年10月9日起开通外国人签证证件网上预约、查询等功能。① 2023年12月1日起正式签发启用新版外国人永久居留身份证（“五星卡”），改进证件信息存储和应用管理服务，持证人可线上办理交通出行、生活消费、金融等事务。② 协同人力资源和社会保障部门推进外籍人员工作许可证和工作类居留许可“一口受理、并联审批、同时发证”，形成“一站式”审批机制。积极推进“减证便民”，通过免予留存护照、免予查验纸质证明等提升外籍人员办理签证证件便利化水平。③ 中国人民银行建立专项工作机制，持续推动解决境外来华人员移动支付不便等问题。④

三是积极采取措施进一步便利公民出境入境。准予2020年1月1日至2023年12月30日过期失效的港澳居民“回乡证”⑤ 继续使用至2023年12月31日，解决疫情期间200多万港澳居民未能及时办理证件换发手续、排队预约周期较长的问题。先后推出内地居民赴港澳地区探亲、工作、学习证件“全国通办”、粤港澳大湾区内地城市往来港澳人才签注等政策，出台《积极支持促进横琴粤澳深度合作区建设发展若干出入境管理服务措

① 参见《国家移民管理局政府网站“俄、法、西、阿”语言版本上线运行》，载国家移民管理局网2022年12月30日，https：//www. nia. gov. cn/n897453/c1552529/content. html；《国家移民管理局政务服务平台开通外国人签证证件网上预约查询等功能》，载国家移民管理局网2023年9月13日，https：//www. nia. gov. cn/n897453/c1598734/content. html。

② 《国家移民管理局新闻发布会文字实录》，载国家移民管理局网2023年9月15日，https：//www. nia. gov. cn/n741435/n1194535/n1599261/index. html。

③ 《国新办举行推进高水平对外开放更大力度吸引和利用外资国务院政策例行吹风会图文实录》，载国务院新闻办公室网2024年3月20日，http：//www. scio. gov. cn/live/2024/33491/tw/。

④ 参见《国新办举行〈非银行支付机构监督管理条例〉国务院政策例行吹风会图文实录》，载国务院新闻办公室网2023年12月28日，http：//www. scio. gov. cn/live/2023/33138/tw/；《在华支付指南》，载中国人民银行网2024年3月14日，http：//www. pbc. gov. cn/rmyh/105208/5273993/index. html；《国新办举行推进高水平对外开放更大力度吸引和利用外资国务院政策例行吹风会图文实录》，载国务院新闻办公室网2024年3月20日，http：//www. scio. gov. cn/live/2024/33491/tw/。

⑤ 指港澳居民来往内地通行证。

施》、支持福建建设两岸融合发展示范区十项出入境政策措施，进一步促进内地（大陆）与港澳台地区的交流往来。①

三、加大对非法移民等跨境违法犯罪活动的防范查处力度

开展“獴猎”行动—2023，推进反偷渡区域联动会战、骗证骗签类案会战、犯罪链条铲除会战、境外捕蛇追逃会战，全年累计侦办妨害国（边）境管理犯罪案件5.8万余起，抓获犯罪嫌疑人10.9万余名，打掉犯罪团伙2463个。加强口岸边境执法力度，口岸累计查缉拦截涉跨境赌博和电信网络诈骗等违法犯罪活动人员3.2万人次，边境地区累计查获非法出入境人员1.2万余人。深化外国人“三非”②活动治理，重点打击幕后组织者和团伙骨干人员，切断“黑灰”产业链条，全年依法查处“三非”外国人6.56万人次，对其中符合法定情形的2.6万人予以遣返；颁布《非法移民遣返机构工作规定》，自2023年10月1日起施行。深入开展夏季治安打击整治行动，累计查获各类毒品8.5吨，查获走私货物案值7.63亿元。在沿边9省区部署开展平安边境模范系列创建活动，5县市20乡镇获评首批全国平安边境模范县市、乡镇。扩大国际和地区性交流与执法合作，举办东盟与中日韩移民管理政策高级别研讨会，发布《地区移民治理政策高级别研讨会联合新闻通稿》《中华人民共和国国家移民管理局关于地区移民治理的倡议》，组团出席东盟与中日韩移民局局长和外交部领事司司长第二届磋商会议、上合组织成员国主管机关边防部门领导人第九次会议，派员参加国际移民对话会等7个移民领域多边机制会议，与越南开

---

① 参见《关于延长港澳居民来往内地通行证有效期的公告》，载国家移民管理局网2023年4月28日，https：//www.nia.gov.cn/n741440/n741542/c1577893/content.html；王云龙：《扬帆逐梦新征程——2023年度全国移民管理工作综述》，载《出入境观察》2024年第1期。

② 系非法入境、非法居留、非法就业的简称。

展联合打击非法出入境专项行动，进一步深化双边、多边务实合作。①

第三节　海洋维权执法

当前，海洋已经成为大国间交流互动和竞争博弈的重要场域。涉外海洋法治作为涉外法治建设的重要内容，是中国参与全球海洋治理的方案，也是中国的法治贡献。② 涉外海洋执法作为涉外海洋法治的关键一环和重要组成部分，在国家海洋维稳、海洋维权中发挥重要作用。党的十九大以来，我国加快推进国家治理体系和治理能力现代化改革。2018 年新一轮海上执法体制改革后，形成了以中国海警综合执法为主，公安、海事、渔政等具有海上执法权的其他行政机构为辅的综合执法协作机制。近年，我国涉外海洋执法机关为维护我国领土主权和海洋权益，不断增强海上维权执法能力、提升海上执法质效。

2023 年 11 月 29 日，习近平总书记在武警海警总队东海海区指挥部视察时强调，要有效维权执法，坚决捍卫我国领土主权和海洋权益。要建立健全海上执法协作配合机制，依法严厉打击海上违法犯罪活动，维护我国海洋经济健康发展。要务实开展海上执法对外交流合作，积极参与国际和地区海洋治理。③ 全国涉海执法机构贯彻落实习近平总书记海上执法工作

---

① 参见王云龙：《扬帆逐梦新征程——2023 年度全国移民管理工作综述》，载《出入境观察》2024 年第 1 期；《非法移民遣返机构工作规定》（公安部令第 167 号），载公安部网 2023 年 8 月 31 日，http://m.mps.gov.cn/n6935718/n6936579/c9175108/content.html；《5 县市 20 乡镇获首批平安边境模范县市乡镇命名》，载国家移民管理局网 2024 年 2 月 19 日，https://www.nia.gov.cn/n897453/c1632033/content.html；《中越启动联合打击非法出入境专项行动》，载国家移民管理局网 2023 年 7 月 25 日，https://www.nia.gov.cn/n897453/c1591428/content.html。

② 参见姚莹：《涉外海洋法治：生成背景、基本内涵与实践路径》，载《武大国际法评论》2022 年第 4 期。

③ 参见《习近平在视察武警海警总队东海海区指挥部时强调把握海警力量建设运用特点规律提高海上维权执法能力》，载《人民日报》2023 年 12 月 2 日，第 1 版。

指示，在维权执法、专项行动、国际合作等方面取得了系列成果。

一、切实增强海洋维权能力

当前，中国正处于由海洋大国向海洋强国、由陆权国家向陆权海权兼备国家迈进的关键阶段，增强海洋权益维护能力、海洋强国建设能力是大势所趋。但在新形势下，我国维护海洋权益仍面临诸多挑战。在东海、南海，日本、菲律宾等国屡次挑起争端，侵扰我海洋主权；“台海问题”进一步加剧了我国海域管理的不稳定性。中国海警依据国际法和相关法律有理、有力处置海域不稳定因素，我国海洋维权能力得以进一步增强。

（一）钓鱼岛领海维权巡航

钓鱼岛及其附属岛屿是中国固有领土。2012 年 9 月起，为回应日本“拍卖”中国钓鱼岛的非法行径、维护国家主权和领土完整，中国海洋执法机构开启了在钓鱼岛及其附属岛屿的维权巡航活动。2023—2024 年，中国海警舰艇编队持续开展钓鱼岛领海维权巡航活动，依法警告驱离非法进入我国海域的日本方船舶。2023 年 10 月以来，日本方侵扰我钓鱼岛领海的行为呈频繁之势，中国海警舰艇编队于 2023 年 10 月 16 日、11 月 28 日、12 月 9 日以及 2024 年 1 月 27 日，对非法进入我钓鱼岛领海的日本“隆祥丸”“鹤丸”号渔船和数艘巡视船依法采取必要管制措施并警告驱离。①对于日本方炒作我钓鱼岛维权巡航行为的行径，中国海警局发言人给予强势回应，表示开展维权巡航活动是我维护国家主权、安全和海洋权益的例行性行动，中国海警将依法加强在中国管辖海域的巡航执法力度，坚决挫败一切侵权挑战图谋。②

① 参见《中国海警依法驱离日非法进入我钓鱼岛领海船只》，载中国海警局网 2024 年 1 月 27 日，https：//www. ccg. gov. cn/wqzf/202405/t20240515_ 267. html。

② 参见《中国海警局新闻发言人就日方炒作我钓鱼岛维权巡航发表谈话》，载中国海警局网 2024 年 6 月 7 日，https：//www. ccg. gov. cn/wqzf/202406/t20240607_ 2290. html。

（二）厦金海域常态化执法巡查

2024 年“2·14 金门海域恶性撞船事件”发生后，中国海警局于 2 月 18 日宣布，福建海警局将加强海上执法力量，在厦金海域（指位于福建省九龙江的出海口，由厦门港湾、泉州围头湾、金门湾、九龙江河口湾所组成的海域）进行常态化执法巡查行动，以进一步维护有关海域作业秩序，维护渔民生命财产安全。2024 年 2 月 25 日，福建海警组织舰艇编队在金门附近海域采用编队航行、识别查证、警戒护渔、喊话警告等措施，加强重点海域执法巡查；① 同日，福建省海洋与渔业执法总队调派 2 艘渔政执法船艇，在厦金海域开展渔业巡航执法活动。② 2024 年 4 月以来，福建海警组织舰艇编队持续加强金门附近海域执法巡查，进一步强化有关海域管控力度，切实维护包括台湾地区在内的中国渔民合法正当权益和生命财产安全，有力保障厦金海域正常航行和作业秩序。③

（三）规制菲律宾非法侵闯南海行径

2022 年 5 月菲律宾新任总统马科斯上台以来，施政政策呈现出明显的“亲美”倾向，典型表现是背信弃义、肆意破坏中菲妥善管控南海局势的“君子协定”，④ 协助推行美国的“印太战略”。2022—2024 年，菲律宾加大对南海仁爱礁、黄岩岛等地域的扩张行动。2023 年 9 月以来，菲律宾实施了非法登陆铁线礁、黄岩岛礁盘；非法侵闯仁爱礁、黄岩岛附近海域；

① 参见《福建海警组织舰艇编队在金门附近开展执法巡查》，载微信公众号“中国海警”2024 年 2 月 25 日，https://mp.weixin.qq.com/s/-zUog8Tc4lT0ad56jTvOdg。

② 参见《福建渔政在厦金海域开展渔业巡航执法行动》，载农业农村部网 2024 年 2 月 25 日，http://www.moa.gov.cn/hd/zbft_news/zgyzljzfxd/xgxw_29703/202402/t20240225_6452053.htm。

③ 参见《福建海警位金门附近海域常态化执法巡查》，载微信公众号“中国海警”2024 年 4 月 29 日，https://mp.weixin.qq.com/s/JegBx4fh1WhBoLzRNhnfdw。

④ 参见王露、谢瑞强：《菲调查中菲南海“君子协定”，外交部：非方背信弃义，侵权挑衅》，载百家号“澎湃新闻”2024 年 5 月 22 日，https://baijiahao.baidu.com/s?id=1799738138900227267&wfr=spider&for=pc。

向仁爱礁非法“坐滩”违规运送物资；冲撞我方执法舰艇等一系列挑衅行为。对于菲方人员非法闯入、登陆我国铁线礁、黄岩岛礁盘领土的侵权行为，中国海警执法人员依法登礁并查证处置，依法驱离。[1] 对于菲律宾海警船、公务船、运补船非法闯入我国南海仁爱礁、黄岩岛附近地域的行为，中国海警在多次喊话无效的情况下，依法采取跟监外逼、水炮警示、拦阻管制等必要措施，对非法侵闯的菲船只予以驱离。[2] 对于菲方运用民船、军舰运送，小飞机空投等方式图谋向其非法“坐滩”军舰实施非正常运补、运送材料的行为，在多次劝阻警告无效后，中国海警依法依规实施规制、拦阻、驱离。[3] 2023 年 12 月 10 日，向菲非法“坐滩”军舰运送违规建筑材料的菲“尤娜扎·五月”1 号艇无视我多次严正警告，违反《国际海上避碰规则》，以不专业、危险方式突然转向，故意冲撞我正常执法航行的海警 21556 艇，[4] 中国海警依法依规实施管制。

二、持续开展涉外海洋执法专项行动

根据自然资源部发布的《2023 年海洋经济统计公报》，2023 年全国海洋经济生产总值 99,097 亿元，比上年增长 6.0%；占国内生产总值比重为 7.9%。巨大经济利益衍生出诸多潜在安全隐患，涉海执法机构积极开展海上执法专项行动，有力服务了国家海洋经济发展。

（一）北太平洋公海渔业执法巡航任务

作为海洋渔业大国和《北太平洋公海渔业资源养护和管理公约》成员

① 参见《中国海警局新闻发言人就菲律宾非法登临铁线礁发表谈话》，载中国海警局网 2024 年 3 月 21 日，https://www.ccg.gov.cn/wqzf/202405/t20240515_281.html。

② 参见《中国海警局新闻发言人就菲律宾非法侵闯黄岩岛发表谈话》，载中国海警局网 2024 年 4 月 30 日，https://www.ccg.gov.cn/wqzf/202405/t20240515_287.html。

③ 参见《中国海警局新闻发言人就菲律宾侵闯仁爱礁发表谈话》，载中国海警局网 2024 年 3 月 23 日，https://www.ccg.gov.cn/wqzf/202405/t20240515_283.html。

④ 参见《中国海警快讯》，载中国海警局网 2023 年 12 月 10 日，https://www.ccg.gov.cn/wqzf/202405/t20240515_261.html。

国，中国海警局积极派遣舰艇赴北太平洋开展渔业执法巡航。2023 年 7 月底，中国海警“衢山舰”和“海门舰”开启在北太平洋公海的第 8 次巡航，巡航历时 45 天，航程 21,000 余海里、航时 2000 余小时，航经对马、津轻、大隅等国际海峡，最远至东经 180 度以东海域。巡航期间，“衢山舰”和“海门舰”依据联合国大会决议和《北太平洋公海渔业资源养护和管理公约》要求，对中国远洋渔船和其他缔约方渔船进行巡查监管，观察记录各类渔船 77 艘，登临检查中国渔船和外籍渔船 12 艘，积极宣传公海渔业资源养护管理措施，及时核查和指导违法公约行为。北太平洋公海渔业执法巡航专项任务，是我国积极履行公约义务，深度参与全球海洋治理、保护公海渔业资源、展现中国负责任大国形象的重要举措。相较此前，第 8 次巡航任务的巡航范围进一步扩大，我国远海执法能力得到进一步提升。[①]

（二）打击妨害国（边）境管理“獴猎”行动

2022 年，公安部和中国海警局联合部署开展严厉打击妨害国（边）境管理犯罪“獴猎”行动，[②] 各级海警机构、公安机关、移民管理机构和各涉海部门协作配合，突进案件线索、信息互通共享，强化合成打击和专项治理，形成齐抓共管的反偷渡良好态势，有效维护了国家政治安全和海上态势稳定。[③] 2024 年 1 月，公安部、国家移民局部署开展深入打击妨害国（边）境管理犯罪“獴猎”行动—2024，重点打击口岸非法出入境活动

① 参见阮煜琳：《中国海警完成 2023 年北太平洋公海渔业执法巡航任务》，载新华网 2023 年 9 月 12 日，http：//www. news. cn/politics/2023 - 09/12/c_ 1129857863. htm。

② 参见郝萍、吴楠：《公安部部署开展“獴猎”行动》，载百家号“人民网”2022 年 3 月 2 日，https：//baijiahao. baidu. com/s？ id = 1726183692510554074&wfr = spider&for = pc。

③ 参见刘新：《中国海警开展“獴猎”行动严厉打击海上偷渡违法犯罪》，载国防部网 2023 年 1 月 13 日，http：//www. mod. gov. cn/gfbw/qwfb/4930566. html。

和涉出入境证件类犯罪等突出违法犯罪活动。[①]“獴猎”行动包括“捕蛇”追逃行动，以进一步打击和防范跨境犯罪，保持严打高压态势。

（三）打击海上走私“净海”行动

2023 年，全国各级海警机构统筹推进打击海上走私“净海”行动—2023，全年共查破海上走私案件 508 起，打击走私案值 14.9 亿元，缴获毒品 4.2 吨，抓获偷渡人员 160 余人，链条式打掉 20 多个走私犯罪团伙。破获走私冻品、“1·12”走私香烟、“3·25”走私毒品等一批大案要案。[②] 2022 年 9 月至 2023 年 11 月，在中国海警局和公安部、海关总署统一协调下，中国海警局东海分局、北海分局指挥浙江、江苏、山东、河北海警局，会同公安机关和海关缉私部门开展 8 波次海陆协同收网行动，全案破获“ZS2301”特大走私案，共查扣走私船舶 35 艘、冻品 7000 余吨，抓获涉案人员 93 名。[③] 2024 年 3 月 1 日，中国海警局部署开展打击海上走私“净海”行动—2024，旨在全力防范化解区域性、阶段性、系统性海上走私风险，有力维护国家政治经济大局和海上安全稳定。

（四）海洋伏季休渔专项执法行动

2023 年 5 月 1 日，农业农村部、公安部、中国海警局联合在山东、福建、广西，分三个海区同步启动为期 4 个半月的 2023 年海洋伏季休渔专项执法行动，全面动员海上执法力量，共同维护休渔秩序，保护海洋渔业资源。专项行动围绕严格船籍港休渔监管、抓好专项（特许）捕捞监管、盯

---

① 参见林靖：《“獴猎”行动！今年将严打陆地边境偷渡、口岸非法出入境》，载百家号“北京日报客户端”2024 年 1 月 18 日，https://baijiahao.baidu.com/s?id=1788399862038185196&wfr=spider&for=pc。

② 参见《中国海警局举行专题访谈，通报 2023 年海上执法工作主要情况》，载中国日报网 2024 年 5 月 22 日，https://cn.chinadaily.com.cn/a/202405/22/WS664d7932a3109f7860ddee37.html。

③ 参见阮煜琳：《2023 年中国海警查破海上走私案件 508 起》，载中国新闻网 2024 年 2 月 5 日，https://www.chinanews.com.cn/gn/2024/02-05/10159777.shtml。

紧重点船舶和特殊群体、强化渔港码头监管、开展常态巡逻检查、加强重点水域管控、打击涉渔犯罪行为等七项主要任务，着力防范化解海上涉渔重大安全风险，维护海上生产作业秩序和安全稳定。① 行动期间，海警、渔政、公安等涉海部门对陆岸、港口开展巡查，登临检查渔船 5100 余艘次，查获各类违法违规渔船 1800 余艘，查扣涉渔“三无”船舶 220 艘，破获涉渔刑事案件 350 余起，抓获犯罪嫌疑人 1300 余人，行政罚款 1400 余万元。② 有效维护了海洋管理秩序和渔业资源。

三、深化海洋执法国际合作与交流

《海警法》于 2021 年 5 月施行。施行 3 年以来，我国与韩国、越南、菲律宾、巴基斯坦、俄罗斯等 5 国海上执法机构建立合作机制；与美国、日本、澳大利亚、柬埔寨等 19 国海上执法机构保持联系；参与 6 个多边合作机制；年均开展国际合作项目 33 个、对外联络 1000 余次，为维护地区海上安全稳定发挥了积极作用。③ 2023—2024 年，我国涉海执法机构扎实开展国际合作，落实常态化合作机制，积极推动合作新进展。

（一）落实常态化合作机制

1. 中越北部湾第 27 次联合巡逻

2024 年 4 月 27 日至 29 日，中国海警局与越南海警开展 2024 年第一次北部湾海域联合巡逻，这也是 2006 年以来中越海上执法部门开展的第 27 次联合巡逻。中越海警舰艇编队按照既定方案和航线，沿中越北部湾海上

① 参见《农业农村部、公安部、中国海警局联合部署 2023 年海洋伏季休渔专项执法行动》，载百家号“环球网”2023 年 4 月 24 日，https：//baijiahao. baidu. com/s？ id = 1764054355565297222&wfr = spider&for = pc。

② 参见《2023 年海洋伏季休渔专项执法行动圆满收官》，载央视网 2023 年 9 月 21 日，https：//news. cctv. com/2023/09/21/ARTIrQoEsTlRsa2hhicwC9r6230921. shtml。

③ 参见《三周年，〈海警法〉贯彻实施成效明显》，载中国海警局网 2024 年 5 月 16 日，https：//www. ccg. gov. cn/lbt/202405/t20240516_2138. html。

分界线从南往北展开巡逻，其间，对两国作业船舶进行观察记录和登临检查，对渔船民开展宣传教育，累计巡逻49小时、255.5海里，观察记录我国渔船4艘、越南渔船39艘，喊话教育提醒渔船12艘，海上生产作业秩序总体良好。①

2. 中巴第二次高级别会晤

2024年4月24日，中国海警局与巴基斯坦海上安全局在北京举行第二次高级别会晤。中巴双方共同回顾了2021年首次会晤以来两机构合作成果，对《中华人民共和国海警局和巴基斯坦伊斯兰共和国海上安全局关于加强海上执法合作与交流的谅解备忘录》的有效落实给予积极评价，就下步开展人员互访、信息换、培训交流、舰船访问、联合演练等合作，以及共同打击海上跨国犯罪等议题进行深入交流，并就共同关心的话题交换了意见。双方表示，要进一步深化海上务实合作，共同维护海上安全秩序，为推动中巴全天候战略合作伙伴关系迈向更高水平发挥积极作用。②

3. 中日高级别磋商机制第十六轮磋商

2023年10月14日，中日双方在扬州进行中日海洋事务高级别磋商机制第十六轮磋商。中方外交部、中央外办、国防部、自然资源部、生态环境部、交通运输部、农业农村部、国家能源局、中国海警局及日方外务省、防卫省、海上保安厅、水产厅、环境省、资源能源厅分别派员参加。磋商包括全体会议和海上防务、海上执法与安全、海洋经济三个工作组会议，就两国间涉海事务深入交换意见。③

① 参见《中越海警开展2024年第一次北部湾海域联合巡逻》，载中国海警局网2024年4月30日，https://www.ccg.gov.cn/gjhz/202405/t20240515_334.html。

② 参见《中国海警局和巴基斯坦海上安全局举行第二次高级别会晤》，载中国海警局网2024年4月25日，https://www.ccg.gov.cn/gjhz/202405/t20240515_333.html。

③ 参见《中日举行海洋事务高级别磋商机制第十六轮磋商》，载中国海警局网2023年10月14日，https://www.ccg.gov.cn/gjhz/202405/t20240515_329.html。

4. 中韩2023年度渔业执法工作会谈

2023年6月7日至9日，中国海警局与韩国海洋水产部在韩国釜山召开2023年度中韩执法工作会谈。会谈中，双方共同回顾了一年来中韩渔业协定水域渔船管控情况，分享了海上执法经验做法，积极评价了交流合作项目成果，研究讨论了下步执法合作内容。双方一致认为，在两国海上执法部门的共同努力下，海上渔业执法交流合作不断深化，打击违法违规作业力度逐步加强，中韩渔业协定水域生产作业秩序持续改善。双方将继续保持密切沟通、增进彼此互信、深化务实合作，为维护海上作业秩序、保障双方渔船安全和渔民合法权益共同努力。①

5. 中菲南海问题双边磋商机制第七次会议

2023年3月24日，中菲举行中国—菲律宾南海问题双边磋商机制（BCM）第七次会议。双方外交、国防、自然资源、生态环境、交通运输、农业、能源、海警等部门代表出席会议。双方就南海形势和各自关切的涉海问题坦诚、深入地交换了意见，同意保持克制，用好外交部门涉海联络热线，健全完善涉海沟通对话机制，加强各部门各层级间的涉海对话沟通联系，通过友好协商妥善管控矛盾分歧，处理好海上紧急事态。会议达成十余项共识和成果。②

（二）推动海洋执法合作新议程

1. 中俄签署海上执法合作谅解备忘录

2023年4月24日至25日，中国海警局与俄罗斯联邦安全总局在摩尔曼斯克举行高级别工作会晤，共同签署《中华人民共和国海警局和俄罗斯联邦安全总局关于加强海上执法合作的谅解备忘录》，共同落实两国元首

① 参见《中韩举行2023年度渔业执法工作会谈》，载中国海警局网2023年6月12日，https：//www. ccg. gov. cn/gjhz/202405/t20240515_ 324. html。

② 参见《中国和菲律宾举行南海问题双边磋商机制第七次会议》，载中国海警局网2023年3月28日，https：//www. ccg. gov. cn/gjhz/202405/t20240515_ 320. html。

重要共识，本着睦邻友好、合作共赢的原则，积极推进海上执法合作。①

2. 中柬举行首次工作级会谈

2024 年 4 月 1 日，中国海警局与柬埔寨国家海洋安全委员会在北京举行首次工作级会谈。会上，中柬双方重温了两国高层战略共识，回顾了两机构以往合作情况，并就下步建立合作机制、开展务实合作进行了深入沟通交流，达成了广泛共识。②

3. 广西防城港海警局与越南边防部队第二海队、茶古边防屯举行会谈

2024 年 5 月 30 日，广西防城港海警局与越南广宁省边防部队第二海队、茶古边防屯在广西防城港东兴市举行会谈。会上，双方相互介绍近年来海上执法成果，共同分析当前北部湾海域治安管控形势，并就下步合作进行了探讨。双方一致表示，将恢复定期会谈机制，并加强在打击走私、偷渡等海上违法犯罪，渔业执法和海洋环境保护等领域合作，共同维护好北部湾海域安全秩序。③

第四节　市场监管执法

党的十八大以来，以习近平同志为核心的党中央领导人民不断完善社会主义市场经济体制，在法治轨道上推进经济社会发展，推动党和国家事业取得历史性成就、发生历史性变革，我国迈上了全面建设社会主义现代化国家新征程。2023 年度，市场监管部门坚持以习近平新时代中国特色社会主义思想为指导，深入学习贯彻习近平法治思想，坚持把全面依法治国

① 参见《中国海警局和俄罗斯联邦安全总局签署海上执法合作文件》，载中国海警局网 2023 年 4 月 27 日，https：//www. ccg. gov. cn/hjyw/202405/t20240515_ 1111. html。

② 参见《中国海警局与柬埔寨国家海洋安全委员会举行首次工作级会谈》，载中国海警局网 2024 年 4 月 2 日，https：//www. ccg. gov. cn/gjhz/202405/t20240515_ 332. html。

③ 参见《广西防城港海警局与越南边防部队第二海队、茶古边防屯举行会谈》，载中国海警局网 2024 年 5 月 30 日，https：//www. ccg. gov. cn/gjhz/202405/t20240530_ 2278. html。

摆在全局性、战略性、基础性、保障性位置，更好发挥法治固根本、稳预期、利长远的保障作用，创新监管模式，全面推进严格规范公正文明执法，着力打造法治化市场监管，为经济高质量发展赋能添力。

一、开展 2023 年反不正当竞争“守护”专项执法行动

为贯彻落实党的二十大的决策部署，市场监督管理总局组织开展 2023 年反不正当竞争“守护”专项执法行动，从创新发展、高质量发展的大局出发，坚持规范监管和促进发展并重，不断拓展反不正当竞争执法深度和广度，提升市场竞争整体质量和水平。

反不正当竞争“守护”专项执法行动突出三个重点：一是以查处互联网不正当竞争行为为重点，严厉查处刷单炒信、网络直播虚假宣传等网络不正当竞争行为，为数字经济发展保驾护航。二是以规范民生领域营销行为为重点，加强对新型商业营销行为监管，严打医药购销、餐饮旅游等重点行业商业贿赂违法行为，提升消费信心，促进消费提质升级。三是以保护企业核心竞争力为重点，加强商业秘密、商业标识和商业信誉等保护，激发企业创新活力，促进商品和要素高效流通，推动建设全国统一大市场。

二、民生领域反垄断执法专项行动

为贯彻落实党的二十大关于加强反垄断、破除地方保护和行政性垄断的重要决策部署，落实“监管为民”的执法理念，市场监督管理总局开展实施了 2023 年民生领域反垄断执法专项行动。市场监管系统聚焦人民群众反映强烈的突出问题，持续加强民生领域反垄断执法，集中力量查处了一批重大典型垄断案件，推动市场公平竞争秩序不断好转，切实维护消费者利益，推动建设全国统一大市场，服务高质量发展。市场监督管理总局先后发布三批 2023 年民生领域反垄断执法专项行动典型案例，涉及经营者集中案件、滥用市场支配地位案件、垄断协议案件和滥用行政权力排

除、限制竞争案件等。如市场监督管理总局查处的远大医药与武汉汇海达成并实施垄断协议、滥用市场支配地位案，涉及两种原料药分别用于生产去甲肾上腺素注射液和盐酸肾上腺素注射液，这两种药品均为国家基本药物、医保药品和临床必备急抢救药品。远大医药和武汉汇海的行为排除、限制了相关原料药和制剂市场的竞争，损害了相关制剂企业的合法利益，导致相关制剂价格逐年上涨并时常短缺，影响患者正常用药，增加了患者用药成本和国家医保支出。市场监督管理总局依法查处该案，及时纠正违法行为，恢复公平竞争的市场秩序，有力维护了广大消费者利益和社会公共利益。又如，江苏省市场监督管理局查处的南京中燃城市燃气发展有限公司滥用市场支配地位案，案涉相关市场界定为南京市江北地区管道燃气供应服务市场，南京中燃城市燃气发展有限公司（以下简称南京中燃）具有市场支配地位，2016 年以来其滥用市场支配地位，没有正当理由，在与新建住宅小区开发商开展燃气管道工程安装业务时，将购买燃气保险、燃气报警器、燃气具、金属波纹管等增值产品作为新建住宅小区开发商燃气入户过程中的必须环节，强制要求开发商购买上述增值产品；没有正当理由，针对开发商和非居民用户收取不合理的超配套范围工程费和非居民燃气管道工程安装费，违反 2007 年《反垄断法》第 17 条第 1 款第 5 项的规定。2023 年 1 月 18 日，江苏省市场监督管理局对南京中燃滥用市场支配地位案作出行政处罚决定，责令南京中燃停止违法行为，没收违法所得 2956. 31 万元，并处以其 2018 年度销售额 2% 的罚款 2083. 76 万元，罚没金额合计 5040. 07 万元。本案的查办有力规范了当地城市燃气行业市场竞争秩序，维护了相关经营者和广大消费者的利益。再如，黑龙江省市场监督管理局查处的哈尔滨市城市管理局滥用行政权力排除、限制竞争案，案涉哈尔滨市城市管理局滥用行政权力排除、限制竞争行为立案调查。2021 年 4 月 8 日，当事人以哈尔滨市城市管理委员会名义印发的《关于印发哈尔滨市共享单车停放秩序规范管理实施方案的通知》中明确：“现将《哈尔滨市共享单车停放秩序规范管理实施方案》印发给你们，作为组织共享单车招标投放和停放秩序管理等工作的依据……”2021 年 4 月 16 日，当事人委托第三方通过省公共资源交易网发布《哈尔滨市共享单车投放份额招标（一标段、二标段、三标段）招标公告》，项目设立三个标段，其中自行车两个标段、助力车一个标段，要求兼投不兼中。当事人与三家中标单位分别签订了《共享单车规范停放管理协议》。黑龙江省市场监督管理局认为，当事人的上述行为没有法律、法规依据，排除、限制了其他具有相应资质和服务能力的企业参与该区域共享单车市场竞争，剥夺了消费者的自主选择权，违反了 2007 年《反垄断法》第 39 条和第 45 条的规定，构成滥用行政权力排除、限制竞争行为。调查期间，当事人积极整改，消除不良影响，废止相关文件，并在政府网站进行公告，相关协议自动解除。当事人向黑龙江省市场监督管理局提交了整改报告，表示将严格执行公平竞争审查制度，凡涉及市场主体经济活动的政策措施必须经过公平竞争审查，防止出现排除、限制竞争情况。

三、市场监管部门 2023 年知识产权执法

2023 年，各地市场监管部门深入实施《质量强国建设纲要》《知识产权强国建设纲要（2021—2035 年）》，充分发挥市场监管综合执法优势，持续加大知识产权执法力度，推动构建全链条执法机制，依法严厉打击商标侵权、假冒专利、恶意申请商标注册和违法开展商标专利代理等行为，强化特殊标志、官方标志专有权保护，有力保护了经营者和消费者的合法权益，维护了创新发展的良好环境。如在浙江省海宁市市场监督管理局查处的孙某某等人生产销售假冒知名品牌汽车玻璃案中，海宁市市场监督管理局立即会同公安机关对涉嫌存在违法行为的窝点开展联合执法检查，现场查扣假冒宝马、奔驰、本田等知名品牌商标侵权汽车玻璃片 6191 片，另有 20 余万片玻璃尚未打印商标。经查，该案涉案团伙自 2018 年以来，在未经注册商标权利人许可的情况下，从普通玻璃生产厂家购进汽车玻璃，通过喷砂、烫印等方式在汽车玻璃上印制宝马、奔驰、本田、大众、

丰田、通用、福特、马自达、菲亚特、路虎、雷克萨斯、捷豹等品牌商标后销往浙江、江苏、山东、河南、湖北、湖南等地，涉案金额2亿余元。当事人的行为构成《商标法》第57条第3项规定的违法情形。目前，公安机关已逮捕9人，刑拘26人。本案当事人的反侦察意识较强，涉案产品品种杂、数量多、金额大，现场调查取证困难。市场监督管理部门联合公安机关，通过精心谋划、深入挖掘、相互协作，全面搜集违法犯罪证据，确保了案件的顺利查办，有力保护了众多知名汽车品牌注册商标专用权。又如，新疆维吾尔自治区和田地区市场监督管理局查处的新疆阿加依普国际贸易有限责任公司销售假冒专利化肥案，案涉销售的化肥上标注了被驳回专利的标识，对消费者造成误导和欺骗，损害了消费者的合法权益，也扰乱了市场秩序。对这种借“高科技”噱头扩大产品影响力、牟取不法利益的行为，市场监督管理部门依法给予打击，全力维护消费者合法权益和公平竞争的市场秩序。再如，北京市市场监督管理局查处的中知产（北京）知识产权运营管理有限公司伪造地理标志证明商标申请材料案，案涉中知产（北京）知识产权运营管理有限公司在代理“昌黎旱黄瓜”“青龙绒山羊”“青龙绒山羊绒”三件地理标志证明商标申请的过程中，为满足知识产权审查要求，与申请人合谋对昌黎、青龙两县的相关县志内容进行篡改。同时伪造河北某高校图书馆公章，使用PS技术加盖在上述县志材料上，作为商标申请材料提交给知识产权审查机关。代理机构还与申请人合谋将申请人事业单位法人证书有效期限进行篡改。当事人的行为构成《商标法》第68条第1款第1项及《商标法实施条例》第88条第2项规定的违法行为，北京市市场监督管理局依法对当事人作出行政处罚。本案中，北京市市场监督管理局、河北省市场监督管理局以及保定市、秦皇岛市、昌黎县、青龙满族自治县市场监管部门依据《京津冀知识产权执法协作协议》有关规定，通力协作，查实当事人存在的多项违法行为，为案件查办打下坚实基础。该案严厉打击地理标志申请材料造假，对商标代理领域违法行为起到震慑作用，是一起跨区域执法协作的典型案件。

四、涉外反垄断执法

（一）加强对影响国内市场的外国企业经营者集中的反垄断审查

反垄断法域外适用，即一国的反垄断法对国外的某些影响到国内利益的行为行使域外管辖权，是各国反垄断领域的惯常做法。反垄断法域外适用主要集中在跨国并购领域，其本质是通过反垄断法的域外管辖来规制跨越国界的垄断行为，维护国内市场的竞争秩序及国家利益。2023 年，国家市场监督管理总局继续以独立的执法姿态对外国企业的并购交易进行审查，对两起可能对中国境内相关市场具有或可能具有排除、限制竞争效果的外国企业经营者集中的批准都附加了限制条件。

一是于 2023 年 7 月 26 日附加限制性条件批准的迈凌公司收购慧荣科技公司（以下简称慧荣科技）股权案。收购方迈凌公司是一家在纳斯达克证券交易所上市的美国公司，其主营业务是为家庭宽带连接、无线基础设施、数据中心以及工业和多市场应用提供通信片上系统（SoC）解决方案等；被收购方慧荣科技是一家在纳斯达克证券交易所上市的开曼群岛公司，主要提供 NAND 闪存主控芯片和固态硬盘。2022 年 5 月 5 日，迈凌与慧荣科技签署协议，迈凌拟收购慧荣科技所有已发行流通股，交易完成后，迈凌单独控制慧荣科技。2022 年 9 月 15 日，市场监督管理总局收到该案经营者集中反垄断申报。经审查，市场监督管理总局认定：（1）案涉第三方 NAND 闪存主控芯片市场的市场高度集中，慧荣科技具有市场支配地位；（2）下游客户对作为集中方的慧荣科技依赖度高，转换供应商难度大；（3）相关市场进入困难，存在实质性障碍；（4）集中可能对中国境内第三方 NAND 闪存主控芯片市场竞争状况产生较大影响。因此，此项经营者集中在中国境内第三方 NAND 闪存主控芯片市场具有或者可能具有排除、限制竞争效果。在此基础上，市场监督管理总局决定附加限制性条件批准此项集中，要求交易双方和集中后实体在 5 年内继续公平、合理、无歧视地向中国境内供应 NAND 闪存主控芯片产品，不得实质性地改变慧荣科技现有的业务模式和运营，保留慧荣科技在中国台湾地区与 NAND 闪存主控芯片相关的研发，保留慧荣科技在中国境内的现场应用工程师，以及不得在中国境内销售的 NAND 闪存主控芯片设计中加入任何恶意编码。①

二是于 2023 年 11 月 21 日附加限制性条件批准的博通公司收购威睿公司股权案。收购方博通公司是在纳斯达克证券交易所全球精选市场上市的一家美国公司，主要从事有线和无线通信半导体产品的设计、生产和销售，以及提供特定类型的基础设施软件解决方案；被收购方威睿公司是在纽约证券交易所上市的美国公司，主要从事软件生产与技术服务，核心产品虚拟化软件主要用于数据中心和云计算环境。2022 年 5 月 26 日，博通公司与威睿公司签署协议，拟收购威睿公司全部股权，交易完成后，威睿公司将并入博通公司。2022 年 9 月 6 日，市场监督管理总局收到该案经营者集中反垄断申报。经审查，市场监督管理总局认定：（1）集中后实体在全球和中国境内非公有云虚拟化软件、光纤通道适配器、存储适配器和以太网网卡市场具有排除、限制竞争的能力；（2）集中后实体在非公有云虚拟化软件、光纤通道适配器、存储适配器和以太网网卡市场具有排除、限制竞争的动机；（3）集中后实体在非公有云虚拟化软件、光纤通道适配器、存储适配器和以太网网卡市场具有或者可能具有排除、限制竞争的效果。因此，此项经营者集中在非公有云虚拟化软件、光纤通道适配器、存储适配器和以太网网卡市场具有或可能具有排除、限制竞争效果。在此基础上，市场监督管理总局决定附加限制性条件批准此项集中，要求交易双方和集中后实体在 10 年内中国境内市场销售博通公司的光纤通道适配器、存储适配器、以太网网卡（以下简称相关硬件产品）和威睿公司的服务器虚拟化软件时，无正当理由不得以任何方式进行搭售，或者附加任何其他不合理的交易条件；继续保证威睿公司的服务器虚拟化软件与在中国境内

① 参见《市场监管总局关于附加限制性条件批准迈凌公司收购慧荣科技公司股权案反垄断审查决定的公告》，载国家市场监督管理总局网 2023 年 7 月 26 日，https：//www. samr. gov. cn/fldys/tzgg/ftj/art/2023/art_ b46495b0b7b0408ca0e1da77071679af. html。

市场销售的第三方相关硬件产品的互操作性；博通公司的光纤通道适配器认证团队将持原有做法，继续开发、认证和发布博通光纤通道适配器的驱动程序，以确保与第三方服务器虚拟化软件的互操作性；第三方硬件制造商的保密信息采取保护措施，包括但不限于与第三方硬件制造商签订保密协议、明确信息使用范围、单独储存保密信息、确保相关人员分离、禁止交叉任职等。①

（二）通过国内经营者集中审查解除国内企业与国外供应商的排他协议

市场监督管理总局于 2023 年 9 月 22 日附加限制性条件批准的先声药业收购托毕西公司股权案，实现了通过对国内企业经营者集中的审查，解除了国内医药企业与国外原料药供应商之间的排他协议。

在该案中，收购方先声药业公司于 1998 年在南京市设立，主要从事药品生产和销售。被收购方托毕西公司于 1993 年在北京市设立，从事巴曲酶注射液生产和销售。2017 年 7 月，先声药业与子博有限公司签订协议，拟收购托毕西公司全部股权，但集中至今未实施。2019 年 4 月，先声药业与全球巴曲酶浓缩液原料药（以下简称巴曲酶原料药）唯一供应商瑞士 DSM Nutritio - nal Products Ltd Branch Pentapharm（以下简称 DSM）签订《合作及供货协议》，成为中国境内市场唯一可以销售巴曲酶原料药的公司。2022 年 6 月 29 日、7 月 20 日，托毕西公司、先声药业分别自愿向市场监督管理总局提交该案经营者集中申报材料。

经审查，市场监督管理总局认定：（1）集中可能消除中国境内巴曲酶注射液市场潜在进入者，巩固托毕西公司在该市场的支配地位，产生排除、限制竞争效果；（2）集中后实体可能实施原料封锁，对中国境内巴曲

① 参见《市场监管总局关于附加限制性条件批准博通公司收购威睿公司股权案反垄断审查决定的公告》，载国家市场监督管理总局网 2023 年 11 月 21 日，https：//www. samr. gov. cn/fldys/tzgg/ftj/art/2023/art_ 540d71a35dca4905a9ef9eb4c2181bdf. html。

酶注射液市场产生排除、限制竞争效果。因此，此项经营者集中在中国境内巴曲酶注射液市场可能具有排除、限制竞争效果。在此基础上，市场监督管理总局决定附加限制性条件批准此项集中，要求先声药业和集中后实体解除先声药业与 DSM 在中国境内独家、排他供应巴曲酶原料药的协议约定；按照《经营者集中审查规定》规定的时限剥离先声药业在研巴曲酶注射液业务；向剥离买方承担巴曲酶原料药供应义务，并为剥离买方与 DSM 达成直接供应关系提供必要协助；集中实施后下调临床常用规格的巴曲酶注射液终端价格不少于当前挂网价格的 20%；集中实施后保障临床常用规格的巴曲酶注射液用药需求；若未按时解除协议约定、未按时完成剥离或者剥离买方未按时实施研发，集中实施后下调临床常用规格的巴曲酶注射液终端价格不少于当前挂网价格的 50%。自行为性条件生效之日起 6 年后，先声药业和集中后实体可以向市场监督管理总局提出解除条件的申请。市场监督管理总局将依申请并根据市场竞争状况作出是否解除的决定。未经市场监督管理总局批准解除，先声药业和集中后实体应继续履行限制性条件。①

第五节　网 络 执 法

网络安全是国家安全中不可或缺的一环。近年来，随着信息网络技术的不断发展，网络安全维护中面临的困境也愈发复杂、严峻，我国网络安全意识日益提高，网络安全市场需求也逐步扩大。在此背景下，亟须对中国网络空间治理的动态与趋势形成系统性的认识，网络法治体系也需对如何保障我国网络安全，尤其是如何维护关键信息基础设施的网络安全的现

① 参见《市场监管总局关于附加限制性条件批准先声药业有限公司收购北京托毕西药业有限公司股权案反垄断审查决定的公告》，载国家市场监督管理总局网 2023 年 9 月 22 日，https：//www. samr. gov. cn/fldys/tzgg/ftj/art/2023/art_34e14c768a67457796de8bba43f9479b. html。

实需求进行关切和回应。

一、网信部门网络安全服务工作

2023年是加强网信部门网络安全服务的一年。网信部门结合实践需求颁布实施意见，同时辅以机构改革，并积极推进网络安全标准更新。网信部门网络安全服务的推进，有利于规范网络安全市场秩序，提升网络安全服务机构服务水平和服务质量，推动网络安全产业高质量发展，进一步提升我国网络安全能力。

（一）颁布实施意见和推行机构改革

1. 四部门联合发布《关于开展网络安全服务认证工作的实施意见》

2023年3月15日，国家市场监督管理总局、中央网络安全和信息化委员会办公室、工业和信息化部、公安部等四部门联合发布《关于开展网络安全服务认证工作的实施意见》（以下简称《网络安全服务认证实施意见》）。[①] 该实施意见旨在推进网络安全服务认证体系建设，加强网络安全市场建设，提升网络安全服务机构能力水平和服务质量，为推进网络强国建设奠定坚实的基础。

《网络安全服务认证实施意见》共9条，从总体上对网络安全服务认证工作的基本原则、认证内容、认证目录及规则、认证机构，以及监管单位的职责等五个方面作出了指导说明。该实施意见确定，网络安全服务认证的基本原则是“统一管理、共同实施、统一标准、规范有序”；认证的内容也大致划分为四个方向，即网络安全检测评估、安全运维、安全咨询和等级保护测评。此外，该实施意见指出，认证的目录及规则有待四部门联合组建网络安全服务认证技术委员会进行制定；对于认证机构，该实施

① 《关于开展网络安全服务认证工作的实施意见》，载中华人民共和国中央人民政府网2023年3月15日，https：//www. gov. cn/zhengce/zhengceku/2023－04/02/content_ 5749741. htm。

意见则规定了网络安全服务认证机构的资质要求及其开展安全服务认证等安全服务的合规要求。[①] 最后，《网络安全服务认证实施意见》还将工信部确立为网络安全服务认证工作的监督部门之一，形成了由市场监督管理部门统筹，网信部门、工业和信息化部门、公安机关依据各自职责开展网络安全服务监督管理的统分协作的监管工作机制。

2. 机构改革

《网络安全服务认证实施意见》确定，“市场监管部门负责对网络安全服务认证机构、认证活动和认证结果进行监督管理，依法查处认证违法行为”。[②] 为更好地贯彻落实《网络安全服务认证实施意见》精神，提高网络安全服务认证工作的质量和水平，2023 年 12 月 25 日，经中央机构编制委员会办公室批准，中国网络安全审查技术与认证中心正式更名为“中国网络安全审查认证和市场监管大数据中心”（China Cybersecurity Review，Certification and Market Regulation Big Data Center，CCRC）。[③]

中国网络安全审查认证和市场监管大数据中心为国家市场监督管理总局直属正司局级事业单位，依据《网络安全法》《数据安全法》《个人信息保护法》《网络安全审查办法》及国家有关强制性产品认证法律法规，承担网络安全审查技术与方法研究、网络安全审查技术支撑工作；在批准范围内开展与网络安全相关的产品、管理体系、服务、人员认证和培训、检验检测等工作；参与研究拟订市场监管信息化发展规划，协助指导全国市场监管系统信息化建设、管理和应用推广工作；承担市场监管业务应用系统和总局政务信息系统建设、运维及技术保障工作；承担市场监管行业标准组织协调工作，承担全国统一的市场监管信息化标准体系的建立完善

① 参见《关于开展网络安全服务认证工作的实施意见》，载中华人民共和国中央人民政府网 2023 年 3 月 15 日，https：//www. gov. cn/zhengce/zhengceku/2023 - 04/02/content_ 5749741. htm。

② 参见《关于开展网络安全服务认证工作的实施意见》，载中华人民共和国中央人民政府网 2023 年 3 月 15 日，https：//www. gov. cn/zhengce/zhengceku/2023 - 04/02/content_ 5749741. htm。

③ 参见《中国网络安全审查认证和市场监管大数据中心简介》，载中国网络安全审查认证和市场监管大数据中心 2023 年 12 月 25 日，https：//www. isccc. gov. cn/zxjs/zxjs/index. shtml。

工作；负责市场监管大数据中心建设、管理和运行维护工作，支撑智慧监管建设；受委托承担市场监测技术支撑工作；开展网络安全认证、市场监管信息化与大数据分析应用、智慧监管等领域的国际合作与交流。①

（二）网络安全服务标准深入发展

《网络安全服务认证实施意见》提及认证的目录和规则有待未来进一步细化。为营造健康有序的网络安全服务市场，落实相关法律法规，尤其是根据该实施意见中“开展国家统一推行的网络安全服务认证工作”的要求，2023 年 9 月 7 日，国家市场监督管理总局发布中华人民共和国国家标准 2023 年第 9 号公告，正式批准发布《信息安全技术　网络安全服务能力要求》（GB/T 32914 – 2023），该标准于 2024 年 4 月 1 日正式实施。②该标准是对《信息安全技术　信息安全服务提供方管理要求》（GB/T 32914 – 2016）的修订。较先前版本而言，新标准明确了网络安全服务的核心定义，规定了网络安全服务机构提供网络安全服务应具备的能力，界定了标准的适用范围。新版标准的推出，有利于进一步细化网络安全服务工作的标准，为网络安全服务的实践与运作提供具体而有益的指导，促进我国网络安全服务认证体系的高质量发展。

二、其他网络执法

2023 年，网络执法持续纵深推进，严肃查处网上各种违法违规行为。全国网信系统严格执行法律法规，大力查处各类网上违法违规行为，全年共约谈网站 10, 646 家，责令 453 家网站暂停功能或更新，下架移动应用程序 259 款，关停小程序 119 款，会同电信主管部门取消违法网站许可或备

① 参见《中国网络安全审查认证和市场监管大数据中心简介》，载中国网络安全审查认证和市场监管大数据中心 2023 年 12 月 25 日，https：//www. isccc. gov. cn/zxjs/zxjs/index. shtml。

② 参见《信息安全技术　网络安全服务能力要求》，载国家标准全文公开系统网 2023 年 9 月 7 日，https：//openstd. samr. gov. cn/bzgk/gb/newGbInfo？ hcno = 478FEA15313B71CF42C65D0E980E4FDD。

案、关闭违法网站14,624家，督促相关网站平台依法依约关闭违法违规账号127,878个。[①]

积极推进网络执法之外，网络法治体系对网络执法中的现实挑战也进行了有力回应。2023年3月18日，国家互联网信息办公室发布了《网信部门行政执法程序规定》，并于2023年6月1日正式实施。近年来，随着《数据安全法》《个人信息保护法》《行政处罚法》等法律法规的制定修订，网信部门行政执法的范围明显扩大，当前网络安全新态势的出现也对网信部门严格规范公正文明执法提出了新的要求。为更好适应网络执法的新形势新任务新要求，国家互联网信息办公室对2017年的《互联网信息内容管理行政执法程序规定》进行了修订，发布了《网信部门行政执法程序规定》。《网信部门行政执法程序规定》聚焦网络安全、数据保护、个人信息保护领域，直面破坏网络安全、违法收集个人信息、数据泄露等实务乱象，以2021年《行政处罚法》对行政处罚程序的进一步完善作为修订背景。较前版而言，《网信部门行政执法程序规定》对《互联网信息内容管理行政执法程序规定》进行了全面修订，进一步明确了网信部门行政执法的范围，回应了监管的现实需求，并为国家各级网信部门执法活动提供了有力依据。

第六节　反洗钱执法

一、完成反洗钱国际评估整改工作

金融行动特别工作组（FATF）是国际上最具影响力的政府间反洗钱

① 参见《网信系统持续推进网络执法查处各类网上违法违规行为》，载中华人民共和国国家互联网信息办公室网2024年1月31日，https：//www.cac.gov.cn/2024－01/31/c_1708373600499439.htm。

和反恐怖融资组织，其制定的《四十条建议》是反洗钱和反恐怖融资领域最重要的国际标准。2018 年，FATF 委托国际货币基金组织牵头组成国际评估组，对中国实施《四十条建议》的情况开展评估，并于 2019 年 4 月公布了《中国反洗钱和反恐怖融资互评估报告》。该报告显示，中国在 40 项合规性指标中达标 22 项，在 11 项有效性指标中达标 3 项，进入后续强化程序。按 FATF 工作流程，在该报告中存在的问题，中国需要每年向 FATF 报告整改进展，接受年度强化后续报告评估。

针对《中国反洗钱和反恐怖融资互评估报告》所提出的问题，中国人民银行牵头相关部门，以互评估整改为契机，结合国情，吸收报告中的合理建立，推进中国反洗钱工作纵深发展。根据国务院金融稳定发展委员会第八次会议和反洗钱工作部际联合会议第十次会议精神，中国人民银行牵头反洗钱工作部际联合会议各成员单位，补短板、强弱项，在反洗钱国际评估整改方面开展了大量卓有成效的工作。经过 2020—2022 年的整改，我国的合规性指标数量从 22 项提升至 33 项。

2023 年 10 月 25 日至 27 日，FATF 召开第三十三届第四次全会。该次全会通过了中国第四次强化后续评估报告。全会前，FATF 书面征求成员国对中国第四次后续评估报告的意见，无成员提出异议。按照评估程序，会议书面通过中国第四次后续评估报告；同时，由于中国在后续整改中取得了相当的进展，且下轮评估临近，因此决定结束中国本轮评估，不再报告整改进展。

二、加强对跨境支付的反洗钱监管

面对跨境支付行业暴露出来的洗钱风险，近年来，中国人民银行一直在加强对相关支付机构的反洗钱监管。从明确义务、压实责任，再到对支付机构制度、系统建设提出刚性要求，跨境支付制度环境趋严，有助于引导机构尽快完善风控体系，保证跨境资金流动的安全可溯。继中国人民银行于 2022 年发布《金融机构客户尽职调查和客户身份资料及交易记录保存管理办法》《关于支持外贸新业态跨境人民币结算的通知》后，2023 年 12 月 17 日，国务院发布了《非银行支付机构监督管理条例》，该条例于 2024 年 5 月 1 日正式施行。该条例规定，中华人民共和国境外的非银行机构拟为境内用户提供跨境支付服务的，应当依照该条例规定在境内设立非银行支付机构，国家另有规定的除外。非银行支付机构应当遵守反洗钱和反恐怖主义融资、反电信网络诈骗、防范和处置非法集资、打击赌博等规定，采取必要措施防范违法犯罪活动。

2023 年 7 月，中国人民银行、国家金融监督管理总局以及中国证券监督管理委员会（以下简称证监会）分别披露对蚂蚁集团及其旗下的非银行支付机构——支付宝（中国）网络技术有限公司的处罚情况。其中，根据人民银行罚单信息，支付宝（中国）网络技术有限公司存在违反支付账户管理规定、未按规定履行客户身份识别义务等 7 项违法行为，中国人民银行决定没收其违法所得约 8. 31 亿元，罚款约 22. 31 亿元。4 名时任支付宝（中国）网络技术有限公司管理岗位工作人员，因对公司违法行为负有责任，被处罚款 5 万元至 147. 5 万元不等，其中 2 人被警告。而根据中国人民银行网站信息，财付通支付科技有限公司因违反机构管理规定、商户管理规定、清算管理规定、支付账户管理规定，未按规定履行客户身份识别义务、保存客户身份资料和交易记录、报送大额交易报告或者可疑交易报告，与身份不明的客户进行交易或者为客户开立匿名账户、假名账户等 11 项违法行为，被没收违法所得约 5. 66 亿元，被处以罚款约 24. 27 亿元。与此同时，4 名时任财付通支付科技有限公司相关业务负责人，因对公司违法行为负有一定责任，被处罚款 6. 5 万元至 120 万元不等，其中 3 人被警告。

第七节　证券监管执法

在国际形势紧张和不确定性增加的背景下，全球金融市场面临前所未有的挑战。地缘政治冲突、经济制裁和国际贸易摩擦等因素给跨境证券上市、交易和监管带来了巨大压力。特别是中美之间的紧张关系对中国企业跨境金融活动的监管提出了更高的要求。为了应对复杂局面，证监会采取了一系列旨在加强对境内企业境外上市的监管的措施，并与境外证券监管机构密切合作，以确保金融市场的稳定和健康发展。

一、完善和优化境内企业境外上市监管

我国资本市场对外开放步稳蹄疾，在鼓励境内企业境外直接或间接上市的同时，加强与境外市场的互联互通。然而，在此过程中出现包括财务造假、企业规避监管导致违反国家产业政策甚至国家安全等在内的一系列新的问题。因此，证监会采取一系列措施，旨在坚定不移地在推动制度型高水平对外开放、深化境外上市的“放管服”的同时积极应对全球政治经济形势的变化与市场监管的更新。

（一）完善企业境外上市监管

经国务院批准，证监会于2023年2月17日颁布《境内企业境外发行证券和上市管理试行办法》以及5项配套指引措施，并于3月31日开始实施。该试行办法补齐了境内企业在境外上市的监管空白，形成全流程、多维度的监管模式。

全流程指我国对境外发行证券和上市的企业监管覆盖到发行前准备和发行后的监督阶段。境内企业在境外发行证券前，应当向证监会提交备案，报送备案报告、法律意见书等书面材料，确保真实、准确、完整地反映公司情况（第13条、第14条）。《境内企业境外发行证券和上市管理试行办法》以备案制取代了之前的许可制，简化了行政程序。对于可能涉及国家安全的境外上市活动，企业需在向境外提交发行上市申请前依法履行安全审查程序，确保不损害国家安全（第9条）。对于落入该试行办法规定的负面清单（第8条）的企业则禁止在境外发行上市。发行人在发行上

市后应当履行重大事项报告制度（第22条），证监会和国务院其他主管部门有权对境外上市企业的境内业务进行监督检查和调查（第23条），并明确发行人、证券公司、证券服务机构的法律责任（第五章）。

多维度指我国对在境外发行上市的企业实施全面监督管理，不仅包括资本层面的常规监管，还涉及产业政策、国家安全等维度的监管。具体而言，境外上市需要关注外商投资、国有资产管理、行业监管、境外投资等法律法规的规定（第3条），在国家安全方面要兼顾网络安全、数据安全、国家保密法等一系列维度（第9条），需要证监会与国务院国有资产监督管理委员会（以下简称国务院国资委）、国家互联网信息办公室、财政部、国家保密局、国家档案局等建立协作机制，监管机构可视情况采取责令改正、监管谈话、警告、出具警示函以及罚款等监管措施。同样，多维度监管涉及我国监管机构的境外执法，主要通过跨境监督管理合作机制进行，以及境外监督管理机构的境内执法，同样依据跨境监督管理合作机制进行。但境内单位和个人依据境外监督管理机构要求提交文件和资料的，应当经过证监会和其他相关主管部门的同意。

（二）完善境内企业境外上市的保密管理

在全球局势不断变化的背景下，国家安全尤为突出。因此，国家特别强调对企业境外上市的保密管理，并在对境内企业境外发行上市作出一般规定的基础上，对保密工作作出特殊规定。证监会与财政部、国家保密局、国家档案局于2023年2月24日修订《关于加强境内企业境外发行证券和上市相关保密工作和档案管理工作的规定》，该规定于3月31日开始施行。

该规定修订的重要背景是证监会、财政部与美国公众公司会计监督委员会（Public Company Accounting Oversight Board，PCAOB）于2022年8月就审计监管达成合作协议。这是中美在双方立法冲突上探索出的相互尊重、平等对待、专业合作的发展路径。① 美国于 2020 年颁布《外国公司问责法案》，赋予 PCAOB 随时查阅在美上市外国公司的审计底稿。若因当地政府立场导致 PCAOB 无法执行检查或调查，相关公司将面临退市风险。为处理潜在国家机密泄露风险，双方协商允许在中国政府监督下进行审计底稿检查。

2023 年，证监会修订 2009 年《关于加强在境外发行证券与上市相关保密和档案管理工作的规定》，明确了境内企业境外发行上市过程中的保密责任，应当对涉及敏感的信息具体情况提供书面说明、并进行严格档案管理。证监会对于境外监督管理机构检查或调查取证，应当通过监管合作机制由证监会和其他主管部门提供必要协助。

二、加强与境外证券监管机构的监管执法

为了保障资本市场的开放与安全，证监会积极加强国际监管合作，推动涉外执法。2019 年《证券法》为证监会涉外执法提供了法律依据。② 具体而言，证监会的涉外执法主要通过与其他国家和地区的证券监管机构建立双边合作机制以及参加国际证监会组织（International Organization of Securities Commission，IOSCO）进行。

（一）双边合作机制

双边合作是证监会开展跨境监管的主要机制，有助于双方监管机构在信息共享、监管协调、执法合作等方面进行有效沟通与协作。

证监会在推进国际合作方面已经取得了显著进展。根据目前的公开信息，证监会已经与近 70 个国家或地区的证券期货监管机构签署了双边合

① 唐燕飞：《证监会：持续加强与境外市场互联互通　不断深化资本市场制度型开放》，载《上海证券报》2023 年 11 月 8 日，第 1 版。

② 《证券法》第 2 条第 4 款规定：“在中华人民共和国境外的证券发行和交易活动，扰乱中华人民共和国境内市场秩序，损害境内投资者合法权益的，依照本法有关规定处理并追究法律责任。”

作备忘录。[1] 近期具有里程碑的意义的事件为证监会与美国 PCAOB 于 2022 年 8 月达成了审计监管合作协议。这为两国资本市场的进一步融合与互信奠定了坚实基础。随着中国资本市场对外开放的不断深化，国际合作与交流日益频繁，可以预见，未来中国在涉外执法方面的活动将会呈现上升趋势。这不仅有助于提升中国资本市场的透明度和国际竞争力，也将进一步促进全球资本市场的稳定与发展。

（二）多边合作机制

自 1995 年 7 月正式成为 IOSCO 的一员以来，证监会一直积极参与该组织的治理和多边备忘录的制定。在与全球范围内的监管机构紧密合作的过程中，证监会不仅展现了其对国际资本市场挑战的应对能力，也彰显了中国资本市场对外开放的坚定决心。

目前，证监会在 IOSCO 中的参与涵盖了多个关键委员会和工作组。除了参与主席委员会（Presidents Committee）和理事会（Board）的核心决策过程外，证监会还活跃在增长与新兴市场委员会（Growth and Emerging Markets Committee）以及亚太地区委员会（Asia and Pacific Regional Committee）中，为新兴市场和亚太地区的资本市场发展提供指导和支持。此外，包括上海证券交易所和深圳证券交易所在内的 7 家单位进一步强化了中国在国际证券监管领域的影响力和话语权。

证监会积极参与 IOSCO 的监管合作框架，同时签署了多边备忘录（Memorandum of Understanding）和经优化的多边备忘录（Enhanced Multilateral Memorandum of Understanding），以加强与全球监管机构的执法合作，共同维护资本市场的稳定和投资者利益。

---

① 参见张歆、吴晓璐：《证监会：吸引更多境外机构到内地资本市场展业》，载《证券日报》2023 年 11 月 8 日，第 A1 版。

第八节　出口管制执法

一、《出口管制法》实施概况

2023 年我国《出口管制法》实施取得明显成效。出口管制是指国家有关部门根据《出口管制法》对从中国境内向境外转移管制物项，以及中国公民、法人和非法人组织向外国组织和个人提供管制物项，采取的禁止或者限制性措施。出口管制执法实践以海关依据《出口管制法》的行政处罚为主，2023 年，各地海关对违反《出口管制法》和其他法律的执法成效显著，执法力度和处罚数量较去年明显增加。通过对各地海关行政执法和处罚信息的收集，2023 年明确以《出口管制法》为依据的行政处罚超过 100 宗，较 2022 年的 7 宗明显增加。地区分布上，相较于 2022 年主要集中在天津海关，在天津案件数量仍较高的情况下，2023 年南京、上海等多地也存在数宗相关案件，地区分布较 2022 年明显更加平均，体现出各地执法水平与力度在 2023 年有明显提升。在明确以《出口管制法》为依据的行政处罚中，主要涉及出口物品为石墨及相关物品、无人机、碳酸钠、碳电极、防弹衣等。

二、出口管制执法典型案例

1. 某公司未经许可擅自出口受管制的脱碳液[①]

2019 年 10 月至 2022 年 1 月，某公司在上海、成都、广州、昆明等地向海关申报出口“脱碳液 JH－14”10 票，涉及货物 630 吨，申报商品编号为 3824999990 及 3824999999。经认定，该商品应归入商品编号 3824999950，且申报人需提交两用物项和技术出口许可证。北京西城海关认定当事人未

① 参见京关中缉违字〔2023〕0016 号处罚决定书。

经许可擅自出口两用物项，依照《行政处罚法》第 32 条、第 36 条，《出口管制法》第 34 条第 1 项之规定，决定对当事人科处罚款人民币 90.8 万元。

2. 某公司未经许可擅自出口含碳酸钠物品[①]

当事人委托另一公司，于 2021 年 7 月 5 日向海关申报出口至缅甸一般贸易项下 10% 赤霉酸 A3 可溶片 2 票，数量共计 10,000 千克，申报价计 CIF 367,000 美元，申报商品编号 3808939190，出口报关单号 222920210002323690、222920210002323682。经查，实际出口货物中含有碳酸钠，属于《两用物项和技术进出口许可证管理目录》，根据《向特定国家（地区）出口易制毒化学品暂行管理条例》《易制毒化学品进出口管理规定》出口至缅甸需提供两用物项和技术出口许可证，但当事人向海关申报时不能提供许可证件。经核定，货物价值人民币 2,297,035.16 元。上海浦东海关认定，上述事实业已构成违反海关监管规定的行为。以上行为有海关出口货物报关单证、海关税款计核证明书、海关查问笔录、情况说明等为证。依照《海关行政处罚实施条例》第 14 条之规定，对当事人科处罚款人民币 16 万元。

3. 某公司未经许可擅自出口搪玻璃反应釜[②]

当事人委托另一公司，于 2022 年 10 月 27 日向海关申报出口至老挝一般贸易项下搪玻璃反应釜等 13 项货物，其中搪玻璃反应釜 21 套，申报价格 CIF 147,453.85 美元；搪玻璃反应釜 9 台，申报价格 CIF 50,916.9 美元。上述两项货物申报商品编号均为 8419899090，出口报关单号为 222920220003151519。经查，实际出口货物应归入商品编号 8479820010，出口需提供《两用物项和技术出口许可证》，货物价值人民币 1,365,236.93 元。上海外高桥港区海关认定上述事实业已构成违反海关监管规定的行

① 参见沪浦东关缉违字〔2023〕25 号处罚决定书。
② 参见沪外港关缉违字〔2023〕5032 号处罚决定书。

为。根据《海关法》第 86 条第 3 项、《海关行政处罚实施条例》第 15 条第 2 项之规定，对当事人科处罚款人民币 12. 2 万元。

4. 某公司未经许可擅自出口煅烧石油焦①

2023 年 2 月 13 日，当事人以一般贸易方式向天津新港海关申报出口 020220230000110034 号报关单项下煅烧石油焦 108 吨，FOB 总价 102, 600 美元，商品编号 2713121000（无出口退税、无监管条件）。经查验，实货应归入商品编号 38011000 项下（无出口退税，需两用物项和技术出口许可证）。当事人未经许可擅自出口管制物项，违反海关监管规定。天津海关认定以上行为有 020220230000110034 号报关单及随附单据、查验记录、归类认定书、海关进出口货物化验鉴定证书、查问笔录、当事人陈述材料等证据为证。依照《行政处罚法》第 32 条第 5 项、《出口管制法》第 34 条第 1 项之规定，决定对当事人科处罚款人民币 17. 3 万元。

5. 某公司未经许可擅自出口防弹衣与插板②

2023 年 2 月 1 日，当事人以一般贸易方式向天津滨海机场海关申报出口 3 票货物。报关单 010120230000054632，申报第 1 项商品聚乙烯板 450 块，申报价格 CNF 人民币 356, 400 元，申报第 2 项商品背心 832 件，申报价格 CNF 人民币 1, 322, 880 元，运费人民币 474, 090 元。报关单 010120230000054634 申报 1 项商品聚乙烯板 1800 块，申报价格 CNF 人民币 1, 425, 600 元，运费人民币 498, 600 元。报关单 010120230000054635 申报第 1 项商品聚乙烯板 450 块，申报价格 CNF 人民币 356, 400 元，申报第 2 项商品背心 832 件，申报价格 CNF 人民币 1, 322, 880 元，运费人民币 474, 090 元。经查验，核对品名、规格、型号无异常。经鉴定，以上聚乙烯板、背心为防弹插板、防弹衣，军用特征明显，应属《军品出口管理清单》第 13. 1. 1. 2 项下 B 类防护装具，须凭军品出口许可证报关出口。天

① 参见津新港关缉违字〔2023〕224 号处罚决定书。

② 参见津机场关缉违字〔2023〕39 号处罚决定书。

津海关认定，当事人未经许可擅自出口军品，违反了《出口管制法》第19条第1款、第25条之规定。经计核，上述涉案货物价值共计人民币333.73万元。依照《行政处罚法》第32条第5项、《出口管制法》第34条之规定，决定对当事人科处罚款人民币50万元。

6. 某公司经许可擅自出口人造石墨①

2023年6月24日，当事人以一般贸易方式向天津新港海关申报出口“石墨石油焦”18吨，报关单号020220230000539328，商品编号2713129000（无出口退税，无监管条件），FOB总价11,700美元。经查验并鉴定，实货为人造石墨，应归入商品编号3801100000（无出口退税，监管证件代码3，出口需两用物项和技术出口许可证）。天津海关认定当事人未经许可擅自出口管制物项，违反海关监管规定。依照《行政处罚法》第32条第5项、《出口管制法》第34条第1项之规定，决定对当事人科处罚款人民币2万元。

7. 某公司未经许可擅自出口石墨②

当事人于2023年3月25日向天津新港海关申报一般贸易出口020220230000244062号报关单项下石墨台1件、石墨垫条4件，申报CIF总价分别为人民币5500元、1000元，申报商品编号均为6903100000（出口退税率为0，无监管条件）。经查验，商品编号实际均应归入3801100090（出口退税率为0，监管证件代码3，出口需两用物项和技术出口许可证）。天津海关认定，当事人未经许可擅自出口管制物项。依照《出口管制法》第34条第1项、《行政处罚法》第32条第5项之规定，决定对当事人处罚款人民币2000元。

8. 某公司未经许可擅自出口无人机③

2023年8月29日，当事人委托另一公司以一般贸易方式向太仓海关

---

① 参见津新港关缉违字〔2023〕537号处罚决定书。

② 参见津新港关缉违字〔2023〕223号处罚决定书。

③ 参见太关缉违字〔2023〕5号处罚决定书。

申报出口1票货物，报关单编号为232720230273646870，申报品名为无人机，申报数量为10架，申报税则号列为88062490.90，申报总价格为147,700美元。太仓海关查验一科查验发现，上述无人机实际为具备操作员从视距外控制飞行能力的无人机，包含容量为20升以上的气雾剂布撒系统/装置的无人驾驶航空飞行器系统，根据太仓海关出具的业务专家组问题联系单及涉案商品归类意见书，依据归类总规则1及6，上述涉案商品实际应归入88062490.10项下（税则、注释具体列明商品），属于《两用物项和技术出口许可证管理目录》中第六部分《导弹及相关物项和技术出口管制清单所列物项和技术》第186项临时管制物项下列明的商品。经计核，本案涉案货物价值人民币1,055,848.22元。太仓海关认定，当事人作为出口货物的境内发货人及生产销售单位，向海关申报出口货物的税则号列与实际不符，影响国家许可证件管理的行为，违反了《海关法》第10条第3款、第24条第1款之规定，根据《海关法》第86条第3项之规定，已构成违反海关监管规定的行为。鉴于当事人案发后积极配合海关调查，并主动缴纳足额保证金，具备从轻处罚情节。根据《行政处罚法》第32条第5项，《海关行政处罚实施条例》第15条第3项、第16条之规定，决定对当事人予以从轻处罚，科处罚款人民币5.3万元。

第九节　贸易救济执法

2023年1月8日起，中国政府将新冠病毒感染从“乙类甲管”调整为“乙类乙管”，5月5日世界卫生组织正式宣布新冠疫情不再构成国际关注的突发公共卫生事件，自此全球范围内防疫政策出现重大转变，对经济活动的限制全面解除，标志着我们正式步入后疫情时代。随着防疫政策的变化，2023年全球主要国家开展贸易救济调查的基本特点就是回归常态。

一、中国调查机关开展贸易救济调查及相关工作综述

2023 年以来，中国贸易救济调查总体情况如下：

（一）贸易救济原审案件情况

2023 年，中国调查机关（以下均指中国商务部）对外发起 2 起原审调查。4 月 12 日，应中国食品土畜进出口商会、中国五矿化工进出口商会和中国纺织品进出口商会申请，调查机关就台湾地区对大陆贸易限制措施发起贸易壁垒调查。7 月 21 日，应江苏省化工行业协会申请，调查机关对原产于美国的进口丙酸发起反倾销调查①。

2023 年，中国调查机关作出 1 起原审案件初裁。8 月 14 日，调查机关对原产于台湾地区的进口聚碳酸酯反倾销案作出初裁，自 8 月 15 日起，要求进口经营者依据初裁决定所确定的保证金比率提供保证金，初裁保证金率为 16. 9% －22. 4% 。

2023 年，中国调查机关作出 2 起原审案件终裁裁决。2 月 24 日，调查机关发布对原产于印度的进口酞菁类颜料反倾销案终裁公告，认定自印度进口的酞菁类颜料存在倾销，国内产业受到实质损害，且倾销与实质损害之间存在因果关系，决定自 2 月 27 日起，对自印度进口酞菁加征 11. 9% －30. 7% 的反倾销税，实施期限为 5 年。12 月 15 日，调查机关发布公告，认定台湾地区对大陆贸易限制措施存在《对外贸易壁垒调查规则》第 3

① 2024 年 4 月，中国调查机关发布了丙酸案的初裁公告，要求进口经营者进口涉案产品时需按 43. 5% 的保证金率提供保证金，案件尚在调查中。

条[①]所规定的情形，构成贸易壁垒。

2023 年，调查机关未发起反补贴调查和保障措施调查。

总体来看，虽然疫情因素逐步消除，但 2023 年中国调查机关发起原审调查案件数量仍是历史上极低的年份之一。

（二）反倾销和反补贴复审案件情况

中国调查机关主要开展倾销及倾销幅度期间复审、期终复审、新出口商复审、退税复审、公司更名复审以及情势变迁复审等形式的复审。

1. 期终复审案件情况

2023 年，中国调查机关正在执行的案件中，在本年内到期反倾销案件共 12 起，到期反补贴案件共 1 起，共涉及来自 11 个国家或地区的 12 种产品。

2023 年，调查机关共发起 11 起反倾销复审调查，作出 5 起反倾销复审裁决[②]，维持措施裁定 5 起。调查机关未发起反补贴复审调查，本年作出 2 起反补贴期终复审裁决。

从涉案产品来看，2023 年调查机关审查立案复审的产品主要包括邻氯对硝基苯胺、甲基异丁基（甲）酮、相纸、间苯氧基苯甲醛、苯乙烯、光纤预制棒、卤化丁基橡胶、氢碘酸、乙醇胺、丁腈橡胶、正丁醇等 11 个产品。2023 年调查机关裁决所涉及的产品主要包括非色散位移单模光纤、干玉米酒糟、偏二氯乙烯—氯乙烯共聚树脂、氯丁橡胶、共聚聚甲醛以及马铃薯淀等 6 个产品。

---

① 《对外贸易壁垒调查规则》第 3 条规定："外国（地区）政府采取或者支持的措施或者做法，存在下列情形之一的，视为贸易壁垒：（一）违反该国（地区）与我国共同缔结或者共同参加的经济贸易条约或者协定，或者未能履行与我国共同缔结或者共同参加的经济贸易条约或者协定规定的义务；（二）造成下列负面贸易影响之一：对我国产品或者服务进入该国（地区）市场或者第三国（地区）市场造成或者可能造成阻碍或者限制；对我国产品或者服务在该国（地区）市场或者第三国（地区）市场的竞争力造成或者可能造成损害；对该国（地区）或者第三国（地区）的产品或者服务向我国出口造成或者可能造成阻碍或者限制。"

② 复审裁决一般会在立案之后 1 年之内作出，存在案件立案日和裁决日不在一个自然年度的情况。

从涉案国别（或地区）来看，2023 年调查机关期终复审立案涉及的国别（或地区）包括：美国 7 起、日本 5 起、韩国 3 起，欧盟、印度、马来西亚和我台湾地区各 2 起，南非、英国、新加坡、沙特和泰国各 1 起。2023 年调查机关期终复审裁决涉及的国别（或地区）包括：美国 4 起，欧盟 3 起，日本 2 起，韩国、马来西亚和泰国各 1 起。

2. 其他复审情况

除以上期终复审外，中国调查机关在 2023 年共发起 3 起更名复审调查，并均作出由申请公司继承原审出口公司所适用反倾销税率的裁决。调查机关分别在 2023 年 4 月 14 日和 11 月 30 日对原产于澳大利亚的进口大麦和葡萄酒所适用的反倾销和反补贴措施发起 2 起情势变迁复审调查。8 月 4 日，调查机关裁决自 8 月 5 日起取消对澳大利亚进口大麦的反倾销和反补贴措施①。这是中国调查机关首次通过情势变迁复审取消措施。

总体来看，2023 年中国调查机关开展复审调查案件数量相对较多，这些复审案件大多为 2018 年前后开始执行的相关措施。

（三）应对多边挑战情况

根据世界贸易组织（WTO）官方网站信息，中国调查机关在 2023 年面临 3 起反倾销和反补贴措施在审案件，分别为 DS598 中国—对澳大利亚的进口大麦反倾销和反补贴措施；DS601 中国—对日本进口的不锈钢产品反倾销措施；DS602 中国—对澳大利亚的进口葡萄酒反倾销和反补贴措施。

关于 DS598 和 DS602 两案，中澳双方均达成“双方同意”（Mutually Agreed Solutions）的解决办法②，专家组报告仅涉及争端案件基本事实情

① 葡萄酒案于 2024 年 3 月 28 日裁决并自 3 月 29 日起终止措施。

② 根据世界贸易组织官方网站关于 DS598 和 DS602 两案的信息，争端双方分别于 2023 年 8 月 11 日和 2024 年 3 月 29 日，依据《关于争端解决规则与程序的谅解》第 3.6 条的规定，达成“双方同意”的解决办法。

况。关于 DS601 案，WTO 争端解决机构于 2023 年 6 月 19 日散发了专家组报告，并于 7 月 28 日通过了专家组报告。中国调查机关于 2023 年 11 月 9 日发布“关于执行不锈钢反倾销措施世贸组织争端裁决的立案公告”，自公告发布之日起，对原反倾销案件进行再调查，执行 WTO 专家组报告裁决和建议①。

从实践情况来看，各国调查机关均面临在世贸争端解决机制被起诉的风险。争端案件对调查机关执法不仅具有监督作用，同时还具有示范和引导作用。争端案件报告将进一步澄清规则，为调查机关严格按照规则开展调查确立基本准则，客观上有助于提升调查机关执法水平和能力。贸易救济调查需要妥善处理回应国内产业关切与应对争端解决案件的矛盾。

（四）贸易救济合作机制

2023 年 9 月 11 日，中国和泰国贸易救济合作机制第六次会议在北京召开。双方通报了两国近期在贸易救济领域的立法变化和实践情况，讨论了反规避调查实践等技术议题，并就加强业界在贸易救济领域合作交换了意见。

二、其他国家对中国出口产品贸易救济调查概况

根据中国贸易救济信息网信息，2023 年其他国家（或地区）对中国出口产品共发起 87 起反倾销、反补贴和保障措施调查（以下统称贸易救济调查），其中反倾销 63 起，反补贴 12 起，涉及中国的保障措施 12 起，较 2022 年大幅增长 89.13%，疫情后其他国家对中国发起调查数量呈快速增长趋势（见表 2－2）。

① 2024 年 5 月 8 日，调查机关发布“关于原产于欧盟、日本、韩国和印度尼西亚的进口不锈钢钢坯和不锈钢热轧板/卷反倾销措施再调查裁定的公告”，仍继续按照 2019 年第 31 号公告实施反倾销措施。

表 2 – 2　近 5 年其他国家对中国出口产品发起调查总体情况表

单位：起

年份	反倾销	反补贴	保障措施	总数
2019 年	64	10	31	105
2020 年	86	19	24	129
2021 年	45	7	9	61
2022 年	38	4	4	46
2023 年	63	12	12	87

从主要国别（或地区）情况来看，2023 年对中国发起调查案件最多的国家为印度，共 22 起（约占当年总数 25.3%），美国共 12 起（约占当年总数 13.8%），欧盟共 9 起（约占当年总数 10.3%），印度尼西亚 8 起（约占当年总数 9.2%），巴西 4 起，墨西哥、海合会和土耳其均各 3 起，此外，英国、加拿大、越南、沙特阿拉伯、阿根廷、智利和哥伦比亚均各 2 起。上述国家（或地区）发起的调查约占对华案件总数的 89.7%（见表 2 – 3）。

表 2 – 3　近 5 年主要国家（地区）对中国发起调查情况表

单位：起

年份	美国	加拿大	巴西	阿根廷	欧盟	澳大利亚	印度	印度尼西亚	越南	菲律宾	海合会	欧亚经济联盟	南非	其他国家	总数
2019 年	16	0	1	10	7	3	12	8	5	6	1	5	1	30	105
2020 年	22	4	3	3	7	9	25	6	3	6	1	3	2	35	129
2021 年	8	2	2	6	4	0	12	0	2	0	1	1	2	21	61
2022 年	3	4	0	6	2	0	15	0	0	0	0	0	3	13	46
2023 年	12	2	4	2	9	0	22	8	2	1	3	1	0	21	87

WTO 发布的 2023 年《全球贸易展望和统计》报告显示，全球货物贸易出口总额 23.8 万亿美元，同比下降 4.6%，继 2021 年、2022 年连续两

年增长后再次下降。中国货物出口 3.38 万亿美元，同比下降 4.6%，进口 2.56 万亿美元，同比下降 5.5%。尽管全球贸易呈下降趋势，但中国仍能连续 7 年保持货物贸易第一大国地位，取得这样的成绩非常不易，也不可避免地成为其他国家调查的重要目标国。

然而，中国出口产品面临的最大问题是在调查中被“标签化”和“污名化”，有些世贸成员在反倾销调查中认定中国市场为“非市场经济”或某些产品存在“市场扭曲”，完全否定中国公司在会计系统中正常记录的原材料采购成本，进而使用替代国重新计算成本，在反补贴调查中将调查范围扩张至劳工、汇率、环保、国有企业等领域，更有甚者将民营企业也视作公共机构。这不仅歪曲了世贸规则，而且还可能对其他成员产生错误的示范效应，严重损害中国企业利益。

三、中国贸易救济调查面临的新挑战和新问题

新冠疫情大流行对全球经济造成沉重打击，疫情初期美欧等推出了很多临时性救助措施，在挽救经济的同时也带来了美欧等严重的通胀问题，但中国却面临通缩问题。这显然不符合自由贸易的应然状态，全球经济明显存在人为的堵点，这表明全球贸易博弈局势更加复杂。贸易救济调查面临更加严峻复杂的“逆全球化”大环境。

后疫情时代，贸易自由与安全的矛盾日益凸显。2023 年 5 月，七国集团发布《G7 领导人关于经济韧性和经济安全的声明》，声称不寻求“脱钩”，希望通过“去风险”和“多元化”增强经济韧性。6 月欧盟委员会发布《欧盟经济安全战略》，强调“去风险化”。全球经济面临“碎片化”趋势，国家安全调查、跨境补贴调查等各种新型救济措施层出不穷，贸易救济调查滥用和泛化趋势明显。

中国贸易救济调查工具箱储备不足，调查执法面临两难选择。在传统两反一保调查领域，中国实践仍严格遵循现有规则体系，无实质突破。从美欧实践来看，贸易救济调查已超出《反倾销协定》和《补贴与反补贴措

施协定》的范围，在反倾销中使用“非市场经济”或“市场扭曲”的概念，在反补贴调查中扩张调查范围、滥用调查权力。在传统贸易救济领域，中国调查执法面临无法可依局面。在贸易救济新兴领域，美欧等创新跨国补贴等调查制度和实践。中国调查机关亟须相关部门共同配合，加强研究和制度供给，丰富工具箱。当前和今后一段时期，中国调查机关面临继续维护以规则为基础的多边贸易体制和应对各种歧视性调查的两难选择。

第十节　外商投资执法

2023 年，俄乌冲突的延续、巴以冲突的爆发等为跨国交往增添了不稳定因素，西方主要经济体针对高新技术等产业实施保护主义措施为经济合作带来了新的障碍。在此背景下，我国利用外资水平仍取得了稳步提升。2023 年全年外商直接投资新设立企业 53, 766 家，比前一年增长 39. 7%；共建“一带一路”国家对华直接投资新设立企业 13, 649 家，增长百分比高达 82. 7% 。[①]

外商投资领域执法的重点举措在于进一步推进各产业和领域的市场开放，落实促进和鼓励外商投资的各项政策，营造良好的营商环境切实保护外商投资利益。

一、放宽外资市场准入，实现多行业稳步开放

根据《外商投资法》第 4 条的规定，我国对外商投资市场准入实施准入前的国民待遇加负面清单管理模式制度。在负面清单以外的领域需实现

① 参见《中华人民共和国 2023 年国民经济和社会发展统计公报》，载国家统计局网 2024 年 2 月 29 日，https：//www. stats. gov. cn/sj/zxfb/202402/t20240228_ 1947915. html。

市场准入方面内外资的平等对待，因此负面清单的缩减意味着我国市场对外商投资的进一步开放。

（一）市场开放的总体情况

自2013年中国（上海）自由贸易试验区开始实施外商投资市场准入负面清单管理模式以来的十年间，该模式逐步从自贸区被推广至全国，其中的条目也在逐步缩减。列有针对外商投资的禁止和限制性条目的全国性负面清单从2017年的93项缩减为2021年的31项，外商投资自贸试验区负面清单则从2013年版的190项大幅度缩减至2021年版的27项。[①]

外商投资市场准入除了要符合专门适用于外资的负面清单要求外，还应符合针对国内外投资者统一适用的负面清单规定。2022年3月12日，国家发展和改革委员会和商务部共同发布了统一适用于内外资的《市场准入负面清单（2022年版）》。该版负面清单列有禁止准入类条目6项，许可准入类条目111项，共有117项[②]，相比《市场准入负面清单（2018年版）》减少了34项[③]。

（二）制造业条目“清零”工作进展

在制造业领域，我国外商投资市场准入得以大幅度放宽，并向着负面清单制造业条目“清零”即制造业全领域开放的方向过渡。2022年10月

① 参见2017年6月28日国家发展和改革委员会和商务部发布的《外商投资产业指导目录（2017年修订）》（国家发展和改革委员会、商务部2017年第4号令）；2021年12月27日国家发展和改革委员会和商务部发布的《外商投资准入特别管理措施（负面清单）（2021年版）》（国家发展改革委、商务部2021年第47号令）；2013年9月30日上海市人民政府发布的《中国（上海）自由贸易试验区外商投资准入特别管理措施（负面清单）（2013年）》（沪府发〔2013〕75号）；2021年12月27日国家发展和改革委员会和商务部发布的《自由贸易试验区外商投资准入特别管理措施（负面清单）（2021年版）》（国家发展改革委、商务部2021年第48号令）。

② 参见2022年3月12日国家发展和改革委员会和商务部发布的《市场准入负面清单（2022年版）》（发改体改规〔2022〕397号）。

③ 参见2018年12月21日国家发展和改革委员会和商务部发布的《市场准入负面清单（2018年版）》（发改经体〔2018〕1892号）。

13 日，发展和改革委员会、商务部等六部门联合发布了《关于以制造业为重点促进外资扩增量稳存量提质量的若干政策措施》，其中强调要以制造业为工作重点，切实落实负面清单以外领域的市场开放举措，着力解决制造业外商投资者面临的用地、环评、规划等问题。[①]

2023 年 10 月，习近平主席在第三届“一带一路”国际合作高峰论坛上表示将全面取消制造业领域外资准入限制措施。当前，我国自由贸易试验区版负面清单已实现制造业清零。同时，发展和改革委员会和商务部正在共同修订全新的全国版负面清单，在全国范围内将负面清单中制造业条目清零，这意味着外商投资者在投资制造业领域时，将完全与我国投资者享受同样的市场准入待遇。

（三）金融业市场开放实践

我国金融业对外开放也在有序推进。中国人民银行、证监会、国家外汇管理局于 2022 年 5 月 27 日共同发布的《关于进一步便利境外机构投资者投资中国债券市场有关事宜》表明要推进银行间和交易所债券市场对外开放。中国人民银行、国家外汇管理局于 2022 年 11 月 10 日发布的《境外机构投资者投资中国债券市场资金管理规定》明确了关于境外机构投资于我国债券市场的系列要求，包括资金账户、资金收付和汇兑、统计监测等管理规则，为对外开放债券市场提供了明确的规范引导。

二、实施投资促进措施，强化对外商投资的鼓励政策

《外商投资法》第 3 条要求国家实行高水平投资自由化便利化政策，建立和完善外商投资促进机制。在投资促进类法律法规的指导下，相关政府部门着重鼓励外商投资企业进行科技创新，倡导绿色节能转型，并开展

① 参见 2022 年 10 月 13 日国家发展和改革委员会、商务部、工业和信息化部、自然资源部、生态环境部、交通运输部发布的《关于以制造业为重点促进外资扩增量稳存量提质量的若干政策措施》（发改外资〔2022〕1586 号）。

招商引资活动。

（一）修订优化鼓励外商投资产业目录

外商投资于被列入鼓励类目录的产业且符合相应条件时，可享受税收等优惠政策。2022 年 10 月 26 日，发展和改革委员会与商务部联合发布了《鼓励外商投资产业目录（2022 年版）》，该目录自 2023 年 1 月 1 日起施行。现行 2022 年版鼓励外商投资产业目录总条目 1474 条，包括全国鼓励外商投资产业目录 519 条，中西部地区外商投资优势产业目录 955 条。[①] 与 2020 年版目录相比，2022 版目录净增加 239 条、修改 167 条。[②] 2024 年 3 月 20 日，发展和改革委员会利用外资和境外投资司负责人表示，发展和改革委员会正连同有关部委开展最新版鼓励类产业目录修订工作，将加大对先进制造业、现代服务业、高新技术、节能环保等领域的支持力度。[③]

（二）鼓励外资参与科技研发

我国政府出台了一系列举措鼓励外资进入高新技术领域，投入科技研发。商务部和科技部在 2023 年 1 月 11 日共同发布了《关于进一步鼓励外商投资设立研发中心的若干措施》，其中提出要落实支持科技创新税收政策，为符合条件的外资研发中心提供便利化服务，支持这些中心在法律允许的范围内使用大型科研仪器、国家重大科技计划项目的科技报告和相关数据以开展基础研究。商务部等十个部委于 2024 年 3 月 22 日共同发布的《关于进一步支持境外机构投资境内科技型企业的若干政策措施》指出，为了吸引外资促进我国境内科技型企业融资发展，应支持境外机构通过合格境外有

---

① 参见 2022 年 10 月 26 日国家发展和改革委员会、商务部发布的《鼓励外商投资产业目录（2022 年版）》（国家发展改革委、商务部 2022 年第 52 号令）。

② 参见 2020 年 12 月 27 日国家发展和改革委员会、商务部发布的《鼓励外商投资产业目录（2020 年版）》（国家发展改革委、商务部 2020 年第 38 号令）。

③ 参见陈炜伟、谢希瑶：《我国启动鼓励外商投资产业目录修订工作》，载中华人民共和国中央人民政府网 2024 年 3 月 20 日，https：//www. gov. cn/zhengce/202403/content_ 6940490. htm。

限合伙人方式，投资我国境内的科技型企业。同时，应当加大融资支持，允许境外机构投资的科技型企业以发行债券等方式来丰富科创资金来源。[①]

（三）鼓励外资投入高新技术制造业

在高新技术制造方面，发展和改革委员会等六部委在2022年发布的《关于以制造业为重点促进外资扩增量稳存量提质量的若干政策措施》中提出，对标“十四五”规划，先进制造业和高新技术领域的外资市场准入鼓励政策的重点应集中在高端装备、基础元器件、关键零部件等领域。该文件还提出，应当鼓励外资投入智能制造，引导外资参与智能制造示范工厂、新型工业化产业示范基地和先进制造业集群的建设。

三、强化外商投资保护，优化有利于外资的营商环境

外商投资在我国境内经营活动的有效开展，有赖于其合法权益受到充分、全面的保护，为此，我国持续强化外商投资保护措施，提高外商投资企业经营管理的便利程度，营造良好的营商环境。

（一）保障内外资企业公平竞争

只有保证内外资企业在我国境内能够受制于同样的竞争条件，才可以使市场机制充分发挥作用，为我国产业和经济发展带来动力。为了与《外商投资法》以及实施细则保持一致，商务部推动修订、废止和制定法规文件多达500多部，该“立改废”实践的核心在于保持对内外资企业的平等待遇。[②] 财政部在2021年10月13日发布《关于在政府采购活动中落实平等对待内外资企业有关政策的通知》，要求保障内外资企业平等参与政府

① 参见2024年3月22日商务部、外交部、国家发展和改革委员会、科技部、工业和信息化部、中国人民银行、税务总局、金融监管总局、证监会、国家外汇管理局发布的《关于进一步支持境外机构投资境内科技型企业的若干政策措施》（商财发〔2024〕59号）。

② 参见冯其予：《我国吸收外资保持平稳态势》，载中华人民共和国中央人民政府网2022年6月21日，https://www.gov.cn/xinwen/2022-06/21/content_5696866.htm。

采购。中国人民银行于 2022 年 8 月 26 日将德意志银行（中国）、法国兴业银行（中国）列为碳减排支持工具的金融机构，并表明在支持金融机构参与绿色创新的政策中，对待内外资金融机构应一视同仁。依照《中共中央、国务院关于加快建设全国统一大市场的意见》文件精神，市场监督管理总局、发展和改革委员会、财政部、商务部于 2023 年 6 月 28 日联合发布《关于开展妨碍统一市场和公平竞争的政策措施清理工作的通知》，部署全面清理覆盖国务院和地方各级人民政府制定的可能妨碍市场公平竞争的文件和政策，其中重点清理对象包括阻碍商品和要素自由流动的措施。该文件专门明确了应清理对外资构成歧视的价格和补贴政策。据报道，截至 2024 年 4 月该项工作已经完成，各部门共梳理相关政策措施 690, 448 件，清理政策措施高达 4218 件。①

（二）打造良好的商品和要素市场条件

能够充分激发外商投资企业创造性和活力的另一个条件在于保障市场中的商品和要素自由流动。国务院办公厅于 2022 年 9 月 7 日印发的《关于进一步优化营商环境降低市场主体制度性交易成本的意见》表示，要进一步推动降低市场主体准入成本、经营负担、办事成本，保护市场主体的权益和合理预期。前述《关于开展妨碍统一市场和公平竞争的政策措施清理工作的通知》中包含的重点清理对象即为妨碍商品和要素自由流动的措施，包括歧视性财政优惠政策、歧视性招投标政策、限制商品自由流动的政策和限制市场准入的政策等。国务院办公厅于 2024 年 2 月 28 日发布的《扎实推进高水平对外开放更大力度吸引和利用外资行动方案》还提出要畅通创新要素的流动，包括支持外商投资企业与其母国总部之间的数据流动、便捷人员往来等。

---

① 参见万静：《全国清理妨碍统一市场和公平竞争政策措施 4218 件》，载《法治日报》2024 年 4 月 12 日，第 6 版。

（三）优化政府服务

透明、便捷的政府服务和充分的权益救济途径也会增加我国市场对外商投资的吸引力。为了便捷外商投资企业登记，市场监督管理总局于2022年2月18日发布了新《外商投资企业授权登记管理办法》，用以替换实施了20年之久的旧办法。2023年8月13日，国务院出台了《关于进一步优化外商投资环境　加大吸引外商投资力度的意见》，该意见提出了6方面24条政策措施。截至2024年2月，该“外资24条”所包含的59项举措中，已完成10项，如国家互联网信息办公室开设了线上举报网络侵权专区、财政部和税务总局实施了相关免税政策等。[①] 根据商务部有关负责人在2023年8月14日国务院政策例行吹风会的发言，依据2020年8月商务部修订发布的《外商投资企业投诉工作办法》，我国已设立各级外资投诉工作机构共计2800余个。[②]

（四）试点对接国际高标准推进制度型开放

2023年6月1日，国务院印发《关于在有条件的自由贸易试验区和自由贸易港试点对接国际高标准推进制度型开放的若干措施》，决定在上海、广东、天津、福建、北京自由贸易试验区和海南自由贸易港，试点在货物贸易、服务贸易、人员流动、数字贸易、营商环境、风险防控等方面实施更高标准的制度。此举措有利于我国对接国际高标准经贸规则，扩大制度型开放。

---

① 参见魏婧：《中国发布丨“外资24条”发布半年，落实情况如何？外企如何评价？商务部回应》，载中国网2024年2月5日，http：//news.china.com.cn/2024－02/05/content_116987882.html。

② 参见《国务院政策例行吹风会》，载商务部网2023年9月19日，http：//is.mofcom.gov.cn/article/jmxw/202309/20230903441652.shtml。

第十一节　知识产权执法

一、加强知识产权行政保护

为全面贯彻党的二十大精神，认真落实党中央、国务院关于全面加强知识产权保护的决策部署，按照2023年全国知识产权局局长会议和知识产权保护工作会议有关要求，切实加强知识产权行政保护工作，优化创新环境和营商环境，推动经济高质量发展，2023年3月1日，国家知识产权局印发《2023年全国知识产权行政保护工作方案》（以下简称《知识产权保护方案》），就全年知识产权行政保护工作作出部署安排。

《知识产权保护方案》指出，坚持以习近平新时代中国特色社会主义思想为指导，全面贯彻落实党的二十大精神和中央经济工作会议精神，深入落实习近平总书记在十九届中央政治局第二十五次集体学习时的重要讲话精神，按照《知识产权强国建设纲要（2021—2035年）》、《"十四五"国家知识产权保护和运用规划》和《关于强化知识产权保护的意见》及其推进计划的相关工作部署，强化法治保障、严格产权保护，坚持改革驱动、质量引领，全面加强知识产权行政保护，继续加大对重点领域、关键环节侵犯知识产权行为的打击和治理力度，高质量推进知识产权行政保护工作，不断提升知识产权全链条保护水平，持续建设支撑国际一流营商环境和创新环境的知识产权保护体系，为加快推进知识产权强国建设、全面建设社会主义现代化强国提供有力支撑保障。

《知识产权保护方案》从四个方面部署14项主要任务。一是加强行政保护法治保障，深入实施《关于强化知识产权保护的意见》及其推进计划，切实发挥执法保护标准指南作用，推动知识产权保护制度完善实施，严厉打击非正常专利申请和商标恶意注册行为；二是筑牢行政保护工作基础，持续加大专利侵权纠纷行政裁决办案力度，扎实推进商标保护执法案件指导，深入开展地理标志保护监管；三是强化重点领域和关键环节行政保护，加强涉外知识产权保护，护航第19届亚运会、中国载人航天工程系列飞行任务等国际大型赛事、重大工程相关特殊标志保护，突出民生领域和关系人民群众切身利益的食品药品、种业、水泥、公共卫生以及绿色低碳技术等重点领域的保护，聚焦知识产权保护规范化市场、电子商务平台等关键环节，紧盯五一、中秋、国庆等重要时间节点强化保护；四是优化行政保护工作机制，持续强化知识产权全链条保护，积极探索数字化保护新模式，着力发挥试点示范引领带动作用。《知识产权保护方案》要求各地要高度重视，精心组织实施，切实保障各项任务落实到位，要强化组织领导，加强业务指导，要注重协同联动，加强宣传培训。

国家知识产权局指导各地认真贯彻落实《知识产权保护方案》部署安排，加强对各地贯彻落实工作的督促指导和跟踪问效，推动各项部署任务落地见效，并将各地落实情况和工作成效纳入年度知识产权行政保护绩效考核范围，持续提升全系统知识产权行政保护能力水平。①

二、加强海关执法保护

2023年，全国海关坚持以习近平新时代中国特色社会主义思想为指导，深入学习贯彻党的二十大、二十届一中、二中全会精神，贯彻落实习近平总书记重要指示批示和给红其拉甫海关全体关员回信的重要精神，按照党中央、国务院决策部署，在智慧海关建设和“智关强国”行动框架内优化完善知识产权海关保护体制机制，更好推进创新型国家建设、推动高质量发展、扩大高水平对外开放，紧盯重点领域创新保护，全力助推新质生产力发展，深度参与知识产权全球治理，依法平等保护中外权利人合法权益，进出口环节知识产权行政保护工作迈上新台阶，为以海关现代化

① 本部分信息来源于《国家知识产权局印发〈2023年全国知识产权行政保护工作方案〉》，载中华人民共和国中央人民政府网2023年3月8日，https://www.gov.cn/xinwen/2023-03/08/content_5745449.htm。

服务推进中国式现代化提供了有力支撑。

（一）海关执法情况

2023 年，全国海关在进出口环节实施知识产权保护措施 6.7 万次，实际扣留侵权嫌疑货物 6.21 万批、8288.94 万件。全国海关扣留的侵权嫌疑货物涉及侵犯商标权、专利权、著作权、奥林匹克标志等多种类型的知识产权。其中，商标权侵权案件尤为突出，扣留涉嫌侵犯商标权货物 61,610 批、8172.75 万件，分别占全年扣留总数的 99.12% 和 98.6%；全国海关在货运渠道扣留侵权嫌疑货物 2832 批、7459.11 万件。随着互联网新业态的蓬勃发展，跨境电商渠道执法连续多年呈现增长态势。2023 年，全国海关在跨境电商渠道扣留侵权嫌疑货物 2.66 万批、430.32 万件，同比分别增长 26.4%、6.6%。此外，全国海关扣留的市场采购贸易方式申报的侵权嫌疑货物 967 批、2806.49 万件，同比分别增长 44.3%、3.2%。

东部沿海地区海关依然是知识产权保护的主力军，2023 年，上海、宁波、广州、深圳等东部沿海地区海关共扣留侵权嫌疑货物 4.95 万批、8179.29 万件，分别占全年扣留总数的 79.71%、98.67%；南昌、南宁、成都、昆明、西安等中西部地区海关共扣留侵权嫌疑货物 1.26 万批、109.65 万件；太原、重庆、贵阳等海关扣留批次同比增长 2 倍以上，合肥、郑州等海关扣留数量同比增长 2 倍以上。以扣留批次统计，服装鞋帽、皮具箱包、电子电器等货物依然占据前三位，分别为 3.9 万批、1 万批和 0.5 万批。以扣留数量统计，电子电器、运动器械、烟草制品等货物占据前三位，分别为 2007.78 万件、1314.21 万件和 1156 万件。

2023 年，更多的权利人选择通过海关保护维护自身权益，知识产权海关保护备案系统共受理权利人用户注册申请 4217 件，审核通过备案用户 4054 个。2023 年受理知识产权海关保护备案申请 21,203 件，核准备案申请 19,009 件，其中新增国内权利人备案 12,911 件，备案申请受理总数已连续 3 年超 2 万件。

海关总署发布《中华人民共和国海关行政处罚裁量基准（三）》，并自2024年1月1日起在全国海关施行，知识产权海关保护行政处罚裁量规则、阶次和幅度得到进一步统一和严格规范。全国海关知识产权保护执法系统进一步完善，对案件办理流程进行梳理优化。福州、拱北等海关制/修订关区知识产权保护工作规程；南京、济南等海关编发业务操作指引；长春、上海、宁波、福州、乌鲁木齐等海关开展关区执法工作检查和案卷评查。全国海关持续完善“直属海关+隶属海关”两级办案机制，不断提升执法规范化水平和整体工作效能。2023年，全国海关继续开展知识产权保护“龙腾行动”，重拳打击进出口侵权违法活动。例如，上海、宁波、厦门、深圳、黄埔等海关严厉打击“入口”“贴身”类侵权商品，查获侵权食品、纸尿裤、化妆品等侵权货物17批、576.7万件。北京、天津、呼和浩特、大连、宁波等海关强化与安全相关商品的监管，查获侵权机器设备与汽车零部件、轴承等侵权货物67批、41.2万件。

针对寄递渠道“化整为零”“蚂蚁搬家”式进出境侵权违法行为的高发态势，全国海关开展“蓝网行动2023”，通过加强对寄递企业宣讲、规范申报管理、强化风险分析和信息共享、加大资源投入和执法力度，全面提升综合治理效能。行动期间，全国海关在寄递渠道累计扣留侵权嫌疑货物5.84万批、703.88万件。

为有效打击出口转运侵权货物违法行为，形成区域联动保护网络，海关总署组织广东分署和部分直属海关开展出口转运货物知识产权保护“净网行动2023”，从海运、空运、陆运渠道立体式打击输往香港、澳门或经由香港、澳门转运的侵权货物。海关总署会同市场监管总局等多部门联合印发通知，开展2023网络市场监管促发展保安全专项行动。针对跨境电商商品品类杂、批次多、货源渠道广等特点给海关知识产权保护工作带来的挑战，海关总署下发工作通知，深化多方协作，推动企业自律，促进跨境电商业态规范健康持续发展。为促进跨境电商业态健康有序发展，海关总署以“加强新领域、新业态知识产权保护”为主题开展调研，印发关于在跨境电商领域加强知识产权海关保护工作的通知。例如，广州海关强化跨境电商渠道一体化风险研判处置，查获侵权货物 1402 批、112.8 万件；青岛海关对跨境电商渠道货物开展专项打击，查获侵权货物 782 批、1459 件。

2023 年，全国海关系统内开展执法协作 371 次，保护知识产权便利化程度进一步提升。京津冀、长三角、西部陆海新通道等区域海关常态化开展侵权线索共享、风险研判共商、违法信息互通的机制已基本形成。属地海关与口岸海关联合防范侵权“口岸漂移”更加高效有力。全国海关与市场监管、版权等地方行政执法部门开展执法协作 370 余次，向公安机关通报涉嫌知识产权犯罪线索 377 个、移送案件 59 起，配合各级法院调取、保全证据 140 余次，侵权违法共治效能进一步提升。北京、石家庄、上海等海关与市场监管等部门联合开展专项执法行动，增强打击合力；厦门、青岛、南宁等海关依托“两法衔接”机制协助公安机关捣毁数个制假藏假窝点、抓获多名犯罪嫌疑人；大连、杭州、宁波、成都等海关助力所辖城市（地区）获评国家知识产权保护示范区建设城市（地区）。全国海关精准聚焦企业知识产权保护需求，在情报处置、便利维权等方面同向发力，合作成效进一步提升。例如，天津、沈阳、成都等海关对企业提供的线索开展精准分析，在多个口岸查获侵权货物；青岛、重庆、兰州等海关建立辖区权利人企业档案，及时收集更新侵权产品来源地、侵权企业信息等，提升侵权查缉精准度。①

（二）加强深化知识产权执法国际合作

海关总署在更多维度推动国际执法合作积极有为。落实《中欧海关知识产权执法行动计划（2021—2024 年）》，召开中俄海关知识产权保护工

① 本部分信息来源于《2023 年中国海关知识产权保护状况——中国海关知识产权保护三十周年特辑》，载中华人民共和国海关总署网，http：//wuhan. customs. gov. cn/customs/xwfb34/302425/5837035/index. html。

作组第十三次会议，与欧盟、俄罗斯、日本、韩国等国家和地区海关持续开展数据交换、案件信息共享、立法及执法实践交流等合作。广东分署积极促进粤港澳三地海关在相关法律框架内提供案件协查等执法合作，便利各方进一步获取案件资料、追查侵权货物来源、核查案件信息线索 142 条；牵头组织 3 次粤港澳知识产权海关保护联合执法行动，行动期间广东省内海关查获侵权货物 160 万件，案值 1011 万元。哈尔滨海关与俄罗斯远东海关会谈，就知识产权保护工作交换意见。中波（兰）关际合作工作会召开，双方联合调研交流“中欧班列”知识产权海关保护工作情况，进一步深化上海—格但斯克、重庆—罗布林、成都—罗兹三对关际合作项目。

海关总署在更深层次参与侵权全球治理成果丰硕。巩固海关跨境执法合作机制，积极参与多边框架下知识产权国际合作。与加拿大使馆、香港海关、世界海关组织跟班作业学员进行座谈交流。参加中欧、中俄、中瑞（士）知识产权工作组会议，交流海关知识产权保护执法情况。加强与业界沟通交流，与世界轴承协会、国际商标协会、中国外商投资企业协会优质品牌保护委员会等权利人组织会谈，回应业界关切问题。组织专家参与世界海关组织知识产权培训标准教材编写，选派业务骨干参加世界海关组织亚太地区知识产权保护专家认证研讨会并顺利通过预认证考核。参加世界海关组织第 20 次反假冒盗版工作组会议、第六届“保护知识产权打击侵权假冒国际合作”虹桥国际经济论坛并作专题发言，为侵权假冒全球治理贡献中国智慧。[①]

三、加强海外知识产权纠纷应对指导

2023 年 6 月，2023 年度海外知识产权纠纷应对指导工作会议在宁波召开。会议指出，海外知识产权纠纷应对指导工作加强整体部署、强化监测

① 本部分信息来源于《2023 年中国海关知识产权保护状况——中国海关知识产权保护三十周年特辑》，载中华人民共和国海关总署网，http：//wuhan. customs. gov. cn/customs/xwfb34/302425/5837035/index. html。

预警、深化指导服务、夯实工作基础，取得了一系列新进展。会议强调，要准确把握工作面临的新形势，提高政治站位，坚持系统观念，加强调查研究，健全长效机制，形成工作合力，全力推动海外知识产权纠纷应对指导工作取得新突破。会上，国家知识产权局有关部门作工作报告，8 家单位作典型发言。会议为新设立的分中心和产业基地授牌。各相关部门及单位负责人参会。① 国家知识产权局在会议上，共发布 9 家分中心办理的 5 件海外纠纷应对指导年度典型案例，江苏 2 件案例入选，江苏分中心、南京分中心、苏州分中心 3 家单位全部入选。②

第十二节　其 他 执 法

一、涉外气象执法概况

在规划层面，2022 年 4 月国务院印发的《气象高质量发展纲要（2022—2035 年）》明确，“到 2025 年，气象关键核心技术实现自主可控；到 2035 年，气象关键科技领域实现重大突破，以智慧气象为主要特征的气象现代化基本实现”。其中，涉及国际合作和对外开放的包括，要加快关键核心技术攻关，“推动国际气象科技深度合作，探索牵头组织地球系统、气候变化等领域国际大科学计划和大科学工程”；以及应一步推进开放合作，“深化气象领域产学研用融合发展。加强风云气象卫星全球服务，为共建‘一带一路’国家气象服务提供有力支撑。加强气象开放合作平台建设，在世界气象组织等框架下积极参与国际气象事务规则、标准制

① 参见《2023 年度海外知识产权纠纷应对指导工作会议在宁波召开》，载国家知识产权局网 2023 年 7 月 3 日，https：//www. cnipa. gov. cn/art/2023/7/3/art_ 2431_ 187743. html。

② 沈玉青：《“强化海外知识产权纠纷应对　促进生物医药产业高质量发展研讨会”在南京成功举办》，载新浪网 2023 年 9 月 21 日，https：//city. sina. com. cn/city_ finance/2023 – 09 – 21/detail – imznncth3012998. shtml。

修订”。①

在规章层面，为更加有效规范我国涉外气象探测和资料管理工作，中国气象局会同国家安全部、国家保密局组织修订了《涉外气象探测和资料管理办法》，该办法自 2022 年 8 月 1 日起施行。根据解读，此次修订主要集中在以下三个方面：一是落实证明事项清理工作要求，针对已取消的两项证明事项，此次修订删除了对应的申请材料，即 2007 年《涉外气象探测和资料管理办法》第 8 条的“项目经费来源证明”和“有关部门相应的批准文件”，并对申请条件作了完善。二是调整涉外气象探测活动行政审批流程，取消了省、自治区、直辖市气象主管机构的初审环节，由国务院气象主管机构直接受理申请，省、自治区、直辖市气象主管机构按照国务院气象主管机构有关要求，做好涉外气象探测站（点）设立的技术审查（含现场踏勘）工作；同时取消了经批准设立的涉外气象探测站（点）备案要求。三是对涉外气象探测资料的汇交和获取、使用气象资料以及涉密资料的提供等活动进行了规范。②

在执行层面，2023 年 8 月，经提出申请、线上受理、技术审查及现场踏勘、作出许可决定等环节，宁夏地信科技有限公司作为开展涉外气象探测活动的中方合作组织，申报的涉外气象探测事项获中国气象局批准，而这是《涉外气象探测和资料管理办法》修订施行后，国内首个获批的单位，联动服务位于云南省的中法合资企业——酩悦轩尼诗香格里拉（德钦）酒业有限公司。③ 此外，2023 年以来，国家安全机关会同气象、保密等部门在全国范围内依法开展涉外气象探测专项治理，调查境外气象设备代理商 10 余家，检查涉外气象站点 3000 余个，发现数百个非法涉外气象

---

① 参见《气象高质量发展纲要（2022—2035 年）》。

② 参见《解读〈涉外气象探测和资料管理办法〉》，载中国气象局网 2022 年 7 月 19 日，https://www.cma.gov.cn/zfxxgk/gknr/wjgk/zcjd/202208/t20220829_5059184.html。

③ 参见王亮：《〈涉外气象探测和资料管理办法〉修订施行后 国内首个涉外气象探测申请获批》，载中国气象局网 2023 年 8 月 21 日，https://www.cma.gov.cn/2011xwzx/ywfw/202308/t20230821_5725247.html。

探测站点实时向境外传输气象数据，广泛分布在全国20多个省份，对我国家安全造成风险隐患。[①] 2023年12月1日，中国气象局公布了5起气象行政处罚典型案例，其中就包括了一起典型的未经批准擅自设立涉外气象探测站（点），并向境外提供气象资料的案件。[②]

二、涉外渔业执法概况

为规范渔业生产活动，促进渔业高质量发展，2017年，“中国渔政亮剑”执法行动启动。根据《“中国渔政亮剑2023”系列专项执法行动方案》的要求，2023年，农业农村部组织各地渔业渔政主管部门和渔政渔港监督管理机构开展专项执法行动，而涉外渔业监管是其中的重点内容。该项行动的主要目标是“加强与周边国家渔政执法合作，深化与公安、海警等部门协调配合，完善信息共享机制，严厉打击外方侵渔和越界捕捞等行为，保护渔民合法权益，稳定周边和公海海域渔业生产秩序，树立我负责任渔业国家形象”。[③] 行动的重点水域包括公海和周边海域、中俄边境水域、中朝边境水域以及中老和中越边境水域等。

此外，根据国务院新闻办公室2023年10月发布的《中国的远洋渔业发展》白皮书介绍，中国在严格实施远洋渔业监管上取得了积极进展，“推进渔船监控等难点问题得到有效治理，船员管理等重点环节明显改善，重点海域监管切实加强，推动远洋渔业综合监管能力显著提升，保障远洋渔业生产秩序总体稳定”，具体包括积极实施公海转载监管、加强远洋水

① 参见《国家安全机关会同有关部门开展涉外气象探测专项治理》，载微信公众号“国家安全部”2023年10月31日，https：//mp. weixin. qq. com/s/Jh89i4zfS2YlmiFnsuMXaQ。

② 参见李菊、张明禄：《中国气象局公布五起行政处罚典型案例》，载中国气象局网2023年12月1日，https：//www. cma. gov. cn/2011xwzx/2011xqxxw/2011xqxyw/202312/t20231201_5921158. html。

③ 参见2023年3月16日农业农村部发布的《关于印发〈“中国渔政亮剑2023”系列专项执法行动方案〉的通知》。

产品进出口监管、严厉打击非法渔业活动以及支持开展公海登临检查等。[①]

在深化国际渔业合作上，中国积极参与全球渔业治理、深入参与区域渔业管理、开展双边渔业合作交流、推动发展中国家渔业发展以及推动全球渔业可持续发展等。[②] 例如，中国已于2023年6月27日向世界贸易组织递交《渔业补贴协定》议定书的接受书，今后将全面落实协定规定，并积极参与协定后续谈判。再如，为促进双边渔业合作，2021年12月和2023年5月，两次举办中国—太平洋岛国渔业合作发展论坛，进一步支持岛国渔业及相关产业的发展。

三、涉外统计执法概况

我国实行涉外调查机构资格认定制度和涉外社会调查项目审批制度。根据《统计法》《涉外调查管理办法》等相关规定，国家统计局和省、自治区、直辖市人民政府统计机构负责对申请涉外调查许可证的机构进行资格认定。任何个人和未取得涉外调查许可证的组织，不得以任何形式进行涉外调查。

根据《国家统计局2023年法治政府建设年度报告》，2023年以来，统计部门严格审批（备案）统计调查项目，全年新建（修订）39项国家常规统计调查项目、44项国家专项统计调查项目，审批（备案）38项部门统计调查项目，审批497项地方统计调查项目及各地区第五次全国经济普查省级实施方案。严格依法开展涉外统计调查行政许可，全年依法认定292家涉外统计调查机构，依法批准6项涉外社会调查项目。[③]

① 参见《〈中国的远洋渔业发展〉白皮书（全文）》，载中华人民共和国国务院新闻办公室网2023年10月24日，http：//www. scio. gov. cn/zfbps/zfbps_ 2279/202310/t20231024_ 775861. html。

② 参见《〈中国的远洋渔业发展〉白皮书（全文）》，载中华人民共和国国务院新闻办公室网2023年10月24日，http：//www. scio. gov. cn/zfbps/zfbps_ 2279/202310/t20231024_ 775861. html。

③ 参见《国家统计局2023年法治政府建设年度报告》，载国家统计局网2024年6月4日，https：//www. stats. gov. cn/zt_ 18555/tjfz/tjfzjs/fzjsdt/202406/t20240607_ 1954458. html。

第三章　强化涉外司法

第一节　涉外刑事司法

2023 年，全国各级司法机关不断完善涉外司法审判工作布局，加强涉外刑事审判工作，充分考虑各类刑事案件的涉外因素和影响，健全涉外审判机制，提升涉外司法效能，把统筹国内法治和涉外法治、统筹高水平开放与高水平安全落到实处。

一、坚决维护国家政治安全

涉外刑事司法工作关乎国家安全和政治稳定，必须牢固树立总体国家安全观，始终把维护国家政治安全摆在突出位置。2023 年 4 月 26 日，第十四届全国人民代表大会常务委员会第二次会议修订《反间谍法》，将防范化解风险的关口前移，丰富反渗透、反颠覆、反窃密斗争的法律工具箱。2024 年 2 月 27 日，第十四届全国人民代表大会常务委员会第八次会议第二次修订《保守国家秘密法》，健全保密管理制度和监管措施。[①]《反间谍法》和《保守国家秘密法》的修订，为涉外刑事司法工作提供了更加明确的法律依据。过去一年，全国各级人民法院坚决依法严惩敌对势力渗透破坏、颠覆分裂、暴力恐怖、宗教极端等犯罪，通过依法惩处梁某运从

① 参见《全国人民代表大会常务委员会工作报告——2024 年 3 月 8 日在第十四届全国人民代表大会第二次会议上》。

事间谍活动等案件，形成有力的法律震慑，切实维护国家政治安全、制度安全、意识形态安全。①

二、依法惩处跨国跨境犯罪

一是依法惩处境内外电信网络诈骗犯罪。2023 年，最高人民检察院会同公安部联合督办 3 批 13 起重大跨境电信网络诈骗案件，开展打击涉缅北电信网络诈骗犯罪专项行动，交办督办涉 4 万余名缅北“回流”人员案件，全力打团伙、摧网络、斩链条。② 随着打击治理特别是境外抓捕力度逐步加大，全国各级人民法院 2023 年度依法审结电信网络诈骗案件 3.1 万余件，判处被告人 6.4 万余名，案件数和被告人数同比分别上升 48.36%、38.64%。③ 帮助信息网络犯罪活动案件高位运行，但上升幅度逐步放缓。与此同时，掩饰、隐瞒犯罪所得、犯罪所得收益罪激增，成为仅次于帮信罪的第二大电信网络诈骗犯罪的关联犯罪。此外，妨害国（边）境管理犯罪快速上升，成为电信网络诈骗犯罪链条上的多发罪名。④ 当前，零散、点状式的独立诈骗团伙越来越少，取而代之的是以“工业园区”“科技园区”为幌子的犯罪集团。为逃避查处，这些犯罪集团多在境外开展犯罪活动，通过控制、管理诈骗团伙，形成庞大而稳定的诈骗犯罪网络。例如，最高人民检察院、公安部第三批联合督办的江苏江阴“6·16”专案中，潘某某等 6 名幕后“金主”在缅北出资建造“五金建材城”，先后招揽 18 个诈骗团伙入驻，并为诈骗团伙提供办公场所和食宿，进行封闭式管理，持械看守诈骗团伙人员，形成规模较大的犯罪集团。⑤

---

① 参见《最高人民法院工作报告——2024 年 3 月 8 日在第十四届全国人民代表大会第二次会议上》。

② 参见《电信网络诈骗犯罪高发检察机关 2023 年起诉 5 万余人》，载最高人民检察院网 2024 年 3 月 3 日，https://www.spp.gov.cn/xwfbh/wsfbt/202403/t20240303_646932.shtml。

③ 参见《最高人民法院工作报告——2024 年 3 月 8 日在第十四届全国人民代表大会第二次会议上》。

④ 参见《检察机关打击治理电信网络诈骗及其关联犯罪工作情况（2023 年）》。

⑤ 参见《检察机关打击治理电信网络诈骗及其关联犯罪工作情况（2023 年）》。

面对电信网络诈骗犯罪的高发态势，最高人民检察院与东盟各国检察机关在协助跨境调查取证、引渡犯罪嫌疑人、司法文书送达、情报交流和信息共享等方面加强务实合作；积极参与《联合国打击网络犯罪公约》谈判，① 力促国际社会凝聚打击电信网络诈骗犯罪共识，增强打击治理合力；与最高人民法院共同发布有关司法解释，明确与外国司法机关开展涉案财产追回协助的有关程序和要求，积极推动电信网络诈骗案件追赃挽损。② 各级人民法院坚持宽严相济刑事政策，严惩幕后“金主”、组织头目和骨干分子；对受蛊惑出售出租“两卡”帮助信息网络犯罪活动、沦为电诈“工具人”的在校及刚毕业学生等依法从宽处理，加强教育警示。③

二是依法惩处外汇和洗钱类犯罪。最高人民检察院会同国家外汇管理局发布典型案例，从严打击涉外汇违法犯罪。项某帮助他人掩饰、隐瞒犯罪所得，高价收购“虚拟币”并通过境外交易商抛售，非法汇兑 18 亿余元至境外，上海检察机关依法提起公诉，决不让“黑钱”漂“白”。④ 国家监察委员会办公厅、最高人民检察院办公厅、公安部办公厅联合印发《关于在办理贪污贿赂犯罪案件中加强反洗钱协作配合的意见》，检察机关与各级监察委员会、公安机关加强反洗钱协作，起诉洗钱犯罪 2971 人，

① 在中国等国家的努力推动下，联合国于 2019 年正式启动《联合国打击网络犯罪公约》的起草工作，目前该公约的基本框架已搭建完毕。详见乔文心：《赓续丝路精神，携手同行新时代司法合作之路——海上丝绸之路（泉州）司法合作国际论坛（2023）专题研讨侧记》，载中国法院网 2023 年 10 月 28 日，https：//www. chinacourt. org/article/detail/2023/10/id/7600627. shtml。2024 年 8 月，联合国网络犯罪问题特设委员会于美国当地时间 8 月 8 日下午，一致投票通过了《联合国打击网络犯罪公约》草案。

② 参见杨译坤：《〈中国日报〉专访最高人民检察院检察长应勇：坚持电信网络诈骗犯罪“打防管控”一体推进深化国际执法司法合作》，载中国日报网 2024 年 3 月 7 日，https：//cn. chinadaily. com. cn/a/202403/07/WS65e927caa3109f7860dd4564. html。

③ 参见《最高人民法院工作报告——2024 年 3 月 8 日在第十四届全国人民代表大会第二次会议上》。

④ 参见《最高人民检察院工作报告——2024 年 3 月 8 日在第十四届全国人民代表大会第二次会议上》。

同比上升14.9%。[①] 当前，洗钱手段复杂多变、不断翻新，除购房、购买黄金等贵金属、投资证券基金、通过地下钱庄跨境转移资金等手段外，租用他人银行账户、网络支付账户转移犯罪所得及其收益也是常见洗钱手段。如浙江省杭州市西湖区人民检察院办理的一起非法经营案中，犯罪人员开发、搭建、维护“跑分平台”，纠集“跑分客”提供银行卡账户及微信、支付宝账户，进行收款转账，为境外赌博网站、杀猪盘诈骗等提供支付结算服务，金额达31.9亿余元。[②]

三是依法惩处涉海砂违法犯罪。我国是海洋贸易和航运大国，面对严峻复杂的海洋形势与国际形势，各级司法机关依法打击涉海洋违法犯罪活动。为加快推进海洋法治建设，在2023年世界海洋日（6月8日），最高人民法院、最高人民检察院、中国海警局联合发布了《依法打击涉海砂违法犯罪座谈会纪要》（法发〔2023〕9号）。该纪要的出台，彰显了我国坚决维护好海洋生态环境安全、建筑工程安全、海上通航安全和国家能源安全的立场，是深入学习贯彻习近平新时代中国特色社会主义思想，贯彻落实习近平生态文明思想和习近平法治思想，完善涉外法治体系的必然要求。

四是依法惩处跨境赌博犯罪。2021年以来，跨境赌博犯罪案件增长幅度较大，2022年虽有所回落，但2023年保持高位态势。[③] 其中，利用网络跨境开设赌场的犯罪高发，大案要案多发，涉案金额高，社会影响大。浙江省温州市中级人民法院合并审理的被告人张某宁等34人犯开设赌场罪、非法经营罪，被告人张某秀犯开设赌场罪，被告人钟某燕犯开设赌场罪等

---

① 参见《最高人民检察院工作报告——2024年3月8日在第十四届全国人民代表大会第二次会议上》。

② 参见《检察机关依法惩治洗钱犯罪让“罪”与“赃”无处遁形切实保障经济金融安全》，载最高人民检察院网2023年10月26日，https://www.spp.gov.cn/xwfbh/wsfbt/202310/t20231026_631983.shtml。

③ 参见最高人民法院刑事审判第五庭：《关于跨境赌博治理问题调研报告》，载《人民法院报》2023年8月18日，第4版。

三起案件均为以周某华（另案处理）为首的跨境赌博犯罪集团系列案件，该案全面查实了跨境赌博犯罪集团在境内的组织代理、赌资结算、网络赌博、资产管理、技术及车辆服务等各环节的具体危害行为，全链条予以打击，充分揭示了境外赌博势力依托合法赌厅在境内招赌、揽赌不法敛财的行径，危害经济发展和社会稳定。①

五是依法惩处跨境毒品犯罪。2018 年 1 月至 2023 年 5 月，全国检察机关起诉毒品犯罪 46.7 万人。② 源头性毒品犯罪呈现新态势，“金三角”仍是我国毒品的主要来源地，境外毒品经传统渠道入境受阻后，利用货车夹带通关或者采取抛投、挖洞等隐蔽方式走私毒品案件增多。通过国际物流寄递、陆路绕道或者海上走私毒品情况加剧。③ 2023 年 6 月 26 日（第 36 个国际禁毒日），最高人民法院公布 10 起毒品犯罪和涉毒次生犯罪典型案例。张某川作为犯罪集团首要分子，组织、指挥数十人走私毒品入境并运往全国各地，罪行极其严重，法院依法对被告人张某川判处并核准死刑，剥夺政治权利终身，并处没收个人全部财产，体现了严厉惩治源头性毒品犯罪的坚定立场。④

三、加强反腐败追逃追赃工作

2023 年 3 月 20 日，中央反腐败协调小组国际追逃追赃和跨境腐败治理工作办公室召开会议，研究部署 2023 年反腐败国际追逃追赃和跨境腐败治理工作，启动“天网 2023”行动。会议指出，国家监察委员会牵头开

① 参见张岗：《严打跨境赌博犯罪！起底“周焯华跨境赌博犯罪集团案”》，载中国新闻网 2024 年 1 月 8 日，https://www.chinanews.com.cn/gn/2024/01-08/10142165.shtml。

② 参见崔晓丽：《最高检召开新闻发布会通报检察机关依法严惩毒品犯罪、强化禁毒综合治理工作情况——2018 年以来全国检察机关起诉毒品犯罪 46.7 万人》，载《检察日报》2023 年 6 月 26 日，第 1 版。

③ 参见《最高法召开 2023 年人民法院禁毒工作新闻发布会》，载中国法院网 2023 年 6 月 26 日，https://www.chinacourt.org/article/detail/2023/06/id/7367307.shtml。

④ 参见《最高法公布依法严惩毒品犯罪和涉毒次生犯罪典型案例》，载中国法院网 2023 年 6 月 26 日，https://www.chinacourt.org/article/detail/2023/06/id/7367340.shtml。

展职务犯罪国际追逃追赃专项行动，公安部开展“猎狐”专项行动，中国人民银行会同公安部开展预防、打击利用离岸公司和地下钱庄向境外转移赃款专项行动，最高人民法院会同最高人民检察院开展犯罪嫌疑人、被告人逃匿、死亡案件追赃专项行动，中央组织部会同公安部等开展违规办理和持有证件专项治理等工作。[①] 2023 年 7 月 1 日起施行的《对外关系法》对“深化拓展对外执法合作工作机制，完善司法协助体制机制”“加强打击跨国犯罪、反腐败等国际合作”等作出明确规定，为我国开展反腐败国际合作和追逃追赃提供了重要的法律保障。一年来，中央反腐败协调小组制定《反腐败国际追逃追赃和跨境腐败治理 2023—2027 年目标任务》，深化反腐败国际合作；举办第三届“一带一路”国际合作高峰论坛廉洁丝绸之路专题论坛；与 6 个国家签署反腐败合作谅解备忘录；集中力量查办跨境腐败案件，追赃挽损 102 亿元，“天网 2023”行动追回外逃人员 1624 人。[②]

2023 年，全国各级人民法院审结外逃人员回国受审案件 371 件，审结犯罪嫌疑人、被告人逃匿、死亡没收违法所得特别程序案 38 件，追缴违法所得 4.5 亿元及价值数亿元房产等，坚决打破腐败分子“一人逃亡、全家得利”的迷梦。[③] 中国银行开平支行原行长许某俊贪污挪用巨额公款后潜逃国外 20 年，经持续追逃被强制遣返，广东检察机关依法起诉后其被判处无期徒刑，彰显有逃必追的坚定决心。[④]

四、加强对妨害国（边）境管理违法犯罪的治理

随着境内打击力度加大，电信网络诈骗犯罪集团大量向境外转移，且

① 参见王卓：《一体构建追逃防逃追赃机制“天网 2023”行动正式启动》，载中央纪委国家监察委网 2023 年 3 月 20 日，https://www.ccdi.gov.cn/gzdtn/gjhz/202303/t20230321_254007.html。

② 参见《深入学习贯彻习近平总书记关于党的自我革命的重要思想纵深推进新征程纪检监察工作高质量发展——在中国共产党第二十届中央纪律检查委员会第三次全体会议上的工作报告》。

③ 参见《最高人民法院工作报告——2024 年 3 月 8 日在第十四届全国人民代表大会第二次会议上》。

④ 参见《最高人民检察院工作报告——2024 年 3 月 8 日在第十四届全国人民代表大会第二次会议上》。

有组织地招募、吸收境内人员通过偷越国（边）境的方式赴境外参与实施犯罪。2023 年 1 月至 10 月，全国检察机关共起诉偷越国（边）境犯罪 1.7 万余人，同比上升 5.3%；起诉组织他人偷越国（边）境犯罪近 2000 人，同比上升近 16%；起诉运送他人偷越国（边）境犯罪 5000 余人，同比上升近 75%。[①]

此外，随着国际贸易的快速发展和人员往来的日益频繁，非法引进外来入侵物种以及交易活动日趋活跃，境外物种传入途径不断增多，对我国生态安全、生物安全构成的威胁持续加大。据悉，2023 年 1 月至 8 月，全国海关从进境寄递、携带物品中累计截获禁止进境活体动植物 1826 种，其中包括巨人蜈蚣、红狂蚁、斑纹蝾螈等我国尚无自然分布的动植物 796 种，并打掉多个非法引进“异宠”的犯罪团伙。[②]

五、刑事司法服务高水平对外开放

2023 年 8 月 7 日，最高人民检察院印发《2023—2027 年检察改革工作规划》，通过完善“六大体系”36 项改革任务，加快推进检察工作现代化，更好服务保障在法治轨道上全面建设社会主义现代化国家。其中，第 12 项围绕健全涉外检察工作机制提出了“协同推进我国法域外适用的法律体系建设”“完善涉外案件和国际刑事司法协助案件办理机制”“深化跨国司法检察合作”等要求。2023 年全年，各级检察机关依法办理涉外刑事案件 4243 件、刑事司法协助案件 220 件，平等保护中外当事人合法权益，促进高质量共建“一带一路”走深走实。[③]

① 参见《检察机关打击治理电信网络诈骗及其关联犯罪工作情况（2023 年）》

② 参见《最高检会同海关总署、最高法开展依法惩治非法引进外来入侵物种犯罪行动》，载中国日报网 2023 年 9 月 19 日，https://cn.chinadaily.com.cn/a/202309/19/WS6509a173a310936092f2291a.html。

③ 参见《最高人民检察院工作报告——2024 年 3 月 8 日在第十四届全国人民代表大会第二次会议上》。

第二节　涉外民商事审判

2023年，全国各级人民法院坚持以习近平新时代中国特色社会主义思想为指导，深入贯彻习近平法治思想，全面贯彻落实党的二十大和二十届二中全会精神，认真落实统筹推进国内法治和涉外法治要求，坚定不移贯彻对外开放的基本国策，充分发挥涉外司法审判职能作用，涉外司法国际公信力和影响力持续提升，助推营造市场化法治化国际化一流营商环境，服务高质量共建“一带一路”。

一、推动完善我国涉外法律法规体系

牵头完成以涉外编为主的《民事诉讼法》修法工作。受全国人民代表大会常务委员会法制工作委员会的委托，最高人民法院牵头起草以涉外编为主的《民事诉讼法》修正草案，在全面总结涉外民商事审判实践经验，关注收集司法实践反映迫切的重点问题，及时梳理国际条约和域外立法相关条款，深入调查研究、广泛听取意见、反复修改论证的基础上，形成《民事诉讼法》涉外编的修改建议。《民事诉讼法》修改决定已于2023年9月1日经第十四届全国人民代表大会常务委员会第五次会议审议通过，于2024年1月1日正式施行。此次《民事诉讼法》修改重点对第四编“涉外民事诉讼程序的特别规定”进行完善，是我国涉外领域立法的又一里程碑事件，对于进一步提升涉外民商事案件审判质效，平等保护中外当事人合法权益，营造市场化法治化国际化一流营商环境，更好维护国家主权、安全、发展利益，具有重要意义。一是系统完善涉外民商事案件管辖权规则。优化特殊地域管辖规定，将管辖纠纷类型扩展为“对在中华人民共和国领域内没有住所的被告提起除身份关系以外的诉讼”；增设“其他适当联系”的管辖依据，赋予人民法院在认定管辖权时以一定的司法裁量

权，更好保护中外当事人合法权益。借鉴《海事诉讼特别程序法》第 8 条，新增涉外协议管辖不要求“实际联系”的规定和当事人应诉管辖规定，充分尊重当事人意思自治，建构涉外合意管辖新机制。借鉴国际社会经验，新增对与公司有关的特定纠纷和与“审查授予的知识产权”的有效性相关的纠纷的专属管辖依据，具有排除或不承认其他国家法院管辖权的效果。二是妥善确定协调管辖权国际冲突的一般规则。在明确我国法院对有管辖权的平行诉讼可予受理的同时，亦规定认可排他性管辖协议的效力，以保证当事人选择法院的确定性和可预见性，体现我国减少平行诉讼的基本立场。首次规定平行诉讼中的中止诉讼制度，增设不方便法院原则的规定，充分体现司法礼让原则，以更为灵活、合理的方式避免平行诉讼，节约司法资源和当事人诉讼成本，也有利于增进司法互信。三是积极改革涉外送达和调查取证规则。在充分保障当事人诉权的前提下，合理拓展向外国法人或者其他组织的法定代表人或者主要负责人送达、电子方式送达、受送达人同意的其他送达方式等涉外送达渠道，将对我国领域内无住所的当事人进行公告送达期限由 3 个月缩短为60 天，明确规定域外调查取证方式，便利准确认定案件事实，力求解决制约涉外审判质效的难点问题。四是致力促进民商事判决的跨境流通。采取开放包容的态度，首次系统规定承认和执行外国法院判决的审查事由，明确规定间接管辖权的认定标准，规定承认和执行外国法院的判决、裁定程序中的救济机制，增强我国法院处理该类司法审查案件的透明度和规范性，稳定相关法律关系和当事人预期。

深度参与其他涉外重大立法。积极参与《外国国家豁免法》《对外关系法》等重大涉外立法工作，深度参与《海商法》《仲裁法》修改，提出高质量的立法修法意见。推动《海事诉讼特别程序法》修改工作纳入第十四届全国人民代表大会常务委员会立法规划第二类项目并负责牵头起草，不断完善海事法律制度体系建设。

促进涉外法律适用标准统一。一是制定《最高人民法院关于适用〈中华人民共和国涉外民事关系法律适用法〉若干问题的解释（二）》（以下简称《法律适用法解释二》），该解释自2024年1月1日起施行。《法律适用法解释二》遵循严格依法、司法为民、务实管用的原则，为进一步完善外国法律查明制度，规范外国法律查明实践提供了具体依据，很大程度上解决了制约涉外审判多年的域外法“查明难”问题。《法律适用法解释二》共13条，主要内容包括：明晰以法院查明为主、当事人提供为辅的外国法律查明规定，澄清混淆查明责任和查明途径的错误认识；将法院查明外国法律的途径扩展为七种，增强传统查明途径的可操作性；明确查明外国法律的程序和提供形式，提高查明的效率和准确性；明确审查认定外国法律的程序，充分保障当事人发表意见的权利；明确审查认定外国法律的标准，防止拖延诉讼，体现诉讼经济原则；明确裁判文书记载查明外国法律的过程，促推法官正确查明外国法律；明确查明费用的处理原则，确定费用负担；明确港澳法律查明的参照适用。后期最高人民法院将陆续发布外国法查明典型案例，充分发挥案例的示范指导作用。二是制定《最高人民法院关于审理涉外民商事案件适用国际条约和国际惯例若干问题的解释》（以下简称《条约解释》），该解释自2024年1月1日起施行。《条约解释》对如何准确把握国际条约和国际惯例的适用条件和范围进行了规范和指引，为人民法院正确审理涉外民商事案件提供裁判依据，有效统一了法律适用标准，对于提升我国涉外民商事审判质效、扩大我国司法的国际公信力和影响力、营造市场化法治化国际化一流营商环境具有重要意义。《条约解释》共9条，体现了涉外民商事审判中适用国际条约和国际惯例遵循的三项原则，即善意履行条约义务原则，尊重国际惯例原则，维护国家主权、安全和社会公共利益原则。主要内容包括：明确适用国际条约的裁判依据，有效破解涉外民商事领域适用国际条约裁判依据不足的问题；明确涉多项国际条约时应当根据国际条约中的适用关系条款确定国际条约适用的原则，确保准确适用国际条约；明确国际条约适用与当事人意思自治之间的关系，只有在国际条约允许的范围内，当事人才可以通过约定排除或部分排除国际条约的适用，确保恪守条约义务；明确当事人援引尚未对我国生效的国际条约的，该条约可以作为确定合同权利义务的依据，充分尊重当事人意思自治；明确国际惯例的明示选择适用和补缺适用问题，积极准确适用国际商事惯例；坚持维护国家主权、安全和社会公共利益的原则，充分彰显人民法院的鲜明司法立场。2023 年 12 月 28 日，最高人民法院召开新闻发布会，在发布《条约解释》的同时，发布了涉外民商事案件适用国际条约和国际惯例的典型案例，宣传人民法院涉外法治工作成效，彰显我国恪守条约义务、尊重国际惯例的开放包容司法形象。12 个典型案例，涉及国际货物买卖合同、航空旅客运输合同、航空货物运输合同、船舶污染、共同海损、船舶碰撞、申请承认和执行外国法院民商事判决、申请承认和执行外国仲裁裁决等领域，分别适用了《联合国国际货物销售合同公约》《蒙特利尔公约》《纽约公约》《取消外国公文书认证要求的公约》等多个国际条约以及《约克－安特卫普规则》等国际惯例，主要体现的特点包括：正确处理国际条约和国内法的关系，善意履行国际条约；准确适用国际条约，恪守条约义务；秉持开放合作理念，规范民商事判决和仲裁裁决的跨境承认与执行；尊重当事人意思自治，积极准确适用国际商事惯例。三是发布仲裁司法审查第 36 批指导性案例 6 件。案例涉及的法律原则包括：当事人以仲裁条款未成立为由请求确认仲裁协议不存在的，人民法院应当按照申请确认仲裁协议效力案件予以审查；当事人未在仲裁庭首次开庭前，而是在重新仲裁开庭前对仲裁协议效力提出异议的，应当认定当事人接受仲裁庭对案件的管辖权；国际单项体育组织内部纠纷解决机构作出的纠纷处理决定不属于《纽约公约》项下的外国仲裁裁决；实际施工人并非发包人与承包人签订的施工合同的当事人，不应受发包人与承包人的仲裁协议约束；仲裁裁决变相支持比特币与法定货币之间的兑付交易，违反了国家对虚拟货币金融监管的规定，违背社会公共利益，应当予以撤销；仲裁协议仅约定通过快速仲裁解决争议，未明确约定仲裁机构的，由临时仲裁庭作出裁决，并不属于《纽约公约》第 5 条第 1 款规定的不予承认和执行的情形。四是发布第四批涉“一带一路”建设典型案例12件，发布海事审判年度典型案例10件，与最高人民检察院联合发布海洋自然资源与生态环境检察公益诉讼典型案例9件，充分发挥案例示范指引作用，用高质量涉外商事海事审判工作服务保障高水平对外开放。

主动融入涉外法治体系建设。最高人民法院围绕“新形势下健全‘一带一路’国际商事争端解决机制”“关于新形势下推动仲裁健康发展”“司法服务保障海南自由贸易港建设”“海外利益司法保护法律制度”等多个课题开展调研，聚焦国家重大战略，找准涉外商事海事审判中的难点堵点问题，为涉外法治建设建言献策。

二、深入推动国际商事纠纷解决机制建设

扩大国际商事法庭国际公信力和影响力。随着共建“一带一路”高质量发展，国际商事法庭面临新的发展机遇和挑战。为进一步发挥国际商事法庭职能作用，最高人民法院依据2023年9月1日第十四届全国人民代表大会常务委员会第五次会议审议通过的《关于修改〈中华人民共和国民事诉讼法〉的决定》以及相关司法解释的规定对《最高人民法院关于设立国际商事法庭若干问题的规定》作相应修改，该规定自2024年1月1日起施行，为持续提升我国司法的国际公信力和影响力、更好服务保障共建“一带一路”和推进高水平对外开放提供有力依据。修改内容包括：一是扩大当事人协议选择国际商事法庭管辖的案件范围。明确国际商事法庭受案范围包括当事人依照《民事诉讼法》第277条规定协议选择最高人民法院管辖且标的额为人民币3亿元以上的第一审国际商事案件，不再适用《民事诉讼法》第35条（2012年《民事诉讼法》第34条）关于当事人协议管辖须选择与争议有实际联系的地点的人民法院的规定，以鼓励外国当事人选择国际商事法庭管辖。二是拓展外国法律的查明途径。将国际商事法庭审理案件适用域外法律时的查明途径拓展为七种方式，与《法律适用法解释二》第2条第1款规定的外国法律查明途径保持一致，体现司法解释之

间的统一性和协调性。创新开展“集中开庭月”活动，对10件国际商事纠纷案件集中开庭、听证，以公正高效、公开透明的审判赢得公信力、扩大影响力。国际商事法庭采用“一揽子”解决纠纷的方式，成功调解两起美国某药业公司与上海某公司损害公司利益纠纷案，案涉标的额10亿元，并促使当事人主动撤回境内外多起关联诉讼，实现“一案结、多案消”实质性化解纠纷的良好效果。

推动“一站式”机制顺畅运行。2023年12月29日，最高人民法院发布《“一站式”国际商事纠纷多元化解决平台工作指引（试行）》，自2024年1月30日起施行。该工作指引对优化诉讼与调解、仲裁有机衔接的国际商事纠纷多元化解决机制，发挥“一站式”国际商事纠纷多元化解决平台（以下简称“一站式”平台）功能，打造国际商事纠纷解决优选地具有重要现实意义。《“一站式”国际商事纠纷多元化解决平台工作指引（试行）》分为六个部分，共计32条，明确了如何通过“一站式”平台服务平台机构和当事人，当事人如何通过平台进行中立评估、调解、仲裁、诉讼，以及上述机制相互衔接的具体工作流程等。同时，最高人民法院对“一站式”平台进行升级改造，为国际商事纠纷当事人选择中立评估、调解、仲裁或者诉讼等多元化方式解决国际商事纠纷提供支持和便利。

充分发挥国际商事专家委员智库作用。最高人民法院完成第三批国际商事专家委员聘任工作，国际商事专家委员达到61名，来源覆盖24个国家和地区，国际影响力进一步扩大。多位专家委员应邀参加授课、调研、座谈，交流涉外法治领域前沿重点问题，提出具体建议，智库作用得到显著发挥。

三、全面加强地方国际商事法庭建设

为落实习近平总书记全面推进涉外法治建设的总体要求，促进高水平对外开放，营造稳定、公平、透明、便捷的法治化国际营商环境，服务和保障“一带一路”建设，2020年以来，最高人民法院批复同意在苏州、北京、成都、厦门、长春、泉州、无锡、南宁、杭州、宁波、青岛、南京 12 家中级人民法院设立地方国际商事法庭。12 家地方国际商事法庭在审判机制现代化、审判国际化改革，审判支持体系建设等方面既有共性规律，又有地区差异与地方经验，各具特色优势突出的国际商事审判格局正在形成。

1. 地方国际商事法庭的受案范围

地方国际商事法庭均集中管辖辖区内的涉外商事案件和具有涉外因素或与开放型经济相关的案件。管辖的案件类型主要包括：一、二审涉外商事案件，涉外商独资企业商事案件及涉外商投资企业公司类归口案件，仲裁司法审查案件。12 家地方国际商事法庭成立以来，依法公正高效审理商事案件，涉及 110 多个国家的市场主体，争议涵盖跨境投资、生产、服务、贸易、金融等多个领域。在域外法查明和适用、国际公约和国际惯例的适用、承认和执行外国仲裁裁决和外国判决等领域为全国涉外商事审判贡献了很多典型案例，为“一带一路”建设、各地自由贸易试验区建设和企业高质量“走出去”提供了坚实的法治保障。

2. 审判机制现代化建设

为打造涉外争端解决优选地，12 家地方国际商事法庭在审判机制现代化建设上积极探索。在审判精品化战略上，苏州国际商事法庭形成了完整的精品案例全周期培育机制，对具有典型性和影响力的案件进行动态跟踪。北京国际商事法庭的“一评估三优化五专业”审理机制在司法服务、风险化解等方面取得良好效果，大幅提升纠纷化解效率。在多元解纷机制方面，各国际商事法庭均打造了“一站式”纠纷解决平台，与调解机构、仲裁委签署合作协议或备忘录，实现诉讼与调解、仲裁的有机衔接，满足市场化主体多元化纠纷解决需求。杭州国际商事法庭还与杭州市贸易促进委员会在全国首创“国际商事调解云平台”，引入香港国际调解中心、新加坡国际仲裁中心等机构 80 余家，中外调解员 1300 余位。在涉外诉讼程序便利化方面，各地方国际商事法庭都积极拓展涉外送达机制，通过电子送达、当事人转交送达和委托海外侨团、商会送达等机制提升送达效率。根据为跨境诉讼当事人提供网上立案服务的规定，丰富跨境诉讼在线服务功能，为跨境诉讼当事人提供网上立案指引、查询、委托见证、登记立案等服务。在域外法查明方面，通过院校合作搭建域外法查明平台或与专业域外法查明机构合作解决域外法查明难题。

3. 审判国际化改革

为了提升司法的国际公信力，吸引当事人选择我国法律及我国法院，各地方国际商事法庭深入推进审判国际化改革，主要措施包括：（1）营造仲裁友好型司法环境。完善仲裁司法审查机制，彰显司法支持仲裁以及国际、国内经贸领域积极公共政策的导向。长春、青岛等地国际商事法庭同当地仲裁委建立了长效联动机制。（2）引入外籍调解员和港澳台籍陪审员。聘任具有普通法知识背景的专家陪审员，以有效解决法官因普通法知识缺乏导致的找法、适法困难。如泉州国际商事法庭建立联调员机制，聘请32位来自社会各界的专业人士为联调员。（3）提升诉讼服务的外语水平。拓展工作语言的范围，将英语作为工作语言的必要补充。多家地方国际商事法庭发布了中英双语版涉外民商事案件诉讼指南（指引）和《涉外商事审判白皮书》。南京、厦门等国际商事法庭都处理过多起以英文进行直接送达、庭外沟通、庭审辅助的案件。

4. 涉外审判人才队伍建设

高质量涉外商事审判需要高水平的涉外司法人才。目前，12家地方国际商事法庭都已组建专家委员会，并以发布正式文件的方式规范其工作机制，借助外脑资源获取疑难案件的智力支持。在打造涉外商事审判专业化队伍方面，各地方国商法庭纷纷与高等院校签署人才培养共建协议。南宁国际商事法庭将法院的司法实践优势、高校的学术理论优势、第三方组织的覆盖面优势、中国—东盟的区位优势有机结合，构建了“四维一体”中国—东盟涉外法治人才培养的广西模式。苏州国际商事法庭着眼于涉外审判人才的长期培养和储备，打造“求臻”研译社人才培养平台，定期开展研学活动，邀请专家学者授课，针对审判实务的热点和难点，以课题方式推进研究，促使涉外商事审判始终保持前沿思维。

四、持续深化国际司法交流合作

参与和推动国际规则制定。由中国提出倡议并推动的《联合国船舶司法出售国际效力公约》（即《北京船舶司法出售公约》）于2023年9月5日在北京举办开放签署仪式，包括中国、瑞士、新加坡、沙特等在内的15个国家成为公约的首批签约方。该公约将自第三份批准书、接受书、核准书或加入书交存之日起180天后生效。该公约是联合国大会通过的首个以中国城市命名的国际海事公约，具有重要的里程碑意义。该公约规定了船舶司法出售的国际效力问题，提升了船舶司法出售的法律确定性，能够增强买受人通过司法出售形式购买船舶的信心，增强银行等金融机构参与航运金融的信心，保护船舶所有人及相关债权人的合法权益，对推动航运业健康发展具有重要意义。同日，为配合公约签署，最高人民法院与联合国国际贸易法委员会首次联合举办了国际研讨会。来自联合国贸法会、国际海事组织、国际海事委员会、波罗的海国际航运公会等国际组织代表，以及来自各国的嘉宾围绕船舶司法出售议题进行探讨。中国是世界上司法扣押和拍卖船舶数量较多的国家。中国船舶司法出售法律制度健全、高效便捷，充分维护各方当事人合法权益，国际公信力不断提升，越来越多外国当事人选择到中国海事法院申请扣押及拍卖船舶以实现债权。公约形成过程中，最高人民法院持续派员深度参与，结合中国海事司法实践经验提出意见建议，为国际立法提供有益的实践经验和中国方案。公约的最终签署与国际研讨会的圆满成功，是中国法院积极参与国际规则制定，阐明中国法治观点，积极推进国际交流互鉴、务实合作，增强我国在国际司法领域影响力的重要成果。

发出中国法治好声音。最高人民法院举办海上丝绸之路（泉州）司法合作国际论坛（2023）、中国—上合组织国家地方法院大法官论坛、第七届中国—新加坡法律与司法圆桌会议，积极向国际社会阐释中国特色涉外法治理念、主张和成功实践，宣传我涉外法治建设取得的斐然成就。中国最高人民法院和新加坡最高法院共同签署《通过诉中调解框架管理“一带一路”倡议背景下国际商事争议的合作谅解备忘录》，进一步深化两国司法合作。

第三节　人民检察院的涉外法治工作

党的十八大以来，以习近平同志为核心的党中央高度重视涉外法治工作。习近平总书记对加强涉外法治工作发表一系列重要讲话，明确提出统筹推进国内法治和涉外法治，为全面加强新时代涉外法治工作指明了方向、提供了根本遵循，不断推动我国涉外法治体系和能力建设。我国涉外法律法规体系不断健全，涉外执法司法质效持续提升，涉外法治保障和法律服务工作成效明显，涉外法治人才队伍日益壮大，开创了新时代涉外法治建设新局面，为维护国家主权、安全、发展利益、保护人民的根本利益，推进国际法治的进步打下了坚实的基础。

作为国家法律监督机关和作为涉外法治工作的重要力量，人民检察院全面贯彻习近平新时代中国特色社会主义思想，以习近平法治思想和习近平外交思想为指导，按照《中共中央关于加强新时代检察机关法律监督工作的意见》，以能动检察更优履职为大局服务、为人民司法，深化国际司法合作，推进涉外法治工作发展，服务保障经济社会高质量发展，维护司法主权，捍卫国家和人民利益。

一、系统提升涉外检察业务能力

首先，人民检察院在办理涉外刑事案件中的涉外检察工作是涉外法治工作的重要组成部分。我国开放程度随着综合实力的提升而不断提高，与之相随的是各类涉外刑事案件在整体数量和处理风险的上升趋势。2023年，检察机关服务高水平对外开放，依法办理涉外刑事案件4243件、刑事司法协助案件220件。跨国犯罪作为世界性治理难题，严重影响国家主权、安全、发展利益，严重侵害各国人民合法权益。检察机关要持续加强国际执法司法合作，加大对恐怖主义、暴力极端主义和洗钱、贩毒、走私、贩卖人口、偷越国边境等跨国犯罪的打击力度，维护我国政治安全、经济安全，维护我国企业和公民合法权益。积极参与跨境反腐败治理，依法适用刑事诉讼特别程序，做好国际追逃追赃工作。中国银行开平支行原行长许某俊贪污挪用巨额公款后潜逃国外20年，经持续追逃被强制遣返，广东检察机关依法起诉后其被判处无期徒刑，彰显有逃必追的坚定决心。依法严惩跨国电信网络诈骗和网络赌博犯罪，积极参与打击涉缅北电信网络诈骗专项行动，深挖严打组织者、领导者及幕后“金主”。依法依约办理刑事司法协助案件，规范领事通知和领事探视，依法保障外国籍当事人合法权益。

2023年，人民检察院大力推动检察改革，为提高涉外刑事案件办理规范化水平，加大对条约适用、引渡、领事通知与领事探视等涉外事项监督力度，夯实条约备查、请示汇报、重大敏感案件逮捕层报审批等专门环节；为严格落实诉讼法对外国主体赋予的各项权利，人民检察院还建立规范统一的外国主体权利保障制度，依照条约及对等原则妥善安排领事探视、书信移交等事项，明确涉外案件中法律翻译人员、辩护律师等诉讼参与人的门槛资质，建立统一的有资质涉外诉讼参与人数据库；为履行国际刑事司法协助义务，完善司法协助工作机制，依法依约及依互惠原则，积极回应经最高人民检察院审查批准后的外国司法协助请求，同时运用好司法协助制度，补齐境外取证的短板；为提升自身的涉外办案水平，逐渐推动涉外刑事案件集中专业化办理，在对外开放程度较高、涉外刑事案件相对密集的省份，实行跨行政区划检察改革，探索打破行政区界限，将涉外刑事案件集中于条件较好的人民检察院办理，形成具有较高专业性的专门涉外检察部门；为提高涉外检察专业化水平，探索将捕、诉完整的刑事检察流程集中管辖，实现统一证据标准、统一法律适用，保障刑事诉讼有序推进。

其次，人民检察院涉外检察助力构建系统完备的涉外法律法规体系和高效协同的涉外法治实施体系，为涉外法治建设提供参考。人民检察院在办理涉外案件的过程中能够发现涉外法律适用中的难题和争议，从而促进相关法律法规的修订及补充。此外，人民检察院涉外检察活动形成的案例、法律解释、涉外检察白皮书等具有指导性的价值，一方面可以为未来涉外案件的办理提供重要参考，另一方面为相关立法机构进行相应的法律法规立改废提供参考。

最后，人民检察院高质量的涉外检察有利于提升司法国际公信力，加强涉外法治建设。高质量的涉外检察能够提升当事人对我国司法体系的信任和认可，增强我国涉外法治的国际影响力和公信力。2023 年，人民检察院继续助力涉外治理法治化，进一步健全高质效办理涉外案件的实质化审查、司法协助、域外法查明、调查核实等机制，加大涉外案件办理的规范化建设和妥善办理涉外刑事案件，依据国际法原则和国际公约、条约有关规定开展刑事司法协助，吸收先进的理念和规则全方位深化国际司法合作机制，进一步彰显检察外事工作的鲜明特点和独特优势，提高了涉外案件的办理质量，这一切均有助于提升我国的司法国际公信力。

二、持续优化涉外检察工作职能

从职能来看，检察机关涉外法治工作肩负服务高质量发展、高水平对外开放的更重责任，是推进完善高效有力的海外安全保护体系和解决涉外纠纷案件的法治根基；从自身建设来看，检察机关涉外法治工作肩负推进检察工作现代化和服务中国式现代化的更重责任，是全面提升涉外法治工作能力和水平的必要保障。例如，在构建营商环境方面，针对各自贸区产业链特点制定因地制宜的自贸检察工作内容，重点防范金融诈骗犯罪和证券犯罪以期为外商投资提供保护；在知识产权检察方面，依据最高人民检察院在白皮书中关于知识产权涉外法治工作的论述，相应科室配合商务部参加“中国进博会—虹桥国际经济论坛”“中欧知识产权刑事保护论坛”“中国—东盟博览会打击侵权假冒合作发展论坛”等国际会议开展谈判工作，参与“IPKey 中国”合作计划、召开专题研讨会、设立办案联系点、选编典型案例以指导打击境外知识产权侵权犯罪的实践，会同知识产权局建设国家应对指导中心的地方分中心和海外分中心，以解决海外知识产权纠纷；在数据监督方面，依据中央指导意见对数字检察战略的部署，最高人民检察院印发《关于贯彻执行〈个人信息保护法〉推进个人信息保护公益诉讼检察工作的通知》和《关于加强刑事检察与公益诉讼检察衔接协作严厉打击电信网络犯罪加强个人信息司法保护的通知》等以集中整治 App 违规收集个人信息的问题，各地检察机关研发数据法律监督模型以提升对涉网络黑灰产、数据安全的重大网络侵害类公益诉讼案件的办理质效，全国在 2022 年至 2023 年办理公共安全、个人信息保护等新增法定领域和其他新领域案件 67, 988 件。人民检察院的检察外交在大国外交中发挥了独特的作用。检察机关涉外法治工作在世界百年未有之大变局的时代背景下肩负服务中国特色大国外交的更重责任，是有效应对外部风险挑战和捍卫国家主权、安全、发展利益的重要部分。2023 年，人民检察院自觉融入中国特色大国外交大局，始终坚持敢于斗争、善于斗争，增强历史自信，坚持底线思维，以高度的政治自觉加强涉外法治工作，用足用好法律武器、司法政策，有效应对挑战、防范风险，更加有力捍卫国家主权、安全、发展利益。在服务更高水平对外开放和参与大国外交方面，最高人民检察院仅在 2023 年就主办了第二十一次上海合作组织成员国总检察长会议，并积极在金砖国家总检察长会议、中国—东盟成员国总检察长会议、国际检察官联合会中发挥作用，率团出访多国的司法检察机关以及邀请多国的高级别检察代表团来访，维护双边多边检察友好合作关系和巩固检察国际合作机制，发挥中国特色司法外交的独特作用，聚焦大国外交中的检察元素。

2023 年，最高人民检察院派出多个团组赴国外访问，还先后邀请越南、老挝、俄罗斯、阿塞拜疆等国的高级别检察代表团来华交流。外国代表团在中国的行程安排通常都非常丰富，除了与最高人民检察院领导交流，还访问省、市、县三级检察机关，实地了解中国检察制度在司法实践中的运行情况。

三、全面加强涉外检察理论研究

中国共产党历来重视调查研究的优秀政治文化传统，作为党领导的检察机关，人民检察院具有重视研究的传统，人民检察院体系内还设有专门的研究室，负责检察研究。

法学是一门科学，检察业务也具有强烈的专业性。对检察实践中遇到的疑难复杂法律适用和政策适用问题、对检察院重大工作部署中需要的决策参考，需要专业性的决策咨询服务。而这些决策参考既需要具备宏观性、系统性、法理性、专业性，也需要贴近检察实务；既非单纯的法学理论研究，也非简单的事务性调研，这些工作的开展需要既有深厚理论基础又懂检察实践工作的人员承担，需要“有人从日常具体办案活动中走出来，专门从事思考、研究和论证，找出解决问题的对策”，既要解读与传递好最高人民检察院对涉外法治建设、涉外检察工作的部署与要求，又要将我国涉外法治、涉外检察工作前沿问题和学术热点问题转化为筹推进国内法治与涉外法治的鲜活实践。

无论是积极、主动依法办理涉外案件，确立中国在相关国际法问题上的权威国家实践，还是发挥人民检察院的跨国司法治理功能，提升人民检察院行使跨国司法治理权的能力和水平，都需要加强各级检察院的涉外检察能力建设，而这归根结底就要有扎实的涉外法治研究水平。例如，人民检察院在办案过程中，通过研究掌握涉外犯罪和跨国犯罪的情况、特点和态势，能为预防犯罪和跨境司法合作等涉外法治建设提供决策参考依据。提升人民检察院的涉外法治研究水平，不仅需要根据在涉外刑事案件办理过程中产生的对法律服务的需求和期待探索检察履职在涉外法治工作中的具体路径，还需要通过增加编制、组建专业团队、选聘智库等方式加强专业研究力量，参照国际组织和主要国家的实践情况提升我国司法和执法的针对性，依托科研所的专业优势和人才优势实现资源互通，就我国法律域外适用、美国主权豁免法实践、国家责任规定、主要国家央行财产豁免立法、滥诉案应对等重点问题进行深入分析。

四、积极推进涉外检察人员培养

首先，涉外法治的教学和研究，需要充分参考和借鉴人民检察院在涉外检察和促进对外开放中的具体实践。党的十八大以来，伴随我国对外开放加速发展，人民检察院办理的涉外案件不仅数量迅速增加，而且案情复杂多样，影响遍及全球。与此同时，人民检察院还以各种方式服务更高水平对外开放，人民检察院涉外检察的内容和服务对外开放的工作，为涉外法治人才培养提供了素材。这些极大拓展和丰富了我国国际法的教学和研究，也直接影响了我国涉外法治人才的培养。表明人民检察院够为涉外法治人才的培养，提供更丰富的实践经验与鲜活的素材，提供更广阔的舞台。

其次，从人民检察院具备的条件来看，各级人民检察院拥有世界上数量最为庞大的从事涉外检察工作的队伍，其中有相当一部分检察官具有全球视野、国际法功底扎实，了解国情、熟悉党和国家大政方针。检察人员在履行刑事、民事、行政和公益诉讼检察职能时，只有熟悉相关领域的涉外法律制度、理解我国涉外法治的原则、掌握有关领域的国际规则，才能高质效履行法律监督职能，完成维护我国司法主权和国家利益的职责使命。2023 年，各级检察机关继续推进动态涉外法治人才储备库建设，并接连举办全国检察外事工作培训班和全国检察机关涉外法治人才培训班，在举国范围内培养诸多精通办理涉外案件和处理涉外事务的检察人员，其中不乏已被推荐赴驻外使团和重要国际组织任职的优秀人才。因而，人民检察院拥有参与全球治理的一大批高端涉外法治人才的储备，能够成为我国涉外法治人才培养不可或缺的重要力量。

人民检察院在涉外法治人才培养中应发挥独特的作用，为此，要在继续落实并优化现有举措的基础上，加强对涉外法治人才的储备、培养和使用，进一步强化人民检察院与高等院校及科研机构的深度合作。各级人民检察院应充分发挥自身优势，推进检察研究基地建设和共建法学实践教学基地，变革实践教学模式、落实好高校与检察院的人员互聘“双千计划”，实施好人民检察院专家学者交流挂职制度，打造好服务于深化检校合作的涉外法治理论研究智库与涉外法治人才培养基地，着力参与探索涉外法治人才培养模式和人才培养体制机制的创新，努力建成一支政治立场坚定、专业素质过硬、具有国际视野、通晓国际规则、精通涉外法律实务的一流涉外检察人才队伍。

总之，人民检察院在 2023 年度涉外法治建设中肩负着重要的检察责任，在涉外法治工作中发挥了独特的作用。人民检察院作为国家法律监督机关和保障国家法律统一正确实施的司法机关，涉外检察工作的健康发展，对于维护国家主权、安全、发展利益，营造市场化法治化国际化营商环境，建设更高水平开放型经济新体制，推动构建相互尊重、公平正义、合作共赢的新型国际关系，推进国家治理体系和治理能力现代化具有十分重要的意义。积极贯彻落实习近平总书记关于涉外法治工作的重要论述和党中央的决策部署，充分履行检察职能，高质效办好涉外刑事案件，全面提升检察机关涉外法治工作水平，一体化统筹推进检察机关涉外法治工作建设，将推进检察机关涉外法治工作与地方发展大局相结合，是人民检察院在涉外法治工作中应该承担的责任。

第四节　涉外司法协助工作

涉外司法协助工作是涉外法治工作的重要组成部分，对于维护我国主权、安全、发展利益以及保护相关公民和法人的合法权益具有重要意义。2023 年，涉外司法协助的中央机关（对外联系机关）、主管机关坚持以习近平新时代中国特色社会主义思想为指导，深入贯彻落实党的二十大精神，根据统筹推进国内法治与涉外法治的要求，进一步加强涉外司法协助法律制度和能力建设，有效服务和保障国家高水平对外开放。

一、涉外司法协助的国内法律制度进一步发展

涉外司法协助的国内法律制度是涉外法律制度的重要组成部分。党的二十大报告强调要加强涉外领域立法，统筹推进国内法治和涉外法治，以良法促进发展、保障善治，为涉外司法协助领域的立法改革指明了方向。2023 年，涉外司法协助国内法律制度的发展主要体现在以下两个方面。

（一）“完善司法协助体制机制”正式纳入《对外关系法》

2023 年 7 月 1 日起实施的《对外关系法》是对对外关系作出总体规定的基础性法律，重在明确我国对外工作具有普遍指导意义的方针原则，就对外关系各领域工作作出根本性、原则性的规定。① 另外，《对外关系法》明确规定了对外关系的 9 个基本法律制度，从微观层面构筑起各领域、各方面的涉外法律制度，对其他涉外立法和实践具指导性、授权性，② 其中之一即对外司法执法合作和法治交流制度。《对外关系法》第 39 条第 2 款、第 3 款明确规定：“中华人民共和国根据缔结或者参加的条约和协定，或者按照平等互惠原则，同外国、国际组织在执法、司法领域开展国际合作。国家深化拓展对外执法合作工作机制，完善司法协助体制机制，推进执法、司法领域国际合作。国家加强打击跨国犯罪、反腐败等国际合作。”

① 参见朱若梦、孔禄渊：《外交部：对外关系法在中国涉外法律法规体系中具有基础地位》，载新浪网 2023 年 6 月 29 日，https：//finance. sina. com. cn/jjxw/2023 – 06 – 29/doc – imyyyhsk 8512981. shtml。

② 马新民：《当前国际法形势与中国外交条法工作》，载《国际法学刊》2023 年第 4 期。

从而首次将2014年党的十八届四中全会《中共中央关于全面推进依法治国若干重大问题的决定》提出的“深化司法领域国际合作，完善我国司法协助体制……”纳入法律，体现了“司法协助”在对外关系中的重要地位，并为我国制定和完善涉外司法协助的配套法律法规提供了基本指引与授权。

（二）《民事诉讼法》对民商事司法协助作出重要修订

2023年9月，第十四届全国人民代表大会常务委员会第五次会议通过《关于修改〈中华人民共和国民事诉讼法〉的决定》。《民事诉讼法》首次对涉外民事诉讼程序进行实质性修订，其中涉外司法协助的内容包括以下几个方面。

1. 涉外送达

2023年《民事诉讼法》丰富了人民法院对在我国领域内没有住所的当事人送达诉讼文书的手段与方式。一是增加受送达人在中国领域内设立的“独资企业”接受送达的资格；二是增加在中国领域内设立的法人或其他组织代替其（外国籍或无国籍的）法定代表人或主要负责人接受送达的资格；三是增加在中国领域内的外国法人或其他组织的法定代表人或主要负责人代替外国法人或其他组织接受送达的资格；四是将“传真、电子邮件”送达方式扩大至“电子方式”，后者包括了前者，同时也包括即时通信软件和特定电子系统等其他电子方式；五是增加受送达人同意且其所在国法律不禁止的其他方式；六是缩短了公告送达的时限，从3个月改为30日。通过拓展送达渠道、缩短送达期限，有效解决涉外送达难度大、周期长的现实问题，为进一步提升涉外送达效率、推进跨国民事争议在我国法院的高效解决奠定法律基础。

2. 涉外取证

2023年《民事诉讼法》首次针对域外取证作出了具体规定，除原有的依据国际条约或者外交途径进行域外调查取证外，新增如下规定。一是在所在国法律不禁止的情况下，对身处域外的中国国籍的当事人和证人，可以由中国驻外国的使领馆代为取证；二是在所在国法律不禁止的情况下，经双方当事人同意，可以通过即时通信工具或其他方式取证。以上规定既与《海牙取证公约》实现了有效衔接，[①] 也丰富了我国民商事域外取证方面的法律规定，首次在域外取证立法中允许包括视频方式在内的即时通信工具，充分体现了我国立法对于适用现代科技推进域外取证国际合作的积极姿态。

3. 涉外民商事判决的承认与执行

2023 年《民事诉讼法》吸收了我国和外国缔结的双边民商事司法协助条约和《全国法院涉外商事海事审判工作座谈会会议纪要》第 46 条的内容，对人民法院不予承认和执行外国民商事判决的情形进行了具体规定，进一步细化了针对外国民商事判决的审查事项（包括“间接管辖权”的确定标准），为我国法院作出承认和执行外国民商事判决的裁定提供了国内法层面的具体依据。另外，2023 年《民事诉讼法》首次赋予了当事人对承认与执行外国民商事判决的相关裁定的救济权，即“可以自裁定送达之日起十日内向上一级人民法院申请复议”，[②] 有力保障了中外当事人的合法权益。

---

① 《海牙取证公约》第 15 条规定，在民事或商事案件中，每一缔约国的外交官员或领事代表在另一缔约国境内其执行职务的区域内，可以向他所代表的国家的国民在不采取强制措施的情况下调取证据，以协助在其代表的国家的法院中进行的诉讼。根据我国在加入《海牙取证公约》时作出的声明，公约第 15 条适用于我国，即我国允许其他缔约国的外交官员或领事代表在我国向其本国国民调取证据；在其他适用第 15 条的缔约国内，我国也可以依据此条由我国派驻该国的外交官员或领事代表向位于该国的中国籍公民调取证据。另外，《海牙取证公约》虽没有明确规定、但并不排斥即时通信工具在取证国际合作中的使用，根据特委会多次会议的精神，公约允许、鼓励使用现代科学技术（包括即时通信工具如视频方式在内）促进公约的有效执行。

② 这也与《最高人民法院关于内地与香港特别行政区法院相互认可和执行婚姻家庭民事案件判决的安排》第 15 条、《最高人民法院关于内地与澳门特别行政区相互认可和执行民商事判决的安排》第 12 条、《最高人民法院关于认可和执行台湾地区法院民事判决的规定》第 18 条的内容基本一致。

4. 涉外仲裁裁定的承认与执行

在涉外仲裁裁定的承认与执行方面，2023 年《民事诉讼法》一是吸收《全国法院涉外商事海事审判工作座谈会会议纪要》第 100 条的规定，将认定仲裁裁决籍属的标准由仲裁机构标准修改为裁决地标准，与《纽约公约》保持一致；二是增加了承认与执行涉外仲裁裁决的管辖依据，除“被执行人住所地或者其财产所在地的中级人民法院”外，如果“被执行人住所地或者其财产不在中华人民共和国领域内的，当事人可以向申请人住所地或者与裁决的纠纷有适当联系的地点的中级人民法院申请”，扩大了有权承认与执行在中国领域外作出的仲裁裁决的人民法院的范围，为仲裁当事人寻求司法救济提供了便利，有利于促进仲裁裁决的跨境承认与执行。

二、涉外司法协助的条约合作国范围持续扩展

在缔约方面，我国推进与巴基斯坦、伊朗等国签署双边被判刑人移管条约，与马来西亚、斯里兰卡、亚美尼亚等国缔结双边刑事司法协助条约；[①] 在批约方面，第十四届全国人民代表大会常务委员会第五次会议表决通过了关于批准《中华人民共和国和厄瓜多尔共和国引渡条约》的决定，第十四届全国人民代表大会常务委员会第六次会议表决通过了关于批准《中华人民共和国和哥伦比亚共和国关于移管被判刑人的条约》的决定、关于批准《中华人民共和国和毛里求斯共和国引渡条约》的决定，第十四届全国人民代表大会常务委员会第七次会议表决通过了关于批准《中华人民共和国和塞内加尔共和国关于刑事司法协助的条约》的决定、关于批准《中华人民共和国和博茨瓦纳共和国引渡条约》的决定，上述条约的缔结与批准为今后我国与相关国家开展刑事司法协助国际合作奠定了条约

① 王振江：《充分发挥司法行政职能优势为共建“一带一路”提供法治保障》，载《中国法治》2023 年第 10 期。

基础，有利于扩展刑事司法协助条约合作国范围，持续推进司法协助国际合作法治化。

三、涉外司法协助的公信力、影响力持续提升

对外而言，涉外司法协助服务于我国参与全球治理的战略需要，为共建“一带一路”提供有效法治保障，持续提升涉外司法协助的公信力、推动其高质量发展是我国参与国际法治的必要举措。对内而言，加强对司法协助的宣传、不断提升其影响力有利于提高国内公众对司法协助这一领域的认知，从而在涉外诉讼中更好运用司法协助渠道维护合法权益。

（一）通过新闻发布会展示我国涉外司法协助的工作成效

2023 年 11 月 23 日，司法部党组书记、部长贺荣在国新办发布会上详细介绍司法部加强法治建设、服务保障高质量发展有关情况，在介绍涉外法治建设成就时提到：目前，我国已与 86 个国家签署双边司法协助条约，与 17 个国家签署移管被判刑人条约；年均办理国际刑事司法协助请求 300 余件、民商事请求 3000 余件。① 这是近年来我国司法部首次通过国新办发布会公布司法协助工作相关数据，向公众宣介了我国涉外司法协助工作的发展成就，体现了涉外司法协助在涉外法治工作中的地位和意义。

（二）通过国际法治交流合作推进涉外司法协助高质量发展、提升我国涉外司法协助工作的影响力

2023 年 9 月，司法部成功主办第十次上海合作组织成员国司法部长会议，习近平主席向会议发来贺信，充分肯定了会议机制 10 年来发挥的重要作用。会议期间，与会各方就加强法治领域务实合作进行了深入交流。

① 参见赵婕：《司法部：加强法治建设服务高质量发展和高水平对外开放》，载中国长安网 2023 年 11 月 23 日，http：//www. chinapeace. gov. cn/chinapeace/c100007/2023 – 11/23/content_12696625. shtml。

落实第十次上海合作组织成员国司法部长会议精神，将在有利于各方在共同打击跨国犯罪、开展司法协助、推动区域经贸合作等方面加强协作。[①]这充分说明，一方面，涉外司法协助是国际法治交流合作的重要内容；另一方面，国际法治交流合作也有利于推进涉外司法协助工作高质量发展。

2023 年 10 月，司法部组团参加联合国毒品与犯罪办公室刑事事项国际合作专家会，强调中国政府高度重视刑事司法领域国际合作，并分享了我国以《联合国打击跨国有组织犯罪公约》为法律基础与有关国家开展司法协助等领域合作的良好实践和成功经验，[②]从一个侧面展示了我国涉外法治进展和国家形象，提升了我国涉外法治公信力和影响力，有助于我国积极参与和引领国际刑事司法合作领域的发展与变革。

总之，构建和完善具有中国特色的涉外司法协助法律制度体系，加强涉外司法协助能力建设，推动涉外司法协助工作高质量发展，在维护国家主权和保障当事人合法权益的同时，也有助于我国积极参与全球治理体系建设和改革，提升我国在相关国际规则制定中的话语权，推进国际关系法治化，助力构建人类命运共同体。

---

① 王振江：《充分发挥司法行政职能优势为共建“一带一路”提供法治保障》，载《中国法治》2023 年第 10 期。

② 《司法部组团参加联合国毒罪办刑事事项国际合作专家会》，载司法部网 2023 年 11 月 3 日，https：//www. moj. gov. cn/pub/sfbgw/jgsz/jgszjgtj/jgtjgjhzj/gjhzjtjxw/202311/t20231103_488846. html。

第四章　优化涉外法律服务

第一节　加强涉外律师法律服务

一、完善涉外法律服务制度

（一）中央政法工作会议召开

2023 年 1 月 7 日至 8 日，中央政法工作会议在北京召开。会议坚持以习近平新时代中国特色社会主义思想为指导，全面贯彻落实党的二十大和二十届一中全会、中央经济工作会议精神，总结工作，分析形势。会议指出，2023 年的政法工作主要分为七大方面，包括统筹推进国内法治和涉外法治，推进域外适用法律体系建设，主动服务保障“走出去”，加快推进涉外法治话语体系建设等。① 中央政法工作会议的召开，将中央高度重视涉外法律服务发展这一态度传达给了各地，为 2023 年各地颁布切实有效的规章制度奠定了坚实的基础。

（二）中共中央政治局就加强涉外法制建设进行第十次集体学习

2023 年 11 月 27 日下午，中共中央政治局就加强涉外法制建设进行第

① 《中央政法工作会议部署 2023 年政法工作全力履行职责使命重点抓好七方面工作》，载百家号“中国长安网”2023 年 1 月 10 日，https://baijiahao.baidu.com/s?id=1754596064272971690&wfr=spider&for=pc。

十次集体学习。[①] 中共中央总书记习近平在主持学习时强调，加强涉外法治建设既是以中国式现代化全面推进强国建设、民族复兴伟业的长远所需，也是推进高水平对外开放、应对外部风险挑战的当务之急。要从更好统筹国内国际两个大局、更好统筹发展和安全的高度，深刻认识做好涉外法治工作的重要性和紧迫性，建设同高质量发展、高水平开放要求相适应的涉外法治体系和能力，为中国式现代化行稳致远营造有利法治条件和外部环境。习近平总书记指出：要积极发展涉外法律服务，培育一批国际一流的仲裁机构、律师事务所。

（三）中央和各地发布促进涉外法律服务发展的制度文件

为促进涉外法律服务业务的发展，各地都发布了一些促进涉外法律服务发展的文件。

外贸行业发达的广东省因为对涉外法律服务有更大需求，相继提出了相关政策促进其发展。2023 年 5 月 15 日，广东省司法厅、广东省商务厅联合主办了粤港澳法律服务合作助力“五外联动”专题研讨会。会议围绕《关于加强律师服务支持“五外联动”的行动方案》，对照外贸、外资、外包、外经、外智等方面的法律服务需求，提出充分发挥涉外律师作用，服务广东省重点产业项目，支持参与重大经贸活动，支持参与贸易摩擦应对与救济工作，支持律师事务所“走出去”，多渠道引进律师人才等 15 项具体工作措施。[②] 2023 年 7 月 19 日，广东省涉外法治建设工作会议在广州召开，会议在领会中央精神的基础上，创新性地提出了“打造三个一流，建设一个平台”的要求，即要建设一流的涉外法治人才队伍，要建设国际一流的仲裁机构，还要建设一流的涉外法律服务机构。不仅如此，还要搭

---

① 《习近平在中共中央政治局第十次集体学习时强调　加强涉外法制建设　营造有利法治条件和外部环境》，载司法部网 2023 年 11 月 28 日，https：//www. moj. gov. cn/pub/sfbgw/gwxw/ttxw/202311/t20231128_490463. html。

② 《粤港澳大湾区律师齐齐献策，助力“五外联动”》，载广东省司法厅网 2023 年 5 月 15 日，http：//sft. gd. gov. cn/sfw/zwgk/ztzl/dangdeershida/content/post_4187372. html。

建涉外法治建设综合平台，把各方面的力量组织起来，把确定的任务落实下去。[①]

作为我国对外开放的重点地区，上海也在以真招实策全方位支持涉外法律服务的发展。2023 年 12 月 11 日，上海市人民政府办公厅印发了《服务浦东社会主义现代化建设引领区，打造上海国际法律服务中心核心承载区实施方案》。[②] 上海市浦东新区人民政府也在 2023 年 1 月 13 日出台了《浦东新区关于促进法律服务业人才发展的意见》，[③] 并于 2023 年 11 月 10 日出台了《浦东新区促进法律服务业高质量发展若干规定》，[④] 以制度推动涉外法律服务人才引进、培养、使用和服务。[⑤]

二、促进涉外律师人才培养

（一）扩大涉外律师队伍规模

涉外律师是开展涉外法律服务的重要力量，当前涉外法律服务需求也对涉外律师队伍的数量和质量提出了更高的要求。为此，司法部落实了涉外律师人才培养的具体措施。例如，2023 年 4 月至 6 月，司法部委托中国人民大学、中国政法大学以及对外经济贸易大学开展了为期约 3 个月的涉

---

① 刘海林：《广东涉外法治建设：打造三个一流，建设一个平台》，载央视网 2023 年 7 月 20 日，https：//local. cctv. com/2023/07/20/ARTImKNaIh5hihRRwlssfetg230720. shtml。

② 《上海市人民政府办公厅关于印发〈服务浦东社会主义现代化建设引领区　打造上海国际法律服务中心核心承载区实施方案〉的通知》，载上海市人民政府网 2023 年 12 月 13 日，https：//www. shanghai. gov. cn/nw12344/20231229/17f5aa641a114fa59d08ae285837e742. html。

③ 《关于印发〈浦东新区关于促进法律服务人才发展的实施意见〉的通知》，载上海市人民政府网 2023 年 1 月 13 日，https：//www. shanghai. gov. cn/zdqypdxq/20230512/4266e65db55c4b19830781851cda8d6c. html。

④ 《浦东新区人民政府关于印发〈浦东新区促进法律服务业高质量发展若干规定〉的通知》，载上海市人民政府网 2023 年 11 月 10 日，https：//www. shanghai. gov. cn/zdqypdxq/20231205/2c608f7efef147a4a0eb77b366d8ae35. html。

⑤ 《浦东建设涉外法治人才高地启动仪式成功举办》，载上海市司法局网 2024 年 1 月 7 日，https：//sfj. sh. gov. cn/zwyw_ dwjs/20240108/20ee218f30ec488c803271db467b2ce6. html。

外律师人才高级研修班。[①] 根据2023年11月23日司法部公布的数据，与2018年相比，全国涉外律师增长了4800多人，增幅高达67.8%。[②]

以中央精神为引领，各地着力推进涉外律师队伍规模的壮大，并取得可喜的成效。司法部从2018年起，计划筹建涉外律师人才库，还陆续发布了《关于建立涉外律师人才库的通知》等政策文件，得到了各地律协的积极响应。北京市律师协会经过4年间的三次扩充，现已有入库律师1326人。涉外律师人才库中的律师执业范围涵盖了国际贸易、跨境投资、能源与基础设施、知识产权及信息安全、数字经济等11大类专业领域。目前，北京涉外律师达4000余人，170名律师入选《全国千名涉外律师人才名单》，21名律师入选全国律协“一带一路”跨境律师人才库，45名律师入选全国律协涉外律师领军人才库；300余名律师加入各类国际组织，96位律师在其中担任职务。[③]

此外，广东省也开展了涉外律师人才队伍的扩充工作。2023年5月16日，由广东省司法厅指导、广东省律师协会主办的“广东省律师行业服务高质量发展论坛”在广州召开。会上发布了《广东省律师协会推动律师行业高质量发展若干措施》，提出广东将实施涉外律师人才培养计划，到2025年培养涉外律师5000名、领军人才500名。[④] 涉外律师人才数量、素质、结构与广东构建新发展格局战略任务和实现更高水平对外开放要求相适应。

---

① 《回顾与展望：中国人民大学法学院2023年（前10个月）短期培训工作进展顺利、成果丰硕》，载中国人民大学法学院网2023年11月16日，http://www.law.ruc.edu.cn/home/t/?id=59569；徐康莉：《司法部涉外律师人才高级研修班结业仪式我校举行》，载中国政法大学法大新闻网2023年6月29日，https://news.cupl.edu.cn/info/1011/38259.htm。

② 代睿：《封面新闻丨司法部：我国律师事务所境外分支机构数量比五年前增长47.5%》，载微信公众号“司法部”2023年11月23日，https://mp.weixin.qq.com/s?__biz=MzUyMzA0NzkzNA==&mid=2247682919&idx=2&sn=e27bf4ef1d28228e7137e2bb801d3850。

③ 曹晶瑞：《北京律协涉外律师达4000余人，45人成全国律协涉外领军人才》，载新京报网2023年9月5日，https://www.bjnews.com.cn/detail/1693910772168341.html。

④ 钱明雅：《广东：到2025年将培养涉外律师5000名、领军人才500名》，载百家号“南方Plus”2023年5月17日，https://baijiahao.baidu.com/s?id=1766101187967945196&wfr=spider&for=pc。

（二）促进涉外律师业务能力提升

涉外律师优秀的业务能力是涉外法律服务质量的重要保障。中共中央政治局于 2023 年 11 月 27 日就加强涉外法制建设进行第十次集体学习。习近平总书记强调，要坚持立德树人、德法兼修，加强学科建设，办好法学教育完善以实践为导向的培养机制，早日培养出一批政治立场坚定、专业素质过硬、通晓国际规则、精通涉外法律实务的涉外法治人才。健全人才引进、选拔、使用、管理机制，做好高端涉外法治人才培养储备。①

北京市司法局根据《北京市新时代法治人才培养实施意见》《首都涉外法治人才队伍建设行动（2022 年—2025 年）》，于 2023 年 6 月 2 日的第九次党委会上研究通过了《北京市百名高端涉外法治人才培养方案》。② 该方案规定，从 2023 年起至 2025 年止，实施为期 3 年的北京市百名高端涉外法治人才培养项目，一年一期，每期约 33 人，在全市选拔培养百名高端法治人才，提升北京市法治人才在处理高端、疑难、涉外案件中的能力；与国际法律实践接轨，独立主导和处理涉外案件；加速补充涉外法治人才队伍，提升涉外法治人才的视野，为首都涉外法治建设提供支持。③

上海市面向涉外律师人才，开展具有针对性的专题培训。2023 年 11 月 9 日，第二期“汇菁领英——徐汇区涉外法律服务人才培训班”开班仪式在上海交通大学举行。全区近 50 名优秀青年律师参加培训，该期培训班以“涉外知识产权及数据合规”为主要专题，聚焦“科创徐汇国际法律服务集聚区”和“国际知识产权法律服务高地建设”，采取课堂教学、实

---

① 《习近平在中共中央政治局第十次集体学习时强调　加强涉外法制建设　营造有利法治条件和外部环境》，载中华人民共和国中央人民政府网 2023 年 11 月 28 日，https：//www. gov. cn/yaowen/liebiao/202311/content_ 6917473. htm。

② 《北京市司法局关于印发〈北京市百名高端涉外法治人才培养方案〉的通知》，载北京市人民政府网 2023 年 6 月 2 日，https：//www. beijing. gov. cn/zhengce/zhengcefagui/202308/t20230815_ 3222638. html。

③ 《北京市百名高端涉外法治人才培养方案》，载北京市司法局网 2023 年 6 月 2 日，https：//sfj. beijing. gov. cn/sfj/zwgk/2024zcwj/436439314/index. html。

地走访、主题论坛等形式，从法律实务出发，全面提升徐汇区青年法律服务人才国际化服务的水平和能力，积极培育符合时代需求的涉外法律服务人才队伍。①

广东省也积极举办涉外律师培训活动。2023 年 3 月 23 日，由广东省司法厅、广东省律师协会主办，中国政法大学承办的广东省涉外律师人才研修班（企业海外安全风险防范与国际贸易救济专题②）开班，来自广东省的 150 名涉外律师参加了该次培训。②

（三）加强涉外法学学科建设

学校教育在培育未来的涉外律师中的作用不能忽视。2023 年 2 月，为了加快培养高素质涉外、涉港澳法治人才，司法部会同有关部门研究制定了《关于加强新时代法学教育和法学理论研究的意见》，并由中共中央办公厅、国务院办公厅印发。该意见对涉外法学学科专业设置、涉外法治人才培养等作出了规划，旨在加快培养具有国际视野，精通国际法、国别法的涉外法治紧缺人才。③ 目前，我国正在加快建设国家级涉外法治研究基地，提升国际法理论研究和实践应用水平。例如，在部分高校开展涉外律师和国际仲裁硕士研究生的培养项目，从学校教育的角度，努力为中国式现代化建设提供涉外法治人才支撑。④

---

① 《徐汇区举办“汇菁领英”法律人才培训班》，载上海市司法局网 2023 年 11 月 15 日，https://sfj.sh.gov.cn/ywzx_ggflfw/20231115/7f50f28a4eeb4288b9f8b4ca3ea7ed72.html。

② 《涉外法治 | 广东省涉外律师人才研修班（企业海外安全风险防范与国际贸易救济专题②）在中国政法大学开班》，载澎湃网 2024 年 3 月 25 日，https://www.thepaper.cn/newsDetail_forward_26812272。

③ 《中共中央办公厅国务院办公厅印发〈关于加强新时代法学教育和法学理论研究的意见〉》，载中华人民共和国中央人民政府网 2023 年 2 月 26 日，https://www.gov.cn/zhengce/2023-02/26/content_5743383.htm。

④ 马付才：《司法部：加快提升涉外法律服务水平加快培养涉外法治人才》，载民主与法制网 2023 年 11 月 23 日，http://www.mzyfz.com/cms/xinwenzhongxin/redianguanzhu/html/1581/2023-11-23/content-1607988.html。

三、优化法律服务国际布局

（一）积极开设境外法律服务分支机构

为开拓海外市场，我国律师事务所积极在境外开设分支机构，朝着范围更广、水平更高的涉外法律服务迈进。2023 年 11 月 23 日，国务院新闻办举行“权威部门话开局”系列主题新闻发布会。司法部律师工作局局长田昕在发布会上介绍，司法部会同有关部门积极完善政策保障措施，支持中国律师“走出去”。与 2018 年相比，我国律师事务所境外分支机构数量增长了 47.5%。[①] 截至 2023 年 9 月，中国律师事务所已在 35 个国家和地区设立了 180 家境外分支机构。[②]

在中国律师事务所“走出去”这一方面，上海市一直在积极进行。数据显示，截至 2023 年 8 月，上海市的 15 家律所在国外开办了 31 家分支机构。预计到 2025 年，上海涉外律师将达 5000 人，境外布局更趋合理，服务辐射力更为强大。[③]

（二）有序引进外国律所在国内开展服务

“走出去”的同时，也要“引进来”。外国优秀律师事务所的引进，一方面可以给中国带来可供参考借鉴的执业理念和管理模式，另一方面可以向世界展现中国良好的营商环境。司法部对外国律师事务所在华设立代表机构一直保持大力支持的态度。2023 年 6 月 25 日，司法部发布《关于批准新加坡安盛等 5 家外国律师事务所设立驻华代表处的通知》，批准新

---

① 代睿：《封面新闻丨司法部：我国律师事务所境外分支机构数量比五年前增长 47.5%》，载微信公众号“司法部”2023 年 10 月 23 日，https://mp.weixin.qq.com/s?__biz=MzUyMzA0NzkzNA==&mid=2247682919&idx=2&sn=e27bf4ef1d28228e7137e2bb801d3850。

② 白阳：《我国律师事务所已在全世界设立 180 家境外分支机构》，载搜狐网 2023 年 9 月 13 日，https://www.sohu.com/a/719903868_267106。

③ 余东明：《上海打造开放包容涉外法律服务“生态港”》，载法治网 2023 年 8 月 28 日，http://epaper.legaldaily.com.cn/fzrb/content/20230828/Articel01004GN.htm。

加坡安盛律师事务所、英国夏礼文律师事务所、美国摩根路易斯律师事务所、马来西亚金圻律师事务所以及塞浦路斯艾瑞蒂律师事务所分别在上海、深圳、海口等城市设立代表处。① 截至 2023 年 10 月，来自 20 个国家的 158 家律所设立的 208 家驻华代表机构正在稳健发展。② 其中，上海拥有 124 家外国律所代表处，其数量约占我国外国律所代表处总数的 60%，居全国领先地位。③

（三）完善内地与港澳律师事务所合伙联营制度

随着粤港澳大湾区建设的不断推进，高质量、多元化的法律服务需求日益增长。广州市认真贯彻落实《粤港澳大湾区发展规划纲要》《内地与香港（澳门）关于建立更紧密经贸关系的安排》及补充协议的要求，积极推进三地律师事务所合伙联营模式。截至 2023 年 11 月 13 日，广州一共有 5 家粤港澳联营所（含 1 家分所）。④

广州市的几个辖区在各自的扶持政策制定上也亮点频出。南沙区立足《南沙方案》，大力推出一系列“筑巢引凤”扶持政策，成为广州联营所数量最多、发展势头最快的地区。2023 年 2 月 10 日，南沙区出台了《广州南沙新区（自贸片区）支持涉外法律服务业发展八条措施》，明确表示对于符合条件的粤港澳联营所，最高可给予落户奖励 500 万元。⑤ 另外，

---

① 《司法部关于批准新加坡安盛等 5 家外国律师事务所设立驻华代表处的通知》，载司法部网 2023 年 6 月 25 日，https：//www. moj. gov. cn/pub/sfbgwapp/zwgk/tzggApp/202306/t20230625_481251. html。

② 代睿：《封面新闻丨司法部：我国律师事务所境外分支机构数量比五年前增长 47. 5%》，载微信公众号“司法部”2023 年 11 月 23 日，https：//mp. weixin. qq. com/s? __biz = MzUyMzA0NzkzNA = = &mid = 2247682919&idx = 2&sn = e27bf4ef1d28228e7137e2bb801d3850。

③ 余东明、张海燕：《上海构建开放包容涉外法律服务新生态》，载法治网 2024 年 2 月 5 日，http：//www. legaldaily. com. cn/Lawyer/content/2024 – 02/05/content_8958765. html。

④ 甘芳：《探索完善粤港澳律师事务所合伙联营模式》，载司法部网 2023 年 11 月 17 日，https：//www. moj. gov. cn/pub/sfbgw/fzgz/fzgzggflfwx/fzgzlsgz/202311/t20231113_489416. html。

⑤ 《广州南沙开发区管委会办公室　广州市南沙区人民政府办公室关于印发广州南沙新区（自贸片区）支持涉外法律服务业发展八条措施的通知》，载广东省人民政府网 2023 年 2 月 16 日，http：//www. gd. gov. cn/gdywdt/zwzt/ygadwq/zxzc/content/post_4095672. html。

广州湾区中央法务区白云中心区推出六大惠企政策与《促进法律服务业发展有关措施》等多项政策红利，建成律师大厦，并成功引进全国首家粤港澳联营所在白云设立分所。①

四、积极开展涉外法律服务

有了制度、人才、机构等方面的支持和保障，2023 年我国律师脚踏实地、扎扎实实地开展涉外法律服务。根据 2024 年 3 月 8 日的最高人民检察院工作报告，2023 年，我国律师年依法办理涉外刑事案件 4243 件、刑事司法协助案件 220 件，有力地维护了中外当事人的合法权益。另外，同日发布的最高人民法院工作报告显示，2023 年，我国办理涉外民商事案件约 2.4 万件、海事案件约 1.6 万件，同比分别增长 3.6%、5.3%，平均审理时间缩短近 10 天。② 这其中，绝大部分涉外案件都有涉外律师提供了咨询、代理等法律服务。这些可喜的成就既离不开公检法部门的爱岗敬业，也离不开涉外律师队伍的高效履职。

五、涉外法律服务助力共建“一带一路”高质量发展

（一）持续推进“一带一路”沿线国家的国际交流合作

习近平总书记明确指出：“推动共建‘一带一路’，需要法治进行保障。”2023 年是共建“一带一路”倡议提出 10 周年。10 年来，我国作为倡议国，积极推动沿线国家共建“一带一路”，交出了自己的答卷。

截至 2023 年 11 月 23 日，我国已与近 30 个共建“一带一路”国家的司法部门签署交流合作计划、谅解备忘录等双边协作文件。中国律师事务

① 项仙君：《又一家联营所火爆成立，涉外法律人才成香饽饽》，载百家号“南方 Plus”2024 年 3 月 2 日，https：//baijiahao. baidu. com/s? id = 1792411955251544566&wfr = spider&for = pc。

② 《最高人民检察院工作报告（第十四届全国人民代表大会第二次会议应勇 2024 年 3 月 8 日）》，载最高人民检察院网 2024 年 3 月 15 日，https：//www. spp. gov. cn//gzbg/202403/t20240315_649603. shtml。

所已在 24 个共建“一带一路”国家设立了 63 家分支机构，另外还有 7 个共建“一带一路”国家的律师事务所在华设立 24 家代表机构。我国建设的世界主要国家法律法规数据库，已收录 80 个共建“一带一路”国家相关法律条文信息。①

（二）不断发挥“一带一路”律师联盟作用

共建“一带一路”是习近平主席亲自谋划、亲自部署、亲自推动的重大倡议。“一带一路”律师联盟在“一带一路”建设的深入推进中应运而生，作为中方发起成立的国际性专业律师组织，联盟赢得了国内外广泛认同和支持。

2023 年 10 月 26 日，司法部新闻发布厅举办了“‘一带一路’法治同行”首场新闻发布会。会议的精神是发挥“一带一路”律师联盟国际性专业组织作用，服务共建“一带一路”高质量建设。会议宣布，“一带一路”律师联盟境内外会员总数已达到 2670 个以上，团体会员 430 多名，覆盖 54 个国家和地区。联盟设立了西安、广州、成都、海口和杭州共 5 个代表机构。② 在联盟的推动下，会员纷纷积极响应“一带一路”倡议，就新能源、基础设施建设等多个领域涉及的法律热点难点展开深入交流。

联盟积极服务共建“一带一路”发展，取得了一系列成效。“一带一路”律师联盟围绕国际贸易、跨境投资、海事海商、知识产权等方面，开展了法律政策研究、发布了法律环境国别报告、印发了工作指引或指南、举办了专题研讨等。截至 2023 年 10 月，联盟及联盟各代表机构累计举办

---

① 赵婕：《司法部：加强法治建设服务高质量发展和高水平对外开放》，载司法部网 2023 年 11 月 23 日，https：//www. moj. gov. cn/pub/sfbgw/jgsz/jgszjgtj/jgtjbgt/bgttjxw/202311/t20231124_490190. html。

② 邢翀：《中新网｜“一带一路”律师联盟秘书长：从四方面发挥国际性专业律师组织作用》，载百家号“司法部”2023 年 10 月 27 日，https：//baijiahao. baidu. com/s? id = 1780903450307715059&wfr = spider&for = pc。

会议、开展培训等主题活动30多场，线上线下参与人数达数百万人次。①

该发布会还对“一带一路”律师联盟下一步的工作进行了介绍，主要有以下四个方面：一是深化“一带一路”国别法律制度和政策研究，通过举办会议、组织培训、开展研讨等方式发布成果、交流经验，有效整合法律信息资源，为企业和公民“走出去”“请进来”提供“一带一路”共建国家和地区的法律查明、咨询等服务。二是积极对接更多国际合作机制，为联盟发展搭建更高平台。多渠道多举措创新平台交流合作模式，吸引吸纳更多会员，深化共建“一带一路”国家和地区律师界的交流合作，不断壮大国际朋友圈。三是适时考虑在有条件的国家（地区）设立代表机构，打造以联盟为中心、辐射“一带一路”共建国家和地区的全天候法律服务网络。四是加强联盟国际性专业组织建设，充分发挥联盟的平台、窗口和桥梁作用，更大范围实现成果共享。

“一带一路”律师联盟将站在新的起点上多措并举，努力提升国际影响力和吸引力，为深化“一带一路”法律服务领域国际合作，推动共建“一带一路”进入高质量发展新阶段提供更多联盟智慧和方案。②

第二节　涉外仲裁的新发展

一、国际商事仲裁中心建设不断推进

自2022年7月中央全面依法治国委员会印发有关国际商事仲裁中心建设的文件（以下简称《试点文件》）以来，北京、上海等试点城市积极部

① 《“‘一带一路’法治同行”首场新闻发布会》，载司法部网2023年10月26日，https：//www. moj. gov. cn/pub/sfbgw/zwgkxwfbh/202310/t20231026_ 488429. html。

② 邢翀：《中新网丨“一带一路”律师联盟秘书长：从四方面发挥国际性专业律师组织作用》，载司法部网2023年10月27日，https：//baijiahao. baidu. com/s？ id = 1780903450307715059& wfr = spider&for = pc。

署、奋力推进，取得了良好成效。

（一）《支持北京深化国家服务业扩大开放综合示范区建设工作方案》获得国务院原则同意

2023 年 11 月 18 日，国务院作出关于《支持北京深化国家服务业扩大开放综合示范区建设工作方案》的批复（国函〔2023〕130 号），原则同意该方案。该方案明确提出“打造面向全球的国际商事仲裁中心”，并就中心建设和相应的涉外仲裁机制建设作出具体安排。[①]

《支持北京深化国家服务业扩大开放综合示范区建设工作方案》是对国务院于 2020 年 8 月 18 日原则同意的《深化北京市新一轮服务业扩大开放综合试点建设国家服务业扩大开放综合示范区工作方案》（国函〔2020〕123 号）的迭代升级，其中有关涉外仲裁的安排是在 2020 年版方案基础上新增的内容，充分体现出北京市人民政府对《试点文件》的积极响应和对建设国际商事仲裁中心的高度重视。中心建设被纳入国家服务业扩大开放综合示范区建设整体布局后，相关工作可以享受到相应的政策便利（如按照程序办理后，可以暂时调整实施相关行政法规、国务院文件和经国务院批准的部门规章的部分规定），[②] 这些举措有利于北京市建设国际商事仲裁中心。

（二）《上海市推进国际商事仲裁中心建设条例》颁布实施

2023 年 11 月 23 日，上海市人民代表大会常务委员会发布了《上海市推进国际商事仲裁中心建设条例》（以下简称《上海商事仲裁中心建设条

① 参见《国务院关于〈支持北京深化国家服务业扩大开放综合示范区建设工作方案〉的批复》，载中华人民共和国中央人民政府网 2023 年 11 月 23 日，https：//www. gov. cn/zhengce/zhengceku/202311/content_ 6916721. htm。

② 参见《国务院关于〈支持北京深化国家服务业扩大开放综合示范区建设工作方案〉的批复》，载中华人民共和国中央人民政府网 2023 年 11 月 23 日，https：//www. gov. cn/zhengce/zhengceku/202311/content_ 6916721. htm。

例》)，该条例自2023年12月1日起施行。[①] 这是我国首部专门针对国际商事仲裁中心建设而制定的地方立法，为上海市推进国际商事仲裁中心建设提供了充分的法律依据。

《上海商事仲裁中心建设条例》共分为5章38条，除了第一章总则和第五章附则之外，其他三章分别规定了机构和人员队伍建设、仲裁机制创新、监督与保障相关的内容。该条例体现了守正与创新并重的原则，在将国际商事仲裁先进经验（如仲裁员利益冲突和回避制度、裁决书脱敏公开、仲裁财产保全和证据保全等）进行立法确认的同时，创建了一些有益机制（如法院支持仲裁机构调查取证、“三特定”临时仲裁的准许和规制、仲裁庭就财产保全和证据保全提出意见等）；该条例体现了促进与规范并重的原则，一方面为促进国际商事仲裁发展而创设良好的制度，另一方面为规范国际商事仲裁行为而完善监督的机制；该条例还体现了国际接轨和中国特色并重的原则，一方面坚持了许多国际通行的做法（如名册外选定仲裁员、快速简易仲裁程序等），另一方面对许多制度进行了中国式改良（如境外仲裁机构的业务机构仅可以在国际商事、海事、投资等领域开展涉外仲裁业务，在上海开展的临时仲裁仅可以在具有涉外因素的商事、海事领域并在满足“三特定”的条件下进行等）。

《上海商事仲裁中心建设条例》的出台不仅将上海市在建设国际商事仲裁中心过程中探索的有益实践进行了法治转化，从而强化法治保障；而且为我国内地其他城市出台相关立法提供了范本，为《试点文件》的贯彻落实和国际商事仲裁中心的成功建设提供了助益。

值得一提的是，就在《上海商事仲裁中心建设条例》生效的当天，上海市司法局作出了准予韩国大韩商事仲裁院上海中心登记的决定，并在规定期限内报司法部备案、赋码后颁发《境外仲裁机构业务机构登记证》。

① 参见《上海市推进国际商事仲裁中心建设条例》，载上海市法规规章规范性文件数据库网2023年11月22日，https：//fgk. shrd. gov. cn/fgk/newDataShow？ id = 26f9d39e9191399c937a9274fe4150fb&type = newData。

这是首家外国仲裁机构在上海设立的业务机构，是适用《上海商事仲裁中心建设条例》第16条有关境外知名仲裁机构在沪设立业务机构之规定的成功案例，也是上海市推进国际商事仲裁中心建设的重要成果。

二、涉外仲裁公信力不断提升

公信力是仲裁的生命线，仲裁公信力的高低是一国仲裁水平高低的体现，是衡量仲裁国际竞争力的标杆。[①] 2023年，公信力评估报告和实践效果证明，我国涉外仲裁的公信力得到了市场主体和司法机关的广泛认可，涉外仲裁公信力建设成效明显。

（一）涉外案件受案数量和标的双增长

2023年，我国内地主要仲裁机构在受理涉外仲裁案件方面业绩良好（见表4－1）。根据国内部分仲裁机构发布的业务报告，2023年新受理的涉外案件数量和标的额较2022年实现双增长。

表4－1　2023年我国内地部分仲裁机构新受理的涉外案件情况

仲裁机构	标的总额（亿元）	案件总量（件）	双方来自境外的案件数量（件）	约定仲裁语言为非中文的案件数量（件）	约定适用域外法和国际公约的案件情况
中国国际经济贸易仲裁委员会	527.65	645	62	93	《联合国国际货物销售合同公约》、中国香港法、英国法、巴基斯坦法、蒙古法、俄罗斯法、文莱法、伊拉克法等。

① 参见《公信天下！第三届仲裁公信力评估（2018—2022）全国调研》，载中国政法大学仲裁研究院网，http：//www. chinaarb. org/profile/Details/c42b0f70f5c64cc5a75adef2e03e9e8d。

续表

仲裁机构	标的总额（亿元）	案件总量（件）	双方来自境外的案件数量（件）	约定仲裁语言为非中文的案件数量（件）	约定适用域外法和国际公约的案件情况
北京仲裁委员会	115.26	251	20	8	中国香港特别行政区法律、中国澳门特别行政区法律和《联合国国际货物销售合同公约》等。
深圳国际仲裁院	593.26	414	—	—	韩国法、越南法、澳大利亚法、中国香港特别行政区法、中国台湾省法、《华沙公约》《蒙特利尔公约》《国际公路货物运输合同公约》和《联合国国际货物销售合同公约》等。
上海国际仲裁中心	101.85	215	14	23	—

（二）多份裁决获得境外法院承认（认可）与执行

裁决的跨境执行力强是涉外仲裁的重要优势之一，一国作出的仲裁裁决能否得到境外国家和地区的承认（认可）和执行，一定程度上可以反映出该国涉外仲裁的公信力水平的高低。

从我国内地部分仲裁机构公布的报告来看，2023 年中国国际经济贸易仲裁委员会（以下简称贸仲）裁决在境外获得了美国、阿根廷、俄罗斯、中国香港、中国台湾等国家和地区法院的承认（认可）和执行，北京仲裁委员会（以下简称北仲）裁决在境外获得了智利、新加坡等国家和地区法院的承认（认可）和执行。这充分表明贸仲、北仲的涉外仲裁公信力得到了境外法院的认可，是我国涉外仲裁公信力良好的重要标志。

（三）第三届仲裁公信力评估报告发布

2023 年 12 月 28 日，仲裁公信力评估报告发布会暨第三届仲裁公信力论坛在中国政法大学举行。会议根据评估结果，将“涉外仲裁服务十佳机构奖”颁给了处理涉外及涉港澳台案件最多，具有完备的国际仲裁程序、制度和仲裁资源，并且在境内外取得良好声誉的十家仲裁机构：贸仲、深圳国际仲裁院、北仲、上海国际经济贸易仲裁委员会（以下简称上国仲）、广州仲裁委员会（以下简称广仲）、上海仲裁委员会、中国海事仲裁委员会、杭州仲裁委员会、海南国际仲裁院（以下简称海国仲）、厦门仲裁委员会（以下简称厦仲）。①

科学严谨、公正规范的评估体系对促进我国涉外仲裁不断提升公信力具有重要的推动作用，是我国涉外仲裁公信力建设不可或缺的环节。第三届仲裁公信力评估主要采用量化评估方法，评估手段包括问卷发放、实地调研、电话调研、公开信息查询、司法部公共法律服务部门统计的仲裁机构处理案件情况和全国法院办理仲裁司法审查案件情况分析等。该次评估以全面科学的公信力评估体系为依据，以专家委员会赋予评估指标的权重为标准，② 评估结果客观性很强、可信度很高。在这样的评估体系下，荣膺“涉外仲裁服务十佳”的仲裁机构，相应的涉外仲裁服务水平和公信力建设程度值得信赖。

三、涉外仲裁规则不断完善

仲裁规则是开展涉外仲裁程序的依据和指南，完善的涉外仲裁规则对

① 参见《第三届仲裁公信力评估报告隆重发布》，载微信公众号“仲裁研究院”2023 年 12 月 31 日，https：//mp. weixin. qq. com/s/zpg9Nerg1vsKKknfLwvdlA。

② 参见《第三届仲裁公信力评估报告隆重发布》，载微信公众号“仲裁研究院”2023 年 12 月 31 日，https：//mp. weixin. qq. com/s/zpg9Nerg1vsKKknfLwvdlA。

高效推进涉外仲裁程序、提供优质的涉外仲裁服务具有重要的基础性作用。2023 年我国内地部分仲裁机构发布了新版仲裁规则或者专业仲裁规则，实现了涉外仲裁规则不断完善。

（一）贸仲修订并发布新版《仲裁规则》

2023 年 9 月 5 日，贸仲发布新版《仲裁规则》，该规则自 2024 年 1 月 1 日起施行。新规则回应新时代对仲裁服务的要求，紧跟国际仲裁发展趋势，充分尊重当事人的意思自治，满足仲裁实践发展的需要为总体考虑，[①] 提升了贸仲仲裁规则的专业化、国际化和便利化水平。

2023 年《仲裁规则》修订的许多内容有利于完善涉外仲裁案件的管理：一是明确管辖权决定在仲裁庭组成后，依据《仲裁规则》概括授权由仲裁庭作出，进一步强化国际仲裁普遍认可的“仲裁庭自裁管辖权”原则；二是推进数字化、智能化在仲裁程序的广泛应用，使涉外仲裁更加便利；三是明确贸仲就当事人保全措施申请可转递其指定的境外相关法院的规则依据，为涉外仲裁保全提供更加全面的保障；四是明确贸仲《证据指引》在仲裁程序中的适用，为涉外案件提供可兹参照的证据规则。2023 年《仲裁规则》还新增了披露第三方资助信息、早期驳回程序、仲裁员小时报酬、贸仲和仲裁庭责任限制等与国际仲裁实践高度接轨的制度机制，为涉外仲裁案件管理提供更加完善的规则依据。[②]

（二）上国仲制定并发布《航空仲裁规则》

2023 年 11 月 7 日，上国仲发布新版仲裁规则，该规则自 2024 年 1 月 1 日起施行。新规则包含一部主规则、两部特别仲裁规则和两部程序指引。

---

① 参见《关于修订〈中国国际经济贸易仲裁委员会仲裁规则〉的说明》，载中国国际经济贸易仲裁委员会网 2023 年 9 月 5 日，https://www.ccpit.org/a/20230905/20230905y8qt.html。

② 参见《关于修订〈中国国际经济贸易仲裁委员会仲裁规则〉的说明》，载中国国际经济贸易仲裁委员会网 2023 年 9 月 5 日，https://www.ccpit.org/a/20230905/20230905y8qt.html。

其中，作为特别仲裁规则的《航空仲裁规则》成为行业关注的热点。

航空纠纷具有较强的跨国（境）性，是涉外仲裁重要的案源之一。上国仲发布的《航空仲裁规则》是全球首部适用于机构仲裁的航空仲裁规则,[①] 共设4章49条，在适用路径、受案范围、专家委员会制度、航空临时措施、调解先行制度五个方面作出规制，可以为上国仲更好地处理涉外航空案件提供灵活、便捷的规则指引。

（三）海国仲制定并发布《协助临时仲裁工作规则（试行）》

临时仲裁是处理涉外纠纷的重要方式。最高人民法院印发的《关于人民法院为海南自由贸易港建设提供司法服务和保障的意见》（法发〔2021〕1号）明确规定："支持在自由贸易港区域内注册的企业之间约定在特定地点、按照特定仲裁规则、由特定人员对相关争议进行仲裁。"[②] 2023年11月1日，海国仲发布《协助临时仲裁工作规则（试行）》，为临时仲裁在海南自贸港落地推广提供来自仲裁机构的配套服务措施。

《协助临时仲裁工作规则》共16条，涵盖该规则适用范围和条件、提供协助服务的内容和流程等有关规定，内容翔实、可操作性强，是海国仲在完善仲裁制度、优化仲裁机制方面的一项重要成果,[③] 也是海南自贸港涉外仲裁规则体系进一步完善的重要表现。

四、涉外仲裁交流合作不断深化

不同仲裁机构深化涉外仲裁领域的交流合作，对它们相互借鉴经验、

① 参见《上海国际经济贸易仲裁委员会（上海国际仲裁中心）航空仲裁规则解读》，载微信公众号“上海国际仲裁中心”2023年11月28日，https://mp.weixin.qq.com/s?__biz=MzA4MDM3OTQyMA==&mid=2652213727&idx=2&sn=f81b48bb80dfa5f15f76caa4f0f047f4&chksm=84441aacb33393ba1718eba40e286b10b4d0616f67dcbd22805d251b6ec3eca029053072359f&scene=27。

② 参见《最高人民法院关于人民法院为海南自由贸易港建设提供司法服务和保障的意见》，载最高人民法院网2021年1月15日，https://www.court.gov.cn/fabu/xiangqing/284531.html。

③ 参见《〈海南国际仲裁院协助临时仲裁工作规则（试行）〉今日发布》，载海南国际仲裁院网2023年11月1日，https://www.hnac.org.cn/article/983/48.html。

取长补短、共同提升服务水平，具有重要的促进作用。2023 年，部分仲裁机构通过发布合作机制、举办重要会议等，推动机构间交流合作不断深化。

（一）贸仲发布“一带一路”仲裁机构法律查明合作机制

外国法律查明是涉外案件正确适用法律的前提，是涉外纠纷得到公正合理仲裁解决的保障。然而，实践中查明外国法律却是一项费时费力、困难很大的工作。为了应对“一带一路”共建各国在解决争议过程中存在的对外国法不了解、不熟知等信息不对称的现象，贸仲于 2023 年 9 月 6 日召开的“2023 中国仲裁高峰论坛暨第三届‘一带一路’仲裁机构高端论坛”上，正式发布了“一带一路”法治合作重要成果——“一带一路”仲裁机构法律查明合作机制。①

这项机制依靠“一带一路”仲裁机构协助查询所在国家的法律规定，能够为贸仲审理涉及相关国家的仲裁案件提供更加便捷的法律查明路径和更加准确的法律规定内容，有助于贸仲更加公平公正地裁决相关案件，更好地为“一带一路”倡议提供仲裁法治保障。

（二）北仲举办 2023 年亚太区域仲裁组织（APRAG）大会

2023 年 11 月 13 日—15 日，由北仲主办的亚太区域仲裁组织（APRAG）大会在北京成功召开，大会主题为“变革时代中的国际仲裁：直面挑战、增进共识”。司法部部长贺荣，北京市市长殷勇出席开幕式并致辞；最高人民法院审判委员会副部级专职委员、二级大法官王淑梅，联合国国际贸易法委员会秘书长安娜·乔宾·布莱特发表开幕式主旨演讲；来自 20 多个国家和地区的 60 余家中外知名仲裁机构负责人，仲裁员、律

① 参见《贸仲正式发布“一带一路”仲裁机构法律查明合作机制》，载中国国际经济贸易仲裁委员会网 2023 年 9 月 11 日，https：//www. ccpit. org/a/20230911/202309118fxa. html。

师、专家学者与企业界代表等420余人参加了会议。①

亚太区域仲裁组织是亚太地区商事仲裁领域唯一的区域性组织，具有重要的国际影响力。该组织2023年大会在京举办，有利于我国仲裁机构与亚太地区其他主要仲裁机构的沟通交流，讲好我国涉外仲裁故事，促进我国仲裁法治国际传播。

（三）广仲牵头金砖国家仲裁机构代表共同签署并发布《金砖国家仲裁合作南沙共识》

2023年4月20日，广仲南沙国际仲裁中心牵头粤港澳大湾区仲裁联盟在广东省惠州市隆重举办金砖国家仲裁合作论坛，与会金砖国家仲裁机构代表共同签署并发布《金砖国家仲裁合作南沙共识》。②

金砖五国约占世界经济体量1/4，对世界经济增长贡献率达50%，因此是推动当代商事仲裁发展的重要力量。各机构一致认为仲裁现代化、国际化、数字化、智能化是新时代大势所趋，各方将进一步加强合作交流，共同促进国际仲裁高质量创新发展。③

五、涉外仲裁司法保障不断强化

涉外仲裁的高质量发展离不开人民法院的司法支持和保障。2023年，我国内地部分法院积极采取措施，为我国涉外仲裁的发展提供重要助力。

---

① 参见《变革时代中的国际仲裁：直面挑战、增进共识——2023APRAG大会成功召开》，载北京仲裁委员会/北京国际仲裁中心网2023年11月16日，https：//www. bjac. org. cn/news/view?id＝4654。

② 参见《凝聚高质量发展共识共创仲裁合作新篇章——〈金砖国家仲裁合作南沙共识〉全球发布》，载广州仲裁委员会网2023年4月21日，https：//www. gzac. org/gzxw/6063。

③ 参见《凝聚高质量发展共识共创仲裁合作新篇章——〈金砖国家仲裁合作南沙共识〉全球发布》，载广州仲裁委员会网2023年4月21日，https：//www. gzac. org/gzxw/6063。

（一）部分法院发布商事仲裁司法审查白皮书和典型案例

人民法院的司法审查是对涉外仲裁进行监督的重要手段，也是涉外仲裁保持公正规范的不竭动因。2023 年 5 月 25 日，珠海市中级人民法院发布《珠海法院商事仲裁司法审查白皮书》，全面总结 2020—2022 年珠海法院商事仲裁司法审查案件的基本情况及特点，提炼珠海法院商事仲裁司法审查工作亮点，分析商事仲裁司法审查案件的十大热点问题，提出推动仲裁高质量发展的对策建议。① 2023 年 10 月 25 日，北京市金融法院发布《涉金融仲裁司法审查白皮书》，总结了北京市金融法院涉金融仲裁司法审查相关情况，其中对涉外、涉港澳台金融仲裁司法审查标准以及从严把握可能适用“社会公共利益”的范围等问题进行了系统梳理。② 此外，2023 年 9 月 27 日最高人民法院发布第四批共 12 起涉“一带一路”建设典型案例，其中案例 10 是一起承认与执行外国仲裁裁决的案例，案例 11 是一起认可和执行香港仲裁裁决的案例。③

这些司法审查白皮书和典型案例的发布，有利于内地仲裁机构了解司法审查要点和热点、紧跟人民法院司法审查思路、提升涉外仲裁案件裁判质量，促进涉外仲裁健康发展。

（二）部分法院根据仲裁机构请求开具调查令

仲裁庭调查取证是一项重要的审理措施，在特定案件中对查清案件事实发挥着重要作用。然而，囿于仲裁庭权限范围，实践中仲裁庭在进行调查取证时往往处处掣肘、力不从心。

---

① 参见《珠海中院发布〈珠海法院商事仲裁司法审查白皮书〉》，载珠海市中级人民法院网 2023 年 5 月 25 日，http：//www. zhcourt. gov. cn/article/detail/2023/05/id/7307667. shtml。

② 参见《北京金融法院发布〈涉金融仲裁司法审查白皮书〉》，载北京金融法院网 2023 年 10 月 26 日，https：//bjfc. bjcourt. gov. cn/cac/1698302040607. html。

③ 参见《最高人民法院发布第四批涉“一带一路”建设典型案例》，载最高人民法院网 2023 年 9 月 27 日，https：//www. court. gov. cn/zixun/xiangqing/413282. html。

2023 年 11 月 7 日，厦门市中级人民法院印发《关于仲裁机构申请开具调查令的暂行规定》，明确对厦门市仲裁机构管理或者仲裁地在厦门市的仲裁案件，当事人及其代理人因客观原因不能自行收集证据，仲裁庭收集亦有困难，但确有必要收集，且证据可收集地在厦门市的，仲裁机构可以向法院请求开具调查令。基于该规定，在一起厦仲受理的合同纠纷案件中，为了协助查明已去世仲裁被申请人的合法继承人，厦门国际商事法庭依申请向思明公安分局鹭江派出所发出仲裁调查令。[①] 无独有偶，在《上海商事仲裁中心建设条例》正式施行的首日，上海市闵行区人民法院也基于上海仲裁委员会的申请，开具了一份仲裁调查令。[②]

人民法院协助仲裁机构开具调查令，有助于涉外仲裁案件的仲裁庭有效进行调查取证、顺利查明案件事实，体现了法院支持仲裁的态度和举措，推动营造涉外仲裁友好的外部环境。

第三节　涉外公证制度与实践

一、“涉外公证＋领事认证”一体联办纵深发展

2023 年 3 月 8 日，我国加入《取消外国公文书认证要求的公约》。该公约已于 2023 年 11 月 7 日在国内生效实施。该公约在我国的生效，意味着我国和其他缔约国间送往对方使用的公文书，仅需办理本国附加证明书即可，无须再办理领事认证手续。

为了高效配合《取消外国公文书认证要求的公约》在国内落地实施、

① 参见《中院出台规定支持仲裁机构申请开具调查令并发出首份仲裁调查令》，载厦门法院网 2023 年 11 月 17 日，http：//www. xmcourt. gov. cn/ygsf/yshj/dxal/202312/t20231225_278260. htm。

② 参见《上海仲裁委员会获得首例协助仲裁机构调查令》，载微信公众号“上海仲裁委员会” 2023 年 12 月 4 日，https：//mp. weixin. qq. com/s？__biz = MzA3NzQ2NjY5NA = = &mid = 2650369007&idx = 1&sn = 8ff627a7833442c7f9483ab1fd67b2a5&chksm = 875c56c6b02bdfd0dede49904ac674ccfe9e177b220d6d6bd48aaf7e62f99c8ab88298d167b8&scene = 27。

将“公证书＋领事认证”模式顺利切换到全新的“公证书＋附加证明书”模式，全国各地公证行业积极推行“一证一次办”，推进“一事一站办”，推广“涉外公证＋领事认证”联办等各项服务落地。以江苏省为例，自2023年7月18日起实施“涉外公证＋领事认证”一体联办以来，申请人在有关公证认证联办实施机构办理涉外公证时，即可同步申请领事认证代办服务。公证机构可根据申请人意愿，在办理涉外公证的同时受理领事认证办理申请，代收相关申请材料，并通过线上线下相结合的方式代为向外事部门提交、递交办理申请。[①]“涉外公证＋领事认证”一体联办，不仅能够实现涉外公证到领事认证的闭环管理，同时也能通过“部门跑”“材料跑”“数据跑”代替“群众跑”，切实打通为民服务的“最后一公里”，为满足当事人的涉外公证、认证需求提供了便利。

二、海外远程视频公证稳步推进

近年来，为满足旅居海外的我国公民的公证服务需求，司法部此前已启动海外远程视频公证试点工作，使符合条件的当事人可以向试点公证机构或试点驻外使领馆、签证中心提出远程视频公证申请，快速办理相关公证事项。

在试点基础上，司法部于2023年进一步推进海外远程视频公证工作，让公证服务惠及更多旅居海外的中国公民。2023年5月31日，司法部办公厅发布《关于进一步推进海外远程视频公证工作的通知》。该通知确定了295家公证机构与驻外使领馆共同开展海外远程视频公证，并要求各地高度重视，认真指导监督参与的公证机构严格按照《公证法》《公证程序规则》《司法部办公厅关于推进海外远程视频公证试点工作的通知》等相关规定办理海外远程公证事项，全面提升服务品质和效率，为当事人提供

---

① 参见《我省启动“涉外公证＋领事认证”一体联办》，载江苏省人民政府网2023年7月19日，https：//www. js. gov. cn/art/2023/7/19/art_ 60085_ 10955710. html。

优质、高效、便捷的公证服务。

自2023年6月1日起，中国驻外使领馆全面实施海外远程视频公证，全球具备条件的196家中国驻外使领馆和近300家国内公证机构可为海外侨胞提供远程视频公证服务。[①] 据统计，2023年共办理海外远程视频公证业务560余件，涉外法律服务能力持续提升，有效满足了旅居海外的中国公民公证服务需求。[②] 在地方层面，以广东省为例，截至2023年11月，广东省已有26家公证处开始试点海外远程视频公证，并成功连线五大洲、20个国家，已出具相关公证书368份。[③]

三、涉外公证业务办理数量持续增长，办理流程不断优化

近年来，出台了一系列政策文件和实施严格的质量监管措施，使涉外公证服务的透明度、效率和公正性得到了显著提升，涉外公证的办理数量稳步增加。数据统计结果显示，截至2023年11月，全国已办理涉外公证业务250万余件，公证文书发往180多个国家和地区。[④] 从地方层面来看，江苏省2023年全省办理公证业务85.3万件，其中涉外公证共23.6万件，占比27.67%。2023年上半年，深圳市全市办理涉外经济公证3199件，同

---

① 参见曹嘉玥、董雪：《外交部发言人：196家驻外使领馆和近300家公证机构可提供远程视频公证服务》，载中华人民共和国中央人民政府网2023年6月2日，https://www.gov.cn/lianbo/bumen/202306/content_6884326.htm。

② 参见张璁：《涉外法律服务质效不断提升（大数据观察）》，载司法部网2024年3月19日，https://www.moj.gov.cn/pub/sfbgw/gwxw/xwyw/202403/t20240319_496316.html。

③ 参见陈建国等：《广东持续优化涉外法律服务以高质量涉外法律服务赋能高质量发展》，载司法部网2023年11月10日，https://www.moj.gov.cn/pub/sfbgwapp/fzgzapp/ggfzfwapp/ggfzfwapp2/202311/t20231110_489328.html。

④ 参见赵婕：《司法部：加强法治建设　服务高质量发展和高水平对外开放》，载司法部网2023年11月23日，https://www.moj.gov.cn/pub/sfbgw/zwgkztzl/2022zt/sdbershida20221013/sfbxxgc20221013/gdtp20221013/202312/t20231212_491418.html。

比增长 160. 29% 。①

与此同时，各地公证机构为充分发挥涉外公证职能作用，不断畅通办证渠道，优化办事服务，提高业务能力，创新服务方式，为涉外公证提供个性化便利服务，有效满足了国内外群众及企业的涉外公证法律服务需求。

例如，北京市全面梳理出国留学、探亲、旅游、商务考察、定居移民、工作劳务等与群众生活密切相关的涉外公证业务，以及公司跨境投资、对外贸易、申请专利等高频服务事项，形成公证事项办理材料清单，并将办理涉外公证所需材料一次性告知当事人，同时开设企业办证绿色通道，当事人 3 个工作日即可领到公证书。② 涉外公证法律服务效率得到提高，工作流程不断优化。又如，合肥市公证机构充分挖潜涉外公证程序，对办证流程进一步优化，尽可能缩短群众和企业的办证时间，充分运用各类政务服务平台，对户籍、婚姻、知识产权、自然资源等信息进行在线核实，尽可能缩短办证时限，常规公证事项基本实现 3 个工作日内出证并提供邮寄送达服务。③

四、涉外公证法律服务实现高质量发展

随着企业“走出去”，经济活动和人员往来频繁，近年来国内对涉外公证的需求越来越高。为实现涉外公证法律服务的高质量发展，各地公证机构持续优化涉外公证服务模式，拓展涉外公证服务新路径，不断加强涉外公证法律服务人才的培养。

---

① 参见《广东深圳：打造全链条司法行政服务机制，护航民营经济高质量发展》，载微信公众号“司法部”2023 年 8 月 4 日，https：//mp. weixin. qq. com/s？ _ _ biz = MzUyMzA0NzkzNA = = &mid = 2247670301&idx = 1&sn = 68da399a504094868b89e2d76f29b189&chksm = f9ce9c8cceb9159a90422b9e0a627f1675d9cada90cbaf565e3d6c58f9af0dc45202a60cd97a&scene = 0&xtrack = 1。

② 参见《怀柔区三举措做好涉外公证服务》，载中国文明网 2023 年 9 月 6 日，http：//bj. wenming. cn/hr/hryw/202309/t20230906_ 6664203. shtml。

③ 参见《合肥市公证机构三措并举为涉外公证提质增效》，载合肥市司法局网 2023 年 9 月 27 日，https：//sfj. hefei. gov. cn/dtxx/gzdt/15043207. html。

2023 年，无锡市公证机构积极探索“服务前置”服务模式，通过调研、宣讲等形式集中收集涉外公证服务需求信息，促进服务供给与需求有效对接，为涉外企业和在华外籍人士提供优质、专业的涉外公证服务；在全省率先开展公共法律服务中心公证远程视频系统建设试点工作，提前对接“一带一路”法律服务点，助力柬埔寨“丝路电商”合作项目；通过 MINI 办证一体机的试点应用，拓展“掌办、通办、自助办”，不断提升涉外远程办证便捷性、实用性和流畅性，推动异国用户体验不断优化升级。① 此外，围绕“排查突出问题、强化惩戒教育、加强监督管理”的工作目标，无锡市公证机构同时深入开展涉外公证专项治理工作，全面排查整治涉外公证业务存在的不足，以实现强化监管、堵塞漏洞，促进涉外公证办理流程的程序规范化。②

在涉外公证法律服务人才培养方面，北京市司法局在 2023 年 2 月 9 日出台的《关于进一步加强新时代北京公证工作的意见》中强调，要加强涉外公证法律服务人才培养，开展行业领军人才评选，从行业领军人才、专家型人才、青年骨干人才三个维度打造行业人才队伍，组建行业人才库。2023 年 6 月 2 日，北京市司法局进一步出台《北京市百名高端涉外法治人才培养方案》，将涉外公证员列为培训对象，实施为期 3 年的百名高端涉外法治人才培养项目，通过组织参训学员集中研修、实地研学、实务案例研究等培养方式，持续拓展北京市涉外法治人才的国际视野，提升与国际法律实践接轨、处理涉外公证的能力水平，为首都经济社会高质量发展提供法治人才保障。③

---

① 参见《无锡“4 +”服务实现涉外公证 5 年“零撤销”》，载无锡市司法局网 2023 年 1 月 10 日，https：//wxsfj. wuxi. gov. cn/doc/2023/01/10/3861739. shtml。

② 参见《无锡“4 +”服务实现涉外公证 5 年“零撤销”》，载无锡市司法局网 2023 年 1 月 10 日，https：//wxsfj. wuxi. gov. cn/doc/2023/01/10/3861739. shtml。

③ 参见《北京培育高端涉外法治人才　打造一流国际商事纠纷解决优选地》，载北京市朝阳区人民政府网 2023 年 12 月 26 日，http：//www. bjchy. gov. cn/dynamic/news/4028805a8c9ff1a4018ca3f6e1e4018c. html。

第四节　涉外商事调解制度与实践

一、涉外商事调解的制度发展

（一）涉外商事调解制度体系逐步完善

2023 年，我国在涉外商事调解领域积累了更多的经验、取得了长足的进步。国务院、国家发展和改革委员会等中央机关近年出台了一系列支持涉外商事调解制度发展的政策文件，体现了中央对商事调解制度化、国际化的重视程度不断加强。

例如，国务院于 2023 年 11 月 18 日发布《关于〈支持北京深化国家服务业扩大开放综合示范区建设工作方案〉的批复》，强调要完善争议解决机制，在当事人自愿的前提下，建立涉外商事案件专业调解前置机制，鼓励外籍及港澳台调解员参与涉外纠纷解决，强化诉讼与仲裁、调解等非诉讼方式有机衔接。2023 年 12 月 25 日，国家发展和改革委员会出台《粤港澳大湾区国际一流营商环境建设三年行动计划》，亦强调了要完善多元化纠纷解决机制，鼓励经营主体选择商事调解解决商事争议纠纷，支持商事调解机构加入国际商事纠纷多元化解决平台，以促进粤港澳大湾区营商环境迈向更高水平。此外，最高人民法院、司法部在 2023 年 10 月 8 日联合召开的全国调解工作会议上指出，要积极打造具有国际影响力的商事调解组织，培育一支国际化专业化高素质的商事调解员队伍，全面提升国际商事调解服务水平，学习借鉴国际社会在商事调解方面的有益经验做法，加强商事调解顶层设计和制度供给。

在地方立法层面，许多地区先试先行，积极探索，出台了多部促进涉外商事调解发展的条例，涉外商事调解制度体系逐步完善。例如，广东省人民代表大会常务委员会于 2023 年 2 月 8 日出台《横琴粤澳深度合作区发展促进条例》，提出要加强粤澳司法交流协作，推动在合作区建立完善调解等多元化商事纠纷解决机制，并鼓励在合作区依法开展国际商事调解。此外，《横琴粤澳深度合作区商事调解条例》立法工作也正在持续推进，旨在通过地方立法的形式专章规定商事调解，在特定区域拓宽并畅通商事调解强制执行渠道。[①] 2023 年 4 月 6 日，杭州市人民代表大会常务委员会发布《杭州市优化营商环境条例》，要求建设一站式涉外商事纠纷解决平台，支持涉外商事调解组织发展，为市场主体解决涉外商事纠纷提供服务。

与此同时，商事调解领域内的相关行业规范也正持续完善。2023 年 1 月 1 日，由中国国际贸易促进委员会杭州市分会牵头，联合中国国际贸易促进委员会商业行业委员会、中国国际贸易促进委员会/中国国际商会调解中心制定并发布的全国首个《在线商事调解服务规范》团体标准正式实施。该规范明确了在线商事调解服务的基本要求、基本流程、调解方式、保密义务等重要内容，填补了国内该领域的空白。《在线商事调解服务规范》既是推动在线商事调解从实践探索向制度规则转变的生动实践，又是规范在线商事调解服务的有益探索，为将来进一步开展涉外商事调解在线服务提供了有效指引。

（二）建立健全涉外商事调解人才培养体系

涉外商事调解的发展，离不开对涉外商事调解人才的培养。近年来，中央和地方陆续出台系列政策文件，构建并完善了涉外商事调解人才培养体系，以期通过多途径打造高素质、专业化涉外法治人才队伍，多措并举提升涉外法治人才队伍的能力素养。

以上海市为例，上海市浦东新区司法局、上海市浦东新区人力资源和社会保障局、上海市浦东新区财政局于 2023 年 1 月联合发布《浦东新区

① 参见陈旭东：《推进商事调解服务粤港澳大湾区建设的实践与思考》，载《中国法治》2023 年第 11 期。

关于促进法律服务人才发展的实施意见》，加大高层次、紧缺型涉外法律服务人才引进力度，加大对法律服务人才的培养力度；鼓励专职法律服务人才参加境内外专业技能培训和高层次法学学历学位教育培训；积极开展涉外商事纠纷调解人才培训，提升浦东商事调解人才参与涉外纠纷解决的能力水平。

（三）涉外商事纠纷实现诉调对接，打造多元解纷机制

诉调对接机制在促进涉外商事调解发展方面发挥了重要作用。该机制通过在诉讼和调解之间建立协调与合作关系，为涉外商事纠纷提供了一种灵活、高效、低成本的解决途径。2023 年 12 月，国家发展和改革委员会出台《前海深港现代服务业合作区总体发展规划》，提出要加强国际商事调解组织建设，完善前海法院与港澳调解机构的诉调对接机制，吸纳符合条件的港澳调解机构、调解员及律师参与纠纷调解，探索由前海法院试点受理该类型调解协议的司法确认案件。

在地方层面，2023 年 8 月，浙江省高级人民法院、中国国际贸易促进委员会浙江省委员会联合发布《关于进一步完善涉外商事纠纷诉调对接工作机制的意见》，通过构建“1 +3 +4 +7”工作模式从制度层面进一步完善了涉外商事纠纷诉调对接工作机制。该意见根据涉外商事调解的特点，针对属于全省法院受理案件范围的涉外商事纠纷、其他可以由贸促会调解组织受理的涉外商事纠纷、涉港澳台商事纠纷，进一步明确了诉调对接的适用范围、司法确认等相关事项，以确保诉调对接工作有序高效开展。[①]

① 参见《浙江省贸促会联合省高院发布涉外商事纠纷诉调对接新举措》，载中国国际贸易促进委员会网 2023 年 8 月 10 日，https：//www. ccpit. org/a/20230810/20230810a8xm. html；《最新发布！浙江涉外商事纠纷诉调对接，今后这么干》，载中国国际贸易促进委员会浙江省委员会网 2023 年 8 月 8 日，http：//www. ccpitzj. gov. cn/art/2023/8/8/art_ 1229641079_ 40667. html。

二、我国涉外商事调解实践

（一）涉外商事调解案件数量稳步增长

随着中国与世界各国的经济、贸易、投资往来越来越频繁，跨国企业在中国的投资和经营活动不断增加，带来了大量的涉外商事争议解决需求。近年来，从国内商事调解组织公开的数据来看，涉外商事调解受案量逐年增速较快。

以中国国际贸易促进委员会/中国国际商会调解中心为例，2023 年，中国国际贸易促进委员会调解系统共受理商事调解案件 12,509 件，较 2022 年同比增长 31.3%，标的额为人民币 105.3 亿元。其中，涉外商事调解案件共 1273 件，占案件总数 10.18%，较 2022 年同比增长 32.2%，案件类型主要为跨境贸易纠纷以及知识产权纠纷、工程纠纷等。①

（二）涉外商事调解机构建设卓有成效

近年来，我国积极推动法律服务业“走出去”，加强涉外法律服务机构建设，服务质效不断提升，有力地保障了我国高水平对外开放。

以广东省为例，截至 2023 年 10 月，全省共有商事调解组织 330 家，包括 20 家涉外商事调解组织，数量位居全国前列，并有 3 家入选全国涉外法律服务示范机构候选名单。② 其中，深圳市涉外、涉港澳商事一站式多元解纷中心于 2023 年 3 月 8 日成立。该中心旨在构建“纠纷调解 + 多元服

---

① 参见《中国贸促会调解中心举行〈中国商事调解年度报告（2022—2023）〉新闻发布会》，载中国国际贸易促进委员会网 2024 年 1 月 5 日，https://www.ccpit.org/a/20240105/20240105bps9.html。

② 参见《广东省政协专题调研组：积极应对反倾销等经贸摩擦新形势　锻造高质量涉外法律服务人才队伍》，载微信公众号“广东省法学会”2024 年 2 月 6 日，https://mp.weixin.qq.com/s?__biz=MzA5MjQzMDU0Nw==&mid=2656844529&idx=1&sn=f807eb933ea9811c10060aef4f0cfe49&chksm=8bc5d34dbcb25a5ba5d5106d6d9c1110bac073959e3ef719e02b9bc7a9a13acec975254 36891&scene=27。

务 + 一体协作 + 规则研究 + 人才支撑 + 宣传推广”涉外、涉港澳法律服务全过程生态圈，为境内外商事纠纷主体提供专业、多元、高效、便捷、全流程的“一站式”法律服务，以期促进粤港澳大湾区法治建设融合发展，助力深圳打造国际商事争议解决枢纽城市。①

2023 年 4 月 28 日，横琴国际商事调解中心在琴澳国际法务大厦揭牌。该中心由珠海国际仲裁院、中国国际商会珠海商会、珠海市律师协会、横琴粤澳深度合作区创新发展研究院共同发起成立，首批调解员共有 129 名，由境内外实业界、教学科研机构、法律服务组织、商会、行业协会等多领域人士组成。其中，港澳台地区及国际调解员合计 37 名，占比接近三成，能够满足合作区内多语种、跨法域、跨专业的调解需求。②

（三）对国际商事调解实践的积极探索

目前，我国正在逐步走近世界舞台的中央，这要求我们在国际社会中从过去的“旁观者”和“接受者”，转变为“参与者”和“主导者”。为顺应国际调解发展态势和需求，中国与持相近理念的国家起草并达成了《关于建立国际调解院的联合声明》，决定共同发起建立国际调解院，专门提供调解服务，为各类国际争端提供友好、灵活、经济、便捷的解决方案。

作为世界上首个专门以调解方式解决国际争端的政府间国际法律组织，国际调解院筹备办公室于 2023 年 2 月 16 日在香港特别行政区成立。这不仅标志着香港作为全球主要法律及争议解决服务中心的战略定位进一步走向国际化，同时也是我国政府努力彰显自身在国际商事规则领域的影

① 参见《中国商事调解年度报告（2022—2023）》，载中国国际贸易促进委员会/中国国际商会调解中心网 2024 年 1 月 6 日，https：//adr. ccpit. org/articles/396。

② 参见《中国商事调解年度报告（2022—2023）》，载中国国际贸易促进委员会/中国国际商会调解中心网 2024 年 1 月 6 日，https：//adr. ccpit. org/articles/396。

响力，以及提升争端解决话语权的重要表现。①

第五节　国际商事争端预防与解决融合发展

一、深化风险预防、合规建设等预防措施建设

（一）进一步强化对风险预防的要求

2023 年 6 月 1 日，国务院印发《关于在有条件的自由贸易试验区和自由贸易港试点对接国际高标准推进制度型开放若干措施的通知》（国发〔2023〕9 号）。② 该通知将健全完善风险防控制度作为单独一项列出，详细规定了风险防范制度、安全评估机制、风险防范化解、风险防控责任等内容。例如，试点地区应建立健全重大风险识别及系统性风险防范制度，商务部会同有关部门加强统筹协调和指导评估，强化对各类风险的分析研判，加强安全风险排查、动态监测和实时预警。该通知还要求健全安全评估机制，由商务部会同有关部门和地方及时跟进试点进展，结合外部环境变化和国际局势走势，对新情况新问题进行分析评估，根据风险程度，分别采取调整、暂缓或终止等处置措施，不断优化试点实施举措。同时在强化风险防范化解方面，也要求细化防控举措，构建制度、管理和技术衔接配套的安全防护体系。

针对中央所属企业可能面临的法律纠纷及其应对措施，国务院国资委也高度重视，并于 2023 年 6 月 12 日专门公布《中央企业法律纠纷案件管

---

① 参见《中国商事调解年度报告（2022—2023）》，载中国国际贸易促进委员会/中国国际商会调解中心网 2024 年 1 月 6 日，https：//adr. ccpit. org/articles/396。

② 参见《国务院印发关于在有条件的自由贸易试验区和自由贸易港试点对接国际高标准推进制度型开放若干措施的通知》，载中华人民共和国中央人民政府网 2023 年 6 月 29 日，https：//www. gov. cn/zhengce/content/202306/content_ 6889026. htm。

理办法》，该办法明确要求中央企业应当建立案件预警机制，同时针对典型性和普遍性案件深入分析发案原因、潜在后果等。在此基础上要求中央企业及时进行预警提示，并针对实际情况切实采取防控措施。

在外商投资领域，国务院发文专门强调了健全争端预防机制的重要性。如2023年8月13日，国务院发布《关于进一步优化外商投资环境加大吸引外商投资力度的意见》（国发〔2023〕11号），该文件在持续加强外商投资保护部分专门明确提出“健全外商投资权益保护机制。完善国际投资争端应对工作机制，压实主体责任，强化争端预防，妥善处理国际投资争端”。①

2023年10月21日，国务院印发《中国（新疆）自由贸易试验区总体方案》，文件着重强调金融风险防控体系，即“坚持系统观念、底线思维，加强重大风险识别和系统性金融风险防范，依托信息技术创新风险研判和风险防控手段，建立联防联控机制，完善金融分类监管机制，强化反洗钱、反恐怖融资和反逃税工作，打击非法金融活动，不断提升金融风险防控能力”。②

国务院于2023年11月18日印发的《支持北京深化国家服务业扩大开放综合示范区建设工作方案》，对进一步扩大开放服务业领域具有重要意义。在该份文件有关“加强风险防控，强化权益保护机制”部分，着重强调了风险预警机制事宜。③ 比如文件专门强调要进一步完善文化、金融、生物、数据流动等重点领域的风险评估预警机制及管控处置机制，提升开

① 参见《国务院关于进一步优化外商投资环境加大吸引外商投资力度的意见》，载中华人民共和国中央人民政府网2023年8月13日，https://www.gov.cn/zhengce/content/202308/content_6898048.htm。

② 参见《国务院关于印发〈中国（新疆）自由贸易试验区总体方案〉的通知》，载中华人民共和国中央人民政府网2023年10月31日，https://www.gov.cn/zhengce/content/202310/content_6912936.htm。

③ 参见《国务院关于〈支持北京深化国家服务业扩大开放综合示范区建设工作方案〉的批复》，载中华人民共和国中央人民政府网2023年11月23日，https://www.gov.cn/zhengce/content/202311/content_6916720.htm。

放监管能力，增强风险防控能力，牢牢守住不发生系统性区域性风险底线。

2023 年 11 月 26 日，国务院印发《全面对接国际高标准经贸规则推进中国（上海）自由贸易试验区高水平制度型开放总体方案》，其中专门强调加强风险防控体系建设，并对健全风险评估机制、建立风险预警制度、加强金融风险防控、加强监管互认与合作、强化安全审查机制、推进全流程监管等预防性措施进行了详细规定。①

上述涉及自贸试验区发展、中央企业法律纠纷处理、外商投资环境优化、金融风险、服务业扩大开放等众多行业领域的风险防控和预警体系要求，无不体现了国家从顶层设计角度对于风险防控等预防工作的重视。

（二）进一步深化合规体系建设

2023 年 4 月 21 日，习近平总书记主持召开二十届中央全面深化改革委员会第一次会议并发表重要讲话。会议指出，要“促进民营经济发展壮大，要着力优化民营经济发展环境，破除制约民营企业公平参与市场竞争的制度障碍，引导民营企业在高质量发展中找准定位，通过企业自身改革发展、合规经营、转型升级，不断提升发展质量”。② 2022—2023 年，中国企业合规管理进入 2.0 时代，即从 2022 年的“合规管理强化年”转向更深层次的合规管理，“强调有效性”成为合规管理的第一关键词。从中央层面到地方层面，从知识产权到经营者集中反垄断，从中央企业到民营经济，均体现了企业合规体系建设从整体逐步向细节深入。

---

① 参见《国务院关于印发〈全面对接国际高标准经贸规则推进中国（上海）自由贸易试验区高水平制度型开放总体方案〉的通知》，载中华人民共和国中央人民政府网 2023 年 12 月 7 日，https://www.gov.cn/zhengce/content/202312/content_6918913.htm。

② 参见《习近平主持召开二十届中央全面深化改革委员会第一次会议并发表重要讲话》，载中华人民共和国中央人民政府网 2023 年月 4 月 21 日，https://www.gov.cn/yaowen/2023-04/21/content_5752598.htm。

1. 中央层面

2023 年 3 月，国务院国资委召开中央企业深化法治建设加强合规管理工作会议，强调中央企业要以落实《中央企业合规管理办法》为主线，以首席合规官制度为核心，加强对重大经营事项的审核把关，对违规行为“一票否决”；以完善运行机制为关键，不断健全合规风险识别清单、岗位合规职责清单、业务流程管控清单，推动合规管理与经营管理深度融合；以抓好重点领域为切入点，及时将合规要求内化为规章制度，点面结合切实防范合规风险；以强化案件管理为抓手，妥善处理重大纠纷案件，推进以案促管；以信息化建设为支撑，将合规要求嵌入重要流程和关键环节，有效提升工作效能。①

2023 年 7 月 14 日，《中共中央国务院关于促进民营经济发展壮大的意见》中明确要求：“支持引导民营企业完善法人治理结构、规范股东行为、强化内部监督，实现治理规范、有效制衡、合规经营，鼓励有条件的民营企业建立完善中国特色现代企业制度。”②

2023 年 8 月 6 日，由国家知识产权局组织起草、国家知识管理标准化技术委员会（SAC/TC 554）归口管理的《企业知识产权合规管理体系要求》（GB/T 29490－2023）对外发布，该份文件已于2024 年 1 月 1 日正式实施。③ 相较于前一版《企业知识产权管理规范》（GB/T 29490－2013），此次发布的新标准强化了对企业知识产权管理体系建设的合规要求，对企业建立、运行并持续改进知识产权管理体系提出了明确的合规要求，也为企业建立完善知识产权管理体系、防范知识产权风险、实现知识产权价值

① 参见《翁杰明出席中央企业深化法治建设加强合规管理工作会议》，载国务院国有资产监督管理委员会网 2023 年 3 月 3 日，http：//www. sasac. gov. cn/n2588020/n2588072/n2590860/n2590862/c27367098/content. html。

② 参见《中共中央国务院关于促进民营经济发展壮大的意见》，载中华人民共和国中央人民政府网 2023 年月 7 月 14 日，https：//www. gov. cn/gongbao/2023/issue_ 10626/202308/content_ 6897070. html。

③ 参见《〈企业知识产权合规管理体系要求〉（GB/T 29490－2023）国家标准解读》，载国家知识产权局网 2023 年 9 月 5 日，https：//www. cnipa. gov. cn/art/2023/9/5/art_ 66_ 187235. html。

提供了参照标准。

2023 年 9 月 5 日，国家市场监督管理总局正式发布《经营者集中反垄断合规指引》。[①] 该指引是《反垄断法》实施以来，国务院反垄断执法机构出台的首部经营者集中监管领域合规指导性文件，对提升经营者集中常态化监管水平具有重要意义。该指引关注的重点是经营者集中监管特点以及企业合规需求。该份文件从合规风险、合规管理及合规保障等多个方面为企业提供了市场实践的具体参考。

2. 地方层面

2023 年 3 月，深圳市委办公厅、深圳市人民政府办公厅正式印发《关于加快打造企业合规示范区的实施意见》，[②] 文件提出要“支持深圳打造企业合规示范区，探索建立企业合规认证地方标准，推广企业首席合规官制度，建立企业涉外经营合规风险预警平台”。[③] 围绕中央重大决策部署，该份文件同时提出了加快企业合规示范区建设的一系列创新举措，主要包括四个方面内容：一是明确打造企业合规示范区的战略目标；二是提出全面推动企业合规建设的具体路径；三是部署重点领域企业合规治理的创新任务；四是强化企业合规示范区建设的工作保障。为确保上述规定落地落实，该文件同时明确了加强组织领导、培育合规文化、加强人才培养、强化技术支撑四个方面的保障措施。

2023 年 5 月 4 日，广东省出台《广东省省属企业合规管理办法》，[④]

---

① 参见《经营者集中反垄断合规指引》，载国家市场监督管理总局 2023 年 9 月 5 日，https://sjfg. samr. gov. cn/law/pageInfo/main. main? order = 10&iframe = pageInfo/law_ search_ new. law_ details? lawId = ee8bf35365ea4e82be8c13d7d987f55c。

② 参见曾子航：《推进打造企业合规示范区，深圳出台政策性文件》，载搜狐网 2023 年 4 月 27 日，https://www. sohu. com/a/670978352_ 100116740。

③ 参见曾子航：《推进打造企业合规示范区，深圳出台政策性文件》，载搜狐网 2023 年 4 月 27 日，https://www. sohu. com/a/670978352_ 100116740。

④ 参见《关于印发〈广东省省属企业合规管理办法〉的通知》，载广东省人民政府国有资产监督管理委员会网 2023 年 5 月 4 日，http://gzw. gd. gov. cn/zcfg/content/post_ 4176822. html。

同年5月15日，天津市出台《天津市国资委监管企业合规管理办法》。[①]上述两份文件均在国务院国资委此前发布的《中央企业合规管理办法》基础上，结合当地情况明确规定了推动省（市）属企业加强合规管理、切实防控风险的相关内容。

二、预防与解决融合发展机制进一步优化

（一）进一步深化多元化纠纷解决机制

2023年6月12日，国务院国资委公布《中央企业法律纠纷案件管理办法》，其中明确规定：中央企业应当通过诉讼、仲裁、调解、和解等多元化纠纷解决机制妥善处理案件；同一中央企业所属单位之间发生法律纠纷，可以通过内部调解等方式解决。[②]

2023年11月18日，国务院印发《支持北京深化国家服务业扩大开放综合示范区建设工作方案》，其中在强化权益保护机制部分明确规定：打造一流国际商事纠纷解决优选地；坚持高标准建设北京国际商事法庭，坚持高水平运行北京国际商事纠纷一站式多元解纷中心，打造国际商事纠纷多元解决机制的北京样板；完善域外法查明平台，明确涉外纠纷法律适用规则指引；支持国内外商事仲裁机构、商事调解组织等在京发展；支持国际商事争端预防与解决组织做大做强等内容。[③]

2023年12月29日，最高人民法院发布《“一站式”国际商事纠纷多

① 参见《关于印发〈天津市国资委监管企业合规管理办法〉的通知》，载天津市人民政府国有资产监督管理委员会网2023年5月12日，https://sasac.tj.gov.cn/ZWGK1142/zcwj/wjwj/202305/t20230516_6240889.html。

② 参见《中央企业法律纠纷案件管理办法》，载国务院国有资产监督管理委员会网2023年6月12日，http://www.sasac.gov.cn/n2588035/n2588320/n2588335/c28266275/content.html。

③ 参见《国务院关于〈支持北京深化国家服务业扩大开放综合示范区建设工作方案〉的批复》，载中华人民共和国中央人民政府网2023年11月23日，https://www.gov.cn/zhengce/content/202311/content_6916720.htm。

元化解决平台工作指引（试行）》。[①] 该工作指引紧密围绕“一站式”机制设定的目标，突出了四个方面的创新亮点：一是多跨协同，实现全流程在线纠纷化解服务；二是集约高效，聚合多地多机构的多元解纷合力；三是创新机制，明确中立评估相关程序；四是加强保障，支持仲裁事业健康发展。这些举措旨在提供公正、高效、便利、快捷的多元化纠纷解决服务，提高纠纷化解的效率，降低时间和经济成本，促进和解，节约成本，并支持和保障仲裁事业健康发展。该工作指引对优化诉讼与调解、仲裁有机衔接的国际商事纠纷多元化解决机制，发挥“一站式”国际商事纠纷多元化解决平台功能，打造国际商事纠纷解决优选地具有重要现实意义。

（二）建设预防与解决融合发展的综合性法务平台与工作机制

2023 年 9 月 7 日，海丝国际法商融合服务基地在海丝中央法务区自贸先行区启动，此举旨在为国内外市场主体提供全方位、接轨国际的法律、商务、财税、人力、金融、后勤等综合服务，服务企业“走出去”“引进来”，统筹国内循环和国际循环，持续推进厦门市乃至福建省更高水平对外开放。[②] 目前，该基地平台涵盖国际商事海事争议解决服务、国际投资贸易法律服务、国际投资贸易保障服务和专项服务中心版块，提供“一平台 N 中心”的“3 + N”创新融合服务。在国际商事海事争议解决方面，基地吸引知名争端解决机构设立联络点，强化厦门作为国际争议解决优选地的地位。对于国际投资贸易法律服务，基地建立了涉外法律服务律所名录，为国内外企业提供专业咨询。同时，在投资贸易保障服务上，基地整合专家和专业资源，提供国际级的金融保险、财税、商务等后勤服务。专

---

① 参见《最高人民法院发布〈“一站式”国际商事纠纷多元化解决平台工作指引（试行）〉》，载最高人民法院国际商事法庭网 2023 年 12 月 29 日，https：//cicc. court. gov. cn/html/1/218/149/192/2436. html。

② 参见佘乃鎏、周莹：《“商法融合、以法促商、以商带法”海丝国际法商融合服务基地在厦门自贸片区启动》，载中国（福建）自由贸易试验区网 2023 年 9 月 8 日，https：//www. china－fjftz. gov. cn/article/index/aid/21556. html。

项服务中心则搭建了理论与实务交流平台，全面支持企业国际投资活动。

第六节　加快推进企业涉外合规体系建设

随着我国“走出去”战略和“一带一路”倡议的实施，中国企业对外投资的数量和规模持续增长。据商务部、国家外汇管理局统计，2023年，我国全行业对外直接投资10,418.5亿元人民币，比上年增长5.7%。其中，我国境内投资者共对全球155个国家和地区的7913家境外企业进行了非金融类直接投资，累计投资9169.9亿元人民币，增长16.7%。① 近年来，中国企业不断加大海外经营发展力度的同时，面临的海外经营合规风险也明显增多。由于地缘政治以及国际经济环境的变化，许多国家和国际组织对企业经营的监管越来越严。为了应对外部监管，提高企业自身在国际市场发展的竞争力，中国企业及其境外分支机构必须加强涉外合规建设。企业涉外合规既是经营发展防范风险的内在需要，也是推动我国国内监管规则与国际监管规则衔接的必然要求，更是统筹国内法治与涉外法治的重要体现。

一、企业涉外合规监管体系进一步完善

（一）企业涉外合规领域不断扩增

2023年12月29日修订的《公司法》第177条规定，“国家出资公司应当依法建立健全内部监督管理和风险控制制度，加强内部合规管理”，这是此次《公司法》修改新增条文，首次从制定法层面明确国家出资公司加强内部监督、风险控制与合规管理的法律义务，以国家法律的形式明确规定企业应当加强合规管理。② 实际上，合规管理对任何企业，特别是国

① 《2023年我国全行业对外直接投资简明统计》，载商务部网2024年1月29日，http://www.mofcom.gov.cn/article/tongjiziliao/dgzz/202401/20240103469616.shtml。

② 朱慈蕴主编：《新公司法条文精解》，中国法制出版社2024年版，第283页。

际化经营的企业，是参与市场竞争，保护经济效益的必然要求。企业的合规管理既包括境内的合规管理，也包括涉外合规管理。

根据《企业境外经营合规管理指引》第3条的规定，企业涉外合规范围包括法律法规、国际条约、监管规定、行业准则、商业惯例、道德规范及公司章程制度等。就涉外合规的规范性质而言，该规定将涉外合规相关的规范分为法律法规、国际条约以及非法律性质的规范等。基于企业涉外经营的特点，企业业务地域可能涉及多个国家，因此，涉外合规规范依据地域标准，可以分为本国规范，企业海外经营所在国（即东道国）规范，以及其他相关国家的规范。实际上，根据企业所处不同行业、不同地域，企业涉外合规内容的重点领域也不尽相同。

当前，企业合规已从"狭义"上符合商业道德的合规概念发展为了大合规概念。企业涉外合规内容包括反腐败、反洗钱、反垄断、境外劳务用工、税务、知识产权等领域。近年随着新技术、新产业、新业态和新经济模式的出现，人工智能、区块链、云计算、网络安全、个人信息、数据出境信息安全等领域也产生了合规风险，涉外合规涉及的领域和规范内容范围不断扩大。

（二）国家加快企业涉外合规制度供给

鉴于企业违规事件时有发生，国家监管机构加快了合规制度建设。国务院国资委于2015年、2016年分别出台了《关于全面推进法治央企建设的意见》和《关于在部分中央企业开展合规管理体系建设试点工作的通知》；2016年国务院配套发布了《关于建立国有企业违规经营投资责任追究制度的意见》；2018年7月，国务院国资委印发《中央企业违规经营投资责任追究实施办法（试行）》。同年11月，国务院国资委印发《中央企业合规管理指引（试行）》。2018年12月，发展和改革委员会、外交部、商务部、中国人民银行、国务院国资委、国家外汇管理局、全国工商联联合发布了《企业境外经营合规管理指引》。2018年"中兴事件"的发生，使得企业涉外合规受到前所未有的关注，2018 年也被认为“中国企业合规元年”。

2022 年 8 月，国务院国资委印发《中央企业合规管理办法》，对中央企业进一步深化合规管理体系建设提出更加明确、刚性约束更强的要求。国务院国资委将 2022 年确定为中央企业的“合规管理强化年”。《中央企业合规管理办法》发布之后，各省相继颁发省属企业合规管理办法。如海南省国资委于 2022 年 11 月 14 日发布《海南省属企业合规管理办法》；江苏省国资委于 2023 年 2 月 14 日印发《省属企业合规管理办法》；上海市国资委于 2023 年 9 月发布第二批《合规管理系列指南》并开展培训宣贯。①

除监管部门发布的规范以外，我国还建立了一系列企业合规管理标准体系。国家市场监督管理总局与国家标准化管理委员会于 2022 年 10 月 12 日发布了《合规管理体系要求及使用指南》（GB/T 35770－2022），国家知识产权局于 2023 年 8 月 6 日发布了《企业知识产权合规管理体系要求》（GB/T 29490－2013）。这些标准体系为企业的合规机制建设提供了参照范式和设立逻辑，有助于企业根据自身情况建立合规机制。

二、着力提升企业涉外合规重点领域监管水平

（一）进一步强化数据合规管理与行政执法

目前，国家在数据安全、隐私保护方面均加大了监管力度，出台了一系列数字经济领域审查和监管措施，数字经济企业需格外关注数据出境安全等方面的合规风险。在《网络安全法》《数据安全法》《个人信息保护法》等法律框架下，我国对数据流通的监管进一步加强。2023 年 2 月，国

① 参见《市国资委制发第二批〈合规管理系列指南〉并开展培训宣贯》，载上海市国资委网 2023 年 9 月 28 日，https：//www. gzw. sh. gov. cn/shgzw_ fzjs_ zcjd/20231027/df265e1fbc5e4a6f9088b9527ff4ad04. html。

家互联网信息办公室发布《个人信息出境合同标准合同办法》，要求通过订立标准合同的方式开展个人信息出境活动，并发布了标准合同。

2022 年 7 月 21 日，国家互联网信息办公室依据《网络安全法》《数据安全法》《个人信息保护法》《行政处罚法》等法律法规，对滴滴全球股份有限公司处人民币 80.26 亿元罚款，对滴滴全球股份有限公司董事长兼 CEO 程维、总裁柳青各处人民币 100 万元罚款。[①] 2023 年 11 月，因三家企业违反《数据安全法》未履行数据安全保护义务，其部署的 Elastic-Search 数据库存在未授权访问的情形漏洞，造成部分数据泄露。北京市网信办对三家企业作出了行政处罚。[②]

（二）加快完善现代化出口管制体系

为深入贯彻党的二十大精神，坚持总体国家安全观，统筹发展和安全，统筹开放和安全，提升出口管制治理效能，2023 年 2 月，商务部发布了《商务部办公厅关于进一步做好两用物项出口管制工作的通知》，要求各省级商务主管部门积极推动辖区内的两用物项出口经营者，及时建立健全两用物项出口管制内部合规制度，对可能面临的出口管制风险进行全面评估，主动识别敏感用户、敏感用途等易发生违规风险的业务环节，提升对境外实体非法采购的警惕性，从而有效防范和化解贸易风险。[③] 2023 年 7 月 31 日，商务部、海关总署、国家国防科工局、中央军委装备发展部联合发布了关于无人机出口管制的两个公告。为促进国际经贸合作创造积极条件，完善技术贸易管理具体举措，2023 年 12 月 21 日，商务部会同科技

---

① 参见《国家互联网信息办公室对滴滴全球股份有限公司依法作出网终安全审查相关行政处罚的规定》，载国家互联网信息办公室网 2022 年 7 月 21 日，https：//www. cac. gov. cn/2022 –07/21/c_ 1660021534306352. htm。

② 参见《北京市网信办对三家企业未履行数据安全保护义务作出行政处罚》，载国家互联网信息办公室网 2023 年 11 月 1 日，https：//www. cac. gov. cn/2023 –11/01/c_ 1700496816092707. htm。

③ 参见《商务部办公厅关于进一步做好两用物项出口管制工作的通知》，载商务部网 2023 年 2 月 13 日，http：//cys. mofcom. gov. cn/article/al/202302/20230203384654. shtml。

部修订发布《中国禁止出口限制出口技术目录》（商务部、科技部公告2023年第57号），从此次新增条目涉及的领域可看出，我国对高新技术的监管趋向更加严格。

为了实现出口管制制度更加完善、管理更加科学，2023年9月，商务部向天津市、河北省、上海市、江苏省、福建省、山东省、广东省、海南省商务主管部门发布通知，要求在部分自由贸易试验区开展两用无线出口管制相关试点工作，通过自贸试验区的试点工作，发挥示范引领作用，试验效果好的新办法。①

（三）促进企业建立完善知识产权管理体系

2023年6月，中国知识产权研究会发布《2022年中国企业在美知识产权纠纷调查报告》，该报告指出，中国企业在美知识产权诉讼新立案共986起，较2021年增长14.39%，总体持续上涨。在美纠纷共涉及中国企业9569家次，较上年增长75.06%，其中98.16%的中国企业为被告。从诉讼的结果来看，分别有63.39%的专利诉讼和50%商业秘密诉讼以和解撤案结案；而商标诉讼中有74.56%的被告因缺席应诉而被判败诉。在已结案的商标诉讼案件中，我国企业获得的最有利结果即为与对方和解。大多数企业缺席应诉被判决败诉，缺席判决案件114起，占比78.62%。平均判赔金额为9.4万美元。②

2023年8月6日，国家市场监督管理总局、国家标准化管理委员会发布了由国家知识产权局组织起草、国家知识管理标准化技术委员会归口管理的《企业知识产权合规管理体系要求》（GB/T 29490－2023），该标准于2024年1月1日正式实施。该标准是对《企业知识产权管理规范》

---

① 参见《商务部关于在部分自由贸易试验区开展两用物项出口管制相关试点工作的通知》，载商务部网2023年9月6日，http：//cys. mofcom. gov. cn/article/zcgz/gzgf/202309/20230903438283. shtml。

② 参见《中国知识产权研究会发布〈2022年中国企业在美知识产权纠纷调查报告〉》，载中国知识产权研究会网2023年6月29日，http：//www. cnips. org. cn/a18319. html。

（GB/T 29490－2013）的一次修订，突出了标准的合规属性，为企业建立完善知识产权管理体系，防范知识产权风险，实现知识产权价值提供了参照标准。[①]

三、企业涉外合规治理的创新实践

（一）国资央企积极构建涉外合规组织体系

按照《中央企业合规管理办法》规定，董事会是合规管理的最高决策机构，董事会授权合规管理委员会负责组织领导和统筹协调合规管理。此外，该办法要求中央企业应当结合实际设立首席合规官，领导合规管理部门组织开展相关工作。在国资监管机构的强化下，中央企业逐步完善合规组织建设，大量中央企业设立首席合规官，总法律顾问和首席合规官制度全面深化，由业务部门、法律合规部门、监督部门构成的合规管理“三道防线”作用有效发挥。

在全球市场竞争中持续强化企业合规已成为新趋势，我国中央企业的合规管理不断得到强化。新华社 2023 年 3 月 15 日报道指出，截至报道时，已有 68 家中央企业集团和 631 家重要子企业设置了首席合规官，全系统合规管理人员超过 2.8 万人，成为央企合规管理工作的一大亮点。[②] 根据《经济日报》2023 年 3 月的统计，近七成央企已设首席合规官。[③]

（二）加大力度培养企业涉外法治人才

为加大涉外法治人才培养力度，各地纷纷出台涉外法治人才培养方案。2023 年 6 月 2 日，北京市司法局印发了《北京市百名高端涉外法治人

① 参见《〈企业知识产权合规管理体系要求〉（GB/T 29490－2023）国家标准解读》，载国家知识产权局网 2023 年 9 月 5 日，https：//www. cnipa. gov. cn/art/2023/9/5/art_ 66_ 187235. html。

② 王希：《近 7 成中央企业集团总部已设立首席合规官》，载新华网 2023 年 3 月 15 日，http：//m. news. cn/2023－03/15/c_ 1129433199. htm。

③ 周雷：《近七成央企已设首席合规官》，载经济网 2023 年 3 月 21 日，https：//www. jingji. com. cn/html/industry/zixun/292816. html。

才培养方案》;[①] 为深入贯彻落实全面依法治国基本方略和人才强国战略，更高质量推进法治国企建设，上海市国资委制定了《市国资委监管企业法治人才培养工作方案（2023—2025 年）》，提出涉外业务较多的企业要建立涉外法治人才体系，制订国际化法治人才储备计划，培养高端复合型法治人才。[②]

中央企业为了防范海外经营合规风险，提升合规管理人员履职水平，也进一步加大培训力度，为企业涉外经营提供法治人才保障。例如，2023 年 7 月 3 日至 7 日，中国建筑集团有限公司举办第一届首席合规官（总法律顾问）履职培训班，进一步提高首席合规官（总法律顾问）履职能力，推动合规管理由形似向形神兼备升级。[③]

① 参见《北京市司法局关于印发〈北京市百名高端涉外法治人才培养方案〉的通知》，载北京市人民政府网 2023 年 6 月 2 日，https：//www. beijing. gov. cn/zhengce/zhengcefagui/202308/t20230815_3222638. html。

② 参见《上海市国资委制订企业法治人才培养工作方案》，载国务院国有资产监督管理委员会网 2023 年 9 月 1 日，http：//www. sasac. gov. cn/n4470048/n16518962/n20648677/n20648717/c28757532/content. html。

③ 参见《中国建筑举办第一届首席合规官（总法律顾问）履职培训班》，载国务院国有资产监督管理委员会网 2023 年 7 月 27 日，http：//www. sasac. gov. cn/n4470048/n16518962/n20648677/n20648712/c28482501/content. html。

第五章　涉外法治人才培养

第一节　涉外法治人才协同培养创新

一、“两办”文件关于涉外法治人才培养的总体部署

2023 年 2 月，中共中央办公厅、国务院办公厅印发了《关于加强新时代法学教育和法学理论研究的意见》，并发出通知，要求各地区各部门结合实际认真贯彻落实。该意见明确了新时代法学教育和法学理论研究的指导思想、工作原则、发展目标和重点任务。该意见要求优化法学学科体系。完善法学学科专业体系，构建自主设置与引导设置相结合的学科专业建设新机制。该意见特别提出“完善涉外法学相关学科专业设置，支持能够开展学位授权自主审核工作的高等学校按程序设置国际法学相关一级学科或硕士专业学位类别，支持具有法学一级学科博士学位授权点的高等学校按程序自主设置国际法学相关二级学科，加快培养具有国际视野，精通国际法、国别法的涉外法治紧缺人才”。国务院学位委员会发布《急需学科专业引导发展清单（2022 年）》，将“涉外法治”列入其中；发布《研究生教育学科专业简介及其学位基本要求（试行版）》，将国际公法、国际私法、国际经济法恢复为法学二级学科。

二、涉外法治人才协同培养创新基地建设

2023 年 3 月，为贯彻落实党中央、国务院关于加快推进涉外法治人才

培养工作的决策部署，根据《教育部关于加快高校涉外法治人才培养的实施意见》要求，教育部经商中央依法治国办，开展了涉外法治人才协同培养创新基地建设工作，目的是聚焦国家涉外法治战略需求，在国际组织法律人才、涉外立法执法司法人才、涉外法律服务人才等重点领域，培育建设一批高水平涉外法治人才协同培养创新基地，深化涉外法治人才培养模式改革，着力造就涉外法治拔尖创新人才。2023 年 12 月，教育部办公厅、中央依法治国办秘书局联合发布《关于公布涉外法治人才协同培养创新基地（培育）名单的通知》。入选名单的有中国政法大学、华东政法大学、中国人民公安大学、西北政法大学等 11 所政法类高校，以及北京大学、清华大学、中国人民大学等 40 所非政法类高校。

根据国际组织、涉外立法执法司法和法律服务等不同类型涉外法治人才的要求，各涉外法治人才协同培养创新基地（培育）所在培养单位，坚持特色化发展道路，大胆创新人才培养模式，包括但不限于：积极探索国际法一级学科体系，构建中国自主国际法知识体系、涉外法治体系；不断优化涉外法治人才培养方案，对培养目标、课程设置、学时安排、实践环节、毕业要求等作出明确的共性规定，又要有利于个性的特色发展；完善本硕博贯通培养机制；打造知识传授、能力养成和价值塑造并重的涉外法治人才培养体系。

第二节　“外语＋法律”复合型涉外法治人才培养模式探索[①]

2023 年 11 月，习近平总书记在主持二十届中共中央政治局第十次集

① 本节信息来源：曹志建，西南政法大学副教授；宋丽珏，华东政法大学教授；马彦峰，甘肃政法大学教授。

体学习时强调，“早日培养出一批政治立场坚定、专业素质过硬、通晓国际规则、精通涉外法律实务的涉外法治人才”。习近平总书记的重要讲话为高校涉外法治人才培养提供了根本遵循和行动指南。以政法院校为代表的许多高校在加强涉外法治人才法学专业知识培养的同时更加注重涉外法治所必需的外语能力培养，积极推进外语与法学复合型专业和课程建设，探索学科交叉发展，为涉外法治人才搭建更多的实习实践平台。

一、深化外语与法学复合型专业和课程改革

中国政法大学自2021年开始在多个专业实施涉外法治人才本硕贯通培养模式改革，其中法律英语实验班、法律翻译实验班、法律德语实验班每年分别招生60人、40人、20人，本科阶段在外国语学院学习，学制四年。英语（法律英语实验班）专业本科学习阶段综合考核排名前12名的学生、翻译（法律翻译实验班）专业本科学习阶段综合考核排名前8名的学生、德语（法律德语实验班）专业本科学习阶段综合考核排名前4名的学生通过学校推免生接收选拔后获得免试攻读本校研究生推荐资格。英语（法律英语实验班）专业和翻译（法律翻译实验班）专业的学生可攻读国际法学（国际法涉外法治人才实验班）或比较法学（国际化法治人才实验班【国别法方向】）学术型硕士研究生，德语（法律德语实验班）专业的学生可攻读比较法学（国际化法治人才实验班【国别法方向】）学术型硕士研究生，学制均为3年。在这三个专业实验班2023级培养方案中，外语与法学复合型课程占开课总数的53%，例如：法律英语精读、法律英语泛读、法律英语视听说、法律案例选读、英文法律文书写作、英美法律制度、美国知识产权法、法律术语翻译、法律翻译、法律专题口译、美国合同法、法律语言概论，等等。

西南政法大学自2020年开始开展“法学＋英语”双学士学位复合型人才培养项目，同年开始招生，招生规模保持在每年90人左右，选拔方式为从报考该项目的应届高中毕业生中按高考成绩进行录取。该项目致力

于通过跨学院、跨学科的方式，培养具有国际视野的涉外法治人才。依托西南政法大学丰厚的法学和外语教育教学资源，该项目紧密对接国家战略部署和社会人才需求，着眼于满足国家和地方对涉外法治人才的迫切需要，着眼于服务国家战略和地方发展，培养具备深厚法学素养和扎实英语能力的跨学科创新型涉外法治人才。2023 级培养方案中，法律外语融合性课程和项目制课程包括：英美法文献选读、英汉法律语言对比、中西法文化对比、英美国家法律制度、法律语言导论、法律翻译实务、法律文书写作、创新性论文写作等。

华东政法大学的英语专业（涉外法商方向）致力于培养具备在公安司法机关及海关、经贸、金融、教育等机构的涉外法律部门从事翻译、研究、管理、法律和外经贸实务等工作的实践能力和业务水平的涉外法治人才。2023 级培养方案中法商复合类课程包括民商法学通论、刑法学通论、诉讼法学通论、法律语言学、法律英语视听说、国际贸易理论与实务、法律翻译、涉外法律英语实务、法律与文学、美国文学与法律、法制与新闻等。

甘肃政法大学贯彻“新文科”理念，培育法律英语交叉学科，建设交叉复合型英语和翻译专业，培养法律英语、法律翻译人才。2021 年英语专业（法律英语方向）获批甘肃省一流本科专业建设点。2023 年持续优化英语专业（法律英语方向）人才培养方案，形成了“思政 + 英语语言 + 法律英语 + 法学 + 涉外法务实践”的“五位一体”课程体系，覆盖习近平法治思想概论、理解当代中国演讲、理解当代中国汉英笔译、综合法律英语、英美法案例宣读、民法、刑法、涉外法律实务等核心课程，为培养德才兼备的涉外法治人才提供课程保障。

二、促进“外语 + 法律”新兴交叉学科融合发展

2023 年多所政法院校外语学院依托本校法学优势，积极探索培养高素质法律翻译、法律外语人才、助力完善涉外法治工作的路径。

中国政法大学围绕“中外并蓄、法译兼修”的办学思路，以法律翻译为特色，通过系统、专业的法律知识学习和法律翻译训练使学生具备参与法治传播和涉外法律事务的能力，以及讲好中国法治故事的能力。华东政法大学外语学院积极推动融文化、融法学、融智能“一体三融”式教学转型，2023 年，成功申报了“法律与语言”交叉学科硕士学位点。甘肃政法大学打破学科壁垒，学院交叉联合培养涉外法治人才。甘肃政法大学通过建设“涉外法治人才协同培养创新基地（培育）”为契机，推动“法学 +”“英语 +”学科建设，促进法学院、外国语学院、涉外法治学院等学院学科交叉融合。

2023 年 11 月 24 日至 25 日，“第三届全国涉外律师培养与法律英语教学高端论坛”在甘肃政法大学本部文翰楼会议厅召开。该次论坛由中国仲裁法学研究会法律英语教学与测试专业委员会、甘肃省律师协会指导，甘肃政法大学外国语学院、涉外法治学院（国际交流学院）、甘肃省律师协会涉外法律服务专业委员会等单位联合承办。来自中国政法大学、中南财经政法大学、西北政法大学、山东政法学院、中国石油大学、安徽工业大学等全国几十所高校师生，以及来自北京霖理律师事务所、广东广信君达律师事务所、广东华商律师事务所（深圳）、甘肃合睿律师事务所等实务界代表共计 200 多人线下参加论坛。该次论坛深入贯彻习近平法治思想，面向国家战略发展需求，与会专家学者与涉外律师共同探讨涉外法律实务、涉外律师培养及法律英语教学的核心问题，助力国内涉外律师培养和法律英语教学的深入发展，提升涉外律师专业外语能力，推动法律英语学科专业发展，保障我国涉外法治事业行稳致远。

2023 年 10 月 13 日，第八届立格外语联盟峰会在西北政法大学长安校区成功举办，来自中国政法大学、西南政法大学、华东政法大学等 9 所联盟院校的外国语学院负责人出席该次峰会，并围绕习近平法治思想对外译介、中华优秀传统法律文化传播、涉外法治人才和法律翻译人才培养、新时代政法院校外语院系发展、中国法治对外传播话语体系构建等问题作了深入交流。

2023年9月24日，“讲好中国法治故事”暨法律翻译学科建设高端论坛在中国政法大学海淀校区成功举办。论坛以法律翻译学科的前瞻性发展为核心议题，对法律翻译在讲好中国法治故事、推动涉外法治建设、提升法治国际传播效能、对接国家战略需求中如何发挥更大的作用进行了深入研讨。来自中国外文出版发行事业局、司法部司法协助交流中心、中共中央党史和文献研究院、中国翻译研究院、复旦大学、北京师范大学、北京外国语大学、上海外国语大学、广东外语外贸大学、大连外国语大学、东北师范大学、黑龙江大学、《人民日报》、《中国翻译》等单位的领导和知名专家莅临该次论坛，为法律翻译学科建设与涉外法治建设融合发展提出了诸多建设性意见。

2023年5月28日，由中国政法大学发展规划与学科建设处与外国语学院共同主办的“外语+法律”新兴交叉学科融合发展高端论坛在中国政法大学海淀校区顺利召开。该论坛以外语与法律学科的融合与发展为核心议题，旨在推进涉外法治人才培养相关学科建设，站在新兴交叉学科融合发展的高度，创新探讨“外语+法律”复合型外语专业人才培养体系，推动国家涉外法治发展，服务中国法治国际传播、法治外交、对外开放等国家战略需求。来自中国外文出版发行事业局、清华大学、中国人民大学、北京外国语大学、上海外国语大学、四川外国语大学、西安外国语大学、对外经济贸易大学、北京航空航天大学、湖南师范大学、《中国外语》、高等教育出版社等单位的领导与知名专家齐聚一堂，深入交流，共同探索“外语+法律”交叉学科发展的前沿问题，分享了学科融合的实践经验和创新成果，从专业的视角为学科融合发展提出了建设性意见。

三、打造涉外法治实习实践平台

中国政法大学外国语学院积极开展法律翻译相关的实习实践基地和联合培养基地建设工作，先后与国家机关、中国外文局翻译院、海南国际仲裁院、海南省司法局、黑河市委组织部、知识产权出版社、法律出版社法律翻译与出版研发中心、联合国全球契约组织、各大律师事务所及多家企事业单位共建20个联合培养（实习实践）基地，由校内外导师共同指导学生，保障学生在校期间可获得法律翻译领域实习实践经历。与北京国际商事仲裁委员会、各大律所等单位合作，长期开展“法律人进课堂”、“职业人进课堂”和“职场观摩”等系列活动。定期开展“法律翻译人才培养研讨会”。讲座涵盖仲裁、知识产权、涉外法律服务等多个法律领域，涉及法律英语口译、法律翻译原则等翻译实务知识。此外，建立合同翻译案例库、同声传译案例库和国际商事仲裁实务案例库等，将理论与实践紧密结合，为学生提供了丰富的实战演练材料，使学生能够在学习中紧跟时代步伐，掌握最新的法律与翻译知识。目前，已形成课内教学与行业实践相结合的协同育人培养模式和为行业提供法律翻译咨询服务的产学研协作模式。

西南政法大学外语学院积极与法律实务部门、跨国企业、国际组织等开展合作，进行联合培养和实习基地建设，使学生在校期间即可接触实际法律业务，提升实践能力。通过校企合作，学生能深入了解法律实务操作流程和国际法律事务的实际运作模式。学院定期邀请律师、法官、企业法律顾问等实务专家来校授课，开展案例教学和实务讲座，扩充学生的实务经验。学院与多家知名涉外律所、跨国公司签订合作协议，建立稳定的实习基地，为学生提供丰富的实习机会。学生可以在实习期间参与国际合同的拟定、国际争端的解决等具体工作，积累宝贵的实践经验，为未来职业发展奠定基础。

华东政法大学组织翻译硕士生承担进博会志愿者工作、完成上海首部英文版公益诉讼办案纪实片翻译、担任蒙古国大使口译、担任第四届国际私法警政刑侦科学教育文化大会口译。团队继续承担教育部委托的域外教育法律多语翻译、上海市司法局“涉外法律翻译项目（多语种）”、世界银行营商环境指标翻译、世界人工智能大会法治论坛口笔译等工作。

甘肃政法大学强化实践育人环节，推动高质量升学就业。主动对接涉外律所、公检法司、翻译公司等单位，共建涉外法治人才培养基地。学生可以在兰州市安宁区法院、检察院等单位，以及华商律师事务所、盈科律师事务所等涉外律所开展为期 3 个月的实习实践，提高涉外法律应用能力。多名学生考取了国内外高校法律硕士学位。

此外，各个院校联合举办赛事，以赛促学、以赛促教，为涉外法治人才搭建展示平台，例如，全国法律英语大赛已举办 12 届、“华政杯”全国法律翻译大赛已举办 14 届，还有全国警务英语大赛、“和平杯”中国法律外交翻译大赛等。

据不完全统计，中国政法大学外国语学院现有本科毕业生 2795 人、研究生毕业生 443 人，约 47% 的毕业生正在从事法律或法律相关领域工作。西南政法大学外语学院毕业生近 50% 在法律领域工作，从事法律相关工作，包括公检法司安等国家政府机关工作人员、律师、企业法务人员、合规审查人员等。华东政法大学英语、日语、德语及翻译专业本科生中 65% –75% 出国和读研的学生选择法学专业继续深造，30% 的研究生毕业就业方向为政府司法机关和涉外法律服务机构等。

第三节 中国政法大学涉外法治人才培养模式新发展

一、国际法学院“法学 + 英语”涉外法治人才跨高校联合培养模式

（一）现有基础

当前，世界百年未有之大变局加速演进，我国前所未有接近国际舞台中心，需要提升我国在国际法律事务和国际治理方面的话语权和影响力。

为此，2021 年《教育部关于加快高校涉外法治人才培养的实施意见》（教高〔2021〕3 号）提出“深入贯彻习近平总书记关于教育的重要论述和习近平法治思想，落实立德树人根本任务，着力创新涉外法治人才培养机制，加快培养具有国际视野、家国情怀、通晓国际规则、能够参与国际法律事务、善于维护国家利益、勇于推动全球治理体系变革的高素质涉外法治人才，为统筹推进国内法治和涉外法治，更好维护国家主权、安全、发展利益提供强有力的人才智力支撑”。

作为“中国法学教育的最高学府”“中国人文社会科学领域的学术重镇”的中国政法大学，在 70 多年的办学历程中，学校为国家培养了各类优秀人才 30 多万人。进入新时代后，中国政法大学充分认识加强涉外法治人才培养的重大意义，建立以实践为导向的涉外法治人才培养机制，主动服务国家战略，为提升我国在国际法律事务和全球治理方面的话语权和影响力作出积极贡献。

中国政法大学国际法学院作为学校培养涉外法治人才的主力军，近年来，以“加强涉外法治专业人才培养”为己任，踔厉奋发，通过多维度的改革与创新，在培养模式、实习实践、教学改革等方面均有积极进展与显著成效。

1. 改革完善既有金牌项目：“涉外法律人才培养实验班”

自 2013 年起，中国政法大学国际法学院开设“涉外法律人才培养实验班”，旨在培养本专业懂法律、懂经济、懂外语的厚基础、宽口径、高素质、强能力的国际化应用型、复合型人才。学生择优录取，以“精英班”的方式予以专门课程的培养。这一项目在全国范围内已具示范作用，属于培养涉外法律人才的金牌项目。很多实验班的学生目前已成为涉外法律人才，投入我国涉外法治事业。

为了进一步满足我国培养高层次涉外法治人才的需求，国际法学院对实验班的学制进行了完善。每年我校从实验班中选拔 30 人，以推免方式进入法大攻读国际法专业硕士学位。本硕连续培养可以实现涉外法律人才的全过程培养，让最合适、最优秀的学生安心在培养轨道上持续积累知识、锤炼涉外法律应用能力。

2. 探索中外合作新模式："中国政法大学—圣路易斯华盛顿大学的双硕士学位"

涉外法治人才的培养需要为学生提供国际化的师资队伍，以及跨国法律体系的沉浸式学习机会。为此，2020 年，中国政法大学开设了中美合作中国政法大学—圣路易华盛顿大学的 1 + 1 + 1 双硕士学位项目。在该项目下，学生第一年在中国政法大学完成国内课程和法律英语的学习，第二年在圣路易华盛顿大学完成法学院一年的课程并获得美国法学硕士学位（LL. M.），第三年回到中国政法大学，在国内老师的指导下完成硕士论文的撰写，顺利毕业后获得中国政法大学法学硕士学位。该项目为国内具有创新性、独特性、领先性的尝试。该项目的学生在英语能力、跨文化交流、域外法研究方面已展现出明显优势。

（二）从涉外法治人才培养"精英班"到涉外法治人才培养"精英模式"的转变

早在 2013 年，中国政法大学就已开设实验班，旨在培养本专业懂法律、懂经济、懂外语的厚基础、宽口径、高素质、强能力的国际化应用型、复合型人才，招生方式包括普通高考招生和自主招生录取。中国政法大学一开始就认识到涉外法治人才本身就是一个更为精英的法律职业群体，一直以来，中国政法大学都从入学的法学专业学生中挑选最优秀的苗子培养，采用小班教学，在一定程度上来说，实验班堪称"精英班"。

2017 年 5 月 3 日，习近平总书记考察中国政法大学对法治人才培养时发表重要讲话。在贯彻落实总书记讲话精神过程中，中国政法大学对涉外法治人才培养有了更深的使命感，进一步意识到，涉外法治人才更多的是需要拥有跨文化交流的经验以及充足的外语能力，外语素养在涉外法治专业人才培养中具有基础性先导地位。这里的"精英"首先要"精通英语"。经过充分筹备，从 2020 年开始，中国政法大学根据国务院学位委员会印发的《学士学位授权与授予管理办法》设计了“法学 + 英语”涉外法治人才培养联合培养新模式，即联合北京外国语大学，进行强强联合、优势互补，积极培养既能熟练运用英语语言，又掌握坚实法学理论基础，具有国际视野、熟悉国际规则与英美国家法律规则的复合型、应用型、创新型、国际型的高端涉外法治人才。

“法学 + 英语”培养涉外法治人才联合培养项目的落地实施，就是中国政法大学贯彻落实习近平总书记考察中国政法大学时讲话精神的具体成果，中国政法大学的涉外法治人才培养完成了从“精英班”到精英培养模式的重大转变，是中国政法大学在培养高端涉外法治人才方面走出的坚实一步。

（三）涉外法治人才联合培养模式实施举措

中国政法大学拥有我国法学 A + 学科，北京外国语大学拥有外语 A + 学科。涉外法治人才联培项目是我国法治人才和外语人才培养的顶级一流院校的合作项目，借助两个 A + 学科的深度融合，尝试为中国涉外法治人才培养探索一条新路，进而深度服务国家战略急需。2021 年 5 月，根据《教育部关于加快高校涉外法治人才培养的实施意见》相关精神，两校开始共同实施涉外法治人才联合培养项目（以下简称联培项目），采取了联合党建、联合管理、联合培养、联合教研、联合指导的措施。

1. 联合党建实践育人

两校负责项目实施学院在党、团、学方面进行深度合作。随着两校在管理和人才培养工作的深度融合。2023 年 7 月，两校再次启动联合党建工作，开展实践育人，以“新疆行、中国心、世界情”为主题，首次开展研学之旅，包含“观世界文化遗产，体味历史光辉”“访红色乡村，学团结精神”“追寻总书记足迹：铸牢中华民族共同体意识”等内容。研学活动对于深入了解国情、厚植家国情怀、深度理解边疆治理、筑牢民族团结具有重要的现实意义。

2. 联合管理深度协同

联培项目建立了常态化沟通交流机制，由两校教务处牵头，分别成立联合学位管理委员会，共同成立学生管理联合工作组、共同制定联合学位“实施方案”和“实施管理办法”。通过建立定期和不定期沟通机制，成立校级、院级对应管理机构，协同育人。

3. 联合培养双校育人

项目具体承办学院为北京外国语大学北外学院（英语专业）与中国政法大学国际法学院（法学专业），通过高考招生，2021—2022 年每年两校各招生 15 人，自 2023 年起，北京外国语大学拟每届招生 30 人。

项目采用“1 +1 +1 +1”的培养模式：学生第一学年在学籍所在学校学习，第二学年集中在北京外国语大学学习，第三学年集中在中国政法大学学习，第四学年回学籍所在学校学习。学生本科毕业后，成绩合格者，可以直升中国政法大学攻读国际法硕士学位。

4. 联合教研跨界合作

联培项目实现“新文科”专业深度融合，创新教学方法，加强课程思政，注重国际化实习实践，重点培养学生思辨和研究能力。注重双方协同，共同建设涉外法治微专业，并在条件具备的基础上实施联合教研室，将语言能力培养与涉外法治所需要的多元知识结构进行整合，形成在国内具有广泛影响的“英语 + 法学”深度交叉融合的课程体系。

此外，借助两校合作的平台及北京外国语大学“双一流”重大标志性项目等，中国政法大学国际法学院北京外国语大学北外学院、法学院多次开展教学科研座谈会，就联合申报课题、建设涉外法治研究及实践基地、搭建科研育人平台等开展多次深度交流座谈，在以研促学促教方面开展深度合作。

5. 联合指导追求卓越

两校挖掘优秀的语言及专业导师资源，实行“双导师制”，分别由中国政法大学与北京外国语大学配备语言导师和法学导师。实施“双辅导制”，两校分别配备专门辅导员负责学生的思想政治教育、职业规划指导、日常管理、学生安全等工作。此外，两学还在制度、经费及场地等方面为联培项目提供坚实保障。

（四）改革成效

在上级部门大力支持和指导下，涉外法治人才联培项目自 2021 年成功申报并开始招生，经过三年建设，取得了显著成效。

1. 生源素质高，人才培养成效显著

以前的涉外法治人才培养存在短板，培养出来的人才存在明显的知识结构缺陷。第一，知识体系以国内法律知识为主，国际法、国别法及法律相关学科知识欠缺，不具有解决涉外法律问题的充足知识储备；第二，处理涉外法律事务的能力不足，包括语言能力、思辨能力、专业沟通表达能力和理论结合实践能力等；第三，对跨国事务、国际形势了解不足，对人类社会历史发展的多样性认识不足，导致看待问题缺乏国际视野。就国际法专业的涉外法治人才而言，要么法律知识不错，但受到外语应用能力的严重制约；要么外语不错，但法律技巧远远不敷需要。

联培项目学生高考成绩普遍较高，生源素质优秀。针对以前涉外法治人才培养的短板，联培模式在提高涉外法治人才的外语水平、养成国际视野等方面，发挥了不可替代的作用。学生入学后学习态度端正，班级学习氛围浓厚，普遍成绩优良，项目整体教学效果良好。毕业前学生有资格参加全国专业英语八级考试和全国统一法律职业资格考试，多数学生可以通过考试。

2. 推动新文科建设，开创复合型人才培养新模式

联培项目是践行新文科建设的标志性场域，以人才模式创新与改革为核心，带动跨学科培养方案、课程教学、教学方式、教学管理、教学评估和教学研究的发展，开创了跨校跨学科复合型人才培养模式，在全国法学类、外语类高校发挥了示范效应。

2022年，中国政法大学申报的“新时代涉外法治人才协同培养体系的创新与实践”获得北京市教学成果奖（高等教育）特等奖和教育部国家级教学成果奖（高等教育）二等奖。2023年，北京外国语大学申报的“多语种人才全球胜任力培养的北外模式”获得国家级教学成果奖（高等教育）一等奖。

3. 拓展实习实践机会，学以致用

涉外法治人才未来从事的工作具有高度实践性，很多知识只有在实践中才学得到，而经验更是要在实务中积累。针对涉外法治人才培养对实习实训的特殊要求，中国政法大学不断稳固国内的涉外机构的实习项目外，积极开拓学生在国际组织的实习项目，如世界银行集团的国际金融公司、联合国法律处、粮农基金、海牙国际私法协会、统一私法协会、亚非法协，增加了学生的实习机会。

（五）存在问题

1. 在国家涉外部门实习历练机会难得

虽然学生的实习实训机会大大增加，但是就目前而言，出于保密等考虑，学生都缺乏在涉外法律实务部门的实习机会，尤其缺乏在外交外事部门、商务部门以及其他涉外部门的实习和历练机会，使他们在未来直接从事维护国家主权、安全和发展利益工作方面的准备不足，尚需突破。

2. 资源不足

对于定位在高层次的涉外法治人才培养相对于通常的法律人才培养，不仅其有关政策要求、培养模式和方法有所不同，而且在条件保障、资源配置上又会有不同的要求。因为这类人才培养不但对师资的专业能力和实践经验都要求很高，而且投入多，周期长，成本高，而目前国家专门为涉外法治人才培养投入的资源严重不足，这一问题亟须解决。

附：

中国政法大学涉外法治人才实践能力培养例证

——国际模拟法庭

涉外法治人才培养目标之一是学生具有很强的实践意识和实践能力，实现这一目标的可行路径是模拟法庭大赛。2023 年，中国政法大学代表队在著名的国际模拟法庭大赛中取得了多项历史性最好成绩。

一、杰赛普全球季军

杰赛普国际法模拟法庭大赛（Philip C. Jessup International Law Moot Court Competition）由美国国际法学生联合会（International Law Students Association）主办。该赛事自 1959 年首次举办以来，至今已有 64 年的历史，是目前国际上规模最大、历史最悠久的专业性国际法模拟法庭，被誉为国际法学界的“奥林匹克竞赛”。每年吸引着全球顶级的法学院校参与。该项赛事模拟国际法院的诉讼过程，涵盖的领域极其丰富，赛题撰写紧跟国际热点，极具实践意义。

2023 年 4 月 8 日至 15 日，第 64 届杰赛普国际法模拟法庭大赛在美国华盛顿哥伦比亚特区举行。受新冠疫情影响，该届大赛是四年来首次线下比赛，世界 100 多个国家和地区的近 700 所大学经过区域赛的角逐，最终有 138 支队伍进入国际赛，参赛学校之多创历史新高。

中国政法大学代表队继续由国际法学院兰花副教授担任教练，由 2019 级 4 名本科生和 2022 级 1 名国际公法研究生担任队员。经过长达半年的艰苦训练，中国政法大学代表队在有 58 支参赛队伍的中国大陆赛区选拔赛中荣获全国季军、最佳书状奖，两名队员分获全国第 6 名和第 8 名最佳辩手奖，成功包揽所有类别的奖项并顺利晋级国际赛。

在国际赛上，中国政法大学代表队初赛轮取得4场全胜，直接晋级三十二强高阶轮。在高阶轮比赛中，中国政法大学代表队又以绝对的优势晋级全球半决赛。基于赛事规则——最终决赛不能由来自同一个赛区的两支队伍对阵，因此半决赛在中国政法大学代表队和北京大学代表队中展开，最终中国政法大学代表队获得全球季军。

这一成绩打破了沉睡三十多年的中国赛队国际赛记录，同时打破了中国赛队在国际赛的“玻璃天花板”，取得历史性突破。

二、国际空间法模拟法庭冠军

曼弗雷德·拉赫斯国际空间法模拟法庭（Manfred Lachs Space Law Moot Court Competition）是由国际空间法学会于1992年始创的年度性世界级模拟法庭大赛，比赛以著名国际法学家、国际法院任期最长的前大法官曼弗雷德·拉赫斯（Manfred Lachs）命名。截至2023年，该大赛创办已满32年。其因每年的全球总决赛均由国际法院3位现任大法官出庭审理（在2023年的决赛中，3位大法官分别为来自斯洛伐克的Peter Tomka大法官，由其任主席，其余两名法官分别为来自中国的薛捍勤大法官以及来自巴西的Leonardo Nemer Caldeira Brant大法官）而成为当今国际领域规格最高，影响力最大的模拟法庭竞赛之一。

2023年10月2日至6日，第32届曼弗雷德·拉赫斯国际空间法模拟法庭在阿塞拜疆巴库顺利举行。在各国国内赛各自几十支赛队的竞争较量后，该年度的国际赛中共有来自全球数十所学校共77支赛队参与角逐，在该次举办的全球赛中，来自全球五大赛区的区域赛冠军同台竞技。经过预先轮次（Preliminary round），半决赛轮次（Semi – finals）、决赛轮次（Final），中国政法大学代表队由国际法学院唐雅老师担任教练，由2020级3名本科生担任队员，2019 级 3 名本科生担任学生教练，对阵空间法领域的老牌核心强校（曾多次闯入决赛夺冠的德国科隆大学代表队）决赛在阿塞拜疆最高法院公开进行，来自国际宇航大会参会的国际空间法学会、国际宇航科学院等组织大量权威专家学者列席现场观看。在 3 位国际法院大法官的审理之下，经过 70 分钟紧张刺激的庭辩，中国政法大学代表队最终夺得全球冠军以及最佳书状奖（将作为年度书状在 IISL 官网公布）。该次参赛成绩，不仅是国际空间法模拟法庭竞赛数十年以来中国赛队第一次冲出亚太赛区，也是中国赛队首次在英文模拟法庭的世界赛中夺冠，取得了重大的历史性突破。

三、涉外法治人才实践能力培养

中国政法大学代表队早在 2013 年 3 月 9 日至 12 日在阿联酋首都阿布扎比举行的第四届国际航空法模拟法庭比赛中就取得过冠军。国际航空法模拟法庭比赛由国际民航组织建议设立，由荷兰莱顿大学和印度 Sarin 法律基金会主办，是国际上唯一的航空法模拟法庭比赛，在国际航空运输领域有相当的影响，该项世界冠军是中国政法大学取得的首个最佳成绩。

此外，中国政法大学代表队参加的国际模拟法庭比赛还有以下几个：

1. 中国国际海洋法模拟法庭竞赛（英文）

中国国际海洋法模拟法庭竞赛（英文）是全球首个英文国际海洋法模拟法庭竞赛，比赛模拟国际海洋法法庭（ITLOS）的案件审理程序，以英文为竞赛语言，邀请国际海洋法法庭法官、国家相关部委高级官员及国内外知名专家学者等担任评审。在中国海洋法学会、武汉大学中国边界与海洋研究院举办的 2023 年赛事中，中国政法大学代表队蝉联该届竞赛的全国冠军并包揽申请方最佳诉状、申请方和答辩方最佳辩手以及最佳教练奖（刘冰玉副教授）在内的全部单项奖项。

2. “中国—加勒比海”国际法模拟法庭竞赛

“中国—加勒比海”国际法模拟法庭竞赛是中国政法大学与西印度大学凯夫希尔分校共建的校际交流活动，于2017年首次在巴巴多斯成功举办，竞赛语言为英语，旨在加强中国政法大学与加勒比海国家的交流，助推中国政法大学国际化建设与涉外法治人才的培养。2023年11月4日至10日，第五届“中国—加勒比海”国际法模拟法庭竞赛在巴巴多斯顺利举行，中国政法大学代表队荣获优胜奖与最佳辩手奖。

3. 中国高校国际人道法模拟法庭竞赛

中国高校国际人道法模拟法庭竞赛由红十字国际委员会东亚代表处主办，旨在在中国高校推广和传播国际人道法知识，自2006年开始已经举办了17届，每年针对世界时局焦点创造虚拟案例，以国际刑事法院预审分庭的确认指控阶段为语境展开，庭辩和书状均采用英文模式。2023年11月24日至26日，第17届中国高校国际人道法模拟法庭竞赛在苏州大学王健法学院举行。该届竞赛共有来自北京大学、清华大学、中国政法大学、吉林大学、西南政法大学等60余支代表队参加，是国内参加高校数量最多的国际法模拟法庭竞赛之一。中国政法大学代表队表现优秀，最终荣获全国一等奖、全国四强、控方最佳书状第二名、初赛辩方最佳辩手第二名等多项荣誉。

2023年度模拟法庭赛事不限于以上介绍，中国政法大学国际法学院当之无愧是“模法大院”，也涌现了多位知名“魔法”教师，他们兢兢业业连续多年指导学生，不断突破，能取得斐然成绩绝非偶然。中国政法大学代表队取得的优异成绩，验证了中国政法大学模拟法庭训练模式的成效，充分展现了中国政法大学涉外法治人才培养成果，拓展了中国政法大学在各赛事的声誉与影响力。而中国政法大学往届比赛队员也受益良多，多人进入国际知名高校深造，或入职部委条法司、国际组织与顶尖律师事务所，他们的学习能力与工作能力得到普遍认可。

这些成绩是中国政法大学贯彻习近平总书记关于涉外法治和涉外法治人才培养的指导精神的成果，这些成绩的取得离不开中国政法大学校领导和教务处、研究生院等部门持续多年的全方位支持，期待中国政法大学以及全国各大高校不懈攀登，躬耕法陌，继续在中国涉外法治人才培养的议题下再创新高。

二、中欧法学院涉外法治人才培养经验

中国政法大学中欧法学院成立于 2008 年，为教育部批准的第一家，也是目前唯一一家中外合作办学的法学院，是国内较早设立的专门致力于培养涉外法治人才的法学院。建院十五年来，在中国政府与欧盟共同支持下，中欧法学院已经成为中外合作办学的旗舰项目以及中欧在高等教育领域合作的典范。截至 2024 年年初，中国政法大学中欧法学院共计培养 1400 余名中国籍涉外法治人才。中欧法学院致力于提高涉外法治人才培养质量，优化涉外法治人才培养模式，力争为国家法治建设与涉外法治人才培养作出更大贡献。

（一）首创全国法科学生涉外法治人才综合性大奖赛

2023 年，中国政法大学发起创办我国涉外法治人才培养领域中首创、面向全国法科学生开放的综合性大奖赛——中国政法大学“中欧杯”全国法科学生涉外法治人才大奖赛。该比赛由中国政法大学中欧法学院承办，同时得到中伦律师事务所、中国政法大学教育基金会的支持。“中欧杯”涉外法治人才大奖赛旨在深入贯彻落实党的二十大精神及习近平总书记关于加强涉外法治专业人才培养的重要指示精神，服务党和国家战略需要，为我国涉外法治人才培养与成长提供一个寓人才培养于全英文法科赛事的

开放平台。“中欧杯”涉外法治人才大奖赛是中国政法大学涉外法治人才培养模式改革的一项重要内容，在全国涉外法治人才培养改革中具有标志性意义。

1. 参赛法学院的多样性

发起创办这次大奖赛，是涉外法治人才培养的新探索、校际法学教育交流交融的新纽带、服务国家涉外法治工作的新举措。① 2023 年 11 月举办的第一届“中欧杯”涉外法治人才大奖赛得到全国各大高校法科学生的广泛关注。经过资格审查，来自全国 56 所法学院系的 99 人符合进入初赛的资格。经过初赛选拔，来自全国 32 所法学院系的 48 名选手进入复赛。2024 年 5 月举办的第二届“中欧杯”涉外法治人才大奖赛，共有来自全国 74 所法学院系的 170 名选手进入初赛。经过中外专家评审，来自全国 39 所法学院系的 59 名学生脱颖而出，共聚北京进行最终角逐。

参赛选手来自清华大学法学院、北京大学法学院、中国人民大学法学院以及中国政法大学各大法学院等国内一流法学院系。“中欧杯”涉外法治人才大奖赛，展现了青年法科学生砥砺成才、致力于成为新时代涉外法治人才的积极形象。

2. 参赛裁判的多样性

“中欧杯”涉外法治人才大奖赛的裁判员均为具有涉外法治能力的专家学者或者实务届人士。第一届大赛的裁判员共计 38 人，其中，外籍裁判员 6 人，中国籍裁判员 32 人。第二届大赛的裁判员共计 42 人，其中，外籍裁判员 8 人，中国籍裁判员 34 人。大赛裁判员不仅有来自清华大学、北京师范大学、西南政法大学、暨南大学、中国政法大学的优秀教师，还有来自中伦律师事务所、盈科律师事务所、道可特律师事务所、竞天公诚律师事务所、环球律师事务所、北京嘉润律师事务所、世辉律师事务所、

---

① 韩中远等：《涉外法治人才培养的新探索　第一届“中欧杯”涉外法治人才大奖赛举办》，载中国政法大学法大新网 2023 年 11 月 28 日，https：//news. cupl. edu. cn/info/1011/39047. htm。

海问律师事务所、天元律师事务所、浩风律师事务所、美国威凯平和而德律师事务所驻北京代表处、法国德尚律师事务所驻北京代表处、英国富而德律师事务所驻北京代表处、高伟绅律师事务所驻北京代表处的优秀律师，更有来自梅赛德斯—奔驰（中国）投资有限公司的总法律顾问兼执行副总裁。

3. 社会关注度高

“中欧杯”涉外法治人才大奖赛的筹备期超过 3 年，受到了社会公众尤其是各大法学院及其师生的广泛关注。第一届比赛于 2023 年 8 月正式启动。截至 2023 年 12 月 12 日，第一届大赛共发布 17 条公告，中欧法学院官微的阅读总数达到 74, 690 次，参与大奖赛发起的微信投票人数共计 77, 685 次。截至 2024 年 5 月 31 日，第二届大赛共发布 21 条公告，中欧法学院官微的阅读总数达到 105, 796 次，参与大奖赛发起的微信投票数共计 100, 196 次。报道大赛的媒体包括央广网[①]、ChinaDaily[②]、中国青年报[③]、中国教育电视台[④]、中国教育报、中国社会科学网、法治日报、光明日报等多家媒体。其中央广网的浏览量达到 68. 2 万。

4. 赛制的创新性

国内现有的法科竞赛，主要是模拟法庭或者模拟仲裁。要成为一名优秀的涉外法治人才，学生需要发展综合能力，而不能局限于诉讼和仲裁。因此，大赛设计了不同的环节，综合考查选手们以纯英文方式应对涉外法治问题的综合能力。初赛采用法律英语演讲视频，复赛选手以纯英文方式参加模拟企业合规方案、模拟涉外谈判、涉外法律英语演讲以及模拟商事

---

① 王进文：《第二届中国政法大学“中欧杯”全国法科学生涉外法治人才大奖赛复赛在京开赛》，载央广网 2024 年 5 月 25 日，https：//apicnrapp. cnr. cn/html/share. html？id = 29224572。

② See *Understanding Languages*, *Customs is key to Global Approach*, CHINADAILY（June 3, 2024），https：//www. chinadaily. com. cn/a/202406/03/WS665cff17a31082fc043ca76e. html.

③ 杨洁、李思佳：《第二届“中欧杯”涉外法治人才大奖赛举办》，载中国青年报网 2024 年 5 月 26 日，https：//s. cyol. com/articles/2024 – 05/26/content_ gGj3NRhz. html？gid = VnDMvYk4。

④ 《以赛促学　培养涉外法治人才》，载中国教育电视台网 2024 年 5 月 27 日，http：//m. cetv. cn/p/509512. html。

仲裁等不同比赛环节。初赛阶段学生通过视频阐释一个法律概念，表现优异的学生晋级并到中国政法大学参加复赛。复赛包括模拟企业合规方案：分析一个复杂、困难的法律问题，制定策略并为客户提供法律建议。接着是模拟涉外谈判：学生拿到一个存在潜在纠纷的商事案例，他们必须与交易对手谈判。随后是涉外法律英语演讲：模拟涉外法治人才如何有效地为客户和合作伙伴解释法律问题。最后是模拟商事仲裁：考查学生的口头辩护能力。赛制的设计，旨在培养涉外法治人才的综合性能力。

5. 裁判反馈与选手经验分享

人才培养是推进涉外法治建设的基础和根本，加快培养涉外法治人才是新时代贯彻落实党和国家关于涉外法治工作战略布局的一项重要举措，在涉外法治建设中具有基础性、战略性、先导性地位。组委会在赛后组织裁判专访和获奖选手分享，讲述涉外法治人才成长故事。截至 2024 年 5 月，累计发布裁判专访稿件 2 篇，获奖选手分享 8 篇。第二届比赛，也特别安排裁判点评环节，帮助青年学子从涉外法治领域学者、专业人士处获得专业的指导。通过比赛和赛后分享实现以赛促学、以赛促教、以赛育人、促进人才培养的目的。

“中欧杯”涉外法治人才大奖赛致力于为全国法学院校的涉外法治人才提供同台竞技的平台，旨在促进法学院校进一步重视涉外法治人才的培养、激励法科学生成长为合格的涉外法治人才。

（二）推动中欧师生的双向交流

中欧法学院不断优化涉外法治人才的培养模式，使培养体系与国家战略充分对接。一方面，通过持续引进优质的教育资源，巧借外力进行涉外法治人才培养；另一方面，为全体硕士生提供赴欧学习的机会，帮助学生积累涉外法律知识、开拓国际视野、培养跨文化交流能力，提升涉外法治综合能力。

2023—2024 学年，共有 10 位欧方外教到中国政法大学昌平校区为中欧法学院硕士生授课。中欧法学院申请“中欧法学院涉外法治人才培养外专项目”，引进高端外国专家入境授课，最终获得科技部批准。依托该项目，德国汉堡大学的 Susan Wintermuth 教授于 2023 年 9 月至 12 月来华为硕士生授课 3 个月；荷兰马斯特里赫特大学的 Cornelis Hendrik VAN RHEE 教授于 2024 年 3 月来华授课 1 个月；法国斯特拉斯堡大学的 Alexis Vahlas 教授于 2024 年 4 月来华授课 1 个月。此外，中国政法大学中欧法学院欧方执行院长 Monty Silley 常驻中国政法大学。2024 年春季还有来自波兰克拉科夫雅盖隆大学、匈牙利罗兰大学、意大利博洛尼亚大学、德国汉堡大学等高校的短期外教共计 6 人在中国政法大学昌平校区授课。

2023 年 9 月，中欧法学院派出 91 名硕士生赴德国汉堡大学攻读欧洲—国际法学硕士学位。学生第一学期在汉堡大学法学院学习必修模块，第二学期的专业选修模块在 7 个合伙院校开设：德国汉堡大学、瑞典隆德大学、匈牙利罗兰大学、意大利博洛尼亚大学、荷兰马斯特里赫特大学、奥地利中欧大学以及中国政法大学。上述专业课程均为欧方高校面向国际学生开设的硕士项目课程。学生可以第一时间了解欧洲一流高校法学专业的发展动向。此外，中欧法学院鼓励学生赴国际组织实习。2023—2024 学年，中欧法学院 2021 级双硕士余珍赴位于瑞士日内瓦的联合国人权事务高级专员办事处进行为期 6 个月的实习。2023 级双硕士孙尚雯、2022 级双硕士梁诗琪赴位于美国华盛顿的世界银行进行为期 4 个月的实习。三位学生的国际组织实习均获得国家留学基金委的资助。2024 年 9 月，中欧法学院拟派出 92 名硕士生赴德国汉堡大学攻读法学硕士学位。

三、法硕学院涉外律师队伍培养模式的完善

（一）涉外律师队伍的培养模式

1. 培养目标

中共中央政治局 2023 年 11 月 27 日下午就加强涉外法制建设进行第十次集体学习，中共中央总书记习近平在主持学习时强调，加强涉外法治建

设既是以中国式现代化全面推进强国建设、民族复兴伟业的长远所需，也是推进高水平对外开放、应对外部风险挑战的当务之急。要从更好统筹国内国际两个大局、更好统筹发展和安全的高度，深刻认识做好涉外法治工作的重要性和紧迫性，建设同高质量发展、高水平开放要求相适应的涉外法治体系和能力，为中国式现代化行稳致远营造有利法治条件和外部环境。涉外律师队伍的培养当然应当服从于国家涉外工作战略布局，以维护国家主权、安全和发展利益为最高原则。涉外律师之“外”，应当全面覆盖世界各国和地区，既包括世界上的发达国家，又包括众多发展中国家，至少要涉及“一带一路”建设所辐射的国家和地区，尤其是主要投资目的地国家和地区。教育部、中央政法委发布的《教育部　中央政法委关于坚持德法兼修　实施卓越法治人才教育培养计划 2.0 的意见》提出，将培养一批“具有国际视野、通晓国际规则，能够参与国际法律事务、善于维护国家利益、勇于推动全球治理规则变革的高层次涉外法治人才”以及“熟悉‘一带一路’沿线国家法制的高素质专门法治人才”。2023 年，学院立足于新时代中国特色社会主义法治建设大局，继续遵循《教育部　中央政法委关于坚持德法兼修　实施卓越法治人才教育培养计划 2.0 的意见》这一具有很强的指导性、概括性和原则性的国家关于涉外法治人才培养的顶层设计培养涉外法治人才。

2. 培养类型

（1）涉外律师研究生项目。2021 年，教育部、司法部共同发布《关于实施法律硕士专业学位（涉外律师）研究生培养项目的通知》。该项目旨在为涉外法律服务机构和大型企事业单位法务部门培养一批跨文化、跨学科、跨法域，懂政治、懂经济、懂外语的德才兼备的高层次复合型、应用型、国际型法治人才，为建设一支法学功底扎实、具有国际视野、通晓国际法律规则，善于处理涉外法律事务的涉外律师人才队伍奠定基础。中国政法大学在接到通知后的第一时间成立了法律硕士专业学位（涉外律师）项目领导小组，由法律硕士学院负责实施该项目。2021 年，为切实落实该通知的要求，中国政法大学在完成教育部专项下达的 40 名学生招生任务之余，又增加 10 个计划用于涉外律师项目，当年共招收 50 名学生。2022 年，该项目进一步扩大招生规模，共招收 55 名学生。2023 年，司法部该项目结束，但学校决定该项目将继续进行，并在 2023 年招收 31 名学生。该项目在 2024 年继续招生，并在 2023 年 9 月通过推免计划已录取 25 人。

（2）国际仲裁研究生项目。2022 年，教育部、司法部共同发布《关于实施法律硕士专业学位（国际仲裁）研究生培养项目的通知》，下达 20 名学生的招生任务。该项目招生旨在完善涉外仲裁人才培养体系，力争培养一批法学功底扎实、具有国际视野、通晓国际仲裁法律制度的高层次应用型涉外仲裁人才，为打造一支坚定不移走中国特色社会主义法治道路的高素质专业化涉外仲裁人才队伍奠定基础。中国政法大学在接到通知后的第一时间成立了法律硕士专业学位（国际仲裁）项目领导小组，继续由法律硕士学院负责实施该项目，并于 2023 年招收 19 名学生。该项目在 2024 年继续招生，并在 2023 年通过推免计划已录取 5 人。

（二）涉外律师队伍的培养特色

1. 强化法律职业伦理教育

无论是涉外律师研究生项目的培养方案，还是拟订中的国家仲裁研究生项目培养方案，中国政法大学均将法律职业伦理作为必修课程设置。中国政法大学率先在全国设立法律职业伦理教研室，在涉外律师人才培养的法律职业伦理教育中发挥了重要作用。这既是多年法学教育实践经验的总结，也是适应涉外法治人才培养的新形势的需要。

涉外律师队伍的培养，必须改变过于片面强调学生法律知识和法律技能的做法，将知识技能传授与理想信念教育有机结合起来，切实落实法律职业伦理教育。需要注意的是，结合涉外律师未来工作的实际需要，在涉外律师队伍培养过程中还有必要探索开展法律职业伦理的比较教育，以开阔的国际视野了解和把握不同国家和地区的法律职业伦理规范要求。只有如此，在处理涉外案件时，才能够承受住来自法律职业伦理的考验，维护国家利益、当事人的利益和社会公平，在具体的案件中维护国家良好的法治形象；在面对国际法律争端时，才能坚守求同存异的原则与国际普遍认可的法律职业伦理，合理利用国际法现行规则，创造性地提出或运用法律积极促进地区争端的解决，从而推动国际合作项目的顺利实施，以维护我国国家利益和人类命运共同体。

2. 设置别具特色的课程体系

专业化与实务化既是涉外律师队伍培养课程体系的基本要求，又是课程设置应当具备的基本特征。培养涉外律师队伍，必须制订科学的培养方案，不断调整培养目标，完善课程设置。从对涉外律师人才的行业需求来看，所有的行业都需要涉外法律服务和支持。特别是建设工程、能源、金融、新闻传媒、体育、娱乐、医药、互联网信息产业等专业性强的行业，尤其需要既懂专业又懂外语的法律服务。从涉外律师的市场需求来看，专业化已经是必然的发展趋势，这就要求在制定涉外律师队伍培养目标时要与相关学科优势相结合，不能简单重复指导性培养方案的培养目标，而是应结合市场需求，培养真正的复合型涉外律师队伍。从不同类型的涉外法律事务来看，合同、知识产权、招投标、国际争议解决、劳动关系、移民事务、税务、信托、公司上市、资产重组、投融资等法律事务都可能涉及跨国法律问题。课程设置的专业化程度不够，往往容易导致人才知识结构的泛化。

为实现课程体系的专业化与实务化，中国政法大学在涉外律师研究生培养项目指导性培养方案基础上，结合学校师资、法学学科建设及法律硕士专业学位培养经验等实际情况，根据培养目标和人才需求，以政治与职业伦理、语言与跨文化交流、法学专业知识与跨学科知识、国际关系与国际规则以及处理国际法律实务能力等为维度，设置了别具特色的课程体系。课程主要分为学位公共课、专业必修课、专业选修课、专业方向课、实践教学与训练环节、补修课等模块，总计 77 学分。其中，专业必修课以法学基础理论和重要国内法、国际法为主，专业选修课以具体涉外部门法为主，专业方向课以两个培养方向为中心设置相关课程群，重在提升学生在相关领域的职业能力和素质，以期单位时间内实现良好的培养效果。2022 年，法律硕士学院在 2021 级涉外律师研究生项目学生学习情况调查基础上，结合学生和任课教师反馈的意见，组织多名具有留学背景及实务经验的专任教师成立工作小组，经过讨论、咨询专家意见等，对涉外律师培养方案中的部分选修课程进行了调整，主要涉及专业选修课和方向课，让课程设置更加合理并符合项目实际，修改后的培养方案适用于 2022 年和 2023 年招收的涉外律师项目学生。

国际仲裁项目培养方案以宽口径、重基础培养为原则，打造了内容较为全面、与国际接轨的特色课程体系，大部分基础课程与涉外律师项目共享，同时设置了体现仲裁特色的专业选修课和专业方向课，如仲裁法、国际商事仲裁（双语）、主要国际仲裁机构规则、国际仲裁经典案例研习、国际仲裁前沿讲座、国际商事调解等。

此外，为了强化学生的法律职业技能，中国政法大学在法律硕士专业学位学生的实践教学与训练环节中已经将法律诊所课程设置为必修课。在涉外律师队伍的培养过程中，这一环节的作用更不能小觑。在涉外律师研究生项目学生的培养过程中，鉴于当下涉外法律服务现状，涉外法律诊所当然不能仅仅以“法律援助”的方式进行，必须因地制宜，进行系统规划。例如，可以安排学生到开展涉外法律业务的律所，跟随执业律师参与实际案件处理过程，让学生在此过程中将课堂中学到的理论知识与法律职业技能加以实际应用，从而进一步树立法律职业伦理，强化法律基础与职业核心技能。在这方面，中国政法大学法律硕士学院近年来在法律专业学位研究生的实践教学改革中积累了丰富的经验，取得了明显的成效，涉外律师研究生培养项目也将从中受益。2022 年，克服疫情影响，2021 级涉外律师研究生项目学生通过线上或者线下的方式圆满完成了《法律诊所》课程的学习。2023 年，学院经征集学生建议、征询实务专家意见，分方向开设了跨境并购与投资、涉外知识产权、贸易合规与救济、国际仲裁以及涉外法律综合实务等6个涉外法律诊所，学生对诊所课程教学质量与效果的评价普遍较高。

2024年，学院拟继续结合学生、任课教师以及用人单位反馈的意见，继续修订涉外律师研究生项目培养方案、国际仲裁研究生项目培养方案，培养方案的修订和制订将继续深入体现课程体系的专业化与实务化特点。

3. 组建专门的师资队伍

培养涉外律师队伍离不开高素质的师资队伍。中国政法大学涉外律师研究生项目的师资队伍主要由三部分组成：一是高校校内专任师资；二是涉外法律实务部门资深专家；三是国际法律实务精英。

就专任师资而言，学院遴选校内外优质的法学专业授课师资和学位论文指导导师参与涉外律师研究生培养项目的教学和培养工作，为学生打下扎实的法学基础，培养学生的法律思维。其中，就外语教学方面，授课师资中不仅包括英语师资，还包括各类小语种师资。与此同时，学校和学院支持法学专业课教师参与涉外法律实务工作，到相关涉外法律实务部门挂职锻炼，增加法律实务经验，丰富教学内容，与课程教学更好衔接。

涉外法律实务部门的资深专家应当成为涉外律师研究生培养项目师资的重要组成部分。在涉外律师研究生培养项目的实施过程中，学校和学院选拔优秀的涉外法官、律师、企业法务等实务专家担任学生的涉外法律实务导师，并让其尽早参与学生的学业指导与职业生涯规划等，通过为学生开设专题讲座、讲授实务课程、提供涉外法律实务体验机会等，帮助学生更好地掌握涉外法律职业技能。

在“国际化”背景下，学校已经考虑将国际法律实务精英人才引入涉外律师研究生项目的培养过程并且其已经逐渐落实，如聘请国际仲裁机构仲裁员、世界顶尖律所律师、国际法院法官、国际组织雇员等，充实涉外律师培养的师资队伍，为学生提供更开阔的国际视野和高层次的职业生涯经验分享，帮助学生尽快找准自身未来的职业发展方向。

（三）培养涉外律师队伍的工作举措

1. 切实了解培养对象，动态跟踪培养效果

涉外律师队伍的培养成效有赖于培养对象的反馈，总结反馈有助于教学培养工作的反向促进。以中国政法大学为例，为切实了解培养对象，动态跟踪培养效果，学校每个学期都会针对涉外律师研究生培养项目开展专题调研。为保障项目实施的有效性，学院专门开展涉外律师项目学生状况问卷调查，对调查结果进行分析总结，提出整改措施，关注并解答学生关于专业学习计划、学位论文写作、职业生涯规划等问题，着力引导学生明确定位、科学规划。在课堂教学基础上，学院还有针对性地举办课堂外讲座、沙龙等活动，丰富学生的课余学习生活，开阔学生视野，提升培养效果。

2. 积极探索“国内—海外合作培养”机制

高级涉外律师人才不仅应当具有丰富的涉外法律实务经验，而且也需要具有开阔的涉外法律理论视野。因此，有必要在涉外律师培养机制中引入中外联合培养机制，将外语水平高的学生送到国外留学一段时间，以拓宽学生的理论视野，为涉外法律实务训练奠定相应的理论基础。通过这种理论与实务相结合、国内培养与国外培养相结合的培养机制，切实强化学生的涉外法律知识与实务能力素养，进而有效推进涉外律师队伍的“精英化”培养。

早在2012年，司法部、中华全国律师协会就研究制订了涉外律师领军人才培养计划，迄今已多批次组织律师先后赴德国、西班牙、美国、英国等国学习交流。这充分证明国内—海外合作培养的重要性。而针对学历教育层面的涉外律师人才培养，则应当加强与国外知名法学院、律所等法律机构的合作，完善涉外律师培养项目的联合培养机制。这一联合培养机制的内容可分为两点：一是学历教育；二是国际实习。海外留学经验将有助于学生的外语水平强化和国际视野拓展，有助于优化我国涉外律师人才

队伍的语言结构和涉外法律知识体系。学历教育层面应拓宽与国际高水平大学合作交流渠道，加强中外联合办学，积极推进教师互派、学生互换、课程互通、学分互认和学位互授联授等实质性合作。尽管2022年受到疫情影响，学校和学院也尽最大努力保持了与国际高水平大学的交流与合作。2023年8月，应阿联酋沙迦大学邀请，中国政法大学副校长常保国率团访问了沙迦大学并参加了“中资企业海外利益司法保护与涉外法治人才培养”学术论坛，法律硕士学院院长许身健作了题为涉外法治人才培养的主题发言。2021级涉外律师班学生杨启睿获德国法兰克福大学法律与金融研究所奖学金项目。2022级涉外律师班王政钰先后参加英国利兹大学暑期项目及日本名古屋经济大学院级交换生项目。2022级涉外律师班学生王依琳、孙菀徽分别参加英国班戈大学孔子学院线上冬令营和夏令营活动。2022级涉外律师班阳倩、张聪琦同学参与2023年10月22日学院主办的“法律职业伦理教学国际研讨会暨课程思政论坛”并在学生论坛做主题发言。

国际实习既是检验涉外律师队伍培养质量的手段，也是实现培养目标的重要环节。虽然国内涉外律所分支机构、涉外企业驻外机构实习对于学生来说很有必要，但毕竟接触的法律事务和领域有限，其在视野和层次上与国际法院、国际仲裁机构、世贸组织、国际保护知识产权协会、世界银行等国际组织的实习不可同日而语，因此，涉外律师队伍培养还应当包含国际组织实习这重要的一环。与国际组织层面的对接仅靠单个高校自身力量非常有限，需要从国家层面统筹规划，出台相关保障性政策制度，与各国际组织建立联系和沟通机制，为涉外律师项目提供绿色通道，为学生参与国际法律实习提供更多的机会。同时，考虑到可能受类似疫情等因素影响的实际情况，有必要建立灵活的“国内—海外合作培养”机制，如探索线上线下结合的授课模式等，一方面以此应对类似影响使部分师资尤其是国际师资不能线下授课的问题，另一方面有利于低成本解决国际交流、国际实习等必要环节资源不足的问题。

3. 打通法学院校与实务部门联合培养人才的工作机制

涉外律师队伍培养过程中，学校应当加强教学实践基地建设，重点联系律师事务所国外分支机构、大型国企驻外机构，加强涉外政府部门、涉外企业、涉外律师事务所和具备师资条件的高校之间的交流与合作，与涉外实务部门共同搭建培养平台，推动教学科研与司法实践有效对接，尽可能让优秀的涉外法律实务人员参与涉外律师培养方案的制订、课程体系的设计、教材的编写以及其他实务性专业教学工作，以满足涉外律师队伍培养在师资配备、课程建设、实习实践等方面的需求。

2022 年，为涉外律师研究生项目培养的需要，学院在原有具有涉外法律业务的律师事务所实习实践基地的基础上，继续增进与涉外律师事务所的交流与合作，扩大联合培养平台。同时，为确保 2023 年国际仲裁研究生项目的顺利实施，学院与 8 个涉外法律服务能力很强的仲裁机构签约，由这些仲裁机构作为联合培养单位。联合培养单位将参与招生方案设计、培养方案制订、导师指导、日常课程教学、接受培养院校学生在联合培养单位开展专业实习、学位论文指导等工作，这不仅便于国际仲裁研究生项目的有效落实，也可以进一步促进涉外律师研究生项目学生的培养。

2023 年 1 月 13 日，学院与浩天律师事务所在原有教学实践基地协议基础上，进一步签订涉外律师项目联合培养基地协议，明确双方将在该项目培养中进行深度合作。2023 年 5 月 29 日，学院与北京市第四中级人民法院签订教学实践基地协议，经双方协商，该法院的国际商事法庭主要接收涉外律师项目学生实习；2023 年 6 月 8 日，法律硕士学院与北京市人民检察院第四分院签订教学实践基地协议，北京市人民检察院第四分院在涉外重大民商事监督案件、跨境走私犯罪监督案件等方面的实务经验和研究成果都将为涉外律师项目提供丰富的实践教学资源。

学院为国际仲裁项目建立特聘导师队伍。2023 年 10 月，学院与中国国际经济贸易仲裁委员会、北京仲裁委员会、中国海事仲裁委员会协商，由三个仲裁委推荐本单位的资深在岗仲裁实务专家担任国际仲裁项目特聘导师，共聘任 13 位专家，其中包括仲裁委的副院长、业务骨干等。

4. 调整涉外律师和国际仲裁项目招生要求和复试标准

考虑到法律（非法学）专业生源的具体情况以及前两届涉外律师录取学生的在校学习情况，为了更好地保证两个项目学生的培养质量，2023 年的推免招生中，学院向研究生院请示，经学校招生领导小组同意，调整了招生政策，两个项目不限制推免生招生比例，推免未招满的名额再在统考中招录。推免生申请要求具体为：国内综合性大学及外语类高校的英语及相近专业（英语翻译、商务英语、法律英语等）在校大四学生；本科期间专业成绩优异，已经获得学校的推免资格或者可能获得推免资格；原则上要求英语专业四级优秀或者专业八级通过，或者提供其他能够证明较高英语水平的材料或者证书。

在推免复试中，两个国际项目的复试单独组织，英语复试采用不同于普通法律（非法学）的复试题目，难度更高；考官也主要由外国语学院的专任英语教授担任，重点考查英语综合能力；专业笔试中增加英文写作题目。复试结束后，如其中一个项目生源不足，则申请另一项目且未被录取的考生，如符合生源不足项目的录取要求，可申请调剂至该项目，学院将根据申请人复试成绩依次录取至该项目满额。未能被涉外律师及国际仲裁项目录取的考生不能再调剂至普通法律（非法学）专业。

第四节　中国人民大学涉外法治人才培养新进展

中国人民大学法学院以习近平法治思想统领涉外法治人才培养，坚持以政治立场坚定、中国特色社会主义法治理论基础牢固、德法兼修为基本培养要求，深入实施高素质涉外法治人才培养工程，深化涉外法治人才培养模式改革，2023 年获批教育部、中央全面依法治国办联合确定的首批涉外法治人才协同培养创新基地（培育），并作为基地秘书处单位为全国 51

家首批获批基地单位提供信息平台服务。

一、建立多层次的涉外法治人才培养体系，引领涉外法治人才培养

在本科生层面，法学院自2022年与学校外国语学院合作创设“涉外法治人才培养实验班”项目，该项目致力于培养具有全球视野、家国情怀、通晓国际规则、能参与国际法律事务、善于维护国家权益、勇于推动全球治理体系变革的高素质涉外法治人才。项目每年从法学院和外国语学院大一新生遴选出优秀学生组成实验班，学生确定主攻德、法、西、日、俄之一的非通用语种，同时学习法学和非通用语种两个专业相关知识。2023年法学院进一步优化涉外法治人才实验班项目培养方案，精实学分，新增国政类课程模块，涉外法治人才培养实验班项目于2023年5月获批北京市“涉外法治”双学士学位复合型人才培养项目。同时法学院持续探索涉外法治人才本研贯通培养机制，推进涉外法治人才本研贯通培养。

在硕士生层面，法律硕士项目除已有国际商事争端预防与解决、涉外律师方向之外，2023年新增国际仲裁方向，进一步完善涉外法治人才培养项目的方向设置。继续与日内瓦大学合作开展“中欧欧洲法国际组织后备人才培养项目”，培养精通三语（中文、英语、法语）三法（中国法、欧洲法、国际法）的国际组织法律人才。

在非学历培训方面，法学院配合国家涉外法治工作战略，2023年完成司法部委托的涉外律师人才高级研修项目，为来自全国各大律所的100名律师学员提供为期3个月的涉外法律培训；接受广东省司法厅、广东省律协的委托，举办了三期广东省涉外律师能力培养基础班和两期知识产权与信息化培训班；接受福建省律协委托举办了一期涉外律师培训班。为培养更多适应国家涉外法治发展需要的高素质涉外律师人才，法学院根据前期积累的涉外律师人才培训经验，推出国际法专业（涉外法治方向）在职课程培训班和涉外律师人才高级研修班。

二、积极推进涉外法治课程建设，丰富涉外法治人才培养课程资源

法学院积极推进涉外法治课程体系化建设，打造具有鲜明特色的涉外法治课程群，搭建“国际法基础课—多门专业特色课—分层次选修课”本科培养多阶课程模块和“法律＋外语＋N”、“专题研讨＋法治实践＋跨学科课程”涉外课程体系。

深化课程实践创新，在与中国国际经济贸易仲裁委员会合作开设“国际商事仲裁与投资仲裁”、与中国国际商会合作开设“全球经济与法律治理”课程经验基础上，2023年法学院与贸仲、中国海事仲裁委员会、北仲、上海市方达（北京）律师事务所、北京市汉坤律师事务所、北京德恒律师事务所、北京大成律师事务所、北京市盈科律师事务所、北京市金诚同达律师事务所等实务部门合作新开设涉外模拟法庭、国际商事调解、国际商事规则、国际民事诉讼与仲裁、国际商事仲裁案例导读、国际竞争法、国际知识产权保护、境外投资与收购案例研究、外国合同法、证据法、涉外法律谈判等涉外实务课程，进一步完善涉外法治课程体系。

继续开设欧盟法、比较合同法、比较公司法、衡平法与信托法、高级法律谈判技巧、比较私法、国际与欧洲人权法等全英文法律课程，同时通过开展日文仲裁案例学习研讨活动、全球法律与战略系列讲座、会讲、文坊等系列活动孵化涉外法治概论、联合国宪章概论、国际卫生法、国际法与政治理论等涉外法治新课程。

统筹国内外师资等教学资源，邀请挪威卑尔根大学法学院Bjornar Borvik教授、德国马克思普朗克比较法与国际私法研究所Rainer Kulms教授、诺丁汉大学法学院Dino Kritsiotis教授、加拿大多伦多大学法学院Hamish Stewart教授、美国埃隆大学法学院Henry Gabriel教授在学院开设欧洲人权法院判例分析与研究、欧陆信托制度、真实国际法史、英美刑事法律研习班、英美合同法研习班等课程，丰富涉外法治人才培养课程资源。

三、联合实务部门共建涉外法治协同创新育人机制

2023 年 2 月中共中央办公厅、国务院办公厅研究印发的《关于加强新时代法学教育和法学理论研究的意见》提出要加强法治工作部门对法学教育的参与和支持力度，推动法学院校与法治工作部门在人才培养方案制订、课程建设、教材建设、学生实习实训等环节深度衔接。法学院与联合培养单位合作共建教学团队，共研培养方案，共推双导师制，共编优质教材，共行实习实践，构建“法学院校—实务部门”协同育人资源双循环运行格局。

为与实务部门建立常态化、规范化的涉外法治人才培养机制，中国人民大学法学院于 2023 年 6 月与贸仲、中国海事仲裁委员会、北仲、厦仲以及北京市中伦律师事务所、上海市方达（北京）律师事务所、北京市汉坤律师事务所、北京德恒律师事务所、北京大成律师事务所、北京市盈科律师事务所、北京市金诚同达律师事务所等 11 家单位签署涉外法治人才培养项目合作协议，并聘请 63 名具有丰富涉外法律服务经验的实务专家担任法律硕士实务导师。2023 年 11 月，盈科律师事务所捐赠在中国人民大学法学院设立盈科法学发展基金，用于支持人大法学院涉外法治研究基地建设、涉外法治人才培养、重要学术交流论坛举办、高端实务人员素养提升项目等法学研究和教育工作。2023 年 12 月，中国人民大学法学院与国际统一私法协会签署备忘录，正式建立合作，支持教师和学生前往国际统一私法协会访问、研究或实习。

四、深化国际合作，推进“境内 + 境外”涉外法治人才联合培养

2023 年，法学院逐步恢复国际交流工作，进一步拓宽与境外知名高校的联合培养，选派学生赴境外知名法学院校交换学习或联合培养；继续推进与悉尼大学、一桥大学、卢森堡大学等合作开展的 16 个双学位联合培养项目及 2 个国家留学基金委特色人才培养项目——“中欧欧洲法国际组

织后备人才培养项目”和中、日、韩政府合作的唯一法律类“亚洲校园”项目；畅通学生赴联合国、世界贸易组织、世界知识产权组织、欧洲人权法院、海牙国际私法会议等国际组织的实习渠道。

五、丰富涉外法治人才培养第二课堂学术活动

为进一步锻炼学生的涉外法律谈判和辩论技巧，提升学生的国际交往能力、法律分析能力和涉外文书写作能力，帮助学生规划涉外职业发展道路，中国人民大学法学院在课堂教学基础上，以各类国际模拟法庭竞赛为平台，大力推行实践型教学，同时组织丰富多彩的课外学术活动，助力涉外法治人才培养。

组织学生参加并举办国际模拟法庭比赛。2023 年 8 月，中国人民大学法学院组建学生代表队参加国际投资模拟仲裁大赛（深圳杯）比赛，中国人民大学法学院代表队在比赛中表现优异，获得该届赛事全国冠军，辩手金睿祺获评“最佳个人辩手”。2024 年 2 月 17 日至 20 日，中国人民大学法学院主办第二十二届“杰赛普 JESSUP 国际法模拟法庭比赛中国赛区选拔赛”，并组建中国人民大学法学院队伍参赛。“杰赛普（JESSUP）国际法模拟法庭比赛”是世界上规模最大、历史最悠久的模拟法庭赛事，该赛事的宗旨在于在全球范围内推动对国际公法的学习和研究，并通过模拟联合国国际法院的方式来加强学生运用法律进行专业分析和辩论的能力。该届中国赛区选拔赛吸引来自北京大学、中国人民大学、清华大学、中国政法大学、武汉大学等全国 65 支高校代表队参与，受到全国各地法学院校的广泛关注。

组织以学生为主角的涉外法治学术研讨会。2023 年 5 月，法学院组织博士生“法学研究能力建设”第三次跨学科论坛，邀请法学院曾在国外知名法学院校开展联合培养的博士生以“涉外法治与国别法前沿问题”为主题开展学术研讨。2023 年 7 月，法学院承办首届“创新的前沿：博士研究生国际学术研讨会—法学分论坛”，邀请慕尼黑大学法学院、加州大学伯

克利分校法学院、日内瓦大学法学院、北京大学法学院、北京航空航天大学法学院博士生与中国人民大学法学院博士生共同就“人工智能时代的算法治理”“人工智能时代的数据治理”“公法的基础理论”“数字时代中的法律治理”等主题展开研讨。2023 年 12 月，法学院发布首届涉外法治青年论坛征稿启事，共收稿件 206 篇，经专家评审，共评选出获奖论文 26 篇，并于 2024 年 5 月 30 日在中国人民大学成功举办首届涉外法治青年论坛。

组织海外实习实践工作坊。2022 年 10 月至 2023 年 12 月，中国人民大学法学院分别邀请世界贸易中心协会终身理事伍淑清女士、联合国国际法委员会委员黄惠康教授、红十字会与红新月会国际联合会刘梦泽女士及联合国人口基金黎巴嫩办公室郝万媛女士分享其涉外法律工作经历、国际组织的求职经验及在国际组织的工作感受，通过榜样楷模、优秀前辈的近距离分享，帮助学生规划涉外职业发展道路，坚定努力成为涉外法治人才的信心和决心。

第五节　武汉大学涉外法治人才培养新进展

2023 年 4 月，教育部批准武汉大学恢复国际法本科专业，作为全国国际法学研究重镇，武汉大学一直致力于为国家培养高质量、高素质的涉外法治人才。2023 年 12 月，教育部办公厅、中央依法治国办秘书局联合发布了《关于公布涉外法治人才协同培养创新基地（培育）名单的通知》，武汉大学获批涉外法治人才协同培养创新基地（培育）。为进一步推进涉外法治人才培养建设，武汉大学法学院以“铸魂、塑人、聚才、举贤”为核心理念，通过“闭环式”的人才培养模式，构建了一套规范化、系统化、全流程的涉外法治人才培养机制，并在国际法治研究院、国际法研究所、本科生院、国际交流部和就业服务中心等各单位的支持下，继续深化已有实习合作，拓展国内外涉外法治人才培养实习网络，同时加强国际组织胜任力培训。在创新课程体系、教改研究及建设高端涉外实践平台等方面均取得重要成就，在全国具有极强的引领和示范效应。

一、深化与联合国大学澳门研究所的合作

武汉大学法学院高度重视提升学生法律实践应用能力。自2023年3月起，由法学院牵头向联合国大学澳门研究所派出实习生，并成功遴选派出了三批共计6名来自法学院的研究生、本科生前往澳门研究所担任法律实习生。截至2023年10月，第一批实习生已经全部顺利完成实习。实习期间，武汉大学法学院实习生深度参与澳门研究所的各项活动组织工作，其优异表现得到联合国高级官员的高度评价，澳门研究所专门致信武汉大学校长张平文表示感谢。与此同时，武汉大学法学院加入联合国大学全球人工智能网络倡议，合作促进人工智能和其他新兴数字技术的安全有效使用，加快实现可持续发展的进程，武大法学院的几位实习生起草的生成式人工智能使用文件得到了联合国大学东京总部法务总监 Francesco 先生的肯定，该文件提出的政策将适用于联合国大学系统的所有的研究机构，为联合国大学贡献了“武大智慧”和“武大方案”。

为进一步深化同国际组织、涉外业务实务部门及高校的合作，武汉大学法学院院长冯果专程率团赴澳门，对联合国大学澳门研究所、澳门特别行政区政府法务局、澳门大学法学院进行调研走访，就国际化人才培养、项目合作及人才联合培养选派等事宜进行深入交流，与联合国大学东京法务总部就2024年度法务实习生需求数量、遴选流程及标准、实习期限及相关保障措施等进行了深度商讨，同澳门特别行政区法务局就澳门特别行政区立法、司法情况，大湾区法律服务现状以及武汉大学法学院学科建设和人才培养状况进行了介绍，并就学生实习实践需求及开展方式、校地项目研究合作等事项交换了意见。通过以上访问交流，武汉大学进一步推动了新时代背景下拔尖创新型法科人才培养，同时探索境内外校地、校际在

涉外法治人才培养方面联合培养机制创新，为高端涉外法治人才迈向国际化实习实践平台创造了良好的条件。

二、拓展国内外涉外法治人才培养实习网络

在与联合国大学澳门研究所成功合作的基础上，武汉大学法学院进一步拓展全球国际组织实习网络，牵头协同武汉大学国际交流部和就业服务中心，积极推进与 UNUCentre – Tokyo 和 UNU Centre – Putrajaya 洽谈实习合作备忘录，并在多次洽谈后就 MOU 的主要条款达成一致，进一步扩大实习网络。为实现优势互补，武汉大学法学院与珠海国际仲裁院、上海海事法院签署合作协议，推动教学与实践深度融合，为涉外法治人才培养合作创造了新空间、新渠道和新机制。

此外，武汉大学法学院借助武汉大学国际税法的学科优势，邀请 Microsoft、SIEMENS、XiaoMi 等跨国公司的税务专家就探索涉外法治人才培养模式进行深入探讨，并于 2023 年 4 月与普华永道咨询有限公司成功签署战略合作协议，共同建设法学实践教育基地，探索业法融合的人才培养新模式，实现涉外法治人才培养共同体的建立。

三、加强国际组织胜任力培训

为帮助学生胜任国际组织实习工作，培养真正具有国际视野、通晓国际规则，能够参与国际法律事务的涉外法治人才，武汉大学也高度重视培养学生的国际胜任力。2023 年 12 月起，法学院开展《国际胜任力培养》系列讲座，邀请多名国际组织官员开展系列讲座，讲座主题涉及《大国自信与国际组织涉外礼仪》、《联合国大学在联合国系统内的法律地位与合同实践》及《国际胜任力——从通才到专才》，目前已成功举办四期，让学生零距离地认识国际组织与全球治理，从国际组织人才选拔的路径与技巧、专业能力与国际话语体系的培养等多个角度，全方位、多层次地拓展学生的国际视野，也为武汉大学法学院与国际组织建立了高效沟通渠道，

为进一步的合作奠定基础。

武汉大学法学院是中国涉外法治人才培养的重要阵地，始终坚持建立中国自主人才培养体系，打造政企业法涉外法治人才培养共同体，完善以实践为导向的育人机制，提升学生的国际胜任力，培养具有国际性、实践性、复合性的涉外法治人才，实现新时代法学教育的高质量发展，为推动全球治理体系改革、构建人类命运共同体提供有国际竞争力的法律人才支撑。

第六章　参与全球治理与国际法治合作

第一节　全球发展治理

一、中国发起全球发展倡议的背景

近年来，全球面临的诸多发展挑战日益复杂，这不仅威胁到各国的经济增长和社会进步，也对国际和平与稳定造成了严重影响。

（一）全球发展挑战分析

当前，全球经济面临较大的下行压力。新冠疫情的持续影响、能源价格的波动以及供应链的中断导致全球经济复苏进程缓慢。国际货币基金组织（IMF）在2024年发布的《世界经济展望》中，预测全球经济增长率在2024年和2025年分别为3.2%和3.3%，远低于疫情前的水平。经济下行加剧了各国的财政赤字和债务问题，许多发展中国家的债务压力不断增加。

此外，地缘政治冲突的加剧也增加了全球发展的不确定性。乌克兰危机、中东局势动荡、朝鲜半岛紧张局势等使国际政治格局更加复杂化。这不仅影响了国际市场的稳定性，也导致大量难民和移民问题，对全球人道主义事业提出了严峻挑战。

气候变化问题更加迫在眉睫。极端气候事件频发，气温上升、海平面上升、物种灭绝等现象逐渐威胁全球生态系统的平衡。尽管《巴黎协定》为全球气候治理提供了框架，但各国在具体执行中的政策和行动力度仍然不足。同时，发展不平衡加剧，南北发展鸿沟和各国内部的发展差距不断扩大，贫富差距严重影响了社会的稳定和发展。

值得关注的是，单边主义和保护主义抬头使国际合作变得更加困难。某些国家无视国际规则，采取贸易保护、科技封锁等手段，严重破坏了国际经济秩序和全球供应链的稳定。这种趋势不仅损害了自由贸易和多边合作的基础，也制约了全球共同应对挑战的能力。

（二）联合国2030年可持续发展议程

2015年9月25日，联合国大会通过了《变革我们的世界：2030年可持续发展议程》，该议程包含17个可持续发展目标和169个具体目标，涵盖经济、社会、环境等多个领域，旨在全面消除贫困、保护地球、确保全人类的共同繁荣。①

然而，实现这些目标仍面临诸多障碍。首先是资金问题。实现可持续发展目标需要大量的资金投入，据估算，每年全球至少需要数万亿美元的额外资金支持。但当前许多国家特别是发展中国家，财政状况不佳，难以提供充足的资金保证。其次是政策协调和执行问题。在国际层面，各国在政策制定和执行上缺乏协调，导致资源配置效率不高、作用发挥不足。同时，一些国家出于短期利益考虑，对全球公共产品的供给和国际承诺的履行缺乏长期责任感。再次是技术和创新的缺乏。许多发展中国家在技术研发和应用上存在显著不足，限制了其在清洁能源、绿色发展等领域的创新和进步。最后是数据监测和评估问题。有效的监测和评估机制是确保可持续发展目标顺利实现的重要保障。但是，当前许多国家的数据收集和评估

① *Transforming our world：the 2030 Agenda for Sustainable Development*, Uitted Nations (Mar. 24, 2023), https：//sdgs. un. org/2030agenda.

体系不健全，数据质量和获取渠道存在问题，使进展评估存在困难。

（三）中国的发展经验和视角

面对这些全球性问题，中国的发展经验和视角为全球发展提供了有益启示。首先，中国在减贫方面取得了显著成就。自改革开放以来，中国成功使7亿多人口摆脱贫困，贫困发生率从1978年的97.5%下降到2020年的0%。这一成就不仅得益于经济的快速增长，也源于政府在社会政策、基础设施建设、教育和卫生等领域的持续投入与创新。

其次，数字经济的崛起为中国乃至全球经济发展提供了新动力。中国通过大力发展信息通信技术和数字基础设施，推动电子商务、金融科技、智慧城市等领域的发展，极大地提升了经济效率和生活质量。中国在这方面的经验显示，数字经济不仅可以成为经济增长的新引擎，也能够促进社会公平和包容性发展。

此外，中国在推进绿色发展方面也有诸多成功经验。通过实施严格的环境保护政策和发展清洁能源，中国在减少碳排放、治理污染、改善生态环境等方面取得了显著进展。中国在这方面的实践显示，经济发展与环境保护并不是矛盾的，而是可以相辅相成、共同推进的。

（四）习近平主席的全球视野

习近平主席的全球视野和理念为全球发展倡议奠定了基石。习近平主席提出构建人类命运共同体，主张在全球化深入发展的今天，各国命运紧密相连，任何国家都不可能在独立发展的同时，不受其他国家的影响。因此，各国应坚持平等相待、互利共赢的原则，共同应对全球性挑战，共同促进全球和平与发展。①

在这种全球视野指导下，中国国家主席习近平于第76届联合国大会

① 参见习近平：《共同构建人类命运共同体》，载《求是》2021年第1期。

一般性辩论上提出了全球发展倡议，[①] 呼吁国际社会坚持发展优先、坚持以人民为中心、坚持普惠包容、坚持创新驱动、坚持人与自然和谐共生、坚持行动导向等理念与原则，重点推进减贫、粮食安全、抗疫和疫苗、发展筹资、气候变化和绿色发展、工业化、数字经济、数字时代互联互通等领域合作。

全球发展倡议的提出不仅体现了中国的国际责任担当，也展示了其开放包容的发展理念。通过该倡议，中国希望与各国共同分享发展经验和成果，为全球经济增长和社会进步注入新动力。与此同时，全球发展倡议也致力于促进国际规则和秩序的完善，推动全球治理体系的改革与创新，使其更加公正合理，更好地反映发展中国家的诉求和利益。

二、中国推动全球发展倡议的意义

中国提出的全球发展倡议（Global Development Initiative，GDI）不仅是应对当前全球发展挑战的战略举措，更是对全球治理理念的探索和创新。

（一）全球治理新思路

全球发展倡议为全球治理提供了新的思路和实践范例。当前的全球治理架构虽然在过去几十年中发挥了重要作用，但面对复杂多变的全球挑战，传统的治理机制已力不从心。全球发展倡议弥补了现有治理架构的不足，特别是在促进国际合作和应对发展赤字方面带来了新的思路。

首先，全球发展倡议强调多边合作。全球发展倡议提倡在联合国等多边机构的框架下开展国际合作。尽管近年来单边主义和保护主义抬头，但多边合作仍是应对全球问题的重要途径，国际社会应共同努力解决全球性

① 参见《习近平在第七十六届联合国大会一般性辩论上的讲话（全文）》，载中华人民共和国中央人民政府网2021年9月22日，https：//www. gov. cn/xinwen/2021－09/22/content_5638597. htm。

问题，实现可持续发展。多边主义有助于提升全球治理的有效性和包容性，为各国提供公平参与的机会。

其次，全球发展倡议注重包容性发展。现有的全球治理架构在促进发展方面存在一定的局限性，尤其是在帮助最贫困和脆弱国家提升发展能力方面。全球发展倡议提出，通过协调政策、共享技术、加强资金支持等手段，推动各国尤其是发展中国家实现包容性发展，缩小全球发展差距，全面提升各国人民的福祉。

（二）发展优先与以人为本

全球发展倡议提出了“发展优先”和“以人为本”的六个坚持原则，即坚持和平发展、坚持多边主义、坚持发展优先、坚持创新驱动、坚持合作共赢、坚持共同但有区别的责任。这些原则为全球发展提供了明确的指导方针，促进了公平和包容性增长。

1. 坚持和平发展

和平是发展的基础。全球发展倡议强调和平的重要性，主张通过对话与合作解决争端，消除冲突根源，创造有利于发展的和平环境。只有在和平的基础上，各国才能实现稳定和持续的经济增长。

2. 坚持多边主义

全球发展倡议提倡在联合国等多边机构的框架下开展国际合作。多边主义不仅有助于国际社会共同应对全球性挑战，也为各国提供了公平参与全球治理的平台，有利于提升全球治理的有效性和包容性。

3. 坚持发展优先

发展是解决一切问题的关键。全球发展倡议强调，各国应把发展放在优先位置，制定和实施以发展为核心的政策与战略，确保发展的成果惠及全体人民。无论是减贫、粮食安全、健康、教育，还是基础设施建设，都需要优先考虑发展的需求。

4. 坚持创新驱动

创新是发展的源泉。全球发展倡议主张通过技术创新和制度创新，推动各国经济社会的可持续发展。特别是在应对气候变化、发展清洁能源、推动数字经济等领域，创新能够提供新的解决方案和发展动力。

5. 坚持合作共赢

合作是发展的动力。全球发展倡议提倡各国加强合作，实现共同发展。国际社会应共同应对全球性挑战，分享发展经验和成果，促进全球经济的复苏和增长。只有通过合作，各国才能在互利共赢的基础上，实现共同繁荣。

6. 坚持共同但有区别的责任

全球发展倡议认识到，各国在发展水平、资源禀赋、历史责任等方面存在差异，因此在应对全球性挑战时，应根据各国的实际情况，采取共同但有区别的责任原则。特别是在气候变化领域，发达国家和发展中国家应根据各自能力和历史责任，承担相应的减排义务和发展任务。

（三）构建人类命运共同体

全球发展倡议不仅是中国为全球发展提出的战略构想，更是中国践行构建人类命运共同体理念的重要举措。人类命运共同体理念主张，各国应超越意识形态和社会制度的差异，坚持和平共处、互利共赢，共同应对全球性挑战，实现共同发展和繁荣。

全球发展倡议通过推动国际合作、共享发展经验和资源，致力于构建一个和平、繁荣、公正和包容的世界。这不仅有助于提升全球治理的水平，也为全球可持续发展提供新的动力和机遇。

三、中国践行全球发展倡议的行动

全球发展倡议自提出以来，中国在多个方面采取了积极的行动并取得了显著成果，以下是一些关键点的总结。

（一）凝聚了国际共识

全球发展倡议得到了国际社会的广泛响应，超过 100 个国家和多个国际组织支持该倡议，形成了共促发展的国际共识。例如，《中国—东盟建立对话关系 30 周年纪念峰会联合声明》《中国—太平洋岛国论坛联合声明》《中国—拉共体论坛第三届部长会议宣言》《中非合作论坛第八届部长级会议达喀尔宣言》等都表示欢迎并认同全球发展倡议，认为该倡议为落实 2030 年议程提供了新机遇。

联合国秘书长古特雷斯高度评价该倡议与联合国 2030 年议程的高度契合，认为其为促进全球平等和可持续发展作出了重要贡献。泰国、塞尔维亚、斯洛文尼亚等国家的领导人纷纷表示支持，认为倡议为加速实现可持续发展目标提供了契机。联合国开发计划署、联合国工业发展组织、联合国全球契约组织等国际机构负责人亦表示愿意与倡议加强合作，共同推动全球可持续发展。

（二）加大了资源投入

2022 年 6 月，习近平主席在全球发展高层对话会上宣布，将南南合作援助基金整合升级为“全球发展和南南合作基金”，并增资 10 亿美元。在该基金支持下，联合国发展机构等开展了一系列务实项目，有力支持了有关发展中国家落实 2030 年议程的努力。同时，还推动其他发展伙伴增加发展资源投入。例如，中国通过提供资金援助和技术支持，帮助非洲、亚洲、拉丁美洲等地区的国家建设基础设施、改善教育和医疗条件。根据世界银行的评估，这些援助项目不仅提升了受援国的基础设施水平，还显著改善了当地居民的生活质量，促进了经济发展。

（三）实践了可持续发展目标

全球发展倡议的实施有助于加速实现联合国 2030 年可持续发展目标，

尤其是在减贫、绿色转型、数字经济和基础设施建设等关键领域。

1. 减贫

全球发展倡议坚持以人民为中心的核心理念，以人民之心为心，以天下之利为利，将减贫置于重点合作领域的首要位置。中国推动成立了“国际民间减贫合作网络”，汇集了来自不同国家的民间组织，共同助力全球减贫事业。在老挝、缅甸、柬埔寨等地实施了“东亚减贫示范合作项目”和其他小而美的减贫项目，加强当地社区的生产生活条件，推动减贫事业。如在巴布亚新几内亚推广菌草和旱稻种植，有效增加了当地农户的收入；以及在尼泊尔实施的“微笑儿童（粮食发放）”项目和在柬埔寨实施的“健康爱心包”项目，直接惠及当地民众。

此外，还与非洲国家合作建立了“中非减贫与发展伙伴联盟”，通过政府间、社会间的多层次对话机制，促进资源与信息的共享，优化合作方式，支持中非减贫合作项目。

2. 绿色转型

气候变化是当前全球面临的重大挑战之一。全球发展倡议强调绿色发展，主张各国加快能源结构的调整和环保技术的应用，推动低碳经济和生态文明建设。在这一框架下，中国通过推广清洁能源、加强环境治理和推动绿色基础设施建设，展示了绿色转型的成功经验。例如，中国在太阳能、风能等可再生能源领域取得了显著进展，为其他国家提供了范例。

3. 数字经济

科技进步尤其是数字技术的发展，为全球经济注入了新的活力。全球发展倡议强调，通过推动信息通信技术的普及和应用，促进各国尤其是发展中国家数字经济的快速发展。数字经济不仅提高了生产效率，还推动了创新创业，创造了大量就业机会。中国在电子商务、数字金融、智慧城市等领域的探索和实践，为全球数字经济的发展提供了宝贵经验。例如，阿里巴巴的“eWTP”平台在非洲和东南亚推广，帮助当地中小企业进入全球市场。

4. 基础设施建设

基础设施是经济发展的骨骼。全球发展倡议提出，通过国际合作和资金支持，加强各国尤其是发展中国家的基础设施建设，提升其经济发展的基础能力。中国的“一带一路”倡议即是这一思路的具体体现，通过建设交通、能源、信息等基础设施，促进沿线国家和地区的互联互通和经贸合作，带动了区域经济的共同发展。

（四）增强国际信任与合作

全球发展倡议在增强国际信任和推动国际合作方面，取得了显著成效。倡议倡导南北对话与合作，促进不同发展水平和经济体量的国家之间的相互理解和信任。

1. 增强国际信任

通过全球发展倡议，中国展现了负责任大国的态度，积极参与和推动国际合作，增强了国际社会对中国发展的信任。例如，中国在应对气候变化、促进全球公共卫生合作、推动疫苗公平分配等方面作出了重要贡献。通过这些实际行动，中国不仅兑现了自己在国际舞台上的承诺，也赢得了国际社会的广泛认可。

2. 推动南南合作

全球发展倡议通过搭建合作平台，推动南南合作和三方合作，促进发展中国家之间的经验交流和资源共享。例如，中国通过援助非洲、中亚、拉美等地区的基础设施建设项目，帮助这些地区提升发展能力，增强了发展中国家之间的合作与互信。

3. 推动国际规则和标准的制定

全球发展倡议通过推动国际规则和标准的制定与完善，促进全球治理体系的公正合理。中国积极参与联合国框架下的多边治理机制，推动国际社会在气候变化、环境保护、网络安全等领域达成共识和合作协议，通过对话协商解决国际争端和矛盾，增强国际社会的团结和信任。

通过这些行动，中国在全球发展倡议的实践中，不仅展示了自身的责任与担当，也为全球发展提供了宝贵经验和切实支持。

四、中国深化全球发展倡议的实践与优化路径

全球发展倡议自提出以来，中国不断完善其内涵，通过持续的外交努力和国际合作，引导全球发展倡议走向深入。未来可以通过以下路径进一步深化全球发展倡议的实践。

（一）凝聚发展优先共识

积极推动联合国可持续发展目标峰会的召开，总结经验并规划未来路径，巩固国际社会对发展的重视和合作势头。通过“全球发展倡议之友小组”和联合国发展系统等平台，加强与发达国家、发展中国家、国际组织及非政府组织的合作，形成全球发展合作的强大合力。这种多方合作不仅促进了全球发展优先理念的共识，也增强了国际社会共同应对发展挑战的能力。

（二）深化务实合作

为确保全球发展倡议的有效实施，可以不断完善合作平台和资金机制。例如，推动成立由联合国发展机构负责人和专家组成的倡议推进工作组，加强倡议合作与联合国各领域发展进程的对接。通过创新性举措和新的合作模式，吸引发达国家和其他各方加大投入和参与。

继续推进开放式项目库建设，根据项目引领、各方参与的原则，兼顾发展挑战与机遇，聚焦发展中国家的实际需求，尤其是在减贫、粮食安全、工业化、数字经济等关键领域，统筹推出更多“小而美”的民生项目。同时，鼓励联合国发展机构在发展中国家更多开展民生示范项目，全面覆盖倡议八大重点领域和服务 17 个可持续发展目标的实现。还可以利用科技创新，如卫星数据共享，为可持续发展目标提供科学支撑。这些措施不仅优化了资源配置，还提高了项目实施的效率和效果。

（三）监测评估与持续改进

为确保全球发展倡议的透明度、效率和可持续性，中国推动建立了监测评估体系，包括设立全球发展倡议项目库，公布项目清单，对项目进展进行跟踪和评估。通过长期监测和评估，确保倡议的实施效果，并根据实际情况进行调整和改进。例如，通过定期发布进展报告和开展国际评估研讨会，分享经验和教训，推动全球发展倡议的不断优化。

此外，加强国际合作，推动全球发展倡议的成果在更多国家和地区得到应用和推广。例如，通过与其他国家和国际组织的合作，推动中国在全球发展倡议中的成功经验在全球范围内的复制和推广，促进全球发展的共同进步。

（四）强化知识分享和能力建设

在全球发展倡议的实施中，各国的发展能力建设和人力资源开发十分重要。通过建立一个覆盖全球的发展知识网络，加强各国智库之间的合作与交流。这个网络将促进各国分享彼此的发展经验和最佳实践做法，为探索整合全球智力和实践资源提供一个有效的平台。各国可以通过这个平台学习吸收其他国家的成功经验，并结合自身实际情况进行应用和创新，从而推动共同发展和进步。

全球发展倡议需要各方共同努力，以务实的态度推动实现联合国的可持续发展目标，确保全球化发展成果能够惠及所有国家和人民，共同构建一个更加美好的未来。

第二节　全球安全治理

习近平主席在博鳌亚洲论坛 2022 年年会开幕式上首次提出全球安全

倡议，深刻阐述了中国对全球安全问题的立场，这是习近平外交思想关于全球安全治理的重要成果，既是一项重大理念，更是一套行动方案。2023年2月21日，中国政府发布《全球安全倡议概念文件》，就全球安全倡议提出的背景、核心理念与原则、重点合作方向、合作平台和机制等内容作出详细解读。作为全球安全倡议的推动者和践行者，中国始终坚定地与国际社会携手并行，共同推进全球安全倡议，落实《全球安全倡议概念文件》内容，当前已取得了一系列积极重要的进展成果。

一、中国是地区冲突的调停者

乌克兰危机、阿富汗问题、巴以冲突等区域矛盾延宕日久，地区安全热点问题此起彼伏。中国是地区冲突的调停者，基于全球安全倡议的安全不可分割原则，中国明确表明立场，并为饱受冲突困扰的国家和人民积极寻求和平解决方案。

2023年2月24日，中国外交部发布《关于政治解决乌克兰危机的中国立场》文件，提出尊重各国主权、摒弃冷战思维、停止战火、启动和谈、解决人道危机等12点立场主张。[①] 同时，中国多次派出特使于俄乌之间积极开展穿梭外交，推动政治解决乌克兰危机。2023年4月12日，中国外交部发布《关于阿富汗问题的中国立场》文件，坚持“三个尊重”和“三个从不”，支持阿富汗温和稳健施政、支持阿富汗和平重建等11个方面的主张。[②]《关于阿富汗问题的中国立场》符合阿富汗人民利益和国际社会期待，不仅有利于进一步维护阿富汗地区安全稳定，也有利于凝聚地区国家稳阿助阿的共识与合力。2023年11月29日，中国作为联合国安理会轮值主席国，主持召开联合国安理会巴以问题高级别会议。11月30日，

---

① 参见《关于政治解决乌克兰危机的中国立场》，载外交部网2023年2月24日，https：//www. fmprc. gov. cn/zyxw/202302/t20230224_ 11030707. shtml。

② 参见《关于阿富汗问题的中国立场》，载外交部网，2023年4月12日，https：//www. mfa. gov. cn/wjb_ 673085/zzjg_ 673183/yzs_ 673193/xwlb_ 673195/202304/t20230412_ 11057782. shtml。

中国外交部发布《中国关于解决巴以冲突的立场文件》，提出推动全面停火止战、切实保护平民、确保人道救援等各方面建议。[①] 在巴以双方处于临时停火协议执行期间的关键当口，中国发布立场文件，不仅着眼于当前巴以冲突的紧迫性问题，又着眼于未来政治解决巴以冲突的根本原则，为巴以冲突重回政治解决轨道发挥重要建设性作用。

此外，中国持之以恒劝和促谈，通过巧妙斡旋不仅促成沙特阿拉伯和伊朗复交，还促成缅甸冲突相关方达成停火协议。2023 年 3 月 10 日，沙特阿拉伯和伊朗达成《北京协议》，中沙伊三方签署并发表联合声明，在断交长达 7 年之久后，沙特阿拉伯和伊朗在北京同意重新恢复外交关系，决定相互重新开设大使馆，派驻代表处并互派大使。中国成功促成了沙特阿拉伯和伊朗和解，对促成中东“和解潮”作出重要贡献。[②] 另外，在中方斡旋和促推下，缅军同果敢、德昂、若开等三家缅北民地武组织在中国云南昆明进行多轮和谈，最终达成正式停火协议。[③]

二、中国是新兴安全的关注者

《全球安全倡议概念文件》提出要坚持统筹维护传统领域和非传统领域安全。为贯彻这一理念，中国不仅致力于同各方开展反恐、网络、粮食、气候变化等非传统安全领域合作，还推动建立全球执法安全培训体系。在面对新兴安全领域难题时，中国始终走在前列。针对网络与数据安全、人工智能治理等新问题，中国先后向国际社会发起《全球数据安全倡议》《全球人工智能治理倡议》等主张，引领新兴领域安全治理进程。

---

① 参见《中国关于解决巴以冲突的立场文件》，载外交部网 2023 年 11 月 30 日，https：//www. fmprc. gov. cn/gjhdq_ 676201/gj_ 676203/yz_ 676205/1206_ 676332/1207_ 676344/202311/t20231129_ 11189399. shtml。

② 参见张志文、张梦旭：《中国推动沙伊复交为对话协商解决矛盾树立良好示范——中东地区出现“和解潮”》，载《人民日报》2023 年 4 月 25 日，第 13 版。

③ 参见邵艺博：《中方斡旋下，缅甸相关方在昆明达成正式停火协议》，载新华网 2024 年 1 月 12 日，http：//www. xinhuanet. com/world/20240112/80df128852a84dc7b0c0f0f3df0b4b64/c. html。

《全球数据安全倡议》是我国于2020年“抓住数字机遇，共谋合作发展”国际研讨会上提出的。该倡议的内容包括确保信息技术产品和服务供应链安全、平衡发展与安全、营造开放、公正、非歧视性营商环境、保护重要数据和个人信息安全、构建网络空间命运共同体等几个方面，着重强调各国应在相互尊重的基础上，加强沟通交流，深化对话与合作，共同构建和平、安全、开放、合作、有序的网络空间命运共同体。①

《全球人工智能治理倡议》提出于2023年10月18日，旨在推动全球人工智能的健康发展和治理。该倡议针对人工智能技术可能带来的各种风险与挑战，围绕人工智能发展、安全、治理三个方面，提出发展人工智能应坚持“以人为本”理念，坚持尊重他国主权，坚持“智能向善”的宗旨，坚持相互尊重、平等互利的原则，增强发展中国家在人工智能全球治理中的代表性和发言权等11项倡议，系统阐述了我国对新兴安全领域治理的一系列主张，为相关规则的讨论和制定提供了蓝本。②

中国坚持国内安全与国际安全统筹推进，为全球新兴领域安全治理提出中国方案。与其他国家对新兴领域安全的关切相比，中国提出的主张尤其重视发展中国家对全球新兴领域安全的重要作用，坚持在尊重他国主权的前提下，通过双边、多边协议的方式，推进全球新兴领域安全发展。

三、中国是合作平台的搭建者

全球安全倡议推动完善国际安全对话平台机制，引领地区安全合作不断前行。中方积极推动上海合作组织、亚洲相互协作与信任措施会议机制、东亚合作机制等框架下的安全领域交流合作。在具体的平台搭建上，中国持续打造北京香山论坛、全球公共安全合作论坛（连云港）、中非和

① 参见《全球数据安全倡议（全文）》，载中华人民共和国中央人民政府网2020年9月8日，https：//www. gov. cn/xinwen/2020－09/08/content_ 5541579. htm。

② 参见《全球人工智能治理倡议》，载中华人民共和国国家互联网信息办公室网2023年10月18日，https：//www. cac. gov. cn/2023－10/18/c_ 1699291032884978. htm。

平安全论坛、中拉高级防务论坛等一系列国际安全交流对话平台，汇聚国际社会应对安全挑战的共识与合力。①

北京香山论坛是2006年由中国军事科学学会发起的亚太地区安全二轨对话平台。从2014年第五届起，该论坛升级为一轨半，与会人员扩展为亚太地区和域外相关国家的国防部或军队领导人、国际组织代表、前军政要员及知名学者。该论坛坚持以“平等、开放、包容、互鉴”为理念，致力于集聚智慧、扩大共识、增进互信，已发展成为开展国际安全和防务对话的重要平台，具有重要国际影响力。每届论坛的主题与议题与时俱进，焦点始终在于亚太地区的安全与国际合作，对于区域热点问题与潜在安全风险寻求共识和解决之道。同时，该论坛也为广大发展中国家提供了表达诉求的机会，让世界听到他们的声音。除中国香山论坛外，中非和平安全论坛、中拉高级防务论坛等中国与其他区域、国家的交流平台也为国际安全的发展起到了积极推进作用。

全球公共安全合作论坛（连云港）的前身为2015年成立的连云港论坛。2015年至2020年，5届连云港论坛逐步搭建起互联互通、共享共治的国际执法安全合作的稳固平台。2022年，为适应国际形势发展变化，连云港论坛转型升级为全球公共安全合作论坛（连云港），成为非官方、非营利性、定期、定址的国际性社会组织合作平台。该论坛旨在通过国际合作来促进全球公共安全，为各国提供了一个多边对话和交流的平台，让来自不同国家和地区的政府主管人员、执法机关代表、国际组织成员、专家学者能够合力讨论和探索公共安全领域的新挑战及其解决方案。该论坛围绕全球安全形势、多元共治、治理能力建设、安全发展成果等议题进行深入交流讨论，同时还提出了如《“公共安全”概念文件》《深化合作共护全球公共安全倡议》《全球公共安全指数研究共识》等一系列主张，促进各

① 参见曹嘉玥：《外交部：全球安全倡议的现实意义和时代价值持续显现》，载新华网2024年4月19日，http：//www. xinhuanet. com/20240419/1276b8172a924214a76c1f6a1d079905/c. html。

个国家公共安全治理的共同进步。

中国搭建的全球安全交流与对话平台持续为消灭国际冲突根源、应对国际安全挑战、实现世界和平发展提供了新的方向与思路，为促进全球安全稳定、化解国际矛盾提供了中国方案。

四、中国是世界和平的维护者

世界需要和平，也需要捍卫和平的力量。全球安全倡议提出以来，中国始终以实际行动践行着倡议，也始终是维护世界和平的坚定力量。

作为安理会常任理事国，中国始终忠实履行职责和使命，常态化派出维和部队执行维和任务。30 多年来，中国已派出维和人员 5 万余人次，赴 20 多个国家和地区参加联合国维和行动，成为联合国维和的关键力量。[①] 2023 年也是中国对外派遣援外医疗队的第 60 个年头，累计外派医疗队员 3 万余人次，其中“和平方舟”号医院船多次远赴海外开展人道主义医疗服务。“和平方舟”号医院船 2008 年入列，总航程超过 26 万海里，先后到访 43 个国家和地区，服务 25 万余人次，实施手术 1500 多例。2023 年 7 月 3 日，中国海军“和平方舟”号医院船第 9 次执行“和谐使命”任务，开展人道主义医疗服务。任务期间，医院船到访基里巴斯、汤加、瓦努阿图、所罗门群岛、东帝汶 5 国，航行超过 1.2 万海里，诊疗各国民众超过 4 万人次。[②]

此外，自苏丹武装冲突爆发以来，中国政府迅速采取有力措施，全力保护中国公民安全，周密组织撤离行动。2023 年 4 月，为撤离中国在苏丹人员，中国海军护航编队紧急执行任务，仅用 6 天，从苏丹港撤离出共计

① 参见《愿你们每次出征，都能平安归来!》，载央广网 2024 年 5 月 29 日，http：//military. cnr. cn/zdgz/20240529/t20240529_526722967. shtml。

② 参见黎云、徐巍：《中国海军“和平方舟”号医院船起航执行“和谐使命—2023”任务》，载国防部网 2023 年 7 月 3 日，http：//www. mod. gov. cn/gfbw/qwfb/16234777. html。

1171 人次，其中包括 940 名中国公民和 231 名外籍人员。① 中国始终坚定维护世界和平，是世界和平与发展的正义力量，也将继续致力于维护世界和平，持续为世界和平与发展作出积极贡献。

为促进人类共同安全，中国欢迎国际社会成员积极参与全球安全倡议合作，目前倡议已经得到了 100 多个国家和国际地区组织的支持、赞赏，并写入多份中国与其他国家、国际组织交往合作的多双边文件，倡议框架下有关合作正在稳步推进。②

第三节　全球文明治理

世界由丰富多彩的文明构成，中国是有着世界上最古老历史和文化的国家之一。③ 文化是民族生存和发展的重要力量。④ 文明交流互鉴，是推动人类文明进步和世界和平发展的重要动力。⑤ 文明在全球治理中起到不可或缺的作用。2023 年 3 月 15 日，习近平总书记在中国共产党与世界政党高层对话会上首次提出“全球文明倡议”，共同倡导尊重世界文明多样性，共同倡导弘扬全人类共同价值，共同倡导重视文明传承和创新，共同倡导加强国际人文交流合作。⑥ 贯彻全球文明治理的核心理念，离不开涉外法治。中国持续在法治轨道上，积极在双边、区域和全球维度参与全球文明

① 参见黎云等：《国家民族利益所至人民海军航迹必达——中国海军完成撤离中国在苏丹人员任务综述》，载国防部网 2023 年 5 月 1 日，http：//www. mod. gov. cn/gfbw/qwfb/16221255. html。

② 参见赵晶等：《蓝厅观察丨全球安全倡议提出两周年取得这些进展成果!》，载央视新闻网 2024 年 4 月 21 日，https：//content - static. cctvnews. cctv. com/snow - book/index. html? item_ id = 15018821012634918961&toc_ style_ id = feeds_ default&track_ id = 5A8D51BF - 7FFE - 4599 - 87C4 - 431ED3EF1FDD_ 735391883972&share_ to = copy_ url。

③ 习近平：《加强文化遗产保护传承　弘扬中华优秀传统文化》，载《求是》2024 年第 8 期。

④ 习近平：《坚定文化自信，建设社会主义文化强国》，载《求是》2019 年第 12 期。

⑤ 习近平：《习近平谈治国理政》（第 1 卷），外文出版社 2020 年版，第 258 页。

⑥ 参见王迪：《习近平出席中国共产党与世界政党高层对话会并发表主旨讲话　蔡奇出席》，载《人民日报》2023 年 3 月 16 日，第 1 版。

治理，贡献中国方案。

2023年10月7日至8日，全国宣传思想文化工作会议在京召开，首次提出习近平文化思想。[①] 在新的历史起点上继续推动文化繁荣、建设文化强国、建设中华民族现代文明是新的文化使命，推动文化遗产保护、促进文明交流互鉴是践行全球文明倡议的题中之义。以涉外法治保障全球文明治理，能够为推动构建人类命运共同体注入深厚持久的文化力量。

一、全球文明治理的中国立场和国内法治保障

“推动中华文化走出去”是党中央、国务院的重要决策部署。习近平总书记指出，要更好推动中华文化走出去，以文载道、以文传声、以文化人，向世界阐释推介更多具有中国特色、体现中国精神、蕴藏中国智慧的优秀文化。[②] 党的二十大报告指出，增强中华文明传播力影响力，要坚守中华文化立场，提炼展示中华文明的精神标识和文化精髓，加快构建中国话语和中国叙事体系，讲好中国故事、传播好中国声音，展现可信、可爱、可敬的中国形象。加强国际传播能力建设，全面提升国际传播效能，形成同我国综合国力和国际地位相匹配的国际话语权。深化文明交流互鉴，推动中华文化更好走向世界。[③] 2022年7月18日，商务部等27部门对于推进对外文化贸易高质量发展提出意见，要求扩大优质文化产品和服务进口，扩大出版物出口和版权贸易，鼓励优秀广播影视节目出口，支持扩大文艺精品出口，面向海外用户开发一批数字文化精品，促进文化创意和设计服务出口，加强国家文化出口基地建设，鼓励数字文化平台国际化

---

① 参见张烁：《习近平对宣传思想文化工作作出重要指示强调　坚定文化自信秉持开放包容坚持守正创新　为全面建设社会主义现代化国家　全面推进中华民族伟大复兴提供坚强思想保证强大精神力量有利文化条件　蔡奇出席全国宣传思想文化工作会议并讲话》，载《人民日报》2023年10月9日，第1版。

② 《习近平在中共中央政治局第三十次集体学习时强调　加强和改进国际传播工作　展示真实立体全面的中国》，载《人民日报》2021年6月2日，第1版。

③ 习近平：《高举中国特色社会主义伟大旗帜　为全面建设社会主义现代化国家而团结奋斗——在中国共产党第二十次全国代表大会上的报告》，人民出版社2022年版，第45－46页。

发展，发挥国家文化出口重点企业、重点项目示范作用，实施文化贸易“千帆出海”行动计划，在动漫、影视、出版、演艺、游戏等领域培育一批国际知名品牌，扩大文化领域对外投资，同时推进中国标准国际化进程，积极参与国际规则、标准制定，拓展文化贸易发展空间。[①] 2023 年，国家文物局积极通过中华文物新媒体传播精品推介[②]、文物事业高质量发展案例遴选推介[③]等途径挖掘典型案例，形成示范效应。

全球文明治理应当反对“文明隔阂论”“文明冲突论”“文明优越论”等论调，致力于推动各国相互理解、相互尊重、相互信任，促进文明交流互鉴，丰富世界文明百花园。2023 年 12 月 27 日至 28 日，中央外事工作会议在北京举行。会议指出，构建人类命运共同体，应以落实全球发展倡议、全球安全倡议、全球文明倡议为战略引领，以高质量共建“一带一路”为实践平台，推动各国携手应对挑战、实现共同繁荣，推动世界走向和平、安全、繁荣、进步的光明前景。[④] 2023 年 2 月 17 日，文化和旅游部发出通知，要求将旅游空间作为展示弘扬中华优秀传统文化的重要载体，面向国外游客讲好中国故事，提升中华文化国际传播效能。[⑤] 2023 年 5 月 22 日，体育总局、中央文明办、发展和改革委员会、教育部、国家民族事务委员会、财政部、住房城乡建设部、农业农村部、文化和旅游部、卫生健康委、共青团中央、全国妇联提出意见，要求推动乡村体育赛事国际交流，鼓励有条件的地方以乡村为比赛地点，举办国际龙狮争霸赛、国际龙

① 参见《商务部等 27 部门关于推进对外文化贸易高质量发展的意见》（商服贸发〔2022〕102 号）。

② 参见《国家文物局、中央网信办关于公布 2023 年度中华文物新媒体传播精品推介项目名单的通知》（文物政发〔2023〕17 号）。

③ 参见《国家文物局关于开展文物事业高质量发展案例遴选推介工作的通知》（文物政函〔2023〕237 号）。

④ 参见《中央外事工作会议在北京举行　习近平发表重要讲话　李强主持　赵乐际王沪宁蔡奇丁薛祥李希韩正出席会议》，载《人民日报》2023 年 12 月 29 日，第 1 版。

⑤ 参见《文化和旅游部关于推动非物质文化遗产与旅游深度融合发展的通知》（文旅非遗发〔2023〕21 号）。

舟赛、国际风筝节、国际登山节等品牌体育赛事。① 2023 年 7 月 18 日，农业农村部、文化和旅游部、国家文物局提出意见，要求加强渔文化交流研讨，促进经验共享。推动将渔文化纳入共建“一带一路”和国际合作相关机制，促进文化交流。利用国际平台推广中国渔文化，讲好中国渔文化故事。② 2023 年 10 月 9 日，文化和旅游部国际交流与合作局启动全国对外文化交流服务平台在线申报工作。③ 国家文物局积极开展《中国世界文化遗产预备名单》更新工作，推动世界文化遗产事业高质量发展。④ 习近平主席强调，中方愿同各方一道，弘扬和平、发展、公平、正义、民主、自由的全人类共同价值，落实全球文明倡议，以文明交流超越文明隔阂、文明互鉴超越文明冲突、文明包容超越文明优越，携手促进人类文明进步。⑤

法治建设为提升国家文明治理能力提供保障，为落实全球文明倡议夯实基础。在立法方面，第十四届全国人民代表大会常务委员会审议了《文物保护法（修订草案）》。⑥ 2023 年 2 月 21 日，文化和旅游部印发了《文化和旅游标准化工作管理办法》，要求文化和旅游标准化工作根据实际需要研究和采用国际标准，推进中国标准外文版翻译工作，参与国际标准制定，开展标准化对外交流与合作，推进中国文化和旅游标准国际化。⑦

---

① 参见《体育总局、中央文明办、发展改革委、教育部、国家民委、财政部、住房城乡建设部、农业农村部、文化和旅游部、卫生健康委、共青团中央、全国妇联关于推进体育助力乡村振兴工作的指导意见》。

② 参见《农业农村部、文化和旅游部、国家文物局关于加强渔文化保护、传承和弘扬工作的意见》（农渔发〔2023〕19 号）。

③ 参见《文化和旅游部国际交流与合作局关于启动全国对外文化交流服务平台在线申报工作的通知》（国际外管函〔2023〕594 号）。

④ 参见《国家文物局关于启动〈中国世界文化遗产预备名单〉更新工作的通知》（文物保函〔2023〕270 号）。

⑤ 《习近平向第三届文明交流互鉴对话会暨首届世界汉学家大会致贺信》，载《人民日报》2023 年 7 月 4 日，第 1 版。

⑥ 参见《全国人民代表大会常务委员会工作报告（摘要）》，载中国人大网 2024 年 3 月 9 日，http：//www. npc. gov. cn/npc/c2/c30834/202403/t20240309_ 435676. html。

⑦ 参见《文化和旅游部关于印发〈文化和旅游标准化工作管理办法〉的通知》（文旅科教发〔2023〕28 号）。

2023 年 5 月 5 日，国家文物局颁布了 1911 年后已故书画等 8 类作品限制出境名家名单，加强文物保护工作，防止近现代珍贵文物流失，完善文物出境审核标准体系。[①] 2023 年 9 月 28 日，国家文物局为切实维护文物安全，有效保障中外文物文化交流，就进一步优化和加强文物临时进出境审核管理服务提出相应工作要求。[②] 2023 年 10 月 13 日，国家文物局为贯彻执行《文物保护法》《文物保护法实施条例》《水下文物保护管理条例》，印发了《水下考古工作规程（2023 年）》。[③] 2023 年 10 月 26 日，中央宣传部、文化和旅游部、国家文物局等 13 部门印发了由中央全面深化改革委员会审议通过的《关于加强文物科技创新的意见》，要求搭建文化遗产国际科研合作平台，统筹推进文化遗产国际学术交流、科研合作、人才培养和机构建设。[④]

2023 年 6 月 28 日，《对外关系法》由第十四届全国人民代表大会常务委员会第三次会议通过，自 2023 年 7 月 1 日起施行。该法第 23 条规定，中华人民共和国主张世界各国超越国家、民族、文化差异，弘扬和平、发展、公平、正义、民主、自由的全人类共同价值。第 24 条规定，中华人民共和国坚持平等、互鉴、对话、包容的文明观，尊重文明多样性，推动不同文明交流对话。第 44 条规定，国家推进国际传播能力建设，推动世界更好了解和认识中国，促进人类文明交流互鉴。《对外关系法》为我国参与全球文明治理提供基础法律保障。

在涉外司法方面，中国法院坚持在国际民事诉讼中为跨国追索海外流失文物提供司法保障，为促进文物追索返还国际新秩序发出中国司法声

---

① 参见《国家文物局关于颁布 1911 年后已故书画等 8 类作品限制出境名家名单的通知》（文物博发〔2023〕13 号）。

② 参见《国家文物局关于优化文物临时进出境审核管理服务的通知》（文物博函〔2023〕1160 号）。

③ 参见《国家文物局关于印发〈水下考古工作规程（2023 年）〉的通知》（文物考发〔2023〕25 号）。

④ 参见《中央宣传部、文化和旅游部、国家文物局等十三部门关于印发〈关于加强文物科技创新的意见〉的通知》（文物科发〔2023〕32 号）。

音。2023年3月7日下午，第十四届全国人民代表大会第一次会议在人民大会堂举行第二次会议。最高人民法院院长向大会作最高人民法院工作报告，指出“章公祖师”肉身坐佛像案开创以国内民事诉讼追索流失海外文物新途径。① 该案是中国法院对追索海外流失文物案件行使管辖权并作出判决的第一案，判令荷兰籍被告将其持有的源自福建省三明市阳春村普照堂的章公祖师肉身坐佛像返还当地的两个村民委员会，具有开拓性意义。②

二、加强双边遗产保护合作，书写文明交流互鉴新篇

文明因交流而多彩，文明因互鉴而丰富。中国高度重视双边文明交流，推动双边文明互鉴，在开展联合考古、打击文物非法贩运、开展经典著作互译项目和对外汉语教学等方面加强双边合作，落实全球文明倡议，书写双边文明交流互鉴新篇。

（一）文化遗产保护

中国已与152个国家、32个国际组织签署了200多份共建“一带一路”合作文件，覆盖83%的建交国。③ 中国积极与世界各国尤其是“一带一路”沿线国家开展文化遗产保护合作。2023年6月5日，中国与突尼斯在突尼斯首都签订联合考古合作协议，对突尼斯境内一处古罗马遗址进行考古调查、发掘与保护。中国考古机构已在24个国家开展44个联合考古

① 参见《最高人民法院工作报告——2023年3月7日在第十四届全国人民代表大会第一次会议上》，载最高人民法院网2023年3月17日，https://www.court.gov.cn/zixun/xiangqing/393751.html。

② 参见霍政欣：《域外管辖、“长臂管辖”与我国法域外适用：概念厘定与体系构建》，载《新疆师范大学学报（哲学社会科学版）》2023年第2期。

③ 参见严赋憬、陈炜炜：《我国已与152个国家、32个国际组织签署共建“一带一路”合作文件》，载中华人民共和国中央人民政府网2023年8月24日，https://www.gov.cn/lianbo/bumen/202308/content_6899977.htm。

项目。[①] 2023 年 9 月 28 日，由国家文物局主办，故宫博物院、中国文物交流中心、中国文物保护基金会承办的“五洲四海——‘一带一路’文物考古合作展”在故宫博物院开幕，展现了中外联合考古和历史古迹保护修复成果。[②] 中国与法国、希腊、伊朗、柬埔寨、吉尔吉斯斯坦、塞尔维亚、新加坡等国签署文化遗产合作协议。包括北朝至隋代浮雕石床前档等重量级文物在内的 55 件流失海外文物艺术品回归祖国。[③] 2023 年 9 月 8 日，乌兹别克斯坦驻华大使在接受文化和旅游部领导会见时表示，认同中方关于加强流失文物追索返还合作的建议，将积极推动中乌政府间关于防止盗窃、盗掘和非法进出境文化财产的协定商签工作。[④]

（二）文明交流互鉴

在文化遗产保护领域之外，中国积极在文化艺术、语言教育等方面推动文明交流互鉴。坚持元首外交战略引领。2023 年 3 月 22 日，《中华人民共和国和俄罗斯联邦关于深化新时代全面战略协作伙伴关系的联合声明》宣布将努力恢复和扩大两国线下人文交流合作，深化教育合作，深化科技创新领域互利合作，加强两国博物馆、图书馆、美术馆、剧院等文化、文学、艺术机构交流交往。[⑤] 2023 年 4 月 7 日，《中华人民共和国和法兰西共和国联合声明》宣布重启人文交流，将于 2024 年共同举办中法文化旅游年。[⑥] 2023 年 11 月，中美元首旧金山会晤就中美教育合作达成一致，鼓励

---

① 《中国与突尼斯签订联合考古协议》，载中国一带一路网 2023 年 6 月 6 日，https://www.yidaiyilu.gov.cn/p/322281.html。

② 《“五洲四海——‘一带一路’文物考古合作展”在故宫博物院展出》，载文化和旅游部网 2023 年 9 月 28 日，https://www.mct.gov.cn/whzx/whyw/202309/t20230928_947565.htm。

③ 参见张影：《筑牢安全底线形成保护合力——2023 年文物工作取得突破性进展》，载《中国文化报》2024 年 1 月 22 日，第 1 版。

④ 参见张影：《文化和旅游部领导会见乌兹别克斯坦驻华大使》，载《中国文化报》2023 年 9 月 12 日，第 1 版。

⑤ 参见 2023 年 3 月 22 日《中华人民共和国和俄罗斯联邦关于深化新时代全面战略协作伙伴关系的联合声明》。

⑥ 参见 2023 年 4 月 7 日《中华人民共和国和法兰西共和国联合声明》。

扩大留学生规模，加强文化、体育、青年、工商界交流。[①]

亚洲经典著作互译计划是推动中国与亚洲各国文明交流互鉴的重要出版项目。2023 年 3 月 13 日，《中华人民共和国国家新闻出版署与泰王国高等教育和科研创新部关于经典著作互译出版的备忘录》签署。[②] 8 月 1 日，《中华人民共和国国家新闻出版署与约旦哈希姆王国文化部关于经典著作互译出版的备忘录》签署。[③] 9 月 25 日，《中华人民共和国国家新闻出版署与尼泊尔政府文化、旅游与民航部关于经典著作互译出版的备忘录》签署。[④] 11 月 2 日，《中华人民共和国国家新闻出版署与土耳其共和国文化和旅游部关于经典著作互译出版的备忘录》签署。[⑤] 10 月 1 日，《中华人民共和国国家新闻出版署与沙特阿拉伯王国文学、出版和翻译委员会关于文学、出版、翻译领域项目执行计划》签署。[⑥] 亚洲经典著作互译计划正稳步开展。2023 年 2 月 24 日，中老经典著作互译计划首批成果发布。[⑦]

高等院校是促进文明交流互鉴的重要桥梁。2023 年 2 月 20 日，为落实中希领导人共识，中希文明互鉴中心成立仪式在雅典大学举行。[⑧] 该中心由西南大学牵头，联合中国人民大学、山东大学和四川大学等国内高校，与希腊雅典大学、佩特雷大学、亚里士多德大学和克里特大学共同合

---

① 《王毅介绍中美元首旧金山会晤达成的共识和成果》，载外交部网 2023 年 11 月 16 日，https://www.fmprc.gov.cn/web/wjdt_674879/zcjd/202311/t20231116_11181435.shtml。

② 《中泰签署经典著作互译出版备忘录促进两国人文交流互鉴》，载中华人民共和国中央人民政府网 2023 年 3 月 14 日，https://www.gov.cn/xinwen/2023-03/14/content_5746610.htm。

③ 《中约签署经典著作互译出版备忘录　促进两国人文交流互鉴》，载《人民日报》2023 年 8 月 3 日，第 3 版。

④ 《中尼签署经典著作互译出版备忘录　开启两国人文交流互鉴新阶段》，载《人民日报》2023 年 9 月 27 日，第 3 版。

⑤ 《中国和土耳其经典著作互译出版备忘录在安卡拉签署》，载中华人民共和国中央人民政府网 2023 年 11 月 3 日，https://www.gov.cn/yaowen/liebiao/202311/content_6913368.htm。

⑥ 《中国和沙特文学、出版、翻译领域项目执行计划在利雅得签署》，载国家新闻出版署网 2023 年 10 月 7 日，https://www.nppa.gov.cn/xxfb/ywxx/202310/t20231007_773041.html。

⑦ 参见仇宇浩：《经典跨越国界　文明交流互鉴　中老经典著作互译计划首批成果发布》，载《天津日报》2023 年 2 月 27 日，第 7 版。

⑧ 《习近平复信希腊学者》，载《人民日报》2023 年 2 月 21 日，第 1 版。

作成立。[①] 孔子学院是对外汉语教学、展现中华文明的窗口。2023 年，习近平总书记复信南非德班理工大学孔子学院师生，鼓励他们学好中文，为传承发展中南两国友好事业、促进中非友谊合作贡献力量。[②] 2023 年 3 月 23 日，吉布提孔子学院揭牌，由吉布提国民教育与职业培训部、中国国际中文教育基金会和四川师范大学合办。[③] 2023 年 5 月 22 日，马来西亚拉曼大学孔子学院签约仪式在德州举行。[④] 中外双边文明交流互鉴越加繁荣，是落实全球文明倡议的生动实践。

三、增强区域人文交流互信，搭建区域协同治理框架

区域人文交流与合作是将全球文明倡议从理念转化为实践的重要平台，中国坚持践行全球文明倡议，加强与亚洲、非洲和阿拉伯等周边国家和区域共同体的合作，共同探索文明互鉴和国际合作的协同治理框架，为世界和地区和平稳定、发展繁荣注入正能量。

（一）文化遗产保护

新时代中国文明观在亚洲文化遗产保护合作中得到深刻践行，自 2019 年亚洲文明对话大会以来，中国已与亚洲国家就加强区域文化遗产协同治理，共建亚洲命运共同体开展了紧密合作，成立亚洲文化遗产保护联盟并设立亚洲文化遗产保护基金。

2023 年 1 月 12 日，亚洲文化遗产保护联盟创始成员国高官会议召开，会议讨论并一致同意《亚洲文化遗产保护联盟章程》，确定联盟创始成员

---

① 李志峰：《西南大学牵头建成中希文明互鉴中心　将围绕联合人才培养、科学研究、社会服务和中外人文交流等方面开展工作》，载《重庆日报》2023 年 2 月 23 日，第 6 版。

② 《习近平复信南非德班理工大学孔子学院师生》，载《人民日报》2023 年 8 月 19 日，第 1 版。

③ 《吉布提孔子学院揭牌》，载孔子学院网 2023 年 3 月 24 日，https：//www. ci. cn/xwzx/kyxw/28477。

④ 《马来西亚拉曼大学孔子学院签约仪式在德州举行》，载孔子学院网 2023 年 5 月 25 日，https：//www. ci. cn/xwzx/kyxw/c0886264 – 8d4b – 4a24 – 892a – 6c394a6087e0。

国为第一届理事会委员国，中国为主席国。[①] 4月24日至26日，亚洲文化遗产保护联盟大会在陕西西安召开。根据联盟理事会会议决定，联盟创始成员国组成联盟第一届理事会，正式通过《亚洲文化遗产保护联盟章程》、联盟2023—2024年度工作计划和《亚洲文化遗产保护联盟西安宣言》，选举产生联盟秘书长，批准新的联盟成员国、观察员国，听取了亚洲文化遗产保护基金管理委员会主任关于基金启动的报告。[②]

《亚洲文化遗产保护联盟西安宣言》强调各方将以"全球文明倡议"为新契机，共同倡导世界文明多样性，重视文明传承和创新，加强国际人文交流合作，弘扬全人类共同价值，将亚洲文化遗产保护联盟建设成为文化遗产保护和文明交流互鉴的重要平台。各方形成的共识包括支持联盟发展，共建合作平台；保护城乡记忆载体，共续文明根脉；实施联合考古研究，共释文明价值；举办文物展览展示，共享文明记忆；开展文物保护修复，共守文明见证；加强文物交流传播，共襄文明传承等。[③]

亚洲文化遗产保护基金依托中国文物保护基金会设立，根据亚洲文化遗产保护行动项目申报指南，该基金通过开放申报，对联盟框架下的联合考古、文物保护修复、世界遗产保护管理、文物展览展示、人才培养、学术研究与交流、公众宣传等项目进行资助和支持，并为亚洲文化遗产保护联盟运作及相关工作提供支撑。[④] 此外，丝绸之路考古合作研究中心也于亚洲文化遗产保护联盟大会上正式揭牌，该中心致力于与丝绸之路沿线国家学术机构合作，目前已与哈萨克斯坦、吉尔吉斯斯坦、乌兹别克斯坦、

① 参见文宣：《亚洲文化遗产保护联盟创始成员国高官会议在京召开》，载国家文物局网2023年1月12日，http：//www. ncha. gov. cn/art/2023/1/12/art_2376_179470. html。

② 参见田云华、雷恺、高涛：《央视新闻丨亚洲文化遗产保护联盟理事会议在陕西西安举行》，载国家文物局网2023年4月25日，http：//www. ncha. gov. cn/art/2023/4/25/art_2710_181424. html。

③ 参见《亚洲文化遗产保护联盟西安宣言》，载国家文物局网2023年4月25日，http：//www. ncha. gov. cn/art/2023/4/25/art_2710_181415. html。

④ 参见赵军慧、李瑞：《亚洲文化遗产保护基金正式启动》，载国家文物局网2023年4月25日，http：//www. ncha. gov. cn/art/2023/4/25/art_722_181233. html。

塔吉克斯坦、俄罗斯、蒙古国、伊朗、巴基斯坦等 8 个国家和地区的 13 所高校、科研机构签署共建协议。聘请了来自 9 个国家的 26 位考古领域专家学者担任中心学术委员，初步搭建起一个开放共享的学术合作交流平台。①

（二）文明交流互鉴

在区域文化交流与文明对话上，中国积极开展与中亚、金砖、东盟、阿拉伯国家、非洲等国家和区域共同体的沟通与合作，共同推动文化、教育、艺术、旅游等产业协同发展。2023 年 5 月 18 日至 19 日，中国—中亚峰会在陕西省西安市举办。峰会期间，中国同中亚五国就继续巩固文化、旅游等人文合作达成系列合作共识，包括开展联合考古、文化遗产保护修复、博物馆交流、流失文物追索返还等合作；中方邀请中亚五国参与实施“文化丝路”计划；研究共同制定中国—中亚旅游线路的可能性等。中方倡议成立的多边合作平台包括中国—中亚教育部长会议机制、中国—中亚合作论坛、中国—中亚智库论坛等。②

2023 年 7 月 21 日，第八届金砖国家文化部长会在南非姆普马兰加省召开，成员国文化部门负责人围绕深化金砖国家间文化交流合作、促进社会经济可持续发展等内容，共同签署《第八届金砖国家文化部长会议宣言》。③ 10 月 24 日，金砖国家旅游部长会议在南非开普敦市召开。与会方围绕深化金砖国家间旅游交流合作、促进旅游业可持续发展共同签署《2023 年金砖国家旅游部长会议公报》。④

---

① 参见李瑞、赵军慧：《丝绸之路考古合作研究中心揭牌》，载国家文物局网 2023 年 4 月 25 日，http：//www. ncha. gov. cn/art/2023/4/25/art_722_181237. html。

② 参见《中国—中亚峰会成果清单（全文）》，载中华人民共和国中央人民政府网 2023 年 5 月 19 日，https：//www. gov. cn/yaowen/liebiao/202305/content _ 6875140. htm？ eqid = b33f255d00426fec0000000364944b98。

③ 参见马思伟：《第八届金砖国家文化部长会议召开》，载文化和旅游部网 2023 年 7 月 22 日，https：//www. mct. gov. cn/whzx/whyw/202307/t20230722_946117. htm。

④ 参见马思伟：《2023 年金砖国家旅游部长会议召开》，载文化和旅游部网 2023 年 10 月 26 日，https：//www. mct. gov. cn/whzx/whyw/202310/t20231026_949336. htm。

2023年是中国—东盟建立战略合作伙伴关系20周年，双方人文交往与合作进入新阶段。2023年6月19日，第18届中国—东盟文化论坛在广西南宁市开幕。该届论坛以“智慧图书馆建设与阅读推广”为主题，在智慧图书馆建设与全民阅读，图书馆古籍修复、保护与阅读推广，国际图书馆及图书出版合作等方面助推各国文化产业共同繁荣，助力构建更为紧密的中国—东盟命运共同体。① 10月13日，2023中国—东盟博览会旅游展在桂林开幕。该届旅游展邀请马来西亚担任主宾国，中国山西省担任主题省。博览会通过深化与东盟各国旅游合作，实现互利共赢发展，继续拓展旅游合作领域，共同推动旅游创新发展，搭建畅通旅游交流平台。②

2023年11月8日，中非文化和旅游合作论坛在浙江省金华市举办。论坛以“加强中非文化交流和旅游合作，共筑高水平中非命运共同体”为主题，推动双方文化和旅游合作深入发展。③ 11月21日，“中蒙俄万里茶道申遗国际学术研讨会暨万里茶道沿线城市市长论坛”在安徽省黄山市举办，会议一致同意共同开展万里茶道文化遗产保护和联合申遗工作，呼吁尽快成立国家和城市层面的工作协调机制，会议讨论并通过了《关于万里茶道文化遗产保护和联合申报世界文化遗产的倡议》。④ 12月3日，在首届“良渚论坛”上，中国与阿拉伯国家联盟签署了《中华人民共和国文化和旅游部与阿拉伯国家联盟秘书处关于践行全球文明倡议的联合声明》。⑤

---

① 参见周祎：《第18届中国—东盟文化论坛在广西举行》，载文化和旅游部网2023年6月19日，https：//www. mct. gov. cn/whzx/whyw/202306/t20230619_ 944578. htm。

② 参见周祎：《2023中国—东盟博览会旅游展在桂林开幕》，载文化和旅游部网2023年10月14日，https：//www. mct. gov. cn/whzx/whyw/202310/t20231014_ 949122. htm。

③ 参见马思伟：《打造交流平台共创美好未来——2023中非文化和旅游合作论坛举办》，载文化和旅游部网2023年11月9日，https：//www. mct. gov. cn/whzx/whyw/202311/t20231109_ 949609. htm。

④ 参见文宣：《中蒙俄万里茶道申遗国际学术研讨会成功举办》，载国家文物局网2023年11月22日，http：//www. ncha. gov. cn/art/2023/11/22/art_ 722_ 185431. html。

⑤ 参见李中文、刘军国、窦皓：《首届“良渚论坛”——谱写文明交流互鉴的新篇章》，载中华人民共和国中央人民政府网2023年12月5日，https：//www. gov. cn/yaowen/liebiao/202312/content_ 6918464. htm。

四、推动世界文明交流互鉴，激发全球可持续变革驱动力

中国提出并践行全球文明倡议，倡导尊重并珍惜人类文明遗产，尊重世界文明多样性，加强国际人文交流合作，文化领域的多边对话与合作已成为中国多边外交中不可或缺的重要组成部分。随着文化成为联合国可持续发展议程的变革驱动力，中国深度参与文化遗产国际治理，引领构建文化遗产保护国际新秩序，在推动全球可持续发展中的国际参与度和话语权显著提升。

（一）文化遗产保护

中国积极推进国际文化遗产保护，促进流失文物返还原属国，为加强国际公约的实施贡献中国力量和中国智慧。2023 年 5 月 30 日至 6 月 1 日，联合国教科文组织巴黎总部召开 1970 年《关于禁止和防止非法进出口文化财产和非法转让其所有权的方法的公约》（以下简称《1970 年公约》）第七届缔约国大会和第十一届附属委员会会议。中国首次当选公约缔约国大会副主席国，成功连任附属委员会委员国并当选该届附属委员会会议副主席国。①

为加强公约实施，促进打击文物非法贩运国际行动取得更大进步，中国积极向联合国教科文组织提供资金和智力支持，2023 年 1 月，中国政府在正常预算中追加捐款 36,913 美元，以支持《1970 年公约》。② 此外，经中国政府推荐，并经联合国教科文组织批准，中方法律专家担任《预防和打击文化财产非法贩运示范法》起草委员会核心专家，全程参与该示范法

① 参见文宣：《中国当选联合国教科文组织 1970 年公约缔约国大会副主席国和附属委员会委员国》，载国家文物局网 2023 年 6 月 1 日，http：//www. ncha. gov. cn/art/2023/6/1/art_ 722_ 181906. html。

② Convention on the Means of Prohibiting and Preventing the Illicit Import, Export, and Transfer of Ownership of Cultural Property, Meeting of States Parties, Seventh Meeting, Item 7 of the Provisional Agenda: Report of the Secretariat on its activities, C70/23/7. MSP/7. Rev.

的起草和制定工作，并参与加强《1970 年公约》实施的其他工作，为构建文物返还国际新秩序传递中国声音，贡献中国智慧。

为加强公众认识，提升打击文化财产非法贩运的国际共识，2023 年 11 月 14 日，国家文物局举行 2023 年“打击非法贩运文化财产国际日”中国主场论坛。该次论坛以“我们在行动”为主题，重点探讨当前各国政府和社会各界同心合力、和衷共济更好开展打击非法贩运文化财产的工作理念和路径。① 2023 年是中国第三次举办该项论坛，得到了联合国教科文组织在内的国际社会的关注和广泛赞誉，有效凝聚了国际共识。

中国政府代表和专家积极在国际舞台上就国际文化遗产保护的专门议题建言献策。2023 年 5 月 2 日，在“武装冲突中保护文化遗产”阿里亚模式会议上，中国代表呼吁国际社会严格遵守国际法，采取措施保护冲突地区文化遗产。中方谴责一切在武装冲突中破坏文化遗产的举动，呼吁国际社会团结协作共同制止和打击这种行为。② 2023 年 3 月 28 日，二十国集团文化工作组同联合国教科文组织联合召开“文化财产保护与返还”专题网络研讨会，该次研讨会由印度作为 2023 年二十国集团机制主席国召开，中国学者参加会议并作主旨发言，分享了文化财产保护与返还的中国经验。③

随着欧洲国家去殖民化浪潮的兴起，归还历史上被掠夺的文物成为国际文化遗产保护并促进南南合作与南北对话的重要议题。2023 年 8 月 28 日，环球时报发布社评《请大英博物馆无偿归还中国文物》引发国际社会高度关注，中国政府和博物馆届积极开展国际对话与合作，探索解决殖民

① 参见文宣：《国家文物局举办 2023 年“打击非法贩运文化财产国际日”中国主场论坛》，载国家文物局网 2023 年 11 月 14 日，http://www.ncha.gov.cn/art/2023/11/14/art_722_185309.html。

② 参见王建刚：《中国代表呼吁保护冲突地区文化遗产》，载国家文物局网 2023 年 5 月 5 日，http://www.ncha.gov.cn/art/2023/5/5/art_2664_181389.html。

③ *G20 Culture under the Indian Presidency | Thematic Webinars*, UNESCO, http://webcast.unesco.org/events/2023-03-G20CIP/.

背景藏品保护与返还的最佳路径。

自2021年11月以来，包括柏林国家博物馆在内的7家德国博物馆与中国故宫博物院合作，启动“追踪义和团文物”溯源项目。这是西方世界首次系统地对八国联军侵华战争后的流失文物进行研究。[①] 该项目于2023年3月在柏林洪堡论坛举行第一场研讨会，来自世界各地的策展人、艺术史专家、汉学家和历史学家等共同探讨八国联军侵华时期中国被掠艺术品的溯源和研究等问题。[②] 国际博物馆协会在其2023—2028年战略规划中将博物馆的去殖民化列为博物馆领域未来发展最重要的六大议题之一。2023年3月20日至21日，“博物馆、去殖民化、文物返还：全球对话”国际会议在上海大学举办，围绕博物馆去殖民化和文物返还的核心议题，就全球化、多样化语境下博物馆未来分享见解，为进一步凝聚文物返还的国际共识，探索去殖民化的新路径创造条件。[③]

中国丰富的文化遗产在国际舞台上备受关注。2023年9月17日，联合国教科文组织第45届世界遗产大会通过决议，将中国“普洱景迈山古茶林文化景观”列入《世界遗产名录》，中国世界遗产数量增至57项。“普洱景迈山古茶林文化景观”成为全球首个茶主题世界文化遗产。[④] 12月4日至8日，联合国教科文组织保护非物质文化遗产政府间委员会第18届常会在博茨瓦纳卡萨内举行。我国2010年列入急需保护的非物质文化遗产名录的麦西热甫、中国活字印刷术、中国水密隔舱福船制造技艺等三

① Traces of the “Boxer War” in German Museum Collections – A Joint Approach，https：//www. smb. museum/en/museums – institutions/museum – fuer – asiatische – kunst/collection – research/research/traces – of – the – boxer – war/.

② Workshop on 2 – 3 March 2023：Carried Away！Research into the Provenance of Museum Objects from the “Boxer War”，https：//www. smb. museum/en/museums – institutions/museum – fuer – asiatische – kunst/about – us/whats – new/detail/workshop – on – 2 – 3 – march – 2023 – carried – away – research – into – the – provenance – of – museum – objects – from – the – boxer – war/.

③ 参见《“博物馆、去殖民化、文物返还：全球对话”在上海大学成功举办》，载上海大学博物馆网2023年3月24日，https：//museum. shu. edu. cn/info/1030/2875. htm。

④ 参见周祎：《“普洱景迈山古茶林文化景观”申遗成功》，载文化和旅游部网2023年9月18日，https：//www. mct. gov. cn/whzx/whyw/202309/t20230918_947312. htm。

个项目的第三次履约报告顺利通过委员会审议。①

中国主办国际文化遗产保护主场活动，加强文化遗产保护国际合作。2023 年 4 月 18 日，国际古迹遗址日中国主场活动在圆明园遗址公园举办，活动围绕“变革中的文化遗产”这一主题，让专家与公众交流分享关于时代变革中文化遗产保护利用的思考。② 6 月 13 日，中国古迹遗址保护协会第五届会员代表大会在北京召开，大会审议通过第四届理事会工作报告和财务报告及《中国古迹遗址保护协会章程》修订草案，选举产生新一届领导机构和理事会成员。③ 6 月 29 日，第四届联合国教科文组织名录遗产与可持续发展黄山对话会在安徽省黄山市开幕，会议发布《联合国教科文组织名录遗产与可持续发展黄山愿景》和《应对气候变化保护名录遗产行动倡议》。④ 8 月 19 日，石窟寺保护国际论坛在重庆市大足区举行，论坛期间发表《气候变化背景下全球石窟寺保护大足宣言》，共同应对气候变化下石窟寺保护面临的机遇与挑战。⑤

中国注重提升文化遗产保护教育和研究水平。2023 年 11 月 6 日至 16 日，国家文物局和国际文化财产保护与修复研究中心（ICCROM）合作主办的“2023 年文化遗产管理与评估国际培训班”在世界文化遗产地明十三陵举办，国家文物局在 ICCROM 设立“中国政府奖学金”，为 80 余个

① 参见马思伟：《联合国教科文组织保护非物质文化遗产政府间委员会审议通过我国三个项目履约报告》，载文化和旅游部网 2023 年 12 月 15 日，https：//www. mct. gov. cn/whzx/whyw/202312/t20231215_ 950343. htm。

② 参见杨逸尘：《2023 年国际古迹遗址日主场活动在北京举办》，载国家文物局网 2023 年 4 月 21 日，http：//www. ncha. gov. cn/art/2023/4/21/art_ 722_ 181157. html。

③ 参见周祎：《中国古迹遗址保护协会第五届会员代表大会在京召开》，载文化和旅游部网 2023 年 6 月 16 日，https：//www. mct. gov. cn/whzx/whyw/202306/t20230616_ 944545. htm。

④ 黄山对话会是联合国教科文组织在名录遗产领域的一项开拓创新举措，是首倡联合国教科文组织三大名录遗产的国内外决策者、研究者、管理者和实践者的交流合作平台，也是首倡空间技术在三大名录遗产中实践应用的综合学术交流平台。参见杨亚鹏：《第四届联合国教科文组织名录遗产与可持续发展黄山对话会开幕》，载国家文物局网 2023 年 6 月 30 日，http：//www. ncha. gov. cn/art/2023/6/30/art_ 722_ 182651. html。

⑤ 参见周祎：《石窟寺保护国际论坛在重庆举行》，载文化和旅游部网 2023 年 8 月 21 日，https：//www. mct. gov. cn/whzx/whyw/202308/t20230821_ 946725. htm。

发展中国家近 160 位专业人员提供参加 ICCROM 其他培训的机会。①

（二）文明交流互鉴

2023 年 9 月 26 日，国务院新闻办公室发布《携手构建人类命运共同体：中国的倡议与行动》白皮书，提出“各国应相互尊重、平等相待，摒弃傲慢与偏见，加深对自身文明和其他文明差异性的认知，推动不同文明交流对话、和谐共生”，② 阐明了中方坚持践行真正的多边主义，倡导文明交流互鉴的坚定立场和全球倡议。

中国始终秉持平等、互鉴、对话、包容的文明观，同世界不同地区的人文交流不断丰富。2023 年是习近平主席提出“一带一路”倡议十周年，第三届“一带一路”国际合作高峰论坛于 2023 年 10 月 18 日在北京开幕。参加论坛的 80 个国家 300 余位代表在民心相通专题论坛上发布《“丝路心相通”共同倡议》，提出要传承丝路精神、弘扬全人类共同价值、切实加强国际人文交流合作，增进不同国家、不同民族和各国民众的相互理解与信任，持续推进高标准高质量的民心相通建设，为共建国家高质量参与“一带一路”建设夯实社会民意基础。③

论坛期间形成了一系列文化领域多边合作的成果文件，如中央广播电视总台联合共建“一带一路”国家 40 多个主流媒体机构发布了《中央广播电视总台与“一带一路”共建国家媒体促进“文明互鉴”联合倡议》，中央广播电视总台与中东地区 8 个国家 15 家媒体共同启动“中东伙伴”合作机制，丝绸之路国际艺术节联盟论坛发布《丝绸之路国际艺术节联盟

① 参见文宣：《汇聚中外智慧同守文化遗产——记 2023 年文化遗产管理与评估国际培训班》，载国家文物局网 2023 年 11 月 24 日，http：//www. ncha. gov. cn/art/2023/11/24/art_ 722_ 185483. html。

② 《携手构建人类命运共同体：中国的倡议与行动》，载中华人民共和国中央人民政府网 2023 年 9 月 26 日，https：//www. gov. cn/zhengce/202309/content_ 6906335. htm。

③ 参见《“丝路心相通”共同倡议》，载外交部网 2023 年 10 月 18 日，https：//www. fmprc. gov. cn/zyxw/202310/P020231019680058779040. pdf。

上海共识》。在人文交流和民心相通领域达成了丰富的务实合作项目，包括“一带一路”阿拉伯国家文化交流和教育合作促进平台；中国国家文物局将开展海上丝绸之路跨国联合申遗工作，举办“海上丝绸之路文化遗产保护圆桌会议”；实施中国—沙特塞林港联合考古项目、援孟加拉国耐特什瓦考古遗址公园项目；开展敦煌文化国际交流合作项目，实施共建新西兰奥克兰中国文化中心项目等。论坛还发布了《“一带一路”文化遗产保护白皮书》《共建“一带一路”民心相通发展报告》等。[①]

依托国际组织平台，参与政府间文化对话合作。2023 年 4 月 3 日，上海合作组织成员国文化部长第二十次会晤召开，与会代表围绕巩固和深化文化领域交流合作、共同提升上合组织文化国际影响力等内容开展交流研讨。[②] 5 月 4 日，“77 国和中国”文化部长会议在古巴哈瓦那召开，会议主题为“文化遗产和可持续发展”，旨在探讨进一步加强机制成员间相互合作，为疫情后各国文化复苏和合作注入新动力，会后各国共同发布了《“77 国集团和中国”文化部长会议宣言》。[③] 12 月 23 日，第七届文明古国论坛部长级会议在伊朗首都德黑兰举行，与会各方就加强文化交流合作、推进文化遗产保护和流失文物追索等议题深入交换了意见。[④]

主办中国主场文明对话，推动中国文明与世界文明交流，共同应对全球挑战。2023 年 9 月 27 日，第九届尼山世界文明论坛在山东曲阜尼山圣境尼山讲堂开幕，论坛主题为“全人类共同价值与人类命运共同体——加

---

① 参见《第三届“一带一路”国际合作高峰论坛务实合作项目清单》，载第三届“一带一路”国际合作高峰论坛网 2023 年 10 月 18 日，http：//www. beltandroadforum. org/n101/2023/1018/c134－1212. html。

② 参见马思伟：《上海合作组织成员国文化部长第二十次会晤召开》，载文化和旅游部网 2023 年 4 月 3 日，https：//www. mct. gov. cn/whzx/whyw/202304/t20230403_ 941131. htm。

③ 参见张静：《“77 国和中国”文化部长会议召开》，载文化和旅游部网 2023 年 5 月 5 日，https：//www. mct. gov. cn/whzx/whyw/202305/t20230505_ 943572. htm。

④ 参见沙达提：《文明古国论坛部长级会议聚焦文化遗产保护等议题》，载国家文物局网 2023 年 12 月 24 日，http：//www. ncha. gov. cn/art/2023/12/24/art_ 722_ 186184. html。

强文明交流互鉴共同应对全球挑战”。[①] 12 月 3 日，首届“良渚论坛”在浙江省杭州市举办。习近平主席向首届“良渚论坛”致贺信，并强调“希望各方充分利用‘良渚论坛’平台，深化同共建‘一带一路’国家的文明对话，践行全球文明倡议、加强文明交流借鉴，弘扬平等、互鉴、对话、包容的文明观，推动不同文明和谐共处、相互成就，促进各国人民出入相友、相知相亲”。[②]

加强多元对话合作，推动文化旅游产业可持续发展。2023 年 3 月 14 日，第一届“甘肃对话”市长论坛在兰州举办，会议通过了旨在强化遗产保护、整合文化资源、创新发展模式的《兰州宣言》，以促进以遗产为基础的旅游业和创意产业发展，并最大限度促进当地可持续发展。[③] 9 月 6 日，第六届丝绸之路（敦煌）国际文化博览会在甘肃省敦煌市开幕，以“沟通世界：文化交流与文明互鉴”为主题，50 多个国家、地区和国际组织的 1200 多名嘉宾参会。[④] 9 月 17 日，2023 世界大河文明论坛在河南省郑州市举办，主题是“文明交流互鉴 · 发展共创未来”，论坛讨论并发布《世界大河文明论坛 · 郑州宣言》。[⑤] 10 月 18 日，国际瓷器研究联盟成立大会在江西景德镇御窑博物馆举行，发布《国际瓷器研究联盟成立宣言》，

---

① 参见马思伟：《第九届尼山世界文明论坛开幕》，载文化和旅游部网 2023 年 9 月 27 日，https：//www. mct. gov. cn/whzx/whyw/202309/t20230927_ 947530. htm。

② 参见李中文、刘军国、窦皓：《首届“良渚论坛”——谱写文明交流互鉴的新篇章》，载中华人民共和国中央人民政府网 2023 年 12 月 5 日，https：//www. gov. cn/yaowen/liebiao/202312/content_ 6918464. htm。

③ 参见李晓霞：《第一届“甘肃对话”市长论坛在兰州举办》，载文化和旅游部网 2023 年 3 月 16 日，https：//www. mct. gov. cn/preview/whzx/qgwhxxlb/gs/202303/t20230316_ 940691. htm。

④ 参见马思伟：《第六届丝绸之路（敦煌）国际文化博览会举行　李书磊出席开幕式并发表主旨演讲》，载文化和旅游部网 2023 年 9 月 6 日，https：//www. mct. gov. cn/whzx/whyw/202309/t20230906_ 947075. htm。

⑤ 参见周祎：《2023 世界大河文明论坛（中国 · 郑州）举办》，载文化和旅游部网 2023 年 9 月 17 日，https：//www. mct. gov. cn/whzx/whyw/202309/t20230917_ 947302. htm。

启动“世界瓷器互动地图”中英文网站。①10月19日，第25届联合国世界旅游组织全体大会在乌兹别克斯坦撒马尔罕开幕，会上公布2023年“最佳旅游乡村”名单，中国江西篁岭村、浙江下姜村、甘肃扎尕那村和陕西朱家湾村入选。②11月15日，“2023世界旅游联盟·湘湖对话”在浙江省杭州市开幕，该对话以“旅行的力量——向更美好的未来出发”为主题，旨在完善旅游交流合作双多边机制，加强政策协同、信息共享，为全球旅游业发展作出新的更大贡献。③

第四节　国际法治合作

一、海洋领域的国际法治合作

2023年，中国积极开展海洋领域的国际法治合作，明确表达涉海国际治理重要议题的主张，促进国际海洋领域的良法善治，同时全力维护中国在国际海洋法中的权益，总的来说，主要体现为“三个立场”、“两个案件”和“一个签约”。

（一）“三个立场”

1. 全面阐述关于国际海洋法治的最新立场

2023年12月5日，中国常驻联合国代表团副代表耿爽大使在第78届联合国大会“海洋和海洋法”议题代表中国发言。耿爽大使指出，国际社

---

① 参见文宣：《国际瓷器研究联盟成立大会暨“瓷器起源、传播与全球化”学术研讨会在景德镇举行》，载国家文物局网2023年10月18日，http：//www. ncha. gov. cn/art/2023/10/18/art_722_184684. html。

② 参见马思伟：《我国新增4个联合国世界旅游组织“最佳旅游乡村”》，载文化和旅游部网2023年10月19日，https：//www. mct. gov. cn/whzx/whyw/202310/t20231019_949215. htm。

③ 参见李晓霞：《“2023世界旅游联盟·湘湖对话”在杭州举办》，载文化和旅游部网2023年11月16日，https：//www. mct. gov. cn/whzx/whyw/202311/t20231116_949735. htm。

会“要推进海洋法治，维护公正合理的海洋秩序。当今世界正经历百年未有之大变局，全球海洋治理规则加速调整。各国应践行多边主义，维护联合国在全球海洋治理中的核心地位。应捍卫公平正义，维护以国际法为基础的国际海洋秩序。应完善法律体系，维护包括国际涉海条约和习惯国际法在内的现代海洋法制度”。

关于涉海国际机构，耿爽大使指出：“中国赞赏国际海洋法法庭、国际海底管理局和大陆架界限委员会为执行《联合国海洋法公约》所作努力。中国积极支持三大机构运作，是国际海洋法法庭和国际海底管理局的最大会费国，并常年向大陆架界限委员会和国际海底管理局有关基金提供捐助。中方认为，国际司法或仲裁机构应恪守国家同意原则，充分尊重各国自主选择争端解决方式的权利，完整、准确、善意地解释和适用公约。大陆架界限委员会应严格遵守委员会《议事规则》，尤其是‘有争端、不审议’条款，避免介入沿海国陆地或海洋争端。中方一贯主张平衡开发利用和环境保护，海管局应按照今年 7 月各方达成的路线图，有序推进国际海底资源开发规章谈判进程。”

关于南海问题，耿爽大使指出：“第一，中国在南海的领土主权和海洋权益是在长期历史过程中形成的，为中国历届政府所坚持，符合包括《联合国宪章》《联合国海洋法公约》在内的国际法。中国尊重各国依据国际法在南海享有的航行自由，但坚决反对任何国家以此为名，损害中方主权和安全利益。第二，南海仲裁案系菲律宾单方面提起，仲裁庭越权管辖，枉法裁判。中方不接受、不参与仲裁，不接受、不承认所谓裁决，也不接受任何基于该裁决的主张和行动。处理南海问题，谈判协商是现实有效途径。第三，仁爱礁历来是中国南沙群岛的一部分。1999 年，菲方 1 艘军舰在仁爱礁非法‘坐滩’，其后多次明确承诺拖走‘坐滩’军舰。但 24 年过去了，菲方始终未能兑现承诺。近期，菲方企图向‘坐滩’军舰运送加固建筑物资，以实现对仁爱礁的永久占领。中方坚决反对菲方的侵权挑衅行径，采取必要措施维护自身领土主权，同时致力于通过对话协商妥善处理问题，愿就管控仁爱礁局势与菲方进行商谈。第四，近年来，中国和东盟国家积极推进‘南海行为准则’磋商，不断取得阶段性进展。当前，‘准则’磋商进展顺利，已成功完成二读，进入三读新阶段。中国将同包括菲律宾在内的东盟国家一道，加强对话，排除干扰，继续全面有效落实《南海各方行为宣言》，推动早日达成‘准则’，共同维护南海和平稳定。”①

2. 全面阐述海平面上升对国际和平与安全影响的立场

2023年2月14日，中国常驻联合国代表团团长张军大使在联合国安理会海平面上升与国际和平与安全问题公开辩论会上代表中国发言。张军大使指出，“海平面上升推高了全球生态系统以及人类社会的脆弱性，可能引发领土淹没、人口迁移、财产损失等一系列问题，给人类生存与发展带来全方位的挑战，对小岛屿发展中国家和低洼海岸线国家而言，更是关乎生死存亡的问题。中国也是一个拥有漫长海岸线的国家，我们对海平面上升带来的风险同样高度关注。海平面上升还对海洋法、国家地位、人员保护等提出新的课题，与安全问题的关系十分复杂，这些都需要进行深入综合研究。中方期待国际法委员会正在进行的‘与国际法有关的海平面上升’专题研究得出务实、客观、有价值的成果”。②

3. 向《联合国海洋法公约》缔约国提交关于日本福岛第一核电站事故核污染水处置问题的立场

2023年6月15日，中国常驻联合国代表向担任《联合国海洋法公约》缔约国会议秘书处的联合国法律事务厅海洋事务和海洋法司提交关于日本福岛第一核电站事故核污染水处置问题的立场，并分发给《联合国海洋法

① 参见《耿爽大使在第78届联大“海洋和海洋法”议题下的发言》，载中华人民共和国常驻联合国代表团网2023年12月5日，http://un.china-mission.gov.cn/hyyfy/202312/t20231206_11195501.htm。

② 参见《张军大使在安理会海平面上升与国际和平与安全问题公开辩论会的发言》，载中华人民共和国常驻联合国代表团网2023年2月14日，http://un.china-mission.gov.cn/hyyfy/202302/t20230215_11025104.htm。

公约》所有缔约国。在立场文件中，中国指出，“日方没有履行应尽的国际义务。根据一般国际法和《联合国海洋法公约》等规定，日方有保护和保全海洋环境的义务，在处理核污染水时，应采取一切必要措施，确保其管辖或控制下的活动不致使其他国家及其环境遭受污染的损害，并应确保所造成的污染不致扩大到行使主权权利的区域之外。日方还有义务采取一切措施避免环境污染，有义务通知并与可能受影响的国家充分协商，有义务评估和监测环境影响，有义务保障信息透明，有义务开展国际合作。日方不能以任何借口逃避履行国际义务，不能以接受国际原子能机构的技术评估为借口而逃避与利益攸关国家的充分协商，更不能妄图通过片面解读国际原子能机构技术工作组的相关评估报告为排海计划‘洗白’”。①

（二）“两个案件”

1. 再次参加国际海洋法法庭咨询案件并首次参与口头程序

2022 年 12 月 12 日，“小岛屿国家气候变化与国际法委员会”请求国际海洋法法庭就《联合国海洋法公约》缔约国在应对气候变化对海洋环境影响方面所承担的义务发表咨询意见。这是国际海洋法法庭自成立以来收到的第三个发表咨询意见的请求，也是第二个请求全庭发表咨询意见的案件。更为重要的是，该案是首起由全球性司法机构处理的气候变化案件，涉及气候变化、海洋环保规则解释和适用及其互动，受到利益攸关方的广泛关注。

2023 年 6 月 15 日，中国向法庭提交了书面意见，共有包括中国在内的 34 个《联合国海洋法公约》缔约国及联合国、非洲联盟等 9 个国际组织应法庭邀请提交书面意见。这是中国第三次向国际海洋法法庭咨询意见提交书面意见，也是继国际法院科索沃咨询意见案、查戈斯群岛咨询意见

① 参见《2023 年 6 月 15 日中国常驻联合国代表团给秘书处的普通照会的附件》，载 SPLOS/33/14，https：//documents. un. org/doc/undoc/gen/n23/175/88/pdf/n2317588. pdf？token = erKD9eS0IlYRoUnOtd&fe = true。

案后中华人民共和国第四次向国际法庭提交咨询意见。中国在书面意见中阐述法庭全庭没有咨询管辖权的立场，同时正面阐述中国应对气候变化的政策、立场、主张和举措。①

2023 年 9 月 15 日，中国外交部条法司司长马新民代表中国在国际海洋法法庭涉气候变化咨询意见案口头程序中进行陈述，阐述中国关于国际海洋法法庭对该咨询意见案的管辖权和有关国际气候变化法及国际海洋法问题的立场和主张。包括中国在内的 33 个《联合国海洋法公约》缔约国和非洲联盟、世界自然保护联盟、太平洋共同体等 3 个国际组织作了口头陈述。这是中国首次参与国际海洋法法庭口头程序，也是中国继 2009 年在国际法院参与科索沃咨询意见案程序后又一开创性国际司法实践。

在口头程序中，中国代表马新民首先重申了我国在书面意见中的一贯立场，反对法庭全庭咨询管辖权，并适度回应有关国家在书面意见中提出的有关支持管辖权的新论据。关于实体问题，马新民司长指出，人为温室气体排放对海洋环境的有害影响主要是气候变化法问题，同时还涉及国际海洋法问题，国际气候变化法在处理气候变化及其对海洋的不利影响问题上处于基础和首要地位，强调各方应充分尊重气候变化法的原则、规则及立法精神，《联合国海洋法公约》在保护保全海洋环境免受气候变化不利影响方面发挥辅助作用。他还强调，解释和适用《联合国海洋法公约》应与《联合国气候变化框架公约》体系保持一致，人为温室气体排放对海洋的影响自成一类，不应将其定性为“海洋环境污染”，气候变化问题所具有的特殊性决定了其不能适用《联合国海洋法公约》有关国家责任制度。此外，他还阐述了各国在《联合国海洋法公约》框架下应承担减缓温室气体排放、采取有关适应措施、开展国际合作、向发展中国家提供科学技术援助、进行环境影响评估等方面的义务。他的发言最后内容是关于中国的

① See *Written Statement of People's Republic of China*, International Tribunal for the Law of the sea (June 15, 2023), https://www.itlos.org/fileadmin/itlos/documents/cases/31/written_statements/1/C31-WS-1-8-China__transmission_ltr._.pdf.

实践，重点阐述了中国作为负责任发展中大国为全球气候治理所作重要贡献。①

与其他参加咨询程序的国家的观点相比，中国的立场和观点比较独特、深刻，作为发展中国家的重要代表，特别是在巴西、南非等发展中大国以及俄罗斯未参与情况下，中国声音更是对法庭客观、平衡、理性了解各方诉求发挥了不可替代的作用。部分国家代表在陈述中援引并赞同中方的重要观点。多国代表团以及来自英国、南非等国的顶尖国际法专家和律师向中方表示祝贺，认为中国发言“非常出色”“印象深刻”“富有力量”。这再次证明了“世界需要中国声音和方案”。

2. 撤回对南太平洋区域性渔业管理组织委员会决定的反对

2023 年 2 月 13 日—17 日，在厄瓜多尔城市曼塔（Manta）举行的南太平洋区域性渔业管理组织委员会第 11 届年会上，该委员会以 13 票对 3 票通过了《智利竹筴鱼养护与管理措施》（CMM01 - 2023）。4 月 10 日，俄罗斯援引《南太平洋公海渔业资源养护和管理公约》第 17 条第 2 款第 1 项的规定，反对《智利竹筴鱼养护与管理措施》。俄罗斯反对《智利竹筴鱼养护与管理措施》第 4 段和第 9 段以及表 1 和表 2 所具体说明的其在 2023 年智利竹筴鱼总渔获量中的额度。4 月 20 日，中国也援引《南太平洋公海渔业资源养护和管理公约》第 17 条第 2 款第 1 项的规定，作出了同样的反对。② 根据《南太平洋公海渔业资源养护和管理公约》第 17 条第 5 款第 3 项的规定，如果有两名委员基于相同的理由提出反对，应有同一个专家审议组处理。该专家审议组的组成由该公约附件二第 2 段规定。俄罗斯和中国同意依据该公约附件二第 2 段的规定，由 5 名专家组成专家审议

---

① *Request for an Advisory Opinion Submitted by the Commission of Small Lsland States on Climate Change and International Law*（*Request for Advisory Opinion Submitted to the Tribunal*），ITLOS/PV. 23/C31/10/Rev. 1，https：//www. itlos. org/fileadmin/itlos/documents/cases/31/Oral _ proceedings/verbatim_ records_ rev/ITLOS_ PV23_ C31_ 10_ Rev. 1_ E. pdf.

② See Objection of the People's Republic of China，Permanent Court of Arbitration（Apr. 20，2023），https：//pcacases. com/web/sendAttach/45780.

组。4 月 26 日，俄罗斯任命了专家。4 月 27 日，委员会主席任命了两名专家，5 月 13 日，中国任命黄硕琳担任专家。5 月 17 日，依据该公约附件二第 2 段第 2 项的规定，俄罗斯、中国和委员会主席三方协议任命了第五名委员，并由该第五名委员担任专家审议组组长。至此，专家审议组组成。5 月 23 日，中国任命的专家黄硕琳告知常设仲裁法院不再担任专家审议组专家，5 月 24 日，根据该公约附件二第三段，中国任命唐建业为专家审议组专家。

5 月 29 日，专家审议组发布第一号程序令，包括调整审理的程序规则和专家审议组设定的俄罗斯、中国、该组织和其他成员方应提交的书面意见的时间表，并决定于 6 月 26 日在海牙和平宫举行听审。6 月 2 日，中国撤回了其于 4 月 20 日作出的反对。

（三）“一个签约”

2023 年 9 月 20 日，中国外交部副部长马朝旭在纽约联合国总部代表中国政府签署了《〈联合国海洋法公约〉下国家管辖范围以外区域海洋生物多样性的养护和可持续利用协定》。该协定包括海洋遗传资源获取和分享、海洋保护区设立、环境影响评价、能力建设和海洋技术转让等内容，旨在为全球海洋治理进一步建章立制。该协定谈判于 2004 年开始，历经近 20 年后，于 2023 年 6 月最终达成。中国以习近平生态文明思想为指引，积极参与该协定谈判进程，对该协定最终达成发挥了建设性作用。中国在该协定开放签署首日即签署这一重要法律文件，再次体现了中国对保护和可持续利用海洋的高度重视，以及对真正多边主义的践行和维护。①

① 参见《马朝旭副部长代表中国签署〈海洋生物多样性协定〉》，载中华人民共和国常驻联合国代表团网 2023 年 9 月 20 日，http：//un. china – mission. gov. cn/hyyfy/202309/t20230921_11146306. htm。

二、气候领域的国际法治合作

2023 年将成为有记录以来最热的一年，多项气候记录被打破。正如世界气象组织《2023 年全球气候状况》报告所示，处在崩溃边缘的地球上，化石燃料污染让气候混乱达到“爆表”的水平。① 极端天气成为“新常态”，多重危机交织，昭示着应对气候变化这一人类面临的决定性挑战，各国采取多方面的行动刻不容缓。② 能源转型、气候适应、国际合作等议题显得更加紧迫。中国在国内切实开展行动，为实现双碳目标和能源转型不断努力；在国际层面开展全球、区域和双边等多层面的行动，站在维护人类命运共同体利益的高度，多措并举、谋合作、促发展，助力国际气候治理。本部分从涉气候变化的国家报告与规章、国际谈判与合作、国际司法实践等三个维度梳理 2023 年中国在这一领域的涉外法治与实践。

（一）涉气候变化的国家报告与规章

中国政府通过发布 2023 年气候行动年度报告、适应气候变化进展报告，出台《甲烷排放控制行动方案》等部门规章的形式，及时总结我国应对气候变化工作的新进展和新成效，指明下一阶段的方向与重点，提振各行业的信心，向国际社会“通报”应对气候变化的“中国故事”，展现气候领域负责任大国形象。

1. 《中国应对气候变化的政策与行动 2023 年度报告》及时公告中国立场与行动

中国自 2008 年以来每年都适时发布气候变化政策和行动报告，及时

---

① 《来自地球的“求救信号”：2023 年气候变化指标达“爆表”水平》，载联合国网 2024 年 3 月 19 日，https：//news. un. org/zh/story/2024/03/1127461。

② 全球正在以前所未有的速度升温，全球平均气温比工业化前水平高出 1.4℃。过去的 9 年（2015 年至 2023 年）也是有记录以来最热的 9 年。温室气体水平在持续上升，海面温度和海平面上升创历史新高，南极海冰量创下新低。参见《2023 年打破多项气候记录，秘书长呼吁采取行动避免“气候崩溃”》，载联合国网 2023 年 11 月 30 日，https：//news. un. org/zh/story/2023/11/1124452。

向国内外介绍中国应对气候变化的立场、措施与行动，展示中国在气候变化方面的成效与努力。

《中国应对气候变化的政策与行动2023年度报告》由生态环境部于2023年10月发布，主要内容包括：（1）介绍积极进展，2022年以来中国应对气候变化取得积极进展，碳排放强度比2005年下降超过51%，非化石能源消费占能源消费总量比重达到17.5%；（2）总结中国应对气候变化的新部署新要求；（3）反映重点领域控制温室气体排放；（4）适应气候变化、碳市场建设、政策和支撑保障，比如，“1+N”碳达峰和碳中政策体系及其对各行业的影响；（5）参与应对气候变化全球治理的进展，尤其是加强国际合作，深化双多边合作机制，南南合作的积极倡导和务实实践，携手打造“绿色丝绸之路”；（6）阐述中国对《联合国气候变化框架公约》（以下简称《气候变化公约》）第28次缔约方大会（COP28）的基本主张和立场。

中国的基本主张和立场如下：全力支持阿联酋成功办会，期待同各方共同合作；主张“共同坚持《气候变化公约》及其《巴黎协定》的目标、原则是确保全球气候治理沿着正确轨道行稳致远的根本”；开展聚焦落实的全球盘点；充分回应发展中国家长期关切，发达国家应兑现1000亿美元承诺，明确适应资金翻倍路线图；务实推进公正绿色转型；团结合作应对气候变化，摒弃任何形式的保护主义和单边措施，共同促进各方增强政治互信，营造全球合作积极氛围。

2.《甲烷排放控制行动方案》备受瞩目

《甲烷排放控制行动方案》是我国开展甲烷排放管理控制的顶层设计文件，备受瞩目。该方案由生态环境部与包括外交部在内的十个部委于2023年11月7日共同发布。甲烷严重加剧了气候变化，还通过其作为对流层臭氧形成前体的作用，对人类健康、农作物产量和植被健康产生了许多间接影响。

《甲烷排放控制行动方案》倡导加强测量、报告和验证（MRV）流程；建立更有力的监管框架以控制甲烷排放；强调在第 14 个和第 15 个五年计划中必须利用创新技术，特别是与泄漏检测和修复相关的技术。该计划设定了有关降低排放强度的定性和定量目标，旨在在能源领域（煤矿、油气田）、农业（畜牧场、稻田）和废物管理（垃圾填埋场、污水处理设施）方面取得重大进展。

中国作为世界上最大的甲烷排放国，发布这一文件对于境内和全世界的甲烷排放与控制都具有重要影响，是我国积极应对气候变化的自主行动，也是对全球气候治理的积极贡献。

3.《中国适应气候变化进展报告（2023）》推进气候适应工作

作为易受气候变化不利影响的最大发展中国家，气候变化已经成为建设美丽中国和推进中国式现代化进程中的重要风险，主动适应气候变化是当前面临的现实而紧迫的任务。为梳理总结《国家适应气候变化战略2035》印发以来我国适应气候变化工作进展和成效，增进各方面对适应工作的了解，持续推进各层级适应气候变化的政策与行动，生态环境部组织编制了《中国适应气候变化进展报告（2023）》，于 2023 年 5 月 15 日在"全国低碳日"正式公布。

该报告从气候变化适应政策体系、气候变化监测预警和风险管理、自然生态系统、经济社会系统、区域格局和保障机制建设等六方面全面总结我国各重点领域的进展与成效，分享中国实践和经验，并指出未来将以防范气候风险、强化适应行动、提升适应能力为目标，强化气候变化影响和风险评估，深化气候适应型城市建设试点，提升重点领域和区域适应气候变化能力，持续为推动美丽中国建设和全球气候治理作出积极贡献。

（二）涉气候变化的国际谈判与合作

2023 年，在国际谈判与合作事项上，中国侧重全面深入参与《气候变化公约》及其《巴黎协定》为主渠道的各项会议和谈判，发挥建设性作用促成各方达成可接受的方案，始终维护《气候变化公约》在全球气候治理中的主渠道地位，维护以规则为导向的多边主义。此外，中国政府还协同推进《气候变化公约》外渠道的国际进程，谋合作，促协商；加强区域和多边领域开展多层次的沟通与合作，深化多种形式的双边合作，成果丰硕。比如，中国继续通过领导人气候外交提升全球气候治理凝聚力，加强气候议题的高层对话交流形成政治共识。中美气候特使及团队开展多次磋商、中欧环境与气候高层对话、第九次金砖国家环境部长会议、基础四国气候变化部长级会议等，就加强双边合作、共同推动区域和多边进程广泛开展了对话交流，形成了一系列文件和共识，坚定了应对气候变化的信心，指引了气候行动的方向与重心，提升了气候行动与合作的实效。

1. 全面深入参与《气候变化公约》及其《巴黎协定》等主渠道的国际谈判

首先，中国始终坚持以《气候变化公约》及其《巴黎协定》为代表的主渠道的国际谈判与合作。这首先表现为，高度支持缔约方会议的召开，为大会的成功注入了强大的政治推动力。中国派出高级别代表——习近平主席特别代表，中共中央政治局常委、国务院副总理丁薛祥出席COP28的一系列会议，宣介中国主张，推动多边主义。

其次，全面深入参与联合国COP28各议题的谈判与磋商。COP28完成了第一次全球盘点，通过了全球适应目标框架和公正转型路径工作方案等一系列重要成果，向国际社会发出了强有力的积极信号，具有重要意义。中国就重点议题保持协调，发挥积极建设性作用，为大会达成“一揽子”平衡成果贡献中国智慧，避免各种碎片化和另起炉灶的态势。比如，关于第一次全球盘点，会议期间由于各方观点对立，一度陷入僵局，甚至进入“加时”。中方与各主要缔约方密集磋商，并提供解决方案，最终找到符合《巴黎协定》精神、体现正能量与最大包容性、各方都能接受的解决方案，从而为《巴黎协定》全球盘点后的落实奠定了良好基础。又如，COP28第一天通过“损失与损害基金的决定”，除了主席国的重要努力，也与中国自COP27以来的倡议与主动推动密不可分。

最后，中国善意履约，按时提交两份国家报告，向世界展示中国的低碳发展探索及其经验。2023 年 12 月，中国向秘书处提交了中国《气候变化第四次国家信息通报》和中国《气候变化第三次两年更新报告》。这两份报告，首次公布了中国 2017 年和 2018 年国家温室气体清单，报告范围包括 5 个领域（能源活动、工业生产过程、农业活动、土地利用/土地利用变化/林业、废弃物处理）的六种主要温室气体（二氧化碳、甲烷、氧化亚氮、氢氟碳化物、全氟化碳和六氟化硫）的排放量和吸收量。① 作为世界上最大的发展中国家，中国克服困难、以最大的决心提高应对气候变化的力度，大幅降低了碳排放强度，有效地控制了温室气体排放，② 为实现国家自主贡献目标奠定了坚实基础。

这两份报告全面反映了中国“十三五”期间应对气候变化政策行动以及取得的进展成效，报告的提交既体现了中国按照《气候变化公约》进行善意履约③，也展现了中国作为负责任大国在应对气候变化全球治理中的积极贡献。④

---

① 第四次国家信息通报内容包括国情及机构安排，2017 年国家温室气体清单，气候变化影响与适应，减缓政策和行动，资金、技术、能力建设需求，以及气候变化研究和气候系统观测等信息。第三次两年更新报告内容包括 2018 年国家温室气体清单，以及截至 2020 年中国主要减缓政策与行动，量化分析了减排效果，按要求对国家自主贡献基年 2005 年的国家温室气体清单进行了回算。相比国家信息通报，两年更新报告更侧重国家温室气体清单更新、减缓政策行动及对减排效果进行量化分析。

② 2020 年，中国单位国内生产总值二氧化碳排放比 2005 年下降了 48.4%，非化石能源占能源消费总量的比例达 15.9%，森林蓄积量超 175 亿立方米，超额完成“十三五”规划目标，也超额完成了 2009 年向国际社会宣布的“到 2020 年单位国内生产总值二氧化碳排放比 2005 年下降 40%—45%，非化石能源占一次能源消费比重达到 15% 左右，森林蓄积量比 2005 年增加 13 亿立方米”等目标。

③ 《气候变化公约》规定，每一个缔约方都有义务提交本国的国家信息通报，内容包括国家温室气体清单、为履行公约已经和将要采取的措施等。2010 年《气候变化公约》第十六次缔约方大会决定，每一个缔约方从 2014 年起还需提交两年期报告。

④ 刘毅：《向〈联合国气候变化框架公约〉秘书处提交的报告表明：中国在应对气候变化全球治理中作出积极贡献》，载中华人民共和国中央人民政府网 2023 年 12 月 31 日，https：//www.gov.cn/yaowen/liebiao/202312/content_6923549.htm。

2. 协同推进《气候变化公约》外渠道的多边进程

在《气候变化公约》涉及气候变化的多边进程中，中国也积极谋合作，促协商，贡献力量。国际海事组织（IMO）海上环境保护委员会第80届会议（MEPC 80）于2023年7月通过“2023年船舶温室气体减排战略”。该战略立足于共同但有区别的责任和各自能力原则，充分考虑各成员国不同的国情和发展阶段，明确了“国际海运温室气体排放尽快达峰，并考虑到不同国情，在2050年前后达到净零排放”的远期目标。中国代表团本着积极建设性态度，全面参与相关讨论与磋商，为促成最终协商一致通过发挥了关键作用，彰显了中国积极参与应对气候变化全球治理的负责任大国形象，赢得了各方的广泛认可和赞赏。[①]

此外，中国还积极参与国际民航组织等多渠道下气候变化相关的对话磋商（如国际民航组织可持续航空燃料、低碳航空燃料和其他更清洁航空能源全球框架），引导各方相向而行；推动绿色气候基金（GCF）和全球环境基金（GEF）加大对发展中国家绿色低碳发展支持力度，为气候治理不遗余力。

3. 拓展多层次的区域合作

中国切实重视和加强气候变化领域的区域合作，在气候金融、气候治理体系等不同事项上，在二十国集团、金砖国家集团、基础四国、中日韩小多边[②]等不同层级上表达关切、开展务实合作。

（1）牵头制定可持续金融工作组成果，关注气候融资。

资金问题一直是应对气候变化事务的重要掣肘。建立为应对气候变化及时调动充足金融资源的机制，促进绿色低碳技术研发、应用的政策措施

① 陈星森：《国际海事组织通过“2023年船舶温室气体减排战略”》，载中国交通新闻网2023年7月11日，https：//www. zgjtb. com/2023 -07/11/content_ 364490. html。

② 第二届中日韩碳中和论坛于2023年2月召开，旨在交流分享中日韩三国国家、地方和行业层面碳中和战略、政策实践和经验，推动应对气候变化领域合作。

和金融工具就是《G20 可持续金融路线图》三个重点工作领域之一。[①] 2023 年，中国（具体牵头单位中国人民银行）继续与美国（财政部）共同担任二十国集团（G20）可持续金融工作组联合主席，牵头完成《2023 年二十国集团可持续金融工作组成果》，继续跟踪《G20 可持续金融路线图》的落实进展。

（2）共同举办第七届气候行动部长级会议，宣示中国的成绩、立场与期待。

中国、欧盟和加拿大共同举办的第七届气候行动部长级会议于 2023 年 7 月召开。该届会议聚焦全球盘点、减缓、适应、损失与损害、资金等气候谈判关键议题，来自美国、英国、德国、韩国、新加坡、埃及、巴西、印度、埃塞俄比亚、塞内加尔等 30 多个国家的部长级代表，《气候变化公约》秘书处、国际能源署、国际可再生能源署高级别代表参会。中国生态环境部部长黄润秋作为会议联合主席，与会发表致辞，表明中国在气候问题上的成绩、立场和期待。

中国言必信、行必果。2021 年中国碳排放强度比 2005 年累计下降 50.8%，中国的可再生能源发展极大降低了可再生能源的利用成本，为全球碳减排作出了重大贡献。鉴于加强气候行动的紧迫性不断增强，各方应重塑政治互信，回归合作正轨，坚决维护规则，始终维护《气候变化公约》在全球气候治理中的主渠道地位，坚持公平、共同但有区别的责任和各自能力原则，全面平衡落实《巴黎协定》目标，向国际社会发出坚定维护多边主义、遵守多边规则的强有力政治信号。切实落实承诺，坚持各尽所能，强化国际合作，各方要坚决去除地缘政治因素对气候变化国际合作的人为干扰和破坏，深入反思“脱钩、断链、去风险”给全球应对气候变化带来的巨大风险，坚定走团结合作、互利共赢的合作之路。期待《气候

① *G20 Sustainable Finance Roadmap*, G20 BRASIL 2024 (Oct. 7, 2021), https://g20sfwg.org/wp-content/uploads/2021/10/G20-Sustainable-Finance-Roadmap.pdf.

变化公约》COP28 延续并深化“共同落实”的主题，以全球盘点为契机，向国际社会发出聚焦行动与合作的积极信号，推动构建公平合理、合作共赢的全球气候治理体系。

（3）金砖国家集团以及基础四国集团部长会议声明，明晰合作共识与路线。

金砖国家环境部长第九次会议于 2023 年 6 月召开，包括中国在内的各方围绕应对气候变化、持续推进生态环境合作、实现 2030 年可持续发展议程等议题进行了深入讨论，审议并通过《〈金砖国家环境合作谅解备忘录〉实施计划（2023—2027）》和《第九次金砖国家环境部长会议联合声明》，明确了下阶段合作路线图。

巴西、南非、印度和中国四国部长代表基础四国集团于 2023 年 9 月 20 日在纽约气候雄心峰会期间举行会议，发表了《基础四国气候变化部长级会议联合声明》。各国部长一致认为，应对气候变化挑战必须在可持续发展和全球治理变革的背景下，坚定地以《气候变化公约》及《京都议定书》和《巴黎协定》的目标、原则和规定为基础；气候变化是我们所处时代最大的挑战之一，应对这一挑战需要推进可持续发展，调动全人类的资源，解决国家内部和国家之间的结构性不平等，同时为向低碳和气候韧性社会公正转型铺平道路；部长们深切关注单边主义、贸易保护主义和国际合作支离破碎的趋势有损信任，进而危及富有雄心的气候行动，承诺将加强和深化基础四国的领导力和联合行动，旨在减少温室气体排放，提升适应气候变化、抵御气候变化不利影响的韧性，促进不受阻碍地技术转让并增强科学的气候知识，特别是通过在发展中国家创造本地价值和提升当地能力。

4. 深化多领域的双边合作

中国继续深化与美国、欧盟（法国、德国等）、广大发展中国家的双边合作，就减排、适应、绿色转型、能力建设等多领域开展双边交流与合作，成果丰硕。这有助于减少分歧和误解，增强信心，加强合作，提升实效。

（1）中美加强合作应对气候危机的阳光之乡声明。

2023 年，中美加强官方与二轨等多层面的接触和交流，积极开展中美气候金融对话、中美科学家气候变化与减排技术路径对话、中美应对气候变化立法交流等活动。这消除了一些误解，形成了许多共识，催生了新的行动。2023 年 11 月 15 日，中美元首在旧金山举行会晤，双方强调在当下关键十年中美加快努力应对气候危机的重要性，欢迎两国气候特使近期开展的积极讨论。

两国于 2023 年 11 月联合发布《关于加强合作应对气候危机的阳光之乡声明》（《阳光之乡声明》），提出中美两国致力于有效实施《巴黎协定》及其决定，启动“21 世纪 20 年代强化气候行动工作组”，并在能源转型、甲烷和其他非二氧化碳温室气体排放管控、循环经济和资源利用效率、地方合作、森林、温室气体和大气污染物减排协同、2035 年国家自主贡献、COP28 的召开方面形成了共识。

《阳光之乡声明》针对九大议题中 25 项的合作进行了承诺和部署，这不仅是中美自 2021 年来气候变化磋商的重要阶段性成果，也为全球开展国家间跨领域的应对气候变化合作打造了范本。这还说明，合作的过程中虽然有若干因素导致波澜曲折，但只要各方相向而行，真诚合作，总是能求同存异，达成往前走的共识。中美关系是世界应对气候变化领域中最重要的双边关系，两国各自的减排意愿和行动对全球减排进程影响巨大。此外，也必须清醒地意识到，中美两国虽达成了《阳光之乡声明》这一政治共识，但在应对气候变化领域仍存在诸多分歧，双方未来依然是在竞争中合作、合作中竞争。

（2）中欧开展多方面环境与气候合作。

中欧环境与气候合作是中欧全面战略伙伴关系的新亮点与新支柱。中欧合作不仅符合双方的利益，在全球气候危机加剧、世界经济低迷的背景下更加凸显其战略性。

在政府层面，中欧已建成副总理级—部级—司级等涉及气候变化的多层级双边合作机制，还建立了中欧低碳城市伙伴关系。2023 年 11 月，中国与欧盟建立的首个碳中和中心—中法碳中和中心（CNC）正式成立。

中国还与德国、法国、意大利等欧盟成员国开展务实合作。比如，2023 年，中德两国政府签署《关于建立气候变化和绿色转型对话合作机制的谅解备忘录》，将重点产业绿色低碳转型纳入合作范围。中德建立了环境与气候变化工作组机制。2023 年 4 月，中德环境与气候变化工作组第十二次会议就气候变化和环境保护的国内政策、多边谈判以及实施国际气候倡议（IKI）项进行深入交流。此外，2023 年《中华人民共和国和法兰西共和国联合声明》进一步明确，“气候、生物多样性和土地退化防治是中法两国共同优先事项”。

作为最大的发展中国家和最大的发达国家联合体，中欧开展环境与气候合作，不仅具有双边意义，更具世界意义，有助于携手构建气候治理的人类命运共同体。

（3）多项南南合作谅解备忘录务实推进有效合作。

正如联合国在 2023 年 9 月 12 日——南南合作日所述，实现可持续发展目标，南南合作至关重要。中国一直是应对气候变化南南合作的积极倡导者和务实实践者。作为发展中大国在国际社会积极发挥引领带动作用，中国“实实在在地行动”帮助亚非拉地区的发展中国家提高应对气候变化的能力，提升实效，体现了对多边主义的坚定支持。据《中国应对气候变化的政策与行动 2023 年度报告》，截至 2023 年 11 月，中国已与 40 个发展中国家签署 48 份气候变化南南合作谅解备忘录，通过合作建设低碳示范区、开展减缓和适应气候变化项目、组织能力建设培训①等方式，为其他发展中国家提供支持，特别是小岛屿国家、最不发达国家和非洲国家应对

① 根据生态环境部的统计，截至 2023 年年底，累计举办 52 期应对气候变化南南合作培训班，培训约 2300 名应对气候变化领域专业人员，为相关国家积极应对气候变化、提升能力建设，提供了切实的帮助，受到广大发展中国家的高度认可和一致好评。

气候变化提供支持帮助。比如，2023 年 10 月 16 日，在中国和巴布亚新几内亚两国总理共同见证下，双方共同签署《关于合作建设应对气候变化南南合作低碳示范区的谅解备忘录》。根据该谅解备忘录，中方将通过援助巴新方 1.5MW + 0.5MW 光储一体项目、200 套太阳能路灯、1 套雨水净化设备并共同编制低碳示范区建设方案等方式共同建设塔里低碳示范区，帮助巴新提高应对气候变化能力。推动南南合作，携手广大发展中国家共同应对气候问题，中国着眼于务实合作，一直在尽力而为。

（三）涉气候变化的国际司法实践

当下，气候诉讼成为确保气候行动、实现气候正义不可或缺的要素。根据联合国环境规划署和哥伦比亚大学萨宾气候变化法中心公布的《全球气候诉讼报告：2023 年现状综述》报告可知，越来越多涉及气候变化的案件寻求司法解决，寻求司法途径应对气候危机。这些案件除了提交给国内法院，还提交给国际性和区域法院、法庭、准司法机构或仲裁庭等其他裁决机构。

在国际层面，与中国有关的国际司法实践尤为引人瞩目的是两个案例。一个案件是小岛屿国家气候变化咨询意见案。该案是中国首次参与国际海洋法法庭口头程序的案件。小岛屿国家联盟国际法委员会于 2022 年 12 月，请求国际海洋法法庭发表与气候变化有关的咨询意见案。2023 年国际海洋法法庭进行了书面和口头程序。

另一个案件是国际法院受理联合国大会提请就气候变化问题发表咨询意见案。该案起源于 2023 年 3 月 29 日联合国大会未经表决而协商一致通过的、关于“请求国际法院就各国在气候变化方面的义务提供咨询意见”的决议。[①] 该决议草案最初由饱受台风侵扰的太平洋岛国瓦努阿图提出，

---

① *General Assembly Adopts Resolution Requesting International Court of Justice Provide Advisory Opinion on States' Obligations Concerning Climate Charge*, United Nations (Mar. 29, 2023), https://press.un.org/en/2023/ga12497.doc.htm.

得到了来自全球不同地区的17个国家组成的“核心小组”的支持，它们请求联合国大会提请国际法院对“其作为和不作为”破坏气候从而影响其他国家，特别是最容易受到气候变化影响的小岛屿国家的法律后果发表咨询意见。包括中国在内的各国在联合国大会内部，协商一致通过该决议案文。该决议包含的诉求具体表述如下：

> “特别考虑到《联合国宪章》、《公民及政治权利国际公约》、《经济社会文化权利国际公约》、《联合国气候变化框架公约》、《巴黎协定》、《联合国海洋法公约》、谨慎义务、《世界人权宣言》承认的权利、防止对环境造成重大损害的原则以及保护和保全海洋环境的义务，
>
> （a）根据国际法，各国有哪些义务来确保为各国和子孙后代保护气候系统和环境的其他部分，使其不受人为温室气体排放的影响；
>
> （b）对于因其行为和不作为而对气候系统和环境的其他部分造成重大损害的国家，根据这些义务，在下列方面会产生何种法律后果：（一）因地理状况和发展水平而受到气候变化不利影响的损害或特殊影响的国家或者特别易受这些影响之害的国家，特别包括小岛屿发展中国家？（二）今世后代受气候变化不利影响的人民和个人？”①

2023年国际法院针对该案只是确定了一些程序问题，包括哪些国家或集团可以参与该案的程序，什么时候提交书面意见等。实质的书面审理和口头听证应该要留待2024年。2023年10月，中国代表、外交部条法司司长马新民在第78届联合国大会“国际法院的报告”议题下发言，代表中国政府明确表态将参加该案的相关程序。中国正在准备就气候变化咨询意

① 《请求国际法院就各国在气候变化方面的义务提供咨询意见》，A/77/L. 58。

见案提交书面意见。中国认为，“气候变化问题不仅是环境问题，更是可持续发展问题，还涉及国际公平正义问题。气候变化问题的解决，需要各国国内切实的气候行动与有效的国际合作相结合。气候变化问题的特殊性决定了应对气候变化要以国际气候变化法为主，其他领域的国际法为辅。以《气候变化公约》及其《京都议定书》《巴黎协定》为核心的气候变化法律体系，在处理气候变化问题上处于基础和首要地位，其确立的基本原则、规则及其体现的精神应得到遵守和维护。中国愿继续与各国团结合作，积极履行框架公约体系义务，为应对气候变化全球性挑战作贡献”。

第五节　自贸试验区与自贸港涉外法治建设

建设自贸试验区及自由贸易港是以习近平同志为核心的党中央在新时代推进改革开放的重要战略举措。自 2013 年 9 月上海自贸试验区正式设立以来，中国自贸试验区建设已走过十多个年头。建立起了 21 个自贸试验区及海南自由贸易港的“雁阵”，构建起覆盖东西南北中，统筹沿海、内陆、沿边的改革开放创新格局。2018 年 4 月 10 日，习近平总书记在博鳌亚洲论坛 2018 年年会开幕式上提出“探索建设中国特色自由贸易港”；2020 年 6 月 1 日，中共中央、国务院印发《海南自由贸易港建设总体方案》；2020 年 6 月 3 日，海南自由贸易港 11 个重点园区同步举行挂牌仪式，海南自由贸易港正式建立。

2023 年是我国自贸区建设的第十个年头，也是自贸港蓬勃发展的年份，我国自贸区自贸港建设成绩斐然，法治在其中发挥着不可替代的作用。自贸区自贸港的法治建设，既是统筹涉外法治与国内法治的标杆试验田，也是习近平法治思想在中国对外贸易领域中的具体诠释。

一、自贸试验区涉外法治的发展特点

回顾2023年自贸区涉外法治整体状况，其发展态势主要呈现以下特点：

（一）涉外法治与国内法治统筹发展

2020年11月16日至17日召开的中央全面依法治国工作会议明确提出，要加快涉外法治工作战略布局，协调推进国内治理和国际治理，更好维护国家主权、安全、发展利益。要强化法治思维，运用法治方式，有效应对挑战、防范风险，综合利用立法、执法、司法等手段开展斗争，坚决维护国家主权、尊严和核心利益。统筹推进国内法治和涉外法治，协调推进国内治理和国际治理，这是习近平法治思想的时代逻辑和核心要义之一。

自贸区的法治建设，体现出涉外法治与国内法治的相互统筹。2023年6月1日，国务院颁布了《关于在有条件的自由贸易试验区和自由贸易港试点对接国际高标准推进制度型开放的若干措施》。该措施对货物贸易方式有了创新式发展，一方面是支持试点地区开展重点行业再制造产品进口试点，另一方面是对再制造产品加强监督、管理和检验，严防以再制造产品的名义进口洋垃圾和旧品。该措施还提出推进服务贸易自由便利、便利商务人员临时入境、促进数字贸易健康发展、加大优化营商力度、健全完善风险防控制度等内容。以上内容的颁布，是从自贸区的规则建设层面同国际高标准对接，为自贸区的发展奠定了良好的法治基础。

2023年11月26日，国务院又颁布了《全面对接国际高标准经贸规则推进中国（上海）由贸易试验区高水平制度型开放总体方案》，强调上海自贸区对接高标准经贸规则，推进高水平制度型开放。该方案提出了加快服务贸易扩大开放、提升货物贸易自由化便利化水平，加强指示产权保护，推进政府采购领域改革，推动相关“边境后”管理制度改革、加强风险防控体系建设等重点措施，目的是以法治为基础，统筹涉外法治与国内法治，为全面实施自由贸易试验区提升战略，更好发挥上海自贸试验区先行作用，打造国家标志性自由贸易示范区。

（二）以法治顺应数字时代自贸区建设

2023 年 11 月颁布的《全面对接国际高标准经贸规则推进中国（上海）由贸易试验区高水平制度型开放总体方案》，以专章的形式规定了高标准的数字贸易规则建设，具体体现在以下三个方面。首先，关于数据跨境流动，该方案强调向境外传输的数据应当符合国家安全管理的要求，在此前提下，应进一步强化数据分类分级保护制度，制定上海贸易区的重要数据目录，指导数据处理者开展数据出境风险自评估，探索建立合法安全便利的数据跨境流动机制，提升数据跨境流动便利性，实施数据安全管理认证制度，引导企业通过认证提升数据安全管理能力和水平，形成符合个人信息保护要求的标准或最佳实践。其次，关于数字技术应用，支持上海自贸试验区参考联合国国际贸易法委员会电子可转让记录示范法，推动电子提单、电子仓单等电子票据应用，支持上海自贸试验区研究完善与国际接轨的数字身份认证制度，开展数字身份互认试点，并就政策法规、技术工具、保障标准、最佳实践等开展国际合作，支持可信、安全和负责任地使用人工智能技术。最后，关于数据开放共享和治理，该方案指出要扩大政府数据开放范围，明确获取和使用公开数据方式，发布开放数据集目录，探索开展公共数据开发利用，鼓励开发以数据集为基础的产品和服务，健全数字经济公平竞争常态化监管制度，发布数字市场竞争政策和最佳实践，促进竞争政策信息和经验国际交流。

（三）涉外法治推动自贸区差异化发展

现有的自贸区体系中，每个自贸试验区根据自身区位特点，有着不同的战略目标和定位。各个自贸区走出了符合地方特色的发展之路，政策与法律配套在其中发挥了重要的作用。

重庆自贸区依托自身中欧班列与渝黔桂陆海新通道的交汇点，同中国其他内陆自贸区如成都、西安、郑州开展联动，避免了重复建设与重复安排造成的资源浪费；同时，在渝黔桂新运输班列的基础上，同南（宁）新（加坡）经济走廊、中老（挝）泰经济走廊、中国—中南半岛经济走廊进行协调，推进国际陆海贸易新通道建设。重庆自贸区依托自身的连接与辐射能力，推动沿线国家基础设施，提升货物中转站的仓储水平与换货效率；提升过境口岸的车辆承载能力。

广西自贸区则立足既沿海又沿边的优势，突出沿边开放、陆海联动，打造“中国—东盟开放”合作高地。未来将加快构建电子信息、新能源汽车、化工新材料、东盟特色产品加工、中药材加工等面向东盟的跨境产业链供应链，促进跨境贸易扩量提质。除广西自由贸易区之外，广东自贸试验区凸显粤港澳深度合作，福建自贸区强调两岸贸易往来，山东自贸区突出海洋经济的发展。这些都是国家战略设计与国内法律配套的优秀案例。

自由贸易区的差异化特色发展，立足于国家顶层战略，更离不开以《对外贸易法》为代表的法律配套，正是“国家制度设计＋相关法律配套”的组合，使自由贸易区的特色化差异化发展能够长久持续，并取得良好效果。

（四）自贸区涉外法治体系建设更加完善

自贸区的发展离不开完善法治体系的保驾护航，自贸区法治建设是我国涉外法治的重要组成部分，2023年，除已经签署的20份自贸协定之外，中国和东盟继续进行自贸区3.0谈判磋商，中国与新加坡签订了自贸协定升级协议，中国同秘鲁的自贸协定升级谈判也在进行中，这些自贸协定的升级或签署，丰富了我国自贸区的涉外法治体系，也将进一步推动中国自贸区整体的法治建设。中国同贸易伙伴前述的自由贸易协定，和中国国内的贸易法体系，丰富了涉外法治建设与国内法治的实践，也能够形成良好的联动机制，“蛋糕做大的同时，分蛋糕的人也多了”，自贸区的涉外法治同自贸区的发展建设将进入更加系统的良性循环。

二、自由贸易港涉外法治建设

随着全球化进程的加快和国际经济合作的深入发展，自由贸易港作为对外开放的重要平台，其涉外法治建设显得尤为重要。自贸港在法律制度创新、法律环境国际化、司法保障体系完善、跨境法律服务发展等方面不断探索和完善，以“零关税、低税率、简税制”和“五自由便利一安全有序流动”为主要特征的自贸港政策制度体系逐步构建，后者具体包括贸易自由便利、投资自由便利、跨境资金流动自由便利、人员进出自由便利、运输来往自由便利、数据安全有序流动。

（一）贸易自由便利

2022 年 9 月，海南省第六届人民代表大会常务委员会第三十八次会议审议通过了《海南自由贸易港药品进口便利化若干规定》，以“小切口”立法形式，推动商务部、国家药品监督管理局、海关总署等六单位于 2021 年 12 月发布《关于在海南自由贸易港试点放宽部分进出口货物管理措施的通知》落地见效。首先，《海南自由贸易港药品进口便利化若干规定》变通《药品管理法》关于“海关凭药品监督管理部门出具的进口药品通关单办理通关手续”的规定，明确进口药品的企业从指定的海南自由贸易港药品进口口岸进口药品，应当依法向口岸所在地药品监督管理部门备案，无须办理《进口药品通关单》，同时对取消《进口药品通关单》的适用范围作了规定。其次，将药品进口申请备案时间提前至进口药品启运环节，优化通关流程。最后，免费为企业提供进口药品通关凭证，强化进口药品安全风险防控。

（二）投资自由便利

《海南自由贸易港实施市场准入承诺即入制管理规定》自2022年11月起施行，进一步放宽市场主体准入门槛，促进投资自由便利，激发各类市场主体活力。市场准入承诺即入制，是指除特殊领域外，取消许可和审批，市场主体承诺即入。依法履行审批职责的有关主管部门应当一次性告知市场主体开展相关投资经营活动的各类要求。市场主体办理市场准入承诺即入制事项备案，应当作出书面承诺。有关主管部门将在出具备案凭证之日起2个月内对市场主体的承诺内容开展核查，加强事中事后监管。海南自贸港实施市场准入承诺即入制的事项实行清单管理，依法动态调整。首批6项实施市场准入承诺即入制的事项已经由海南省人民代表大会常务委员会审议通过并公布。

为促进和规范境外高等教育机构在海南自由贸易港办学，教育部联合海南省人民政府制定了《境外高等教育机构在海南自由贸易港办学暂行规定》，自2023年3月起施行。该规定贯彻落实《海南自由贸易港法》以及中共中央、国务院印发的《海南自由贸易港建设总体方案》，系统设计了境外高等教育机构在海南自由贸易港办学的基本规则。首先，该规定着力推动办学模式创新，明确境外高水平大学、职业院校在海南自由贸易港设立理工农医类学校或者校区，在海南自由贸易港探索了一种新的办学模式。其次，该规定着力推进依法依规办学，通过制度设计推进在法治轨道上办学。最后，该规定着力强化办学质量保障，推动境外高等教育机构在海南自由贸易港高质量办学。

（三）跨境资金流动自由便利

海南省地方金融监督管理局会同国家外汇管理局海南分局、省市场监督管理局于2023年1月9日印发《海南省关于开展合格境外有限合伙人（QFLP）余额管理制试点办法》，进一步明确具体安排，推动金融业对外开放，服务于贸易投资自由化便利化。围绕贸易投资自由化便利化，在洋浦经济开发区试行 QFLP 余额管理制，更好地将外资“引进来”，让海南成为外资投资海南、投资中国的门户，拓宽外资跨境投融资渠道。同时，为海南将跨境贸易投资高水平试点区域扩大至全省夯实基础。

2024 年 4 月，《海南自由贸易港多功能自由贸易账户业务管理办法》由人民银行海南省分行正式发布，其在现行自由贸易账户基础上，建设海南自由贸易港多功能自由贸易账户，有序推进海南自由贸易港跨境资金高水平自由便利流动。海南自由贸易港多功能自由贸易账户遵循“一线放开、二线按照跨境管理、同名账户跨二线有限渗透”的总体原则，是提升贸易投资自由化便利化的重大实践。首先，“跨一线”可依法自由划转，即海南自由贸易港多功能自由贸易账户与境外账户、OSA 账户、NRA 账户之间，以及多功能自由贸易账户之间“跨一线”资金可依法自由划转，凭收付款指令办理。其次，资金“跨二线”视同跨境管理，即海南自由贸易港多功能自由贸易账户与境内居民非同名人民币银行结算账户之间的划转仅限于海关视同进出口管理的货物贸易相关资金结算，应使用人民币。最后，同名划转在额度内实行有限“渗透”，即海南自由贸易港内注册机构的多功能自由贸易账户与境内同名人民币银行结算账户之间按照“负面清单 + 额度管理”原则实行有限“渗透”。

（四）人员进出自由便利

为落实海南自由贸易港高端人才和紧缺人才个人所得税优惠政策，海南省人民政府于 2022 年 9 月印发《海南自由贸易港享受个人所得税优惠政策高端紧缺人才清单管理暂行办法》，对在海南自由贸易港工作并享受优惠政策的高端人才和紧缺人才实行清单管理。2024 年 2 月，国家移民管理局发布公告，扩大部分国家人员免签入境海南事由，允许 59 国人员因商贸、访问、探亲、医疗、会展、体育竞技等需要（工作、学习事由除外）免签入境海南停留不超过 30 天，其是中央进一步支持海南全面深化改革开放、服务保障海南自由贸易港建设的新举措，有利于加快中国特色自由贸易港建设。

（五）运输来往自由便利

2023年10月，海南省人民政府发布《关于印发海南自由贸易港岛内航行船舶动态监管办法（试行）的通知》，旨在防范利用船舶进行走私。根据该办法，岛内航行船舶应按照规定向主管部门报告船舶始发地、途经地、目的地，拟停泊、作业位置及作业内容，在船人员信息等动态信息。此外，还对在“一线口岸”之间、“二线口岸”之间、“二线口岸”与非设关地之间以及非设关地港口码头之间的岛内航行运输船舶上下人员、装卸货物等动态监管作出要求。该办法还以防范利用船舶进行走私风险防控为重点，列举出八类船舶动态异常情形，并明确动态报告的内容与报告单位。

（六）数据安全有序流动

《海南自由贸易港网络与数据安全条例》已列入《海南省人民政府2022年立法工作计划》中，其初稿借鉴了省内外相关法规，积极探索“数据安全有序流动”，既是一部涵盖了国家对网络安全、网络数据安全方面权责要求的较为全面的法规，又是一部结合自贸港建设实际，衔接网络与数据安全相关法律法规，体现自贸港特色的法规。

海南省大数据管理局于2023年12月印发《海南省数据产品超市数据产品确权登记实施细则（暂行）》，该实施细则共分为总则、确权登记申请、受理与审查、公示与发证、变更与注销、确权登记的监督管理、法律责任、附则八个章节，共30条。该实施细则全国首创提出“数据产品所有权”的确权和登记，创新提出技术性审查+合规性审查相结合的两级审查模式，创新提出“便企高效”“自愿有偿”的确权登记流程。

三、自贸试验区自贸港涉外法治的未来展望

现行国际贸易法与国际贸易规则仍然建立在西方传统发达国家主导的对外贸易的优势地位之上，用于维护这些国家的利益，存在不完善之处。随着中国综合国力的不断提高，中国理应作为发展中国家的代表在完善国际贸易中发出中国声音。中国坚持以联合国为核心的多边体制，开展同世界上各个国家的平等友好合作，通过自贸区建设、涉外法治体系建设等方式传递中国的贸易理念，谋求多变共赢的贸易合作机制，将中国倡导的互利共赢的理念传递给国际社会，并且力争将相关理念上升成为国际立法，推动涉外法治的发展。除此之外，中国还根据国际贸易形势的变化与国内对外贸易的需要，统筹国内法治与涉外法治，既完善国内法现有规则，又与国外先进规则接轨，积极参与国际贸易新规则的制定，使自贸区的建设始终处在法律的保障之下。

未来中国将在维护好现有自贸区自贸港体系的基础上，优化自贸区配置，稳固自贸港在中国对外贸易中的地位，凸显地方特色，继续推进中国同贸易伙伴的自由贸易协定谈判，以涉外法治明确权利义务，利用国际法维护自身利益，并对其他潜在的法律风险做到提前预防。

第六节　中国缔结、参加、批准的国际条约

中国政府始终秉持开放合作的精神，积极与世界各国建立和加强伙伴关系，维护和践行多边主义，深化各领域务实合作。2023 年中国政府对外缔结、参加和批准了大量双边和多边条约，为进一步参与全球治理，促进国际合作，构建人类命运共同体提供法律保障。这些条约不仅进一步完善和加强了国际法律框架，而且为全球治理体系的改革和建设提供了坚实的法律基础。

一、2023 年中国参加的多边条约

2023 年，中国签署了《〈联合国海洋法公约〉下国家管辖范围以外区域海洋生物多样性的养护和可持续利用协定》，批准了《关于制止非法劫持航空器的公约的补充议定书》、《联合国打击跨国有组织犯罪公约关于打击非法制造和贩运枪支及其零部件和弹药的补充议定书》以及《万国邮政联盟组织法第九附加议定书》，接受了《世贸组织渔业补贴协定》议定书，加入了《取消外国公文书认证要求的公约》和《国际航标组织公约》。

（一）《取消外国公文书认证要求的公约》

《取消外国公文书认证要求的公约》（以下简称《海牙认证公约》）于 1961 年 10 月 5 日通过，于 1965 年正式生效。截至 2023 年 11 月 7 日，《海牙认证公约》共有包括欧盟各国、美国、日本、韩国、澳大利亚、俄罗斯等在内的 125 个缔约国。① 该公约是海牙国际私法会议框架下适用范围最广、缔约国最多的重要国际条约，旨在简化公文书跨国流转程序，以更便捷的证明方式取代传统领事认证，促进国际经贸和人员往来。在《海牙认证公约》框架下，中国同公约缔约国之间公文书跨境流转将不再经过传统的“外交部门认证 + 使领馆认证”的“双认证”程序，而是启用基于附加证明书的“一步式”证明新模式。这将大幅节省中外公民和企业的办证时间和经济成本。

中国于 2023 年 3 月 8 日加入《海牙认证公约》，该公约自 2023 年 11 月 7 日起对中国生效。该公约的核心内容可概括为“取消”和“附加”。所谓“取消”是指缔约国之间相互取消使领馆认证环节；“附加”则指用文书出具国主管机关通过签发“附加证明书”，来替代以往的“双认证”

① See https：//www. hcch. net/en/instruments/conventions/specialised - sections/apostille.

程序。①

（二）WTO《渔业补贴协定》及其议定书

2022年6月17日，世界贸易组织第12届部长级会议（MC12）通过了《世贸组织渔业补贴协定》（以下简称《渔业补贴协定》）及其议定书。《渔业补贴协定》规定的禁止有害的渔业补贴，标志着海洋可持续性发展向前迈出了重要一步。有害的渔业补贴是导致世界鱼类资源广泛枯竭的一个关键因素，因此，这一举措使该协定成为第一个通过多边协议实现可持续发展目标（SDG）的协议，与此同时，它也是第一个以环境为重点的WTO协议。② 根据《马拉喀什建立世界贸易组织协定》的规定，该协定将在超过2/3的WTO成员接受后正式生效。

2023年6月27日，中国商务部向WTO递交了中国对《渔业补贴协定》议定书的接受书，标志着中方完成了《渔业补贴协定》的批约程序，成为较早完成该协定批约程序的主要WTO成员之一。此后，中国香港特别行政区政府、中国澳门特别行政区政府分别于2023年8月21日、10月19日递交加入书。③

（三）《〈联合国海洋法公约〉下国家管辖范围以外区域海洋生物多样性的养护和可持续利用协定》

《〈联合国海洋法公约〉下国家管辖范围以外区域海洋生物多样性的养护和可持续利用协定》（以下简称《海洋生物多样性协定》）历经近20

---

① 参见袁帅：《〈取消外国公文书认证要求的公约〉在华生效　简化文书跨国流转手续》，载中华人民共和国中央人民政府网2023年11月7日，https：//www. gov. cn/lianbo/bumen/202311/content_ 6914050. htm。

② See *Agreement on Fisheries Subsidies*, WTO, https：//www. wto. org/english/tratop _ e/rule-sneg_ e/fish_ e/fish_ e. htm.

③ 参见《〈世贸组织渔业补贴协定〉进程》，载外交部网2023年10月30日，https：//www. mfa. gov. cn/ziliao_ 674904/tytj_ 674911/tyfg_ 674913/202308/t20230803_ 11121840. shtml。

年的谈判，于 2023 年 6 月 19 日正式通过。《海洋生物多样性协定》于 2023 年 9 月 20 日在第 78 届联合国大会期间开放签署。截至 2024 年 4 月 24 日，已有 89 个国家或地区签署、4 个国家批准了该协定。根据相关规定，《海洋生物多样性协定》将在获得至少 60 个国家批准后的 120 天后生效。①

2023 年 9 月 20 日，中国外交部在纽约联合国总部代表中国政府签署了《海洋生物多样性协定》。该协定包括海洋遗传资源获取和分享、海洋保护区设立、环境影响评价、能力建设和海洋技术转让等内容，旨在为全球海洋治理进一步建章立制。中国以习近平生态文明思想为指引，于 2004 年开始积极参与协定的谈判过程，对协定的最终达成发挥了建设性作用。②

（四）《关于制止非法劫持航空器的公约的补充议定书》

《关于制止非法劫持航空器的公约的补充议定书》（以下简称《北京议定书》）共 25 个条款，旨在更好应对世界范围内针对民用航空的非法行为的新型威胁，是对 1970 年 12 月 16 日在海牙签订的《关于制止非法劫持航空器的公约》的补充，以便进一步制止劫持或控制航空器的非法行为和加强公约的效用。截至 2023 年 11 月 30 日，包括中国、俄罗斯、法国、德国、新加坡等 47 个国家批准《北京议定书》。③

2023 年 6 月 28 日，第十四届全国人民代表大会常务委员会第三次会议决定，批准于 2010 年 9 月 10 日由中华人民共和国代表在北京签署的《北京议定书》，同时声明：在中华人民共和国政府另行通知前，该议定书

---

① See *Agreement under the United Nations Convention on the Law of the Sea on the Conservation and Sustainable Use of Marine Biological Diversity of Areas beyond National Jurisdiction*, United Nations Treaty Collevtion（June 19, 2023）, https://treaties. un. org/pages/ViewDetails. aspx? src = TREATY&mtdsg_ no = XXI - 10&chapter = 21&clang = _ en.

② 参见《外交部副部长马朝旭代表中国签署〈海洋生物多样性协定〉》，载外交部网 2023 年 9 月 21 日，https://www. mfa. gov. cn/wjbxw_ new/202309/t20230921_ 11146367. shtml。

③ 参见潘瑾瑜：《〈北京议定书〉12 月 1 日起对我国正式生效》，载中国民航网 2023 年 11 月 30 日，http://www. caacnews. com. cn/1/202311/t20231130_ 1372603_ wap. html。

暂不适用于中华人民共和国香港特别行政区和中华人民共和国澳门特别行政区。[①]《北京议定书》是中华人民共和国成立以来首批以中国城市命名的民航多边条约之一，批准《北京议定书》是强化民航安全国际法治保障的重要举措。该议定书自2023年12月1日起对我国正式生效。[②]

（五）《联合国打击跨国有组织犯罪公约关于打击非法制造和贩运枪支及其零部件和弹药的补充议定书》

《联合国打击跨国有组织犯罪公约关于打击非法制造和贩运枪支及其零部件和弹药的补充议定书》（以下简称《枪支议定书》）于2001年5月31日联合国大会第101次全体会议表决通过，并于2005年7月3日生效。该议定书是《联合国打击跨国有组织犯罪公约》的重要议定书之一，也是国际常规武器管控领域的重要法律文件，旨在推动各国加强枪支管理，促进控枪执法合作，共同打击非法制造和贩运枪支等犯罪行为。[③] 截至2024年5月5日，该议定书共有192个缔约国，其中，已有147个国家或地区签署了该议定书。[④]

2023年10月24日，第十四届全国人民代表大会常务委员会第六次会

① 参见《全国人民代表大会常务委员会关于批准〈关于制止非法劫持航空器的公约的补充议定书〉的决定》，载中国人大网2023年6月28日，http：//www. npc. gov. cn/npc/c2/c30834/202306/t20230628_430322. html。

② 参见《〈北京议定书〉12月1日起对我国正式生效》，载中国民用航空局网2023年11月30日，http：//www. caac. gov. cn/XWZX/MHYW/202311/t20231130_222192. html#：～：text = 12% E6%9C%881%E6%97%A5%E8%B5%B7%EF%BC%8C%E3%80%8A%E5%85%B3%E4%BA%8E%E5%88%B6%E6%AD%A2%E9%9D%9E%E6%B3%95%E5%8A%AB%E6%8C%81%E8%88%AA%E7%A9%BA%E5%99%A8,%E6%B3%95%E6%B2%BB%E4%BF%9D%E9%9A%9C%E7%9A%84%E9%87%8D%E8%A6%81%E4%B8%BE%E6%8E%AA%E3%80%82。

③ 参见《十四届全国人大常委会第六次会议批准〈枪支议定书〉》，载外交部网2023年10月24日，https：//www. mfa. gov. cn/web/wjb_673085/zzjg_673183/jks_674633/jksxwlb_674635/202310/t20231024_11167129. shtml。

④ See *United Nations Convention against Transnational Organized Crime*, United Nations Treaty Collection（Nov. 15，2000），https：//treaties. un. org/pages/ViewDetails. aspx？ src = TREATY&mtdsg_no = XVIII－12&chapter = 18&clang =_en&_gl = 1 * itbwui * _ga * ODc2MTk1Nzc0LjE3 MTM4NDkwMjM. * _ga_TK9BQL5X7Z * MTcxNDkyNjk5Mi4yLjEuMTcxNDkyNzIyOS4wLjAuMA...

议决定，批准2002年12月9日由中华人民共和国代表在纽约签署的《枪支议定书》，同时声明：（1）中华人民共和国不受《枪支议定书》第16条第2款规定的约束。（2）关于《枪支议定书》第2条，中华人民共和国已在国内制定更为严格的法律规定，以预防、打击和消除非法制造和贩运枪支及其零部件和弹药的行为。① 批准《枪支议定书》是我国积极落实全球安全倡议、践行多边主义、维护国际和地区和平稳定的重要举措，这表明我国严管严控枪支、积极参与全球控枪合作的决心。与此同时，这一举措有利于我国进一步维护国家安全和社会稳定、提升人民群众安全感。②

（六）《国际航标组织公约》

《国际航标组织公约》于2020年2月28日在吉隆坡通过，标志着国际航标协会（IALA）从非政府间组织向政府间国际性组织转变，也标志着该公约正式向其他国家开放供签署。该公约为国际航标协会的治理提供了明确的法律框架，与此同时，国际航标协会将正式改名为国际航标组织。该公约共22个条款，以促进国际组织更有效地完成海上助航系统的发展、改善和协调事务为要旨，对国际航标组织的成立目的、会员资格、组成机构、决策机构、执行机构等作出规定。公约的签署期截至2022年1月26日，按照相关规定，公约会在第30份批准书、接受书、认可书或加入书交存之日后第90天生效。③

2023年10月24日，我国于第十四届全国人民代表大会常务委员会第

① 参见《全国人民代表大会常务委员会关于批准〈联合国打击跨国有组织犯罪公约关于打击非法制造和贩运枪支及其零部件和弹药的补充议定书〉的决定》，载中华人民共和国中央人民政府网2023年10月25日，https：//www. gov. cn/yaowen/liebiao/202310/content_ 6911472. htm。

② 参见《十四届全国人大常委会第六次会议批准〈枪支议定书〉》，载外交部网2023年10月24日，https：//www. mfa. gov. cn/web/wjb _ 673085/zzjg _ 673183/jks _ 674633/jksxwlb _ 674635/202310/t20231024_ 11167129. shtml。

③ 《国际航标组织公约》，载中国人大网2023年10月24日，http：//www. npc. gov. cn/npc/c2/c30834/202310/t20231024_ 432477. html。

六次会议决定加入《国际航标组织公约》。①

（七）《万国邮政联盟组织法第九附加议定书》

《万国邮政联盟组织法第九附加议定书》是根据 1964 年 7 月 10 日在维也纳签订的《万国邮政联盟组织法》第 30 条第 2 款规定修改的，于 2016 年 10 月 6 日在伊斯坦布尔由万国邮政联盟第二十六届全权代表大会通过。该附加议定书共 4 个条款，分别对邮政联盟的组成与宗旨、邮政联盟的法规及附加议定书的生效日期和有效期限等作出规定。该附加议定书自 2018 年 1 月 1 日起生效。②

2023 年 6 月 28 日，我国于第十四届全国人大常委会第三次会议决定批准该附加议定书。③

二、2023 年中国批准的双边条约

2023 年中国政府不断深化与世界各国的伙伴关系，不断推进同世界各国的刑事司法协助活动。为进一步促进同其他国家在打击跨国犯罪方面的有效合作，中国政府批准了大量刑事司法协助和引渡双边条约，为深化中国与各国及国际组织的全方位合作、推进中国特色大国外交提供了坚实的法律基础。在此方面，中国不仅批准了与塞内加尔的刑事司法协助条约，还批准了与厄瓜多尔、毛里求斯、博茨瓦纳等国的引渡条约。

在贸易关系领域，2023 年我国的自贸“朋友圈”不断扩大，在自贸协定谈判和签署方面创造了新的历史纪录。2023 年全年新签的自贸协定共

---

① 参见《全国人民代表大会常务委员会关于加入〈国际航标组织公约〉的决定》，载中华人民共和国中央人民政府网 2023 年 10 月 25 日，https：//www. gov. cn/yaowen/liebiao/202310/content_ 6911474. htm。

② 参见《万国邮政联盟组织法第九附加议定书》，载中国人大网 2023 年 7 月 3 日，http：//www. npc. gov. cn/npc/c2/c30834/202306/t20230629_ 430403. html。

③ 参见《全国人民代表大会常务委员会关于批准〈万国邮政联盟组织法第九附加议定书〉的决定》，载中华人民共和国中央人民政府网 2023 年 6 月 29 日，https：//www. gov. cn/yaowen/liebiao/202306/content_ 6888922. htm。

有4个，分别为同厄瓜多尔、尼加拉瓜、塞尔维亚签署自贸协定以及与新加坡签署的关于自贸协定进一步升级的议定书。截至2023年12月31日，我国已经和29个国家和地区签署了22个自贸协定。① 中国与多国自由贸易协定的签署有助于消除贸易壁垒，稳定外贸规模。不仅如此，中国积极推进签署自贸协定，降低贸易成本、提升贸易体量、助力产业升级的同时，也在构建更加开放的未来格局，在经济全球化浪潮中继续扬帆启航。

在文化领域，中国与塞尔维亚共同签署了《中华人民共和国政府和塞尔维亚共和国政府关于防止盗窃、盗掘和非法进出境文化财产的协定》。该协定是第三届“一带一路”国际合作高峰论坛框架下，中塞在文化领域取得的最新合作成果。中塞两国同为联合国教科文组织1970年《关于禁止和防止非法进出口文化财产和非法转让其所有权的方法的公约》的缔约国，协定的签署能够有效阻止两国文化财产非法流入对方国家及其他国家，同时为中塞两国扩大政府间合作，共同防止文物遭盗窃、盗掘和非法进出境，保护人类共有文化遗产发挥积极作用。② 截至2024年2月6日，中国已与27个国家签署了防止盗窃、盗掘和非法进出境文化财产的政府间协定。

具体的我国于2023年参加的多边条约、批准的主要双边条约以及对外缔结的主要双边条约，见表6-1、表6-2、表6-3。

表6-1　2023年中国参加的多边条约一览表

序号	条约名称	公约通过时间	中国采取行动情况	对中国生效时间
1	《取消外国公文书认证要求的公约》	1961年10月5日	2023年3月8日，向公约保管机关荷兰外交部递交加入书。	2023年11月7日

① 参见《中国已与29个国家和地区签署22个自贸协定》，载商务部网2024年2月1日，http：//asean. mofcom. gov. cn/article/zthdt/ztdy/202402/20240203471778. shtml。

② 参见《中国与塞尔维亚签署政府间防止盗窃、盗掘和非法进出境文化财产的协定》，载国家文物局网2023年10月17日，http：//www. ncha. gov. cn/art/2023/10/17/art_722_184671. html。

续表

序号	条约名称	公约通过时间	中国采取行动情况	对中国生效时间
2	《世贸组织渔业补贴协定》议定书	2022年6月17日	2023年6月27日，向世贸组织总干事递交接受书。	—
3	《〈联合国海洋法公约〉下国家管辖范围以外区域海洋生物多样性的养护和可持续利用协定》	2023年6月19日	2023年9月20日，中国签署协定。	—
4	《关于制止非法劫持航空器的公约的补充议定书》	2010年9月10日	2010年9月10日，中国签署补充议定书；2023年6月30日，全国人民代表大会常务委员会决定批准；2023年10月27日，向国际民航组织递交批准书。	2023年12月1日
5	《联合国打击跨国有组织犯罪公约关于打击非法制造和贩运枪支及其零部件和弹药的补充议定书》	2001年5月31日	2002年12月9日，中国签署补充议定书；2023年10月24日，全国人民代表大会常务委员会决定批准；2023年12月19日，向联合国秘书长交存批准书。	—
6	《国际航标组织公约》	2020年2月28日	2023年10月24日，全国人民代表大会常务委员会决定加入。	—
7	《万国邮政联盟组织法第九附加议定书》	2016年10月6日	2016年10月6日，中国签署议定书；2023年6月28日，全国人民代表大会常务委员会决定批准。	—

表 6-2 2023 年中国批准的主要双边条约一览表

序号	条约名称	签署时间	签署地点	批准时间
1	《中华人民共和国和厄瓜多尔共和国引渡条约》	2016 年 11 月 17 日	基多	2023 年 9 月 1 日
2	《中华人民共和国和毛里求斯共和国引渡条约》	2018 年 9 月 2 日	北京	2023 年 10 月 24 日
3	《中华人民共和国和哥伦比亚共和国关于移管被判刑人的条约》	2019 年 7 月 31 日	北京	2023 年 10 月 24 日
4	《亚洲相互协作与信任措施会议秘书处及其人员、成员国代表特权与豁免公约》	2010 年 6 月 8 日	伊斯坦布尔	2023 年 10 月 24 日
5	《中华人民共和国和博茨瓦纳共和国引渡条约》	2021 年 9 月 2 日	哈博罗内	2023 年 12 月 29 日
6	《中华人民共和国和塞内加尔共和国关于刑事司法协助的条约》	2018 年 7 月 21 日	达喀尔	2023 年 12 月 29 日

表 6-3 2023 年中国对外缔结的主要双边条约一览表

序号	条约名称	签署时间	签署地点或方式
1	《中华人民共和国商务部和新加坡贸易与工业部关于宣布实质性完成中国—新加坡自由贸易协定升级后续谈判的谅解备忘录》	2023 年 4 月 1 日	中国北京
2	《中华人民共和国政府和厄瓜多尔共和国政府自由贸易协定》	2023 年 5 月 11 日	视频签署
3	《中华人民共和国政府和哈萨克斯坦共和国政府关于互免签证的协定》	2023 年 5 月 17 日	中国西安
4	《中华人民共和国政府与瑞士联邦委员会关于促进航空安全的协定》	2023 年 7 月 7 日	瑞士伯尔尼
5	《中华人民共和国政府和所罗门群岛政府民用航空运输协定》	2023 年 7 月 10 日	中国北京

续表

序号	条约名称	签署时间	签署地点及方式
6	《中华人民共和国政府和尼加拉瓜共和国政府自由贸易协定》	2023 年 8 月 31 日	视频签署
7	《关于修订〈中华人民共和国政府和奥地利共和国政府关于对所得和财产避免双重征税和防止偷漏税的协定〉及议定书的议定书》	2023 年 9 月 14 日	奥地利维也纳
8	《中华人民共和国政府和塞尔维亚共和国政府自由贸易协定》	2023 年 10 月 17 日	中国北京

第七节　党的十八大以来中国发起设立、申请加入的国际组织和发起的国际会议①

党的十八大以来，中国坚持共商、共建、共享的全球治理观，积极主导和参与各领域国际组织和会议有关活动，推动建设相互尊重、公平正义、合作共赢的新型国际关系。从东亚到中亚，从拉丁美洲到太平洋岛国，中国通过一项项倡议主张，一个个实际行动，携手应对世界经济面临的挑战，开创发展新机遇，谋求发展新动力，拓展发展新空间，实现优势互补、互利共赢，彰显中国作为世界和平建设者、全球发展贡献者、国际秩序维护者的作为和担当，不断朝着人类命运共同体方向迈进。在此基础上，本节梳理了中国发起设立、作为成员申请加入和作为观察员参与的各领域国际组织和发起的国际会议，阐述了这些国际组织和会议的发展历程、成立宗旨、成员国构成，以及中国所发挥的建设性作用。

① 除特别标注外，本节内容来自外交部官方网，https：//www. fmprc. gov. cn。

一、中国发起设立的国际组织和会议

（一）金砖国家新开发银行

1. 发展历程

2012 年 3 月，金砖国家领导人第四次会晤探讨了建立一个新的开发银行的可能性。2013 年 3 月，金砖国家领导人第五次会晤同意建立新开发银行。2014 年 7 月，金砖国家领导人第六次会晤期间，五国领导人见证签署《成立新开发银行的协议》。2015 年 7 月，新开发银行在上海开业。

2. 成立宗旨

为金砖国家及其他新兴经济体和发展中国家的基础设施建设和可持续发展项目动员资源，作为现有多边和区域金融机构的补充，促进全球增长与发展。

3. 成员国

金砖国家（中国、巴西、俄罗斯、印度、南非）为创始成员，新开发银行理事会亦已批准吸收阿拉伯联合酋长国、乌拉圭、孟加拉国和埃及为首批新成员。

4. 中国作用

一直以来，中国积极发挥新开发银行股东国、东道国作用，为银行开展工作提供有力支持。中国通过理事会、董事会等治理机制参与新开发银行决策，加强与各成员及管理层的沟通协调，共同努力将新开发银行打造成为 21 世纪新型多边开发机构和践行多边主义的重要平台。

（二）亚洲基础设施投资银行

1. 发展历程

中国于 2013 年 10 月首次倡议筹建。2016 年 1 月开业。

2. 成立宗旨

通过在基础设施及其他生产性领域的投资，促进亚洲经济可持续发展、创造财富并改善基础设施互联互通；与其他多边和双边开发机构紧密合作，推进区域合作和伙伴关系，应对发展挑战。

3. 成员国

截至2024年7月，共有109个成员，包括96个正式成员和13个意向成员。

4. 中国作用

中国是亚洲基础设施投资银行（以下简称亚投行）第一大股东，在亚投行股份占比30.7162%，投票权占比26.5735%。亚投行总部设在北京。自2016年开业以来，亚投行在业务运营和机构建设等方面取得显著成绩，已成为国际多边开发体系新的重要成员。

中国积极发挥亚投行股东国、捐款国、东道国作用，遵循多边规则和程序，通过理事会、董事会等多边治理机制参与决策，加强与各成员及管理层的沟通协调，为推动亚投行业务运营取得重大进展，打造专业、廉洁、高效的21世纪新型多边开发银行作出积极贡献。截至2024年7月，亚投行共批准了18个在华项目，贷款承诺额总计41.2亿美元。

（三）澜沧江—湄公河合作

1. 发展历程

2014年11月，时任国务院总理李克强在第17次中国—东盟领导人会议上提出建立澜沧江—湄公河合作（以下简称澜湄合作）机制。2016年3月，澜湄合作首次领导人会议在海南三亚举行，全面启动澜湄合作进程。2018年1月，澜湄合作第二次领导人会议在柬埔寨金边举行，标志澜湄合作从培育期迈向成长期。2020年8月，澜湄合作第三次领导人会议以视频方式成功举行，推动澜湄合作进入全面发展期，发出了澜湄六国团结合作、共谋发展的积极信号。2023年12月25日，澜湄合作第四次领导人会议以视频方式成功举行。

2. 成立宗旨

深化澜湄六国睦邻友好和务实合作，促进沿岸各国经济社会发展，打造澜湄流域经济发展带，建设澜湄国家命运共同体，助力东盟共同体建设和地区一体化进程，为推进南南合作和落实联合国2030年可持续发展议程作出贡献，共同维护和促进地区持续和平和发展繁荣。

3. 成员国

中国、柬埔寨、老挝、缅甸、泰国、越南。

4. 中国作用

中国是澜湄合作机制的重要成员。机制的成员六国共同建立了包括领导人会议、外长会、高官会、联合工作组会在内的多层次、宽领域合作架构。截至2024年4月，已举行4次领导人会议、8次外长会、10次高官会和13次外交工作组会。中国和泰国为现任共同主席国。六国外交部均成立澜湄合作国家秘书处或协调机构，各优先领域联合工作组全部建立。澜湄水资源合作中心、澜湄环境合作中心、澜湄农业合作中心和全球湄公河研究中心成立并投入运营。六国高校联合成立澜湄青年交流合作中心。

（四）中国—中亚机制

1. 发展历程

2020年，中方倡导成立中国—中亚机制，并于7月以视频方式举行中国—中亚外长首次会晤，宣布建立定期会晤机制。2021年5月，中国—中亚外长第二次会晤在西安举行，这是疫情以来中国—中亚外长首次实体会晤。2022年1月，习近平主席同中亚五国元首举行中国同中亚建交30周年视频峰会，各方提议将中国—中亚机制升格至元首层级。2022年6月，中国—中亚外长第三次会晤在阿斯塔纳举行，各方一致同意建立中国—中亚元首会晤机制。2023年4月，中国—中亚外长第四次会晤在西安举行，为中国—中亚峰会做全面准备。2023年5月18日至19日，中国—中亚峰会在西安成功举行，六国元首共同签署《西安宣言》，正式成立中国—中亚元首会晤机制，[①] 中国—中亚机制正式升级定型。

2. 会议机制

各方商定中国—中亚峰会每两年举办一次，中国为一方，中亚国家按国名首字母排序为另一方，双方轮流举办。此外，机制框架内还建立了外交、经贸、交通、农业、海关、政党等部长级会晤机制。

3. 成员国

截至 2024 年 4 月，中国—中亚机制成员包括中国、哈萨克斯坦、吉尔吉斯斯坦、塔吉克斯坦、土库曼斯坦、乌兹别克斯坦。

4. 中国作用

中国是中国—中亚机制倡议国。2023 年 5 月 19 日，首届中国—中亚峰会在中国西安举行，同意在中国设立中国—中亚机制常设秘书处。

（五）中国—拉共体论坛

1. 发展历程

2014 年 7 月 17 日，国家主席习近平出席在巴西利亚举行的中国—拉美和加勒比国家领导人首次会晤。会晤通过《中国—拉美和加勒比国家领导人巴西利亚会晤联合声明》，宣布建立中国—拉共体论坛（中拉论坛）并尽早在北京召开论坛首届部长级会议。2015 年 1 月 8 日至 9 日，中拉论坛首届部长级会议在北京举行，标志着论坛正式启动。

2. 成立宗旨

促进平等互利、共同发展的中拉全面合作伙伴关系发展。

3. 会议机制

中拉论坛首届部长级会议上通过的《中拉论坛机制设置和运行规则》规定，中拉论坛定位为由中国和拉共体成员国外交部牵头的政府间合作平

① 《习近平同中亚五国元首宣布正式成立中国—中亚元首会晤机制》，载中华人民共和国中央人民政府网 2023 年 5 月 19 日，https：//www. gov. cn/yaowen/liebiao/202305/content_ 6874893. htm。

台，主要机制包括部长（级）会议、中国—拉共体“四驾马车”外长对话、国家协调员会议（高官会）。

4. 成员国

截至2024年1月，中国—拉共体论坛成员包括中国和拉共体33个成员国，即安提瓜和巴布达、阿根廷、巴哈马、巴巴多斯、伯利兹、玻利维亚、巴西、智利、哥伦比亚、哥斯达黎加、古巴、多米尼加、多米尼克、厄瓜多尔、萨尔瓦多、格林纳达、危地马拉、圭亚那、海地、洪都拉斯、牙买加、墨西哥、尼加拉瓜、巴拿马、巴拉圭、秘鲁、圣卢西亚、圣基茨和尼维斯、圣文森特和格林纳丁斯、苏里南、特立尼达和多巴哥、乌拉圭、委内瑞拉。

5. 中国作用

中国高度重视中拉关系，致力于同拉美和加勒比国家构建命运共同体。中国建立了中拉论坛中方后续行动委员会和秘书处，与拉共体轮值主席国和其他成员国加强协作，推动中拉论坛建设相关工作。在中方与拉共体的共同推动下，已经举办三届中国—拉共体论坛部长级会议，形成了《中国—拉共体论坛首届部长级会议北京宣言》《中国—拉共体论坛机制设置和运行规则》《关于“一带一路”倡议的特别声明》等多个成果文件。[①]中国持续加强与拉共体“四驾马车”外长对话，推动设立了中拉农业部长论坛、中拉科技创新论坛、中拉企业家高峰会、中拉智库交流论坛、中拉青年政治家论坛、中拉基础设施合作论坛、中拉民间友好论坛、中拉政党

① 《王毅部长在中国—拉共体论坛首届部长级会议上的主旨发言》，载外交部网2015年1月13日，http：//www1. fmprc. gov. cn/web/gjhdq _ 676201/gjhdqzz _ 681964/zglgtlt _ 685877/zyjh _ 685887/201501/t20150113_9399857. shtml；马桂花等：《综述：深化交流合作 开辟广阔前景——拉美各界积极评价中拉论坛第二届部长级会议成果》，载中华人民共和国中央人民政府网2018年1月25日，https：//www. gov. cn/xinwen/2018 - 01/25/content_5260271. htm；《王毅主持中国—拉共体论坛第三届部长会议并发表主旨讲话》，载外交部网2021年12月4日，https：//www. fmprc. gov. cn/web/wjbz_673089/zyhd_673091/202112/t20211204_10462377. shtml。

论坛、中拉地方政府合作论坛、中拉数字技术合作论坛等专业领域分论坛，[①] 为拉共体成员国提供一揽子融资安排，并提供充足的政府奖学金名额和培训名额，促进中拉人文交流。

（六）其他国际组织

1. 国际商事争端预防与解决组织

国际商事争端预防与解决组织（ICDPASO）成立于2020年10月15日，是在中国贸促会倡议支持推动下，由中国国际商会联合有关国家商协会、法律服务机构、高校智库等共同发起设立的非政府间国际组织。国际商事争端预防与解决组织的总部设在中国北京，宗旨是为全球工商界提供国际化、专业化、便利化公共法律服务，推进打造国际化、法治化营商环境，推动构建公正合理的国际经济秩序。

国际商事争端预防与解决组织现有会员单位51家，涉及100余个国别和地区，地理范围覆盖亚洲、欧洲、非洲、北美洲、南美洲等。按照国际商事争端预防与解决组织章程规定，其业务范围包括：风险预警与防范、法律查明、尽职调查、合规管理与建设、数据分析与应用等国际商事争端预防服务；商事调解、商事仲裁、投资争端等国际商事争端解决服务；国际法律人才培养、国际会议与高端论坛、国际交流与合作、政策研究与刊物编辑等其他服务。[②]

2. “一带一路”国际合作高峰论坛

“一带一路”国际合作高峰论坛是“一带一路”框架下最高规格的国际活动，是中华人民共和国成立以来由中国首倡、中国主办的层级最高、规模最大的多边外交活动，也是各方共商、共建“一带一路”，共享互利合作成

① 参见中国—拉共体论坛网“专业领域分论坛”部分，http：//www.chinacelacforum.org/zyjz/zylyflt/。

② 参见国际商事争端预防与解决组织网“单位概况”部分，http：//www.icdpaso.org/category/79。

果的重要国际性合作平台，活动主要包括开幕式、高级别论坛、专题论坛、企业家大会等。2017年5月，首届“一带一路”国际合作高峰论坛举行，迄今已举办三届，中外合作伙伴在“一带一路”框架下共同发起成立了一系列专业领域多边对话合作平台，涵盖铁路、港口、绿色发展、能源、税收、金融、媒体、智库等多个领域，近年来，各平台积极采用线上或“线上+线下”方式举办百余场国际会议，机制建设日趋完善，务实合作持续深入。

3. 国际调解院（筹）

2022年以来，中国、印度尼西亚、巴基斯坦、老挝、柬埔寨、塞尔维亚、白俄罗斯、苏丹、阿尔及利亚、吉布提等十几个国家签署或支持《关于建立国际调解院的联合声明》，决定共同发起建立国际调解院。国际调解院是中国政府为顺应国际调解发展趋势和需求，与持相近理念的国家共同为和平解决国际争端提供的全球法治公共产品。国际调解院将是一个由各方共同协商建立、以条约为基础的政府间国际法律组织，致力于专门提供调解服务，为各类国际争端提供友好、灵活、经济、便捷的解决方案。

2023年2月16日，中国政府根据《关于建立国际调解院的联合声明》授权，牵头在中国香港特别行政区成立国际调解院筹备办公室，负责就订立建立国际调解院的国际公约等事项组织开展政府间谈判，标志着国际调解院正式进入实质创建阶段。2023年，筹备办公室开始组织各国开展公约谈判和其他相关筹建工作。①

二、中国作为成员加入的国际组织

（一）国际可再生能源署

1. 发展历程

国际可再生能源署（IRENA）是为了帮助各国加速能源转型而成立的

① 孙劲、纪小雪：《发起建立国际调解院：背景、基础及进展》，载《国际法研究所》2023年第6期。

国际组织。2009 年 1 月 26 日，IRENA 在德国波恩成立。IRENA 的总部设在阿布扎比。①

2. 成立宗旨

IRENA 作为国际合作交流的主要平台，是一个政府间组织，旨在推动可再生能源的广泛与可持续的利用，帮助各国实现并推动能源的可持续发展、能源可及性、能源安全以及低碳式的经济发展。②

3. 成员国

截至 2023 年，国际可再生能源署共有 169 个成员国，以及 15 个要成为会员的签署国/申请国。③

4. 与中国关系

国际可再生能源署一直是中国开展可再生能源领域国际合作的重要伙伴。④ 中国于 2014 年正式加入国际可再生能源署。根据国务院授权，国家能源局牵头开展对国际可再生能源署合作。2021 年 6 月，中国国家能源局与国际可再生能源署签署《中国国家能源局与国际可再生能源署谅解备忘录》，指出双方在能源转型战略与政策、清洁能源技术推广与应用、支持其他发展中国家和地区清洁能源发展等领域深化合作，并开展多层次的人员交流。⑤ 2022 年 4 月，中国成立中国—国际可再生能源署中国办公室。2023 年 4 月，中国—国际可再生能源署中国办公室在北京揭牌，⑥ 并同意

① 《国际可再生能源署》，载“一带一路”能源合作网 2020 年 3 月 30 日，https：//obor. nea. gov. cn/v_ country/getData. html？ id = 70&status = 2。

② 《国际可再生能源署》，载“一带一路”能源合作网 2020 年 3 月 30 日，https：//obor. nea. gov. cn/v_ country/getData. html？ id = 70&status = 2。

③ See *IRENA Membership*，IRENA，https：//www. irena. org/About/Membership.

④ 《国家能源局主要负责人会见国际可再生能源署（IRENA）总干事》，载国家能源局网 2023 年 9 月 7 日，http：//www. nea. gov. cn/2023 – 09/07/c_ 1310740381. htm。

⑤ 《国家能源局与国际可再生能源署签署〈中国国家能源局与国际可再生能源署谅解备忘录〉》，载国家能源局网 2021 年 6 月 10 日，https：//www. ndrc. gov. cn/fzggw/wld/zjh/ldtd/202106/t20210610_ 1283054. html。

⑥ 《国家能源局主要负责人出席中国与国际可再生能源署合作研讨会暨中国—IRENA 合作办公室揭牌仪式》，载国家能源局网 2023 年 4 月 19 日，http：//www. nea. gov. cn/2023 – 04/19/c_ 1310712177. htm。

建立由合作指导委员会、合作办公室和专项工作组组成的“1 + 1 + N”合作机制，由专项工作组负责中国与 IRENA 相关领域合作的具体执行工作。① 目前，中国和国际可再生能源署的各项合作正在顺利推进。

（二）国际移民组织

1. 发展历程

1951 年，欧洲移民问题政府间委员会成立，1989 年改为国际移民组织。2016 年成为联合国联系组织。总部位于瑞士日内瓦。

2. 成立宗旨

在全世界范围内确保移民有序流动，并协助有关国家处理移民问题。

3. 成员国

截至 2024 年 4 月，国际移民组织共有 175 个成员，8 个观察员国。

4. 与中国关系

中国于 2001 年 6 月成为国际移民组织观察员国，后出席了该组织理事会历届会议。2016 年 6 月 30 日，中国在国际移民组织特别理事会上正式加入该组织。中国积极参加国际移民组织的各项活动，邀请国际移民组织总干事访华洽谈，并与国际移民组织在移民管理能力建设项目、中欧人员往来和移民领域对话项目等领域开展了紧密的合作。

三、中国作为观察员参与的国际组织

（一）印度洋委员会

1. 发展历程

1982 年 12 月，毛里求斯、马达加斯加、塞舌尔三国外长在毛里求斯首都路易港召开会议，签署《路易港协定》，决定成立印度洋委员会。

① 《关于征集中国与国际可再生能源署合作专项工作组组长单位与成员单位的通知》，载国家能源局网 2023 年 7 月 21 日，http：//www. nea. gov. cn/2023 - 07/21/c_ 1310733482. htm。

1984 年 1 月，三国外长在塞舌尔首都维多利亚签署《维多利亚总协定》，印度洋委员会正式成立。

2. 成立宗旨

促进成员国间合作，协助本地区国家融入区域和世界一体化进程，并在国际合作中维护印度洋岛国的利益。

3. 成员国

截至 2024 年 1 月，共有毛里求斯、马达加斯加、塞舌尔、科摩罗和以法国名义加入的留尼汪 5 个成员及中国、欧盟、法语国家组织、日本、印度、联合国等观察员。

4. 与中国关系

自 2008 年起，中国与印度洋建立了友好关系，中国多次派代表团参加印度洋委员会的部长理事会会议以及各项活动。2016 年 2 月，印度洋委员会第 31 届部长理事会会议正式通过批准中国成为印度洋委员会观察员的决议。之后，中国与印度洋委员会进行了更加深入、频繁的互动。

（二）太平洋联盟

1. 发展历程

2011 年 4 月 28 日，智利、哥伦比亚、墨西哥、秘鲁四国总统在秘鲁首都利马举行峰会，签署《太平洋协定》，宣布成立太平洋联盟。2012 年 6 月，联盟第四届首脑会议在智利安托法加斯塔举行，签署《太平洋联盟框架协议》，宣告联盟正式成立。2015 年 7 月 20 日，《太平洋联盟框架协议》生效。目前，成员国间 98% 的货物和服务贸易实现零关税，剩余关税将于 2030 年前取消。

2. 成立宗旨

加强拉美太平洋沿岸国家贸易政策协调，促进联盟内货物、服务、资本和人员自由流通，致力于将联盟打造成为对亚洲最具吸引力的拉美次区域组织和亚洲进入拉美市场最便利的入口。

3. 成员国

截至 2024 年 1 月，太平洋联盟的正式成员国包括智利、哥伦比亚、墨西哥、秘鲁。太平洋联盟还有中国、美国、英国、荷兰等 63 个观察员国，新加坡为唯一一个联系国，以及加拿大、澳大利亚等 5 个候选联系国。

4. 与中国关系

2013 年 6 月，中国向太平洋联盟提出成为其观察员国的申请；7 月，太平洋联盟通报中方已接纳中国为其观察员国。之后，中国与太平洋联盟保持密切联系，应邀参加联盟同观察员国的各项对话会及有关论坛和会议，共同推动在经贸、教育、科技、中小企业等领域的合作。

（三）中美洲议会

1. 发展历程

1986 年 1 月，危地马拉总统阿雷瓦洛在就职演讲上提议成立中美洲议会，以搭建促进地区和平、对话与经济社会发展的平台，抵抗外来干涉，主张由中美洲国家通过和平谈判解决本地区争端。1987 年 7 月，危地马拉、萨尔瓦多、洪都拉斯、尼加拉瓜和哥斯达黎加等中美洲五国元首共同签署《第二次埃斯基普拉斯会议协议》，决定成立中美洲议会。1991 年 10 月 28 日，中美洲议会正式宣告成立。

2. 成立宗旨

促进中美洲地区的政治对话，促进共同发展，推进民主和多边主义。

3. 成员国

由危地马拉、巴拿马、萨尔瓦多、尼加拉瓜、洪都拉斯和多米尼加 6 个国家组成。每个成员国各有 20 个中美洲议员名额，此外，各成员国前总统和一名前副总统可自愿成为中美洲议员。

4. 与中国关系

自 1999 年起，中美洲议会代表团多次访问中国。2023 年 8 月，中美洲议会在尼加拉瓜首都马那瓜召开全会，通过取消中国台湾地区立法机构所谓“常驻观察员”地位，接纳中国全国人民代表大会成为议会常驻观察员的决议。2023 年 9 月，中国与中美洲议会签署了《中华人民共和国全国人民大表大会以常驻观察员身份加入中美洲议会的特别协议》。2024 年 3 月，中国全国人民代表大会常驻中美洲议会观察员代表宣誓就职。

（四）拉丁美洲社会科学院

1. 发展历程

1956 年，联合国教科文组织在里约热内卢举行拉美社会科学会议，会上倡议成立拉丁美洲社会科学院。1957 年 4 月 16 日，该院在智利正式成立。

2. 成立宗旨

各成员国旨在加强拉美和加勒比地区社会教学与研究，致力于推动地区政学两界对话与合作，促进地区一体化和发展，与拉丁美洲和加勒比经济委员会、拉美社会科学理事会并称拉美三大社科研究机构。

3. 成员国

截至 2024 年 7 月，共有阿根廷、巴拉圭、巴拿马、巴西、秘鲁、玻利维亚、多米尼加等 18 个成员国，有西班牙、中国 2 个观察员国。

4. 与中国关系

2022 年 6 月，拉丁美洲社会科学院第 24 届大会正式吸纳中国成为其观察员国。2022 年 11 月，中国外交部同拉丁美洲社会科学院签署《中华人民共和国外交部和拉丁美洲社会科学院谅解备忘录》。2024 年 2 月，中国外交部同拉美社科院签署《中华人民共和国外交部和拉丁美洲社会科学院 2024—2028 年合作协议》。之后，中国与拉丁美洲社会科学院保持着紧密的沟通和交流。

表 6-4　党的十八大以来中国加入的国际组织和会议

序号	名称	成立时间	中国加入时间	中国身份
1	金砖国家新开发银行	2015 年 7 月（开业）	—	发起国
2	亚洲基础设施投资银行	2016 年 1 月（开业）	—	发起国
3	澜沧江—湄公河合作	2016 年 3 月（启动）	—	发起国
4	中国—中亚机制	2020 年 7 月 （外长会晤机制） 2023 年 5 月 （元首会晤机制）	—	发起国
5	中国—拉共体论坛	2014 年 7 月（成立） 2015 年 1 月（启动）	—	发起国
6	国际商事争端预防与解决组织	2020 年 10 月	—	发起成员所在国
7	“一带一路”国际合作高峰论坛	2017 年 5 月	—	发起国
8	国际调解院	筹备中	—	筹备国
9	国际可再生能源署	2009 年 1 月	2014 年 1 月	成员国
10	国际移民组织	1951 年 12 月	2016 年 6 月	成员国
11	印度洋委员会	1984 年 1 月	2016 年 2 月	观察员国
12	太平洋联盟	2011 年 4 月	2013 年 7 月	观察员国
13	中美洲议会	1991 年 10 月	2023 年 9 月	常驻观察员国
14	拉丁美洲社会科学院	1957 年 4 月	2022 年 6 月	观察员国

附录1　专门性的涉外法律清单

序号	法律	制定主体	公布时间
1	《外国国家豁免法》	全国人大常委会	2023年9月1日
2	《对外关系法》	全国人大常委会	2023年6月28日
3	《民事诉讼法》涉外编	全国人大常委会	2023年9月1日修正
4	《反外国制裁法》	全国人大常委会	2021年6月10日
5	《阻断外国法律与措施不当域外适用办法》	商务部	2021年1月9日
6	《海警法》	全国人大常委会	2021年1月22日
7	《出口管制法》	全国人大常委会	2020年10月17日
8	《外商投资法》	全国人大	2019年3月15日
9	《国际刑事司法协助法》	全国人大常委会	2018年10月26日
10	《境外非政府组织境内活动管理法》	全国人大常委会	2016年制定， 2017年修正
11	《深海海底区域资源勘探开发法》	全国人大常委会	2016年2月26日
12	《反恐怖主义法》	全国人大常委会	2015年制定， 2018年修正
13	《反间谍法》	全国人大常委会	2014年制定， 2023年修订
14	《出境入境管理法》	全国人大常委会	2012年6月30日
15	《涉外民事关系法律适用法》	全国人大常委会	2010年10月28日
16	《反洗钱法》	全国人大常委会	2006年10月31日

续表

序号	法律	制定主体	公布时间
17	《引渡法》	全国人大常委会	2000 年 12 月 28 日
18	《海事诉讼特别程序法》	全国人大常委会	1999 年 12 月 25 日
19	《民用航空法》	全国人大常委会	1995 年制定，2009 年、2015 年、2016 年、2017 年、2018 年、2021 年分别修正
20	《对外贸易法》	全国人大常委会	1994 年制定，2004 年修订，2016 年、2022 年分别修正
21	《红十字会法》	全国人大常委会	1993 年制定，2009 年、2017 年分别修正
22	《海商法》	全国人大常委会	1992 年 11 月 7 日
23	《进出境动植物检疫法》	全国人大常委会	1991 年制定，2009 年修正
24	《缔结条约程序法》	全国人大常委会	1990 年 12 月 28 日
25	《领事特权与豁免条例》	全国人大常委会	1990 年 10 月 30 日
26	《进出口商品检验法》	全国人大常委会	1989 年制定，2002 年、2013 年、2018 年、2021 年分别修正
27	《海关法》	全国人大常委会	1987 年制定，2000 年、2013 年、2016 年、2017 年、2021 年分别修正
28	《国境卫生检疫法》	全国人大常委会	1986 年制定，2007 年、2009 年、2018 年分别修正，2024 年修订
29	《海上交通安全法》	全国人大常委会	1983 年制定，2016 年修正，2021 年修订

附录2　2023年度国际法和涉外法治研究的最新重要成果

1. 车丕照：《〈对外关系法〉对我国涉外法治的统领》，载《法学杂志》2024年第1期，第128－140页

摘　要：《对外关系法》是我国涉外领域的基础性和综合性法律，对我国的涉外法治建设具有统领作用。这种统领作用主要通过该法授权、协调和衔接三大功能的发挥而实现。所谓授权功能，是指该法明确规定了在对外关系方面各国家机关和其他实体的职责范围；所谓协调功能，是指该法可有效地协调国内法治与涉外法治之间的关系，并有效地协调涉外法治内部各组成部分之间的关系；所谓衔接功能，是指该法可以连接国内法与国际法，保障两类法律的有效实施。为了更有效地发挥该法对涉外法治建设的统领作用，应特别注重强化该法外部的广泛性和内部的一致性。

2. 陈靓：《法律域外适用制度：生成与实施逻辑》，载《中国法律评论》2024年第2期，第114－127页

摘　要：法律域外适用是一种跨国法制度，国家影响跨国事务的能力越强、越有意愿影响跨国事务，国家越可能对境外实体落实法律责任，境外实体便越可能服从秩序安排。中国的自身禀赋与国际影响力、新的涉外

法治战略确保了中国法域外适用制度的有效性，而该制度对国际政治与经济有促进作用。在国家间关系中，法律域外适用是国际制度竞争的途径，可以对竞争对手产生制度威慑，法治化形式也可用来向第三国释放善意以塑造更有利于己的外交格局。在市场主体间关系中，中国的法律域外适用可以打破欧美国家制度对市场的主导地位，削弱境外实体基于境外法律制度而在交易中享有的不当优势，通过为中国企业提供本土法律救济的方式促进国际市场的公平竞争。

3. 杜玉琼、黄子淋：《论我国反制裁法的功能及其实现路径》，载《河北法学》第2023年第6期，第90－112页

摘　要：我国近年来确立起的反制裁法体系旨在应对外国实施的大量具有歧视性的单边制裁，其中反制措施的实施不为国际法所禁止，但须遵守国际条约和习惯国际法之限制。立足于社会结构的分析视域，我国的反制裁法具备斗争、救济、预防三项功能，由于规则设置的模糊性和配套规则的缺失等问题，我国反制裁法各项功能的有效实现仍存在障碍。其功能的有效实现需宏观和微观两个层面相结合，以反制裁法的功能定位为指引，增强斗争层面规则的可操作性与合法性，确保救济层面规则的确定性，并补足预防层面相关规则的缺失。

4. 韩秀丽：《涉外法治：属性解读与完善进路》，载《厦门大学学报（哲学社会科学版）》2023年第3期，第126－137页

摘　要：涉外法治是我国法治体系中的“弱项”，其属性的明确无疑是推进涉外法治的基础和关键。涉外法治具有混合属性，在不同属性之下，涉外法治的完善路径和完善内容亦不相同。国内法治属性立基于国内层面的法治运行，国际法治属性侧重于国际层面的法治活动，交叉属性强调国内法治与国际法治的互动，对外关系法治属性则集中反映了涉外法治的主要内容。不同属性汇聚于涉外法治一身，看似矛盾，但辩证地看，这恰恰反映了涉外法治的混合属性。只有基于混合属性、兼顾不同路径，才能构建完善的涉外法治体系。

5. 何云：《我国涉外仲裁司法审查的几个争议问题——以〈仲裁法〉修订为视角》，载《法律适用》2023 年第 9 期，第 147－157 页

摘　要：随着我国市场经济模式的不断成熟，我国以 1994 年颁布实施的《仲裁法》为基础的涉外与国内双轨审查、程序与实体二元监督模式等仲裁司法审查制度，在实践中已显现出诸多弊端，迫切需要研究解决。2021 年 7 月 30 日，司法部正式公布的仲裁法修订征求意见稿，统一了撤销国内裁决和涉外裁决的事项规定，并对司法审查的范围进行了部分修改，但是双轨制变单轨制后涉外仲裁监督范围的设定、程序性审查原则的把握与实体监督如何安放等仍然引发了激烈争议且留下了诸多尚未解决的问题。本文在该征求意见稿的基础上，针对当前存在的几个突出问题进行分析，并提出了扩大涉外因素识别标准、并轨至原涉外仲裁监督范围、坚持程序性审查原则及允许当事人协议约定监督范围以最大限度尊重当事人意思自治等建议，以期构建一个更加完善和符合时代发展趋势的商事仲裁司法监督机制。

6. 何志鹏：《〈外国国家豁免法〉的司法功能与话语功能》，载《当代法学》2023 年第 6 期，第 26－40 页

摘　要：我国的《外国国家豁免法》立法进程和文本是国际法学研究者和外交、司法、立法等实践部门积极、良性、持续、有效互动的见证和成果。我国在该领域的理论与实践立法体现了中国学术研究和涉外事务对于豁免问题的深刻思考，以及对此领域国际社会优秀成果的借鉴。这一立法既具有司法层面的功能，更具有话语表达方面的功能。从司法功能上看，这一立法确立了我国对于外国国家行为进行管辖和评价的基本立场，使我国司法机关有机会对外国国家及相关行为进行定性和评判，在具体案件中有机会维护我国公民法人和非法人团体的诉权。从话语表达功能上看，这一立法代表了我国积极推进涉外法治的信心和决心，意味着我国在涉外法治领域丰富和完善了法律工具箱，更加充分和有效地认可和保护人权，为世界各国司法权力的均衡使用提供了规范基础。我国《外国国家豁免法》的颁布实施，对于一个注重人权和法治的大国而言，具有不可忽视的重要意义。

7. 黄飞翔：《晚清涉外刑案的应对与启示——以沈家本辑〈刑案汇览三编〉为中心的考察》，载《甘肃政法大学学报》2023年第6期，第34－48页

摘　要：晚清以来，国门开放，涉外案件日益增多。早在晚清法律改革启动前，沈家本就注重思考并收集涉外案件，形成了对涉外案件的基本认识。本文以沈家本辑《刑案汇览三编》中的中外交涉案件为中心，通过分析刑部、督抚对涉外案件的处理方式，看到涉外案件所呈现的复杂面相，以及涉外案件在司法管辖、法律程序、司法适用等审理程序上具有的特殊性。此外，《大清刑事民事诉讼法草案》中外交涉案件章节的立法争议，能为当前我国的涉外法治建设提供借鉴。

8. 黄惠康：《中国对外关系立法的里程碑——论中国首部〈对外关系法〉应运而生的时代背景、重大意义、系统集成和守正创新》，载《武大国际法评论》2023年第4期，第1－27页

摘　要：制定《对外关系法》是对外关系领域贯彻习近平新时代中国

特色社会主义思想、坚持统筹推进国内法治和涉外法治、提高对外工作法治化水平的重要成果，也是立法领域加快涉外法治工作战略布局，完善涉外法律体系，增强涉外立法的系统性、整体性、协同性和时效性的重大进展。该法具有鲜明的中国特色和时代特征，既从宏观层面进行顶层设计，形成对外关系法律体系“一体两翼”的基本格局，也从微观层面构筑起“四梁八柱”的法律支撑；既充分体现坚持中国特色社会主义道路的一以贯之，又充满以法治思维和法治方式有效应对风险挑战的与时俱进、守正固本、创新发展的意涵浓郁，堪称中国对外关系立法的系统集成之作和守正创新之作，在涉外法治建设史上具有“里程碑”意义。

9. 黄惠康：《加强涉外法治体系建设的顶层擘画——论学习贯彻习近平总书记重要讲话精神》，载《武大国际法评论》2024 年第 1 期，第 1－23页

摘　要：习近平总书记在中央政治局第十次集体学习时就加强涉外法治建设所作系列重要论述，是马克思主义法治理论中国化的最新成果。“长远所需”和“当务之急”，凸显了新形势下加强涉外法治建设的重要性和紧迫性。中国涉外法治建设成就巨大、来之不易，但仍存在不少短板弱项，亟待弥补。我国海外利益全方位多层次高速度拓展，外部法律风险与挑战前所未有，干涉与反干涉、制裁与反制裁外交斗争激烈，客观上要求强化法治思维，善用法治方式，“以法斗法”“以法制法”，丰富外交斗争法律“工具箱”，一体推进涉外立法、执法、司法、守法和法律服务，形成涉外法治工作大协同格局。必须坚持统筹推进国内法治和涉外法治，不断完善涉外法治体系和能力建设，为中国式现代化行稳致远营造有利法治条件和外部环境。

10. 黄进：《论〈对外关系法〉在中国涉外法治体系中的地位》，载《国际法研究》2023年第4期，第3－18页

摘　要：2023年6月28日，全国人民代表大会常务委员会表决通过了《对外关系法》。作为中国对外关系领域第一部单行性、基础性、综合性法律，该法的通过具有重大历史意义，是中国统筹推进国内法治与涉外法治的关键一步。中国制定《对外关系法》具有历史和现实的必要性，贯彻了习近平新时代中国特色社会主义思想，表明了中国在对外关系、对外交往和参与全球治理中坚定地践行法治的鲜明立场和态度，既是统筹推进国内法治和涉外法治的必然要求，也是推进中国式法治现代化的客观需要。《对外关系法》是宪法相关法，是宪法关于对外关系规定的充实、落实和具体化。《对外关系法》明确了对外关系的基本原则、理念与制度，作为涉外领域基本法在法律体系中占据重要地位，是涉外法律法规体系的基础性、综合性法律，为其他涉外法律法规提供授权和指引。制定《对外关系法》不仅有利于加快形成系统完备的涉外法律法规体系，对完善以宪法为核心的中国特色社会主义法律体系、加强涉外法治体系建设和推进中国式法治现代化都具有十分重要的价值和意义。《对外关系法》的实施有助于更好地维护中国的国家主权、安全和发展利益，推进高水平对外开放，推动全球治理与国际法治，维护以联合国为核心的国际体系和以国际法为基础的国际秩序。

11. 黄进、Zhang Qing：《论加强涉外法治体系建设（英文）》，载《中国法学（英文版）》2023年第11期，第93－103页

Since the 18th National Congress of the Communist Party of China (CPC), the CPC Central Committee with Comrade XiJinping at its core has stood at a new historical starting point, put forward the Four－Pronged Comprehensive Strategy by grasping the situation with foresight, especially made major decisions and plans on overall law – based governance, and put forward a series of new ideas, new thinking, and new strategies on overall law – based governance, clarified the guiding ideology, development path, work layout and key tasks of overall law – based governance, and effectively pushed the construction of socialist rule of law with Chinese characteristics to a higher level. ①

12. 黄志慧：《涉外法治视域下“适当联系”国际民事管辖权研究》，载《法学》2023 年第 12 期，第 176 – 191 页

摘　要：2023 年修订的《民事诉讼法》引入了“适当联系”国际民事管辖权，开启了我国适度扩张人民法院国际民事管辖权的新时代。“适当联系”国际民事管辖权不为国际法禁止，亦回应了国际民事管辖权理论基础的变迁，从而构成其作为中国主体性涉外法治话语的正当性依据。在涉外法律体系建设中，“适当联系”国际民事管辖权具备替代国内民事管辖规则的类推适用、供给与国内法域外适用条款相衔接的司法管辖规则以及填补必要管辖权功能空缺之体系效应。从提升涉外执法司法效能出发，“适当联系”国际民事管辖权规范的适用，应运用利益衡量方法厘清联系标准的认定，并利用协调国际民事管辖权冲突的法律制度对其合理限缩。作为我国推进涉外法治体系建设的重要举措，妥善实施“适当联系”国际民事管辖权规范，不仅有助于维护本国民商事利益，也是参与民商事争议全球治理的重要途径。

① 本文无摘要，此为正文首段。

13. 霍政欣、陈彦茹：《反外国制裁的路径演化与中国选择》，载《社会科学》2023年第2期，第179－192页

摘　要：外国制裁包含三种类型：一是外国中央与地方政府采取的制裁措施；二是由私主体实施的但可以归因于政府的歧视性限制行为；三是国际组织施加的单边制裁。中国近年来遭遇的外国制裁以美国制裁为主。美国对华制裁在性质上属于单边制裁，制裁措施主要包括旅行禁令、进出口管制和金融制裁等类型，依其效力范围又可分为初级制裁和次级制裁。域外积累的反外国制裁路径主要有事前预防、国际争端解决和国内立法反制等，它们各有优缺点。面对不断加大的外国制裁压力，我国应在统筹推进国内法治和涉外法治的系统工程中加快反外国制裁法治体系建设，一方面积极吸收国际经验，丰富反外国制裁路径，合理借鉴事前预防模式，善用国际争端解决机制；另一方面加快完善反外国制裁立法体系，提高司法反制水平和执法反制效能，为维护国家主权、安全、发展利益提供有力的法治保障。

14. 江必新、符湘琳：《习近平法治思想中的"推进方略论"》，载《华东政法大学学报》2023年第3期，第72－85页

摘　要："推进方略论"是习近平法治思想的重要组成部分，是对新时代中国特色社会主义法治发展要求的理论回应和实践拓展。深刻理解习近平法治思想，推进全面依法治国、建设法治中国，必须牢牢把握"推进方略论"的理论意蕴，贯彻其实践要求。应当坚持自上而下与自下而上双向互动，依法治国与依规治党有机统一，"共同推进"与"一体建设"统筹安排，规制权力与维护权益双向发力，完善法律体系与推进法律实施齐头并进，完备治理体系与增强治理能力双管齐下，网络空间与现实社会共同治理，国内法治与涉外法治统筹推进，全面推进与突出重点因事制宜。同时，在政治组织保障、方向目标对接、协调治理方式、统筹重大关系、管理人才队伍等九个方面狠下功夫，做到步步为营、久久为功，推进法治中国建设行稳致远。

15. 李磊：《国际航空碳减排的路径选择与中国应对》，载《北京航空航天大学学报（社会科学版）》2023 年第 6 期，第 186－193 页

摘　要：国际航空碳减排是全球气候治理的重要组成部分。国际航空运输具有跨境流动性特点，单纯依靠国别很难实现减排目标，所以，《京都议定书》授权国际民用航空组织（ICAO）在国际航空运输领域建立碳减排机制。经过多年的发展，全球气候治理体系发生了重大变化，《京都议定书》实质上已经失去法律效力，其所确立的“自上而下”的减排模式被《巴黎协定》确定的国家自主贡献模式取代。但是，在国际航空碳减排问题上，ICAO 仍然在推动“自上而下”的减排模式。这种减排模式以集体目标为导向，以决议和国际标准为约束手段，通过技术目标、技术标准推动国际航空降碳减碳，同时建立基于市场的 CORSIA 机制，以帮助航空器运营人在技术无法实现减排目标时能够通过市场机制进行碳排放增量抵消。中国民用航空业在现有规模基础上仍将保持快速增长，面临着巨大的碳减排压力。因此，要认真落实国家碳达峰、碳中和目标，积极参与全球气候治理，统筹国内法治和涉外法治，应对可能出现的国际争端，加强技术和标准引领，在推动国际航空碳减排工作的同时，实现全行业绿色发展转型。

16. 李明倩：《加强涉外法治建设的时代意义与实践路径》，载《当代世界》2024 年第 3 期，第 42－47 页

摘　要：加强涉外法治建设是推动构建人类命运共同体和高质量共建“一带一路”的重要举措，也是当前严峻复杂的国际形势下维护中国国家利益和人民利益的现实选择。中国涉外法治建设成就显著，重点领域涉外立法不断推进，涉外执法司法合作水平明显提升，涉外法治人才培养扎实开展，但也存在立法缺乏系统性与协同性、执法司法能力受限等短板。推动涉外法治建设，重在建立系统协同的涉外立法体系，提升涉外执法司法能力，创新涉外法治人才培养机制。

17. 李贤森：《我国涉外商事纠纷多元化解决机制的实践困境与优化路径》，载《中国应用法学》2024年第1期，第201－212页

摘　要：完善涉外商事纠纷多元化解决机制是我国涉外法治工作的有机组成部分。目前，涉外商事纠纷多元化解决机制在法理意旨、规范制度和体系协调上存在不足，没有充分实现功效衔接、发挥制度合力。为回应涉外商事纠纷多元化解决的实践发展需求，我国应当遵循系统观念对其进行完善：从内涵上阐明“涉外”“多元化”“纠纷解决机制”等重要概念；从规范上填补现有诉讼、仲裁、调解制度在面对新问题时的功能缺失；从体系上对不同解纷方式间分流、衔接、结合的适用路径进行具体引导，从而系统优化我国涉外商事纠纷多元化解决机制运行。

18. 刘静坤：《涉外法治建设基本原则探析》，载《武大国际法评论》2024年第1期，第24－37页

摘　要：作为国内法治与国际法治的连接纽带，涉外法治建设面临诸多风险和挑战。为确保涉外法治建设有章可循，需要坚持宪法至上、国家利益本位、风险防控和急用先行等基本原则。坚持宪法至上原则，应当理清宪法蕴含的涉外法治原则，关注涉外立法和缔约程序的合宪性。坚持国家利益本位原则，应当澄清国家利益本位的内涵，明确国家利益的法律界定标准，并加强海外利益的法律保护。坚持风险防控原则，应当注重国际条约、对外交往和国内治理等领域的风险防控机制。坚持急用先行原则，

应当弥补涉外法律不足，完善涉外法律体系。

19. 刘仁山：《涉外法治人才与国内法治人才培养中的统筹问题》，载《中国高等教育》2023 年第 24 期，第 33 – 37 页

摘　要：统筹推进国内法治和涉外法治的关键点在于“统筹”二字。涉外法治人才的培养，应做到三个统筹：统筹涉外法治人才与国内法治人才培养的时代背景，统筹涉外法治人才与国内法治人才培养的实践需求，统筹涉外法治人才与国内法治人才培养的着力点。

20. 刘晓红：《推进高水平对外开放的法治维度》，载《政治与法律》2023 年第 4 期，第 2 – 18 页

摘　要：高水平对外开放离不开法治，这既是中国改革开放四十多年来积累的历史经验，也是世界百年未有之大变局时代法治建设的外在需求，更是推进中国式现代化建设的应有之义。当前从法治轨道上进一步推进高水平对外开放，既需要以习近平法治思想为指引，从理论上厘清改革开放与法治建设的辩证关系，并在立足统筹推进国内法治和涉外法治基础上，从国际法治角度对构建人类命运共同体作出响应；也需要在实践上对过去四十多年来法治从保障对外开放到引领对外开放的治理模式加以回顾和总结，并对高水平对外开放的法治建设提出新的需求。因此，推进高水平对外开放的法治建设需要厘定相应的原则，在统筹推进中加强涉外立法，在深化改革中完善以国际商事法庭为重点的涉外商事审判工作，在开放包容中发展涉外法律服务业务，为高水平对外开放提供持续动力。

21. 马怀德：《加强涉外法治人才培养》，载《红旗文稿》2023年第24期，第26－40页

加强涉外法治建设既是以中国式现代化全面推进强国建设、民族复兴伟业的长远所需，也是推进高水平对外开放、应对外部风险挑战的当务之急。习近平总书记在二十届中共中央政治局第十次集体学习时强调："要加强专业人才培养和队伍建设。坚持立德树人、德法兼修，加强学科建设，办好法学教育，完善以实践为导向的培养机制，早日培养出一批政治立场坚定、专业素质过硬、通晓国际规则、精通涉外法律实务的涉外法治人才。"习近平总书记的重要论述，为我们全面深刻认识涉外法治建设、加强涉外法治人才培养，提供了根本遵循。①

22. 米良：《习近平法治思想的国际法价值》，载《学术探索》2023年第9期，第25－31页

摘　要：2020年11月召开的中央全面依法治国工作会议正式提出"习近平法治思想"，明确了习近平法治思想在全面依法治国、建设法治中国中的指导地位。习近平法治思想是一个完整、全面、系统的体系，包括国内法治及涉外法治两个部分，二者构成了一个有机的整体，不可分割。国内法治的思想具有基础性价值，而涉外法治的思想则涉及我国与外部世界的关系，同等重要。在各国命运休戚与共的当今世界，习近平总书记站在全球命运共同体的高度，为全球发展、全球安全、全球治理提出了中国主张。这些主张受到世界上越来越多的国家和人民的认同，是国际法理论与实践在新时代的最新发展，为国际法的发展提出中国方案，贡献了中国智慧。

① 本文无摘要，此为正文首段。

23. 莫纪宏：《以涉外法律服务优化法治化营商环境：方向与路径》，载《人民论坛·学术前沿》2024 年第 4 期，第 88－95 页

摘　要： 涉外法律服务是涉外法治工作的关键一环。完善涉外法律服务体系，需强化政府提供的涉外公共法律服务，为“请进来”的外国企业和公民提供法治化营商环境。对于“走出去”的中国企业和公民，既要加强中国驻外使领馆的涉外法务工作，为海外中国企业和公民提供优质的公共法律服务，还要鼓励和支持中国自己的律师事务所走出国门，把法律服务延伸到境外或国外的中国企业和公民，从而更好地维护中国的海外利益。与此同时，要以培养高素质的涉外法治人才队伍为依托，不断提升涉外法律服务质量，为日益增长的涉外法律服务需求提供充足有效的涉外法律服务供给，实现涉外法律服务需求与供给之间的有效平衡，实现涉外法律服务效益的最大化。

24. 莫纪宏：《论涉外法治关系的法理结构及实践意义》，载《山西师大学报（社会科学版）》2024 年第 3 期，第 1－13 页

摘　要： 本文从一个全新的法理视角来阐释从党的十八届四中全会《中共中央关于全面推进依法治国若干重大问题的决定》提出的“加强涉外法律工作”到党的十九届四中全会《中共中央关于坚持和完善中国特色社会主义制度推进国家治理体系和治理能力现代化若干重大问题的决定》确定的“加强涉外法治工作”政策术语演变背后的法理依据，并对作为习近平法治思想核心要义之一的“坚持统筹国内法治和涉外法治”的法理内涵进行了创新意义上的解读，基本分析方法就是打破传统法理学使用的法律关系概念的逻辑界限，用法理内涵和外延更加丰富的法治关系的概念来分析“统筹”国内法治和涉外法治关系中的各种法律问题，主张应当把制定法规则与法律秩序效果有机结合起来综合性地判断一个主权国家的法治状态，不能仅仅将研究视野停留在制定法规则占优势的传统法理上。本文在分析法治关系概念的建构功能时指出，在涉外法治关系体系中，法治关系的构成要素至少应当分为九个方面，包括法律规则要素、法律关系主体要素、法律关系客体要素、法律关系内容要素（主要是权利义务关系）、法律关系时空要素、法律关系手段要素、法律关系目的要素、法律关系效力要素和法律关系秩序要素。上述九个方面的法治关系构成要素只要其中一个类型的要素中包含“涉外”因素，那么，这种法治关系就具有了“涉外法治关系”的特性，就必须从整体上来协调法律关系中的法律规则与法律秩序之间的价值要求，统筹基于传统法律关系理论形成的“国内法治”与根据法治关系理论产生的“涉外法治”，以具有实效性的“法治”价值来保证涉外法律工作的制度化、规范化，不断提高涉外工作法治化水平。

25. 彭德雷:《涉外法治视野下“一带一路”国际规则的建构》，载《东方法学》2023年第5期，第16－27页

摘　要：坚持国内法治与涉外法治的统筹推进，加快构建涉外法治工作战略布局，是习近平法治思想的核心要义。“一带一路”倡议十年来，经历了理念提出、早期收获，目前步入了规则建构的关键阶段。推动共建“一带一路”高质量发展，需要把握“一带一路”国际规则建构面临的特殊性与新要求，实现规则的“软联通”。与一些区域性国际规则的建构路径不同，在“一带一路”国际规则建构中，应重视“软法”建设，旨在反映各方可持续发展需求，避免过多触碰各方国内“硬法”；应重视投资法律体系的完善，为妥善解决投资争端进行规则安排；应从局部到整体、按照先易后难，推进共建国家双边、区域法治示范区的建设，而非强调“一揽子”协定的快速达成；应强调规则的包容性，寻求各方制度的“最大公约数”而非“最高标准”。推进“一带一路”国际规则建构，形成符

合各方利益的规则体系，有助于降低国际贸易和投资风险，推动构建人类命运共同体，是中国式现代化建设的内在要求和题中之义。

26. 彭宇：《海上公共卫生治理国际法困境及完善路径研究》，载《中国海商法研究》2023 年第 3 期，第 49 – 58 页

摘　要：海洋既是连接世界、承载全球供应链的桥梁，也是公共卫生风险的传播途径。海上公共卫生治理是涉及疾病预防控制、航运畅通、贸易自由与人权保障的全球治理问题，而非单纯的卫生技术问题，要求在全球治理层面塑造多重面向。海上公共卫生治理国际法困境的凸显，呼吁价值共识与理念革新以调和多领域交叉下的国际法价值冲突，完善国际法制度以摆脱主权国家主导下的国际法执行窘境，健全国际合作机制以打破多元主体参与合作的壁垒。中国在海上公共卫生治理中要体现人类卫生健康共同体的国际法意蕴，统筹推进海上公共卫生领域的国内法治与涉外法治。

27. 秦天宝：《统筹推进国内法治与涉外法治视角下我国海洋自然保护的规范建构》，载《政法论丛》2023 年第 5 期，第 43 – 60 页

摘　要：伴随着我国自然保护地体系建设的持续推进，海洋自然保护建设也迎来了新的发展机遇与更艰巨复杂的挑战，未来应在统筹推进国内法治与涉外法治的战略背景下，对我国海洋自然保护的目标实现进行阶段、程度、时空的区分解构和规范建构。就国内法面向来看，应结合我国当前推进生态文明建设、促进生物多样性就地保护的既有成就，在整体系统观指导下促进“陆海统筹”战略在海洋自然保护领域的法律化表达。就国内法与国际法的衔接面向来看，应紧密结合我国建设“海洋强国”过程中增强软实力的诉求，在立足中国特色、维护国家主权权益的前提下对国际海洋法治先进经验进行移植。就参与国际海洋法律秩序重建、融入国际海洋法治建设的面向来看，我国应秉持共建“海洋命运共同体”之理念投身全球及区域海洋综合治理，实现从国际海洋规则的“接受者”向“制定者”的身份转变。未来，我国海洋自然保护宜紧扣“硬法”“软法”的法律制度设计与治理主体及参与模式构造的“法”与“治”两条线索，在“陆海统筹”“海洋强国”“海洋命运共同体”三重面向中循序渐进、层次分明地有效推进。

28. 沈红雨、郭载宇：《〈民事诉讼法〉涉外编修改条款之述评与解读》，载《中国法律评论》2023年第6期，第70－80页

摘　要：2023年《民事诉讼法》修改重点是涉外民事诉讼相关制度。一是修改管辖的相关规定，适度扩大我国法院对涉外民事案件的管辖权；二是对平行诉讼、不方便法院原则等作出规定；三是进一步完善涉外送达的规定，切实提升涉外送达效率；四是增设域外调查取证相关规定；五是完善外国法院生效判决、裁定承认与执行的基本规则。另外，还对仲裁裁决的籍属的仲裁地标准、仲裁裁决司法审查的管辖法院、与《外国国家豁免法》的衔接等作了规定。2023年《民事诉讼法》涉外编修改，对于进一步提升涉外民事案件审判质效，更好保障中外当事人的诉讼权利，更好维护我国主权、安全和发展利益，具有重要意义。

29. 陶南颖：《中国涉外法治研究主体性建构的悖论及其超越》，载《学术月刊》2023年第11期，第95－109页

摘　要：当前中国涉外法治研究的主体性发展陷入“既自我认同又自我否定”的困境。西方以“全球化”和“现代化”为名主导国际法治并温和渗透到中国涉外法治知识体系。在此影响下，中国学界开始自我东方化：一方面，认为中国与西方在涉外治理上的差异是一种“落后”，这种认识激发了强烈的主体性意识和进步意愿；另一方面，在建设中国涉外法治时，又因“落后”情结而认为中国本土缺少可行的知识资源，只能依赖西方，而西方知识资源的长期影响又抑制了中国自主创新的动力和能力。摆脱这种困境应当立足于中国实际，接纳和吸收来自西方的、本土的以及非西方国家的涉外法治理论与经验，形成多元化的涉外法治知识资源格局。

30. 许军珂：《习近平外交思想与中国涉外法律体系构建——兼论〈对外关系法〉》，载《外交评论（外交学院学报）》2023 年第 6 期，第 1－22、165－166 页

摘　要：习近平外交思想是新时代中国特色社会主义思想的重要组成部分，是马克思主义基本原理同中国外交实践相结合的重大理论创新，而涉外法治则是习近平外交思想和习近平法治思想的重要“枢纽”。构建中国特色涉外法律体系是贯彻习近平外交思想的重要方式，是丰富外交斗争工具箱，维护国家主权、安全和发展利益，积极参与全球治理和改革的法律基础保障。习近平外交思想为构建中国特色涉外法律体系框定目标、引领方向，明确了涉外法律体系的立法重点。中国特色涉外法律体系的构建应满足统筹国内国际两个大局的需求，契合中国特色大国外交战略，“宪法—对外关系法—不同板块涉外法律规则”的内在机理和外在结构呈现为上下有序、相互照应的有机整体。处于底层每一板块的法律规则应包括国际法的内化、国内法的外化、外国法适用、执法和司法程序、国际合作等内容，而《对外关系法》在宪法与不同板块涉外法律规则之间起着承上启下的作用。《对外关系法》是习近平外交思想的重要法律实践成果，实现了对外事工作的统筹协调，为新时代中国对外交往提供了行动指南和法律遵循，是新时代运用法治思维做好对外交往工作的重要举措。

31. 杨解君：《“双碳”目标的涉外立法回应——基于国内法与国际法协同视角》，载《求索》2024 年第 1 期，第 85 – 93 页

摘　要：“双碳”对涉外法的需求主要体现在两方面：一是在气候治理国际合作中需要涉外法增强对外交往的话语体系，打破以往由发达国家甚至是霸权主义左右的气候治理秩序；二是“双碳”涉外实务问题需要涉外法保护我国公民、企业在外的合法权益。同时，优良的法治环境也可吸引更多国外企业来华投资，将资金和技术引入国内，加持“双碳”实现进程。目前，我国“双碳”法律体系与涉外法律体系处于同步建设期，两者融合性较弱，难以为“双碳”涉外事务提供足够的法治支持。为使“双碳”与“涉外”事务顺畅结合，应当使用“外化”国内法与“内化”国际法两种涉外法工具：一方面，在进行国内“双碳”立法时嵌入涉外条款，增加“双碳”法的涉外效力；另一方面，以国际规则转化的方式将“双碳”国际法融入国内立法，达成两者的良性交互。

32. 张泽平：《论国际税收秩序演进中的法制输出》，载《政治与法律》2023 年第 6 期，第 79 – 94 页

摘　要：法制输出是发达国家建立和维系传统国际秩序的重要途径之一。以国际税收信息交换制度、税收争议解决机制和全球最低税制度的发展为代表的国际税收秩序演进过程，充分体现了由发达国家以经济合作组织为平台，通过法制输出推动其国内立法国际化，建立符合其利益的国际标准这一传统路径。与“长臂管辖”或“国内法域外适用”相比，法制输出不仅有利于形成输出方旨在实现的国际标准，而且可以避免与他国法律效力之间的冲突。法制输出背离了国际法的生成逻辑。在当下国际税收秩序变革的关键时期，我国应充分认识法制输出对国际税收秩序走向的影响，增强我国在国际税收秩序变革进程中的主体意识；提升涉外法制建设的广度和深度，统筹推进国内法治和涉外法治；推动构建以联合国为主导的国际税收治理新平台。

33. 赵骏：《〈对外关系法〉与中国对外关系法治的新进展》，载《武大国际法评论》2023年第4期，第28－48页

摘　要：《对外关系法》是统筹推进国内法治和涉外法治的基础性成果。本文在已有学术成果的基础上，以《对外关系法》颁布和实施为基本背景，分析中国《对外关系法》的重要立法意义及其在对外关系法治发展进程中发挥的关键作用，解读《对外关系法》在制度建设方面的守正和创新，并尝试勾勒中国对外关系法治发展的未来图景。

34. 赵永琛：《我国海外利益保护法律体系建构研究》，载《中国人民公安大学学报（社会科学版）》2023年第4期，第1－14页

摘　要：海外利益保护事关国家主权、安全和发展利益。在全面依法治国中，海外利益保护法律体系构建取得巨大成就，但仍存在若干不足之处。要以习近平新时代中国特色社会主义思想为指导，深入领会构建海外利益保护法律体系的重要意义，以法治现代化为视角，统筹兼顾海外利益保护法律整体性、系统性、创新性建设，加快海外政治与外交利益、海外经济与金融利益、海外投资与贸易利益、海外安全与军事利益、海外文化与社会利益等各领域法律的立改废释纂，健全海外利益保护管理体制机制，强化海外利益政治与外交保护、执法与司法保护、军事保护和企业与公民自我保护能力建设，推动国际社会编纂和发展新的国际法，逐步构建起以海外利益保护法为骨干，以海外利益保护专门法为网络，以海外利益保护行政法规和司法解释为节点的四级海外利益保护法律体系，促进海外利益保护法治化现代化，为保护我国国家利益和人民利益提供坚强的法治保障。

后　　记

2023年注定会成为中国新时代涉外法治建设历程中标志性的一年。2023年11月27日下午，中共中央政治局就加强涉外法制建设进行第十次集体学习。中共中央总书记习近平在主持学习时强调，加强涉外法治建设既是以中国式现代化全面推进强国建设、民族复兴伟业的长远所需，也是推进高水平对外开放、应对外部风险挑战的当务之急。要从更好统筹国内国际两个大局、更好统筹发展和安全的高度，深刻认识做好涉外法治工作的重要性和紧迫性，建设同高质量发展、高水平开放要求相适应的涉外法治体系和能力，为中国式现代化行稳致远营造有利法治条件和外部环境。习近平总书记的重要讲话无疑为涉外法治工作注入了新的动力，成为新时期涉外法治工作的根本遵循和行动指南。

为了全面呈现并总结国家2023年度涉外法治工作的状况，我们继续编写出版《中国涉外法治蓝皮书（2024）》（以下简称《蓝皮书》）。《蓝皮书》全面展示并概括介绍了2023年的涉外立法状况，涵盖法律、行政法规、部分的部门规章的制定、修改；介绍总结了涉外行政执法情况，包括对外制裁执法、移民管理与执法、海洋维权执法、市场监管执法、网络执法、反洗钱执法、证券监管执法、出口管制执法、贸易救济执法、外商投资执法、知识产权执法和其他执法等；介绍总结了涉外司法情况，包括涉外刑事审判、涉外民商事审判、人民检察院的涉外法治工作、涉外司法协助工作等；概括介绍了涉外法律服务情况；介绍了部分代表性法学院校的涉外法治人才培养探索情况；总结介绍了中国参与全球治理与国际法治合作的概况，特别是介绍了中国引领和参与全球发展治理、全球安全治理和全球文明治理以及全球社会治理的情况。

特别值得一提的是，为了方便读者，我们还统计了截至2024年6月的专门涉外法律，2023年中国缔结、参加、批准的国际条约，党的十八大以来中国发起设立、申请加入的国际组织和发起的国际会议，穿插在正文中。我们还收录了2023年内关于涉外法治研究成果中较有代表性的报纸杂志论文并做了摘编。

我们动员了中国政法大学校内外对涉外法治有研究的多位专家参与《蓝皮书》的编写，中国政法大学部分博士生也协助参加了部分内容的编写工作。在《蓝皮书》即将付梓之时，作为主编，我首先要感谢授权摘编并出版其研究成果的各位作者和有关的报纸杂志。

参加编写《蓝皮书》的其他人员及其承担的任务工作列表如下：

副主编		孔庆江	中国政法大学国际法学院院长、教授
副主编		刘静坤	中国政法大学全面依法治国研究院教授
第一章第一节	对外关系法	赵　骏	浙江大学求是学院常务副院长、党委副书记；浙江大学光华法学院副院长、教授、博士生导师
第一章第二节	外国国家豁免法	李庆明	中国社会科学院国际法研究所研究员
第一章第三节	反间谍法	汪　阳	中国政法大学国际法学院博士后
第一章第四节	民事诉讼法	孔庆江	中国政法大学国际法学院院长、教授
第一章第五节	粮食安全保障法	李　蕊	中国政法大学民商经济法学院教授
第一章第六节	领事保护与协助条例	许育红	法学博士

续表

第一章第七节	其他法律法规的制定或修订	刑法修正案（十二）	汪　阳	中国政法大学国际法学院博士后
		爱国主义教育法	孙萌霜	中国政法大学国际法学院博士生
		行政复议法	林　华	中国政法大学习近平法治思想研究院副院长、教授
		公司法	郭　帅	中国政法大学国家级涉外法治研究基地研究人员、法学博士
		海洋环境保护法	徐梦琪	中国政法大学国际法学院博士生
		慈善法	王荣华	中国政法大学国际法学院博士生
		关于完善和加强备案审查制度的决定	林　华	中国政法大学习近平法治思想研究院副院长、教授
		未成年人网络保护条例	刘　翔	中国政法大学国际法学院博士生
第一章第八节	制定或修订与对外开放有关的行政法规和部门规章	国际海运条例	范晓波	中国政法大学国际法学院国际经济法研究所所长、教授
		专利法实施细则	申　晨	中国政法大学国际法学院博士后
		非银行支付机构监督管理条例	张西峰	中国政法大学国际法学院教授
		私募投资基金监督管理条例	张西峰	中国政法大学国际法学院教授
		商业银行资本管理办法	张西峰	中国政法大学国际法学院教授

续表

		养老保险公司监督管理暂行办法	张西峰	中国政法大学国际法学院教授
		系统重要性保险公司评估办法	张西峰	中国政法大学国际法学院教授
		完善保税仓储海关法律制度	林家骏	中国政法大学国际法学院博士后
		进出口商品抽查检验管理办法	林家骏	中国政法大学国际法学院博士后
第一章第九节	与对外关系有关的法律修订草案	国务院组织法修订草案	孙萌霜	中国政法大学国际法学院博士生
		文物保护法修订草案	王荣华	中国政法大学国际法学院博士生
		矿产资源法修订草案	于占洋	中国政法大学国际法学院博士生
		国境卫生检疫法修订草案	孙萌霜	中国政法大学国际法学院博士生
		传染病防治法修订草案	王楚晴	中国政法大学国家级涉外法治研究基地研究人员、法学博士
		突发事件应对法	孙萌霜	中国政法大学国际法学院博士生
第二章第一节		对外制裁执法	沈　伟	上海交通大学凯原法学院特聘教授
			方　荔	北京市竞天公诚律师事务所上海分所律师
第二章第二节		移民管理和执法	陈　杰	中国政法大学博士生

续表

第二章第三节	海洋维权执法	张　钰	中国人民公安大学涉外警务学院副教授，海外利益保护教研室主任、党支部书记
第二章第四节	市场监管执法	王楚晴	中国政法大学国家级涉外法治研究基地研究人员、法学博士
第二章第四节	涉外反垄断执法	刘子平	中国政法大学国家级涉外法治研究基地研究人员、法学博士
第二章第五节	网络执法	黄志雄	武汉大学法学院副院长、教授
		张涵雨	武汉大学国际法研究所硕士研究生
		何亦捷	武汉大学国际法研究所硕士研究生
第二章第六节	反洗钱执法	刘子平	中国政法大学国家级涉外法治研究基地研究人员、法学博士
第二章第七节	证券监管执法	迟舜雨	中国政法大学法与经济学研究所讲师、法学博士
第二章第八节	出口管制执法	吕点点	中国政法大学国家级涉外法治研究基地研究人员、法学博士
第二章第九节	贸易救济执法	王信平	中国政法大学国际法学院博士生
第二章第十节	外商投资执法	车路遥	中国政法大学国际法学院副教授
第二章第十一节	知识产权执法	张　南	中国政法大学全面依法治国研究院党支部书记、副教授

续表

第二章第十二节	其他执法	周一帆	中国政法大学国家级涉外法治研究基地研究人员、法学博士
第三章第一节	涉外刑事司法	刘静坤	中国政法大学全面依法治国研究院教授
		史凤姣	中国司法大数据研究院，研究工程师
第三章第二节	涉外民商事审判	胡　方	最高人民法院民四庭副庭长，一级高级法官
第三章第二节三、	地方国际商事法庭建设	杨恩乾	江苏省苏州市中级人民法院副院长
第三章第三节	人民检察院的涉外法治工作	施嘉豪	中国政法大学国家级涉外法治研究基地研究人员、法学博士
		孔庆江	中国政法大学国际法学院院长、教授
第三章第四节	涉外司法协助工作	王　柠	司法部司法协助交流中心副处长、法学博士
第四章第一节	加强涉外律师法律服务	杨　琳	北京市盈科律师事务所合伙人、律师
第四章第二节	涉外仲裁的新发展	鲁　洋	北京仲裁委员会综合处副处长、法学博士
第四章第三节	涉外公证制度与实践	孙　巍	北京市中伦律师事务所合伙人、律师
第四章第四节	涉外商事调解制度与实践	孙　巍	北京市中伦律师事务所合伙人、律师
第四章第五节	国际商事争端预防与解决融合发展	魏　庆	国际商事争端预防与解决组织综合事务部主任

续表

<table>
<tr><td colspan="2">第四章第六节</td><td>加快推进企业涉外合规体系建设</td><td>胡　玥</td><td>中国机械国际合作股份有限公司法律及风控合规部部长；中汽国际经济技术合作有限公司执行董事兼总经理</td></tr>
<tr><td colspan="2">第五章第一节</td><td>涉外法治人才协同培养创新基地建设</td><td>孔庆江</td><td>中国政法大学国际法学院院长、教授</td></tr>
<tr><td colspan="2">第五章第二节</td><td>国内政法类高校外语学院“外语＋法律”复合型涉外法治人才培养模式探索</td><td>田力男</td><td>中国政法大学外国语学院副院长、教授</td></tr>
<tr><td rowspan="8">第五章第三节</td><td rowspan="8">中国政法大学涉外法治人才培养模式新发展</td><td>国际法学院“法学＋英语”涉外法治人才跨高校联合培养模式</td><td>孔庆江</td><td>中国政法大学国际法学院院长、教授</td></tr>
<tr><td>国际模拟法庭</td><td>刘　力</td><td>中国政法大学国际法学院副院长、教授</td></tr>
<tr><td rowspan="3">中欧法学院涉外法治人才培养经验</td><td>刘　飞</td><td>中国政法大学中欧法学院党委书记、中方联席院长、教授</td></tr>
<tr><td>尹晓华</td><td>中国政法大学中欧法学院党委副书记、副院长</td></tr>
<tr><td>马安娜</td><td>中国政法大学中欧法学院教务办公室主任</td></tr>
<tr><td rowspan="3">法硕学院涉外律师队伍培养模式的完善</td><td>许身健</td><td>中国政法大学法律硕士学院院长、教授</td></tr>
<tr><td>刘智慧</td><td>中国政法大学法律硕士学院副院长、教授</td></tr>
<tr><td>黄晓慧</td><td>中国政法大学法律硕士学院教学科研办公室主任</td></tr>
</table>

续表

第五章第四节	中国人民大学涉外法治人才培养新进展	杜焕芳	中国人民大学法学院党委书记兼副院长、教授
		陈　磊	中国人民大学法学院教务办主任
第五章第五节	武汉大学涉外法治人才培养新进展	崔晓静	武汉大学法学院教授
第六章第一节	全球发展治理	范晓波	中国政法大学国际法学院国际经济法研究所所长、教授
第六章第二节	全球安全治理	李建坤	中国政法大学国家级涉外法治研究基地研究人员、法学博士
		魏瑛婕	中国政法大学国际法学院博士后
第六章第三节	全球文明治理	霍政欣	中国政法大学发展规划与学科建设处处长、教授
		笪弘宇	中国政法大学国际法学院博士生
		陈锐达	中国人民公安大学讲师、法学博士
第六章第四节	国际法治合作	朱利江	中国政法大学国际法学院副院长、教授
		兰　花	中国政法大学国际法学院副教授
第六章第五节	自贸试验区与自贸港涉外法治建设	杨　凯	中国政法大学国家级涉外法治研究基地研究人员、法学博士
		姜冯安	中国政法大学比较法学研究院讲师、法学博士